高等院校“十三五”规划教材

校企（行业）合作教材

证券投资分析

主　编　阮其华　蔡美德

副主编　林永华　黄宏奇

微信扫码　申请资源

南京大学出版社

图书在版编目(CIP)数据

证券投资分析 / 阮其华,蔡美德主编. — 南京:南京大学出版社,2019.12

ISBN 978-7-305-08254-2

Ⅰ.①证… Ⅱ.①阮… ②蔡… Ⅲ.①证券投资—投资分析 Ⅳ.①F830.91

中国版本图书馆 CIP 数据核字(2019)第 217690 号

出版发行 南京大学出版社
社　　址 南京市汉口路 22 号　　邮　编 210093
出 版 人 金鑫荣

书　　名 证券投资分析
主　　编 阮其华　蔡美德
责任编辑 张亚男　武　坦　　编辑热线 025-83592315

照　　排 南京理工大学资产经营有限公司
印　　刷 常州市武进第三印刷有限公司
开　　本 787×1092　1/16　印张 17.5　字数 459 千
版　　次 2019 年 12 月第 1 版　2019 年 12 月第 1 次印刷
ISBN 978-7-305-08254-2
定　　价 45.00 元

网　　址:http://www.njupco.com
官方微博:http://weibo.com/njupco
微信服务号:njuyuexue
销售咨询热线:(025)83594756

前　言

本书为校企（莆田学院数学与金融学院和财达证券）合作教材，介绍了证券投资分析方法，分析企业核心财务报表，并辅助于产业和宏观经济分析，提供价值投资建议，同时结合技术分析手段，以确定交易时机和交易策略。本书为具有实用性的证券投资学习图书，适合金融工程专业的学生、证券从业者及广大投资者。

本书第一部分为证券基础知识，由阮其华、蔡美德编写；第二部分为股市基本面分析，由林永华、蔡美德编写；第三部分为证券投资技术分析，由阮其华、蔡美德编写；第四部分为证券投资实战部分，由蔡美德、黄宏奇编写。全书由阮其华统稿、定稿。

本书的出版得到金融数学福建省高校重点实验室（莆田学院）开放课题（课号 JR201803）的科研经费资助，还得到莆田学院校级应用型课程《证券投资学》的经费支持，在此深表感谢！此外，还要对本书编写和出版过程中给予大力支持的财达证券莆田营业部黄宏奇总经理、点石投资管理有限公司李达总经理、林威、林凤龙等证券期货投资者，表示衷心的感谢！

由于编者水平有限，书中难免存在不妥之处，敬请读者批评指正！

编　者

2019 年 9 月

前 言

目 录

第三部分　证券投资技术分析

第四部分 证券投资实战部分

第一部分

证券基础知识

第一章　证券市场

第一节　证券概述

一、证券

证券是一种可交易的金融资产，通常是指任何形式的金融工具，但因管辖范围的不同其法律定义也不同。严格地讲，证券是指各类记载并代表一定权益的法律凭证，用以证明持有人有权依其所持凭证记载的内容而取得应有的权益。从一般意义上讲，证券是指用以证明或设定权利所做成的书面凭证，它表明证券持有人或第三者有权取得该证券拥有的特定权益，或证明其曾经发生过的行为。证券可以采用纸面形式或证券监管机构规定的其他形式。

二、有价证券

证券按其性质不同，可分为凭证证券和有价证券。

凭证证券又称无价证券，是指本身不能使持有人或第三者取得一定收入的证券。

证券具备两个最基本的特征：

一是法律特征，即它反映的是某种法律行为的结果，本身必须具有合法性。

二是书面特征，即必须采取书面形式或与书面形式有同等效力的形式，并且必须按照特定的格式进行书写或制作，载明有关法规规定的全部必要事项。

（一）有价证券的定义

有价证券是指标有票面金额，证明持有人有权取得收入，并可自由转让和买卖的所有权或债权凭证。

有价证券是虚拟资本的一种形式。所谓虚拟资本是以有价证券形式存在，并能给持有者带来一定收益的资本。通常所说的有价证券是指期限在 1 年以上的债券和股票，它是资本市场金融工具的基本形式。

（二）有价证券的分类

有价证券有广义和狭义之分。狭义上，有价证券仅指资本证券，具体指那些能够给其持有者定期带来收益，并能转让流通的资本所有权证书或债权证书。广义上，有价证券则包括商品证券、货币证券和资本证券三类。

商品证券是证明持有人有商品所有权或使用权的凭证，取得这种证券就等于取得这种商品的所有权，它是一种物权。商品证券作为某种商品物权的凭证，其拥有者对该证券上所载明的商品享有合法权利。提货单、仓库栈单、运货单等就属于商品证券。商品证券实质是特定商品的等价物，是有价证券之一。

货币证券是指本身能使持券人或第三者取得货币索取权的有价证券。货币证券主要包括两大类:一类是商业证券,主要包括商业汇票和商业本票;另一类是银行证券,主要包括银行汇票、银行本票和支票。

资本证券(Capital Security)是指由金融投资或与金融投资有直接联系的活动而产生的证券。持券人对发行人有一定收入的请求权。它包括股票、债券及其衍生品种(如基金证券、期货合约等)。资本证券是有价证券的主要形式,狭义的有价证券即指资本证券。

有价证券的种类多种多样,可以从不同的角度按不同的标准进行分类。

(1) 按证券发行主体的不同,有价证券可分为政府证券、政府机构证券和公司证券。

(2) 按是否在证券交易所挂牌交易,有价证券可分为上市证券与非上市证券。

(3) 按募集方式分类,有价证券可分为公募证券和私募证券。

(4) 按证券所代表的权利性质分类,有价证券可分为股票、债券和其他证券三大类。

(三) 有价证券的特征

(1) 收益性。证券的收益性是指持有证券本身可以获得一定数额的收益。这是投资者转让资本所有权或使用权的回报。

(2) 流动性。证券的流动性是指证券变现的难易程度。证券具有极高的流动性必须满足三个条件:很容易变现、变现的交易成本极小、本金保持相对稳定。证券的流动性可通过到期兑付、承兑、贴现、转让等方式实现。不同证券的流动性是不同的。

(3) 风险性。证券的风险性是指实际收益与预期收益的背离,或者说是证券收益的不确定性。从整体上说,证券的风险与其收益呈正比。

(4) 期限性。债券一般有明确的还本付息期限,以满足不同筹资者和投资者对融资期限以及与此相关的收益率需求。债券的期限具有法律约束力,是对融资双方权益的保护。股票没有期限,可以视为无期证券。

第二节　证券市场

证券市场(Securities Market)是各种有价证券(包括股票、债券等)发行和交易的场所。

证券市场是市场经济发展到一定阶段后的产物,是为解决资本供求矛盾和流动性而产生的市场。证券市场以证券发行和交易的方式实现了筹资与投资的对接功能,有效地化解了资本的供求矛盾和资本结构调整的难题。

证券市场的要素,包括证券市场参与者、证券市场交易工具和证券交易场所等。

一、证券市场的特征

证券市场具有以下三个显著特征:

第一,证券市场是价值直接交换的场所。有价证券是价值的直接代表,其本质上只是价值的一种直接表现形式。虽然证券交易的对象是各种各样的有价证券,但由于它们是价值的直接表现形式,所以证券市场本质上是价值的直接交换场所。

第二,证券市场是财产权利直接交换的场所。证券市场上的交易对象是作为经济权益凭证的股票、债券、投资基金券等有价证券，它们本身仅是一定量财产权利的代表，所以，代表着对一定数额财产的所有权或债权以及相关的收益权。证券市场实际上是财产权利的直接交换场所。

第三，证券市场是风险直接交换的场所。有价证券既是一定收益权利的代表，同时也是一定风险的代表。有价证券的交换在转让出一定收益权的同时，也把该有价证券所特有的风险转让出去。所以，从风险的角度分析，证券市场也是风险的直接交换场所。

二、证券市场的结构

证券市场结构是指证券市场的构成及其各部分之间的量比关系。

证券市场的结构可以有许多种，但较为重要的结构有四种。

（一）层次结构

这通常指按证券进入市场的顺序而形成的结构关系。按这种顺序关系划分，证券市场的构成可分为发行市场和交易市场。证券发行市场又被称为“一级市场”或“初级市场”，是发行人以筹集资金为目的，按照一定的法律规定和发行程序，向投资者出售新证券所形成的市场。证券交易市场又被称为“二级市场”“流通市场”或“次级市场”，是已发行的证券通过买卖交易实现流通转让的市场。

证券发行市场和交易市场相互依存、相互制约，是一个不可分割的整体。证券发行市场是交易市场的基础和前提，有了发行市场的证券供应，才有交易市场的证券交易，证券发行的种类、数量和发行方式决定着交易市场的规模和运行。交易市场是证券得以持续扩大发行的必要条件，为证券的转让提供市场条件，使发行市场充满活力。此外，交易市场的交易价格制约和影响着证券的发行价格，是证券发行时需要考虑的重要因素。除一、二级市场区分之外，证券市场的层次性还体现为区域分布、覆盖公司类型、上市交易制度以及监管要求的多样性。根据所服务和覆盖的上市公司类型，证券市场可分为全球性市场、全国性市场、区域性市场等类型；根据上市公司规模、监管要求等差异，证券市场可 s 分为主板市场、二板市场（创业板或高新企业板）；根据市场的集中程度，证券市场可分为集中交易市场（交易所市场）和柜台市场等。

（二）品种结构

这是根据有价证券的品种形成的结构关系。这种结构关系的构成主要有股票市场、债券市场、基金市场、衍生产品市场等。股票市场是股票发行和买卖交易的场所。股票市场的发行人为股份有限公司。股份有限公司通过发行股票募集公司的股本，或是在公司营运过程中通过发行股票扩大公司的股本。股票市场交易的对象是股票，股票的市场价格除了与股份公司的经营状况和盈利水平有关外，还受到政治、社会、经济等其他多方面因素的综合影响，因此，股票价格经常处于波动之中。

债券市场是债券发行和买卖交易的场所。债券的发行人有中央政府、地方政府、中央政府机构、金融机构、公司和企业。债券发行人通过发行债券筹集的资金一般都有期限，债券到期时，债务人必须按时归还本金并支付约定的利息。债券是债权凭证，债券持有者与债券发行人之间是债权债务关系。债券市场交易的对象是债券。债券因有固定的票面利率和期限，因此，相对于股票价格而言，市场价格比较稳定。

基金市场是基金份额发行和流通的市场。封闭式基金在证券交易所挂牌交易，开放式基金则通过投资者向基金管理公司申购和赎回实现流通转让。此外，近年来，全球各主要市场均开设了交易所交易基金（简称“ETF”）或上市开放式基金（简称“LOF”）交易，使开放式基金也可以在交易所市场挂牌交易。

衍生产品市场是各类衍生产品发行和交易的市场，随着金融创新在全球范围内的不断深化，衍生产品市场已经成为金融市场不可或缺的重要组成部分。

（三）交易场所结构

按交易活动是否在固定场所进行，证券市场可分为有形市场和无形市场。通常人们也把有形市场称为“场内市场”，是指有固定场所的证券交易所市场。该市场是有组织、制度化了的市场。有形市场的诞生是证券市场走向集中化的重要标志之一。

只有达到规定的上市标准才能够在场内交易。有时人们也把无形市场称为“场外市场”或“柜台市场”（简称“OTC 市场”），是指没有固定交易场所的市场。随着现代通信技术的发展和电子计算机网络的广泛应用、交易技术和交易组织形式的演进，越来越多的证券交易不在有形的场内市场进行，而是通过经纪人或交易商的电传、电报、电话、网络等洽谈成交。目前场内市场与场外市场之间的截然划分已经不复存在，出现了多层次的证券市场结构。很多传统意义上的场外市场由于报价商和电子撮合系统的出现而具有了集中交易特征，而证券交易所市场也开始逐步推出兼容场外交易的交易组织形式。

（四）时间结构

按照有价证券融资期限的长短，有价证券可以分为短期证券和长期证券，与之对应的市场分别为短期证券市场和长期证券市场。短期证券市场通常是指期限在一年以内的证券发行和交易市场，属于货币市场；长期证券市场通常是指期限在一年以上（包括一年）的中长期证券发行和交易市场，属于资本市场。

三、证券市场的基本功能

国家的经济是由众多的企业事业单位支撑的，大多数企业的运营水平上升，就可以带动经济的上涨；反之，就会放缓经济增长速度甚至导致经济衰退。股市是由许多的企业上市所构成的一个比较集中体现经济水平的地方，企业赢利或者倒退，直接表现在股价的波动上；当大部分企业都在快速增长时，股价一定会逐步上涨，而大多数的企业快速增长也正是经济上涨的信号。由于经济的增长或衰退有个滞后性，而率先直接引起股价波动的就是上市公司的直接运营情况，因此整体股市是可以在一定程度上提前反映出经济形势的。因此可以说股市是国民经济的晴雨表。

证券市场的基本功能包括以下几点。

（一）筹资—投资功能

证券市场的筹资—投资功能是指证券市场一方面为费金需求者提供了通过发行证券筹集资金的机会，另一方面为资金供给者提供了投资对象。在证券市场上交易的任何证券，既是筹资的工具，也是投资的工具。在经济运行过程中，既有资金盈余者，又有资金短缺者。资金盈余者为使自己的资金价值增值，必须寻找投资对象；而资金短缺者为了发展自己的业务，就要向社会寻找资金。资金短缺者可以通过发行各种证券来达到筹资的目的，资金盈余者则可以通过买入证券而实现投资。筹资和投资是证券市场基本功能不可分割的两个方面，忽视其中任何一个方面都会导致市场的严重缺陷。

（二）定价功能

证券市场的第二个基本功能就是为资本决定价格。证券是资本的表现形式，所以证券的价格实际上是证券所代表的资本的价格。证券的价格是证券市场上证券供求双方共同作用的结果。证券市场的运行形成了证券需求者和证券供给者的竞争关系，这种竞争的结果是：能产生高投资回报的资本，市场的需求就大，相应的证券价格就高；反之，证券的价格就低。因此，证券市场提供了资本的合理定价机制。

（三）资本配置功能

证券市场的资本配置功能是指通过证券价格引导资本的流动从而实现资本的合理配置的功能。在证券市场上，证券价格的高低是由该证券所能提供的预期报酬率的高低来决定的。证券价格的高低实际上是该证券筹资能力的反映。能提供高报酬率的证券一般来自那些经营好、发展潜力巨大的企业，或者是来自新兴行业的企业。由于这些证券的预期报酬率高，其市场价格相应就高，从而筹资能力就强。这样，证券市场就引导资本流向能产生高报酬的企业或行业，从而使资本产生尽可能高的效率，进而实现资本的合理配置。

第三节 证券市场的参与者

证券市场的参与者包括证券发行人、证券投资者、证券市场中介、自律性组织和证券监管机构。这些主体各司其职，充分发挥其本身的作用，构成了一个完整的证券市场参与体系。

一、证券发行人

证券发行人是指为筹措资金而发行债券、股票等证券的政府及其机构、金融机构、公司和企业。证券发行人是证券发行的主体。截至 2018 年 5 月 29 日，沪市有 1 419 家上市公司；深圳中小板有 911 家上市公司；创业板已有 728 家上市公司。

二、证券投资者

证券市场投资者是资金供给者，也是金融工具的购买者。投资者可分为个人投资者和机构投资者。

(1) 个人投资者。个人投资者目前是我国证券市场最广泛的投资者，具有分散性和流动性的特点。

(2) 机构投资者。机构投资者是相对于中小投资者而言拥有资金、信息、人力等优势，包括企业、商业银行、非银行金融机构、证券公司、基金、QFII 等。

企业、商业银行、非银行金融机构等机构投资者为实现资本增值或通过市场化模式并购扩张也会参与证券市场投资，成为主要的机构投资者。

三、证券市场中介机构

证券市场上的中介机构主要包括：

(1) 证券交易所。其主要职责在于提供交易场所与设施；制定交易规则；监管在该交易所上市的证券以及会员交易行为的合规性、合法性,确保市场的公开、公平、公正。

(2) 证券承销商和证券经纪商,主要指证券公司(专业券商)和非银行金融机构证券部(兼营券商)。

(3) 具有证券律师资格的律师事务所。

(4) 具有证券从业资格的会计师事务所或审计事务所。

(5) 资产证券评级机构。

(6) 证券投资的咨询与服务机构。

四、自律性组织

在我国证券自律性组织包括证券交易所和证券协会。我国的证券交易所是提供证券集中竞价交易场所的不以营利为目的的法人。证券业协会是证券业的自律性组织,是社会团体法人。它发挥政府与证券经营机构之间的桥梁和纽带作用,促进证券业的发展,维护投资者和会员的合法权益,完善证券市场体系。我国证券业自律性机构是上海证券交易所、深圳证券交易所、中国证券业协会和中国国债协会。

五、证券监管机构

依据《证券法》,证券监管机构是依法制定有关证券市场监督管理的规章、规则,并依法对证券的发行、交易、登记、托管、结算,证券市场的参与者进行监督管理的部门,主要包括中国证券监督管理委员会和地方证券监管部门。中国证监会是我国证券管理体制中的核心构成部分,国务院证券监督管理机构依法对全国证券市场实行统一监督管理,对证券市场履行监督管理,维护证券市场秩序,保障其合法运行。

第四节　证券市场的运行

我国有四个股票交易所:上海证券交易所和深圳证券交易所、香港证券交易所、台湾证券交易所。本章主要介绍我国大陆的两个证券交易所:上海证券交易所和深圳证券交易所。

一、证券发行市场

(一) 证券发行市场概述

1. 证券发行市场的含义与作用

证券发行市场是发行人向投资者出售证券的市场。证券发行市场通常无固定场所,是一个无形的市场。证券发行市场的作用主要表现在以下三个方面:

(1) 为资金需求者提供筹措资金的渠道。证券发行市场拥有大量的运行成熟的证券商品供发行者选择,发行者可以参照各类证券的期限、收益水平、参与权、流通性、风险度、发行成本等不同特点,根据自己的需要和可能选择拟发行证券的种类,并依据当时市场的供求关系和价格水平确定证券发行的数量和价格(收益率)。发行市场上还有众多的为发行者服务的中介机构,它们可以接受发行者的委托,利用自己的信誉、资金、人才、技术和网点等资源向公众推销证券,有助于发行者及时筹措到所需资金。发达的发行市场还可以突破地区限制,为发行者扩大筹资范围和对象,在境内或境外面向各类投资者发行证券、筹措资金,并通过市场竞争逐步使筹资成本合理化。

(2) 为资金供应者提供投资的机会,实现储蓄向投资转化。政府、企业和个人在经济活动中可能出现暂时闲置的货币资金,证券发行市场提供了多种多样的投资机会,实现社会储蓄向投资转化。储蓄转化为投资是社会再生产顺利进行的必要条件。

(3) 形成资金流动的收益导向机制,促进资源配置的不断优化。在现代经济活动中,生产要素都跟随资金流动,只有实现了货币资金的优化配置,才有可能实现社会资源的优化配置。证券发行市场通过市场机制选择发行证券的主体,产业前景好、经营业绩优良和具有发展潜力的企业更容易从证券市场筹集所需要的资金,从而使资金流入最能产生效益的行业和企业,达到促进资源优化配置的目的。

(二) 证券发行市场的构成

证券发行市场由证券发行人、证券投资者和证券中介机构三部分组成。证券发行人是资金的需求者和证券的供应者,证券投资者是资金的供应者和证券的需求者,证券中介机构则是联系发行人和投资者的专业性中介服务组织。

1. 证券发行人

在市场经济条件下,资金需求者筹集外部资金主要通过两条途径:向银行借款和发行证券,即间接融资和直接融资。随着市场经济的发展,发行证券已成为资金需求者最基本的筹资手段。证券发行人主要是政府、企业和金融机构。

2. 证券投资者

证券投资者是指以取得利息、股息或资本收益为目的而买入证券的机构和个人。证券发行市场上的投资者包括个人投资者和机构投资者,后者主要是证券公司、商业银行、保险公司、社保基金、证券投资基金、信托投资公司、企业和事业法人及社会团体等。

3. 证券中介机构

在证券发行市场上,中介机构主要包括证券公司、证券登记结算机构、会计师事务所、律师事务所、资信评级公司、资产评估事务所等为证券发行与投资服务的中立机构。它们是证券发行人和投资者之间的中介,在证券发行市场上占有重要地位。

(三) 证券发行分类

按发行对象不同和有无中介机构介入是证券发行最基本的、共有的分类方法,也是发行主体选择证券发行方式时首先要考虑的问题。

1. 按发行对象分类

(1) 公募发行,又被称为"公开发行",是发行人向不特定的社会公众投资者发售证券的发行。在公募发行方式下,任何合法的投资者都可以认购拟发行的证券。采用公募发行的有利之处在于以众多投资者为发行对象,证券发行的数量多,筹集资金的潜力大;投资者范围大,可避免发行的证券过于集中或被少数人操纵;公募发行可增强证券的流动性,有利于提高发行人的社会信誉。但公募发行的发行条件比较严格,发行程序比较复杂,登记核准的时间较长,发行费用较高。公募发行是证券发行中最常见、最基本的发行方式,适合于证券发行数量多、筹资额大、准备申请证券上市的发行人。

(2) 私募发行,又被称为“不公开发行”或“私下发行”“内部发行”,是指以特定投资者为对象的发行。私募发行的对象有两类:一类是公司的老股东或发行人的员工,另一类是投资基金、社会保险基金、保险公司、商业银行等金融机构以及与发行人有密切往来关系的企业等机构投资者。私募发行有确定的投资者,发行手续简单,可以节省发行时间和发行费用,但投资者数量有限,证券流通性较差,不利于提高发行人的社会信誉。

2. 按有无发行中介分类

(1) 直接发行,即发行人直接向投资者推销、出售证券的发行。这种发行方式可以节省向发行中介机构缴纳的手续费,降低发行成本。但如果发行额较大,由于缺乏专业人才和发行网点,发行者自身要担负较大的发行风险。这种方式只适用于有既定发行对象或发行人知名度高、发行数量少、风险低的证券。

(2) 间接发行,是由发行公司委托证券公司等证券中介机构代理出售证券的发行。对发行人来说,采用间接发行可在较短时期内筹集到所需资金,发行风险较小;但需支付一定的手续费,发行成本较高。一般情况下,间接发行是基本的、常见的方式,特别是公募发行,大多采用间接发行;而私募发行则以直接发行为主。

(四) 证券发行制度

证券发行制度主要有两种:一是注册制,以美国为代表;二是核准制,以欧洲各国为代表。

1. 注册制

证券发行注册制实行公开管理原则,实质上是一种发行公司的财务公开制度。它要求发行人提供关于证券发行本身以及和证券发行有关的所有信息。发行人不仅要完全公开有关信息,不得有重大遗漏,并且要对所提供信息的真实性、完整性和可靠性承担法律责任。证券监管机构不对证券发行行为及证券本身做出价值判断,对公开资料的审查只涉及形式,不涉及任何发行实质条件。发行人只要按规定将有关资料完全公开,监管机构就不得以发行人的财务状况未达到一定标准而拒绝其发行。证券发行相关材料报证券监管机构后,一般会有一个生效等待期,在这段时间内,由监管机构对相关文件进行形式审查。注册生效等待期满后,如果证券监管机构未对申报书提出任何异议,证券发行注册生效,发行人即可发行证券。但如果证券监管机构认为报送的文件存在缺陷,会指明文件缺陷,并要求补正或正式拒绝,或阻止发行生效。目前,澳大利亚、巴西、加拿大、德国、法国、意大利、荷兰、菲律宾、新加坡、英国和美国等国家,在证券发行上均采取注册制。

2. 核准制

核准制是指发行人申请发行证券,不仅要公开披露与发行证券有关的信息,符合公司法和证券法所规定的条件,而且要求发行人将发行申请报请证券监管机构决定的审核制度。证券发行核准制实行实质管理原则,即证券发行人不仅要以真实状况的充分公开为条件,而且必须符合证券监管机构制定的若干适合于发行的实质条件。只有符合条件的发行人经证券监管机构的批准方可在证券市场上发行证券。实行核准制的目的在于证券监管机构能尽法律赋予的职能,使发行的证券符合公众利益和证券市场稳定发展的需要。

3. 我国的证券发行制度

我国证券市场上市交易的金融工具包括股票、债券、证券投资基金、权证等。根据《证券法》《公司法》等有关法律法规的规定,公开发行股票、可转换公司债券、公司债券和国务院依法认定的其他证券，必须依法报经中国证监会核准。

(1) 证券发行核准制。在我国，证券发行核准制是指证券发行人提出发行申请，保荐机构(主承销商)向中国证监会推荐，中国证监会进行合规性初审后，提交发行审核委员会审核，最终经中国证监会核准后发行。核准制不仅强调公司信息披露，同时还要求必须符合一定的实质性条件，如企业盈利能力、公司治理水平等。核准制的核心是监管部门进行合规性审核，强化中介机构的责任，加大市场参与各方的行为约束，减少新股发行中的行政干预。

(2) 证券发行上市保荐制度。证券发行上市保荐制度是指由保荐机构及其保荐代表人负责发行人证券发行上市的推荐和辅导，经尽职调查核实公司发行文件资料的真实、准确和完整性，协助发行人建立严格的信息披露制度。主要包括以下内容：① 发行人申请首次公开发行股票并上市、上市公司发行新股、可转换公司债券或公开发行法律、行政法规规定实行保荐制度的其他证券的，应当聘请具有保荐资格的机构担当保荐机构。中国证监会或证券交易所只接受由保荐机构推荐的发行或上市申请文件。② 保荐机构及保荐代表人应当尽职调查，对发行人申请文件、信息披露资料进行审慎核查，向中国证监会、证券交易所出具保荐意见，并对相关文件的真实性、准确性和完整性负连带责任。③ 保荐机构及保荐代表人对其所推荐的公司上市后的一段期间负有持续督导义务，并对公司在督导期间的不规范行为承担责任。④ 保荐机构要建立完备的内部管理制度。⑤ 中国证监会对保荐机构实行持续监管。

(3) 发行审核委员会制度。发行审核委员会制度是证券发行核准制的重要组成部分。《证券法》规定国务院证券监督管理机构设发行审核委员会(简称发审委)。发审委审核发行人股票发行申请和可转换公司债券等中国证监会认可的其他证券的发行申请。发审委的主要职责是：根据有关法律、行政法规和中国证监会的规定，审核股票发行申请是否符合相关条件；审核保荐机构、会计师事务所、律师事务所、资产评估机构等证券服务机构及相关人员为股票发行所出具的有关材料及意见书；审核中国证监会有关职能部门出具的初审报告；对股票发行申请进行独立表决，依法对发行申请提出审核意见。中国证监会依照法定条件和法定程序做出予以核准或者不予核准股票发行申请的决定，并出具相关文件，发审委制度的建立和完善是不断提高发行审核专业化程度和透明度、增加社会监督和提高发行效率的重要举措。

(五) 证券承销制度

证券发行的最终目的是将证券推销给投资者。发行人推销证券的方法有两种：一是自行销售，被称为“自销”；二是委托他人代为销售，被称为“承销”。一般情况下，公开发行以承销为主。承销是将证券销售业务委托给专门的证券经营机构(承销商)销售。按照发行风险的承担、所筹资金的划拨以及手续费的高低等因素划分，承销方式有包销和代销两种。

1. 包销

证券包销是指证券承销商将发行人的证券按照协议全部购入，或者在承销期结束时将售后证券全部自行购入的承销方式。包销可分为全额包销和余额包销两种。

(1) 全额包销，是指由承销商先全额购买发行人该次发行的证券，再向投资者发售，由承销商承担全部风险的承销方式。

(2) 余额包销，是指承销商按照规定的发行额和发行条件，在约定的期限内向投资者发售证券，到销售截止日，如投资者实际认购总额低于预定发行总额，未售出的证券由承销商负责认购，并按约定时间向发行人支付全部证券款项的承销方式。

2. 代销

代销是指承销商代发行人发售证券，在承销期结束时，将未售出的证券全部退还给发行人的承销方式。我国《证券法》规定，发行人向不特定对象发行的证券，法律、行政法规规定应当由证券公司承销的，发行人应当同证券公司签订承销协议；向不特定对象发行的证券票面总值超过人民币 5 000 万元，应当由承销团承销。承销团应当由主承销和参与承销的证券公司组成。我国《证券发行与承销管理办法》和《上市公司证券发行管理办法》规定，上市公司发行证券，应当由证券公司承销；上市公司非公开发行股票未采用自行销售方式或者上市公司向原股东配售股份的，应当采用代销方式发行。上市公司非公开发行股票，发行对象均属于原前 10 名股东的，可以由上市公司自行销售。

二、股票发行市场

（一）股票发行类型

1. 首次公开发行

首次公开发行（简称 IPO）是拟上市公司首次在证券市场公开发行股票募集资金并上市的行为。通常，首次公开发行是发行人在满足必须具备的条件，并经证券监管机构审核、核准或注册后，通过证券承销机构面向社会公众公开发行股票并在证券交易所上市的过程。通过首次公开发行，发行人不仅募集到所需资金，而且完成了股份有限公司的设立或转制，成为上市公众公司。

2. 上市公司增资发行

股份有限公司增资是指公司依照法定程序增加公司资本和股份总数的行为。增资发行是指股份公司上市后为达到增加资本的目的而发行股票的行为。我国《上市公司证券发行管理办法》规定，上市公司增资的方式有向原股东配售股份、向不特定对象公开募集股份、发行可转换公司债券、非公开发行股票。

（1）向原股东配售股份，简称配股，是公司按股东的持股比例向原股东分配公司的新股认购权，准其优先认购股份的方式。即按老股一股配售若干新股，以保护原股东的权益及其对公司的控制权。

（2）向不特定对象公开募集股份，简称增发，是股份公司向不特定对象公开募集股份的增资方式。增发的目的是向社会公众募集资金，扩大股东人数，分散股权，增强股票的流通性，并可避免股份过分集中。公募增资的股票价格大都以市场价格为基础，是常用的增资方式。

（3）发行可转换公司债券。可转换公司债券是指其持有者可以在一定时期内按一定比例或价格将之转换成一定数量的另一种证券的证券，通常是转化为普通股票。公司发行可转换债券的主要动因是为了增强证券对投资者的吸引力，能以较低的成本筹集到所需要的资金。

可转换债券一旦转换成普通股票，能使公司将原来筹集的期限有限的资金转化成长期稳定的股本，扩大了股本规模。

（4）非公开发行股票，也被称为“定向增发”，是股份公司向特定对象发行股票的增资方式。特定对象包括公司控股股东、实际控制人及其控制的企业；与公司业务有关的企业、往来银行；证券投资基金、证券公司、信托投资公司等金融机构；公司董事、员工等。公司可以对认购者的持股期限有所限制。这种增资方式会直接影响公司原股东利益，需经股东大会特别批准。

（二）股票发行条件

在股票发行实行核准制的情况下，国家的法律法规对股票发行规定若干实质性的条件，这些条件因股票发行的不同类型而有所区别。我国《公司法》《证券法》和相关的法规对首次公开发行股票、上市公司配股、增发、发行可转换债券、非公开发行股票，以及首次公开发行股票并在创业板上市的条件分别做出规定。

1. 首次公开发行股票的条件

我国《证券法》规定，公司公开发行新股，应当具备健全且运行良好的组织机构，具有持续盈利能力，财务状况良好，最近3年财务会计文件无虚假记载，无其他重大违法行为以及经国务院批准的国务院证券监督管理机构规定的其他条件。为规范首次公开发行股票并上市的行为，中国证监会于2006年5月制定并发布《首次公开发行股票并上市管理办法》，对首次公开发行股票并上市公司的主体资格、独立性、规范运行、财务指标做出规定。《首次公开发行股票并上市管理办法》规定，首次公开发行的发行人应当是依法设立并合法存续的股份有限公司；持续经营时间应当在3年以上；注册资本已足额缴纳；生产经营合法；最近3年内主营业务、高级管理人员、实际控制人没有重大变化；股权清晰。发行人应当资产完整、人员独立、财务独立、机构独立、业务独立。发行人应规范运行。

发行人的财务指标应满足以下要求：

(1) 最近3个会计年度净利润均为正数且累计超过人民币3 000万元，净利润以扣除非经常性损益后较低者为计算依据。

(2) 最近3个会计年度经营活动产生的现金流量净额累计超过人民币5 000万元；或者最近3个会计年度营业收入累计超过人民币3亿元。

(3) 发行前股本总额不少于人民币3 000万元。

(4) 最近一期期末无形资产(扣除土地使用权、水面养殖权和采矿权等后)占净资产的比例不高于20%。

(5) 最近一期期末不存在未弥补亏损。在中小板首次公开发行股票也必须符合上述规定的发行条件。

2. 创业板首次公开发行股票的条件

2009年3月发布的《首次公开发行股票并在创业板上市管理暂行办法》(简称《管理办法》)规定，首次公开发行股票并在创业板上市主要应符合如下条件：

(1) 发行人应当具备一定的盈利能力。为适应不同类型企业的融资需要，创业板对发行人设置了两项定量业绩指标，以便发行申请人选择：第一项指标要求发行人最近两年连续盈利，最近两年净利润累计不少于1 000万元，且持续增长；第二项指标要求发行人最近一年盈利，且净利润不少于500万元，最近一年营业收入不少于5 000万元，最近两年营业收入增长率均不低于30%。

(2) 发行人应当具有一定的规模和存续时间。根据《证券法》第五十条关于申请股票上市的公司股本总额应不少于3 000万元的规定，《管理办法》要求发行人具备一定的资产规模，具体规定最近一期期末净资产不少于2 000万元，发行后股本不少于3 000万元。规定发行人具备一定的净资产和股本规模，有利于控制市场风险。《管理办法》规定发行人应具有一定的持续经营记录，具体要求发行人应当是依法设立且持续经营三年以上的股份有限公司。有限责任公司按原账面净资产值折股整体变更为股份有限公司的，持续经营时间可以从有限责任公司成立之日起计算。

（3）发行人应当主营业务突出。创业企业规模小，且处于成长发展阶段，如果业务范围分散，缺乏核心业务，既不利于有效控制风险，也不利于形成核心竞争力。因此，《管理办法》要求发行人集中有限的资源主要经营一种业务，并强调符合国家产业政策和环境保护政策。同时，要求募集资金只能用于发展主营业务。

（4）对发行人公司治理提出从严要求。根据创业板公司特点，在公司治理方面参照主板上市公司从严要求，要求董事会下设审计委员会，强化独立董事职责，并明确控股股东责任。发行人应当保持业务、管理层和实际控制人的持续稳定，规定发行人最近两年内主营业务和董事、高级管理人员均没有发生重大变化，实际控制人没有发生变更。发行人应当资产完整，业务及人员、财务、机构独立，具有完整的业务体系和直接面向市场独立经营的能力。发行人与控股股东、实际控制人及其控制的其他企业间不存在同业竞争，以及严重影响公司独立性或者显失公允的关联交易。

发行人及其控股股东、实际控制人最近三年内不存在损害投资者合法权益和社会公共利益的重大违法行为。发行人及其控股股东、实际控制人最近三年内不存在未经法定机关核准，擅自公开或者变相公开发行证券，或者有关违法行为虽然发生在三年前，但目前仍处于持续状态的情形。

3. 上市公司公开发行证券的条件

为规范上市公司证券发行行为，中国证监会于 2006 年 5 月制定并发布《上市公司证券发行管理办法》，对上市公司发行证券的一般性条件及上市公司配股、增发，发行可转换债券、认股权证和债券分离交易的可转换公司债券以及非公开发行股票的条件做出了规定。

（1）上市公司公开发行证券条件的一般规定。包括上市公司组织机构健全、运行良好；上市公司的盈利能力具有可持续性；上市公司的财务状况良好；上市公司最近 36 个月内财务会计文件无虚假记载、不存在重大违法行为；上市公司募集资金的数额和使用符合规定；上市公司不存在严重损害投资者的合法权益和社会公共利益的违规行为。

（2）向原股东配售股份（配股）的条件，除一般规定的条件以外，还有以下条件：拟配售股份数量不超过本次配售股份前股本总额的 30%；控股股东应当在股东大会召开前公开承诺认配股份的数量；采用《证券法》规定的代销方式发行。

（3）向不特定对象公开募集股份（增发）的条件。除一般规定的条件以外，还有以下条件：最近 3 个会计年度加权平均净资产收益率平均不低于 6%，扣除非经常性损益后的净利润与扣除前的净利润相比以低者为计算依据；除金融类企业外，最近 1 期期末不存在持有余额较大的交易性金融资产和可供出售的金融资产、借予他人款项、委托理财等财务性投资的情形；发行价格应不低于公告招股意向书前 20 个交易日公司股票均价或前一交易日的均价。

（4）发行可转换公司债券的条件。可转换债券按附认股权和债券本身能否分开交易可分为可分离交易的可转换债券和不可分离交易的可转换债券。前者是指认股权可以与债券分开且可以单独转让，但事先要确定认股比例、认股期限和股票购买价格等条件；后者是指认股权不能与债券分离，且不能单独交易。

除一般规定的条件以外，公开发行可转换债券还必须满足以下条件：最近3个会计年度加权平均净资产收益率平均不低于6%，扣除非经常性损益后的净利润与扣除前的净利润相比以低者为计算依据；本次发行后累计公司债券余额不超过最近一期期末净资产额的40%；最近3个会计年度实现的年均可分配利润不少于公司债券1年的利息。发行分离交易的可转换债券应当具备以下条件：公司最近1期期末经审计的净资产不低于人民币15亿元；最近3个会计年度的年均可分配利润不少于公司债券1年的利息；最近3个会计年度经营活动产生的现金流量净额平均不少于公司债券1年的利息；本次发行后累计公司债券余额不超过最近一期期末净资产额的40%，预计所附认股权全部行权后募集的资金总量不超过拟发行公司债券金额。

(5) 非公开发行股票的条件。上市公司非公开发行股票应符合以下条件：发行价格不低于定价基准日前20个交易日公司股票均价的90%；本次发行的股份自发行结束之日起，12个月内不得转让；控股股东、实际控制人及其控制的企业认购的股份，36个月内不得转让；募集资金使用符合规定；本次发行导致上市公司控股权发生变化的，还应当符合中国证监会的其他规定。非公开发行股票的发行对象不得超过10名。发行对象为境外战略投资者的，应当经国务院相关部门事先批准。

（三）我国的股票发行方式

我国的股票发行主要采取公开发行并上市的方式，同时也允许上市公司在符合相关规定的条件下向特定对象非公开发行股票。我国现行的有关法规规定，我国股份公司首次公开发行股票和上市后向社会公开募集股份（公募增发）采取对公众投资者上网发行和对机构投资者配售相结合的发行方式。针对我国股票发行市场存在的问题，2010年10月，中国证监会发布《关于深化新股发行体制改革的指导意见》，提出以下改革措施：进一步完善报价申购和配售的约束机制；扩大询价对象范围，充实网下机构投资者；增强定价信息透明度；完善回拨机制和中止发行机制。根据《关于深化新股发行体制改革的指导意见》，中国证监会修改和发布了《证券发行与承销管理办法》。

根据《证券发行与承销管理办法》的规定，首次公开发行股票数量在4亿股以上的，可以向战略投资者配售股票。战略投资者是与发行人业务联系紧密且欲长期持有发行人股票的机构投资者。战略投资者应当承诺获得配售的股票持有期限不少于12个月。本次发行的股票向战略投资者配售的，发行完成后无持有期限制的股票数量不得低于本次发行股票数量的25%。符合中国证监会规定条件的特定机构投资者（询价对象）及其管理的证券投资产品（股票配售对象）可以参与网下配售。询价对象是指符合中国证监会规定条件的证券投资基金管理公司、证券公司、信托投资公司、财务公司、保险机构投资者和合格境外机构投资者（QFII）、主承销商自主推荐的具有较高定价能力和长期投资取向的机构投资者，以及其他经中国证监会认可的机构投资者。主承销商应当向询价对象提供投资价值研究报告。发行人、主承销商和询价对象不得以任何形式公开披露投资价值研究报告的内容，但中国证监会另有规定的除外。询价对象可自主决定是否参与股票发行的初步询价，发行人及其主承销商应当向参与网下配售的询价对象配售股票，但未参与初步询价或虽参与初步询价但未有效报价的询价对象，不得参与累计投标询价和网下配售。股票配售对象只能选择网下或者网上一种方式进行新股申购，所有参与该只股票网下报价、申购、配售的股票配售对象均不再参与网上申购。累计投标询价完成后，发行价格以上的有效申购总量大于拟向询价对象配售的股份数量时，发行人及其主承销商应对发行价格以上的全部有效申购进行同比例配售。询价对象应承诺获得网下配售的股票持有期限不少于3个月。发行人及其主承销商应在网下配售的同时对社会公众投资者进行网上公开发行。网上公开发行方式是指利用证券交易所的交易系统，主承销商在证券交易所开设股票发行专户并作为唯一的卖方，投资者在指定时间内，按现行委托买入股票的方式进行申购的发行方式。上海、深圳证券交易所现行的做法是采用资金申购网上公开发行股票方式。公众投资者可以使用其所持有的沪、深证券交易所证券账户在申购时间内通过与交易所联网的证券营业部，根据发行人公告规定的发行价格和申购数量全额存入申购款进行申购委托。单个投资者只能使用一个合格账户申购新股。申购结束后，根据实际到位资金，由证券交易所主机确认有效申购数。主承销商根据有效申购量和该次股票发行量配号，若出现超额认购情况，以摇号抽签方式决定中签的证券账户。

首次公开发行股票达到一定规模的，发行人及其主承销商应当在网下配售和网上发行之间建立回拨机制，根据申购情况调整网下配售和网上发行的比例。网上申购不足时，可以向网下回拨，由参与网下配售的机构投资者申购；仍然申购不足的，可以由承销团推荐其他投资者参与网下申购。初步询价结束后，公开发行股票数量在4亿股以下，提供有效报价的询价对象不足20家的，或者公开发行股票数量在4亿股以上，提供有效报价的询价对象不足50家的，发行人及其主承销商不得确定发行价格，并应当中止发行。网下机构投资者在既定的网下发售比例内有效申购不足，不得向网上回拨，可以中止发行。网下报价情况未及发行人和主承销商预期、网上申购不足、网上申购不足向网下回拨后仍然申购不足的，可以中止发行。中止发行后，在核准文件有效期内经向中国证监会备案，可以重新启动发行。根据规定，上市公司向不特定对象公开募集股份(增发)或发行可转换债券，主承销商可以对参与网下配售的机构投资者进行分类，对不同类别的机构投资者设定不同的配售比例进行配售。

（四）股票发行价格

股票发行价格是指投资者认购新发行的股票时实际支付的价格。根据我国《公司法》和《证券法》的规定，股票发行价格可以等于票面金额，也可以超过票面金额，但不得低于票面金额。以超过票面金额的价格发行股票所得的溢价款项列入发行公司的资本公积金。股票发行采取溢价发行的，发行价格由发行人与承销的证券公司协商确定。

股票发行的定价方式，可以采取协商定价方式，也可以采取询价方式、上网竞价方式等。我国《证券发行与承销管理办法》规定，首次公开发行股票以询价方式确定股票发行价格。根据规定，首次公开发行股票的公司及其主承销商应通过向问价对象询价的方式确定股票发行价格。发行申请经中国证监会核准后，发行人及其主承销商应公告招股意向书和发行公告后向询价对象进行推介和询价，并通过互联网向公众投资者进行推介。询价分为初步询价和累计投标询价两个阶段。在初步询价阶段，发行人及其主承销商向询价对象初步询价，征询发行价格区间，询价对象分别提交报价，主承销商和发行人在报价区间内选择并确定发行价格区间和相应的市盈率区间。发行价格区间确定并公布后，进入累计投标询价阶段，发行人及主承销商在发行价格区间向询价对象进行累计投标询价，参与初步询价并有效报价的询价对象在公布的发行价格区间和发行规模内选择一个或多个申购价格或申购数量，将所有申购价格和申购数量对应的申购金额汇入主承销商指定的账户，发行人和主承销商根据累计投标询价的结果确定发行价格和发行市盈率。首次公开发行的股票在中小企业板和创业板上市的，发行人及其主承销商可以根据初步询价结果协商确定发行价格，不再进行累计投标询价。上市公司发行证券，可以通过询价方式确定发行价格，也可以与主承销商协商确定发行价格。

三、债券发行市场

（一）债券发行条件

我国债券市场的债券品种有国债、金融债、企业债和公司债，其中在证券交易所市场上市的有国债、企业债、公司债和资产证券化证券。

我国《证券法》规定，发行公司债券必须依照《证券法》规定的条件，报经国务院授权的部门审批。发行人必须向国务院授权的部门提交《公司法》规定的申请文件和国务院授权的部门规定的有关文件。2007 年 8 月，中国证监会颁布了《公司债发行试点办法》，其中所称的“公司债券”是公司依照法定程序发行、约定在 1 年以上期限内还本付息的有价证券。《公司债发行试点办法》的颁布实施标志着我国公司债券发行工作正式启动，使我国证券市场有了真正意义上的公司债券，这不仅丰富了固定收益工具的品种，而且改善了我国金融市场结构，增加了资本市场供给，有利于资本市场的均衡发展。《公司债发行试点办法》规定公司债券发行采用核准制，实行保荐制度，发行程序简单规范。发债公司可以无担保，也可以分期发行，发行条件比较宽松。对公司债券的票面利率没有限制性规定，发行价格由发行人和保荐机构通过市场询价确定。由市场决定发行价格的制度设计使票面利率的确定有较大的创新空间和自由度，也为公司打开了低成本融资的渠道。

具体而言，发行公司债券应当符合以下条件：公司的生产经营符合法律、行政法规和公司章程的规定，符合国家产业政策；公司内部控制制度健全，内部控制制度的完整性、合理性、有效性不存在重大缺陷；经资产评级机构评级，债券信用级别良好；公司最近 1 期期末经审计的净资产额应符合法律、行政法规和中国证监会的有关规定；最近 3 个会计年度实现的年均可分配利润不少于公司债券 1 年的利息；本次发行后累计公司债券余额不超过最近 1 期期末净资产额的 40%；金融类公司的累计公司债券余额按金融企业的有关规定计算。

（二）债券发行方式

(1) 定向发行，又被称为“私募发行”“私下发行”，即面向特定投资者发行。一般由债券发行人与某些机构投资者，如人寿保险公司、养老基金、退休基金等直接洽谈发行条件和其他具体事务，属直接发行。

(2) 承购包销，指发行人与由商业银行、证券公司等金融机构组成的承销团通过协商条件签订承购包销合同，由承销团分销拟发行债券的发行方式。

(3) 招标发行，指通过招标方式确定债券承销商和发行条件的发行方式。按照国际惯例，根据标的物不同，招标发行可分为价格招标、收益率招标；根据中标规则不同，可分为荷兰式招标（单一价格中标）和美式招标（多种价格中标）。

（三）债券发行价格

债券的发行价格是指投资者认购新发行的债券实际支付的价格。债券的发行，按债券的发行价格可以分为:平价发行,即债券的发行价格与面值相等;折价发行,即债券以低于面值的价格发行;溢价发行,即债券以高于面值的价格发行。在面值一定的情况下,调整债券的发行价格可以使投资者的实际收益率接近市场收益率的水平。

债券发行的定价方式以公开招标最为典型。按照招标标的分类,有价格招标和收益率招标;按照价格决定方式分类,有美式招标和荷兰式招标。以价格为标的的荷兰式招标,是以募满发行额为止所有投标者的最低中标价格作为最后中标价格,全体中标者的中标价格是单一的;以价格为标的的美式招标,是以募满发行额为止中标者各自的投标价格作为各中标者的最终中标价,各中标者的认购价格是不相同的。以收益率为标的的荷兰式招标,是以募满发行额为止的中标者最高收益率作为全体中标者的最终收益率,所有中标者的认购成本是相同的;以收益率为标的的美式招标,是以募满发行额为止的中标者所投标的各个价位上的中标收益率作为中标者各自的最终中标收益率,各中标者的认购成本是不相同的。一般情况下,短期贴现债券多采用单一价格的荷兰式招标,长期附息债券多采用多种收益率的美式招标。

第五节　证券交易常识

一、竞价的方式和交易时间

(一) 竞价方式

目前我们国家的竞价方式有两种。集合竞价方式,是指在规定的一段时间内接受的买卖申报一次性集中撮合的竞价方式。

连续竞价方式,是指对买卖申报逐笔连续撮合的竞价方式。

(二) 交易时间

每周一至周五(排除节假日),也叫交易日。

上海证券交易所,每个交易日:9:15—9:25 是开盘竞价时间。9:30—11:30、13:00—15:00为连续竞价时间。

深圳证券交易所,每个交易日:9:15—9:25 是开盘集合竞价时间。9:30—11:30、13:00—14:57 为连续竞价时间。14:57—15:00 是收盘集合竞价时间。

二、竞价的原则

价格优先,时间优先。先按价格优先成交,然后价格相同,就按照时间优先成交。

三、涨幅限制

一般的股票是 10%,ST 股、*ST 是 5%。

ST 是英文 Special Treatment 缩写,意即“特别处理”。该政策针对的对象是出现财务状况或其他状况异常的上市公司。

四、最低买卖的股数

100 股,也就是 1 手。

五、股票软件盘口名词解释

(一) 委比

$$委比=\frac{委买手数-委卖手数}{委买手数+委卖手数}\times 100$$

委买手数:现在所有个股委托买入下五档的总数量。

委卖手数:现在所有个股委托卖出上五档的总数量。

委比值的变化范围为:－100～＋100。

(二) 五档盘口

通常情况下,在股票行情软件上分别显示买卖各五个价格。

即:买①、买②、买③、买④、买⑤;卖①、卖②、卖③、卖④、卖⑤;也就是同一时间可以看到 5 个买盘价格和 5 个卖盘价格。未成交的最低卖价就是卖①,未成交的最高买价就是买①,其余类推。

(三) 最新

目前股票的最新价格。

(四) 开盘

股票当日开盘价(集合成交价)。

(五) 涨跌

股票当前的实际涨跌数额(基于昨日收盘价计算)。

(六) 涨幅

股票当前的实际涨跌幅度(基于昨日收盘价计算)。

(七) 最高、最低、均价

股票当日运行期间所达到的最高、最低价格及平均价格。

(八) 振幅

股票振幅就是股票开盘后的当日最高价和最低价之间的差的绝对值与前日收盘价的百分比。比如,今天有一个股票,昨天收盘是 10 块,今天最高上涨到 11 块,涨 10%,最低到过 9 块,下跌 10%,那么振幅为 20%。简单来说,股票的振幅就是股票开盘后的当日最高价和最低价之间的差和前日收盘价的比差。

(九) 总手

股票成交总量(内外盘之和)。

(十) 金额

当日总成交金额,即每笔成交与所对应成交价的乘积的累计。

(十一) 量比

量比是衡量相对成交量的指标。它是指股市开市后平均每分钟的成交量与过去 5 个交易日平均每分钟成交量之比。

其计算公式为:

$$量比=\frac{现成交总手}{过去5个交易日平均每分钟成交量\times当日累计开市时间(分)}$$

简化之,则为:

$$量比=\frac{现成交总手}{过去5日平均每分钟成交量\times当日累计开市时间(分)}$$

(十二) 换手

$$换手=\frac{当日成交量}{流通总股数}\times100\%$$

(十三) 市盈[静态]

$$市盈率(静态市盈率)=\frac{普通股每股当前市场价格}{普通股前一年度年报业绩}$$

(十四) 市盈[动态]

$$动态市盈率=\frac{静态市盈率}{(1+年复合增长率)^N}$$

上式中的分子是当前的每股市价,分母可用最近一年盈利,也可用未来一年或几年的预测盈利。比如说,上市公司目前股价为20元,每股收益为0.38元,去年同期每股收益为0.28元,成长性为36%[=(0.38−0.28)÷0.28],即$i=36\%$,该企业未来保持该增长速度的时间可持续5年,即$n=5$,则动态系数为22%[$=1\div(1+35\%)^5$]。相应地,动态市盈率为11.7倍,即53(=20÷0.38)×22%。

(十五) 股本(总股本)

股份公司发行的全部股票所占的股份总数。

(十六) 流通(流通股本)

在交易所有权利进行场内流通的股票。

(十七) 外盘

所谓外盘就是股票在卖出价成交,成交价为申卖价,说明买盘比较积极。成交价在卖出价叫外盘。即主动买入的为外盘,盘口上呈现红色成交。

(十八) 内盘

所谓内盘就是股票在买入价成交,成交价为申买价,说明抛盘比较踊跃。成交价在买入价叫内盘。即主动卖出的为内盘,盘口上呈现绿色成交。

思考题

1. 什么叫证券?
2. 证券市场包括哪些基本功能?

第二章　证券投资工具

第一节　股　票

一、股票的概念与特点

股票是股份公司发行的所有权凭证，是股份公司为筹集资金而发行给各个股东作为持股凭证并借以取得股息和红利的一种有价证券。其特性有：

(1) 收益性，指股票可以为持有人带来收益的特性。

(2) 风险性，指股票投资收益的不确定性。

(3) 流动性，指股票依法转让而变现的特性。

(4) 永久性，指股票存续无期限的特性。

(5) 参与性，指股票持有人有权参与公司重大决策的特性。

二、股票的分类

股票可分为以下七大类，每大类归为多个小类。

(1) 按上市地点分为A股、B股、H股、S股、N股。

A股，指境内的公司发行，供境内机构、组织或个人(不含台、港、澳投资者)以人民币认购和交易的普通股股票。

B股，指那些在中国大陆注册、在中国大陆上市的特种股票。

H股，指国有企业在香港上市的股票。

S股，指那生产或者经营在中国大陆，注册地在新加坡或者其他国家和地区，但是在新加坡交易所上市挂牌的企业股票。

N股，在中国大陆注册、在纽约上市的外资股票。

(2) 按板块分为行业、概念、地区。

行业：根据行业大类分，如煤炭、纺织、医药等；

概念：根据权重、热点、特色题材划分的，如“一带一路”、雄安新区等；

地区：根据身份直辖市区域划分的，如湖北板块、广东板块等。

(3) 按股票的持有者分为国家股、法人股、个人股三种。

国家股，是指以国有资产向有限公司投资形成的股权。

法人股，是指企业法人或具有法人资格的事业单位和社会团体，以其依法可支配的资产，向股份有限公司非上市流通股权部分投资所形成的股份。

个人股，是指公民个人以自己的合法财产投资于股份制企业的股份。

(4) 按股东的权利可分为普通股、优先股及两者的混合等多种。

普通股，是随着企业利润变动而变动的一种股份，是股份公司资本构成中最普通、最基本的股份，是股份企业资金的基础部分。

优先股，指在利润分红及剩余财产分配的权利方面，优先于普通股。

混合股，指在股息分配方面优先和在剩余财产分配方面劣后的两种权利混合起来的股票。

(5) 按票面形式可分为有面额、无面额及有记名、无记名四种。

有面额，指在股票票面上记载一定金额的股票。

无面额，指在股票票面上没有记载金额的股票。

有记名，指在股票票面和股份公司的股东名册上记载股东姓名的股票。

无记名，与有记名相对应。

(6) 按享受投票权益可分为单权、多权及无权三种。

单权股，指每张股票仅有一份表决权的股票。

多权股，与单权股相对应。

无权股，即无表决权股股票，指根据法律和公司章程的规定，对股份有限公司的经营管理事务不享有表决权的股票。

(7) 其他，如按性质分为红筹股、蓝筹股、ST 股、中概股、成长股等。

三、股票的价格、价值和收益

(一) 股票的价格

股票价格又称票面价值，是指股票在证券市场上买卖时的价格。股票本身没有价值，仅是一种凭证。其有价格的原因是它能给其持有者带来股利收入，故买卖股票实际上是购买或出售一种领取股利收入的凭证。票面价值是参与公司利润分配的基础。股利水平是一定量的股份资本与实现的股利比率。利息率是货币资本的利息率水平。股票的买卖价格，即股票行市的高低，直接取决于股息的数额与银行存款利率的高低。它直接受供求的影响，而供求又受股票市场内外诸多因素影响，从而使股票的行市背离其票面价值。例如，公司的经营状况、信誉、发展前景、股利分配政策以及公司外部的经济周期变动、利率、货币供应量和国家的政治、经济与重大政策等是影响股价波动的潜在因素，而股票市场中发生的交易量、交易方式和交易者成分等可以造成股价短期波动。另外，人为地操纵股票价格，也会引起股价的涨落。

股票价格分为理论价格与市场价格。股票的理论价格不等于股票的市场价格，两者甚至有相当大的差距。但是，股票的理论价格为预测股票市场价格的变动趋势提供了重要的依据，也是股票市场价格形成的一个基础性因素。

(二) 股票的价值

股票内在价值是分析家们分析公司的财务状况、盈利前景以及其他影响公司生产经营消长等因素后认为股票所真正代表的价值。这种所谓的内在价值在某种意义上取决于分析家或投资者个人的看法，所以可能对同一公司得出不同的结论。计算股票的内在价值有许多方法，但都是以未来的收入折成现值(即未来款项的现值)计算的。

(三) 股票的收益

股票收益(Stock Returns)是股票股息和因拥有股票所有权而获得的超出股票实际购买价格的收益。投资者购买股票最关心的是能获得多少收益。具体来说,就是红利和股票市价的升值部分。公司发放红利,大致有三种形式,现金红利、股份红利、财产红利。一般大多数公司都是发放现金股利的,不发放现金红利的主要是那些正在迅速成长的公司,它们为了公司的扩展,需要暂存更多的资金以适应进一步的需要,这种做法常常为投资者所接受。由于股息是股票的名义收益,而股票价格则是经常变化的,因此比较起来,股票持有者对股票价格变动带来的预期收益比对股息更为关心。

第二节 债 券

一、债券的概念与特点

债券,是一种要求借款人按预先规定的时间和方式向投资者支付利息和偿还本金的债务合同。在所有的金融工具中,债券属于债务类工具,其性质、交易和定价与其他的金融工具(如股票等)有很大的不同。同时,债券市场是资本市场中极为重要的组成部分,债券交易在资本市场交易活动中占有很大的比重。

世界各国债券发行和交易的规模极不平衡。美国债券市场是世界上最大的债券市场。虽然我国债券市场发行量、交易量和存量近年来快速增长,但我国债券市场与发达国家比较依然处于成长阶段,未来有广阔的发展空间。

债券作为一种债权债务凭证,与其他有价证券一样,也是一种虚拟资本,而非真实的资本,它是经济运行中实际运用的真实资本的证书。从投资者的角度看,债券具有以下四个特征。

(一) 偿还性

债券一般都规定有偿还期限,发行人必须按约定条件偿还本金并支付利息。但是,在历史上,英国等国家在战争期间为了筹措经费发行过的无期公债或者统一公债是例外。这种公债不规定到期时间,债权人也不能要求清偿,只能按期获得利息支付。

(二) 流动性

债券一般都可以在流通市场上自由转让,具有较强的流动性,但是债券的流动性一般与发行者的信誉和债券的期限紧密相关。

(三) 安全性

债券通常规定有固定的利率,与企业绩效没有直接联系,收益比较稳定;同时,在企业破产时,债券持有者享有优先于股票持有者的企业剩余资产索取权。因此,与股票相比,债券的风险较小。但这种安全性是相对的,并不是说债券绝对安全、没有风险。事实上,债券的价格也会因各种因素(如债券信用等级下降、市场利率上升等)的影响而下跌。

（四）收益性

收益性是指债券能为投资者带来一定的收入。这种收入主要表现在两个方面：一是投资债券可以给投资者定期或不定期地带利息收入；二是投资者可以利用债券价格的变动，买卖债券赚取差价。

债券的偿还性、流动性、安全性与收益性之间存在着一定的矛盾。一般来讲，如果债券的流动性强、安全性就强，人们便会争相购买，于是该种债券的价格就上升，收益率就会下降；反之，如果某种债券的流动性差，安全性低，那么购买的人就少，债券的价格就低，其收益率就高。对于投资者来说，可以根据自己的财务状况的投资目的来对债券进行合理的选择和组合。

二、债券的分类

（一）按发行主体分类

国债：由中央政府发行的债券。它由一个国家政府的信用作担保，所以信用最好，被称为金边债券。

地方政府债券：由地主政府发行，又叫市政债券。它的信用、利率、流通性通常略低于国债。

金融债券：由银行或非银行金融机构发行。信用高、流动性好、安全，利率高于国债。

企业债券：由企业发行的债券，又称公司债券。风险高，利率也高。

国际债券：国外各种机构发行的债券。

（二）按偿还期限分类

短期债券：1 年以内的债券，通常有 3 个月、6 个月、9 个月、12 个月几种期限。

中期债券：1～5 年内的债券。

长期债券：5 年以上的债券。

（三）按偿还与付息方式分类

定息债券：债券票面附有利息息票，通常半年或一年支付一次利息，利率是固定的。定息债券又叫附息债券。

一次还本付息债券：到期一次性支付利息并偿还本金。

贴现债券：发行价低于票面额，到期以票面额兑付。发行价与票面额之间的差就是贴息。

浮动利率债券：债券利率随着市场利率变化。

累进利率债券：根据持有期限长短确定利率。持有时间越长，则利率越高。

可转换债券：到期可将债券转换成公司股票的债券。

（四）按担保性质分类

抵押债券：以不动产作为抵押发行。

担保信托债券：以动产或有价证券担保。

保证债券：由第三者作为还本付息的担保人。

信用债券：只凭发行者信用而发行，如政府债券。

三、债券的价格、收益与风险

（一）债券的价格

1. 债券价格

债券价格是指债券发行时的价格。理论上，债券的面值就是它的价格。但实际上，由于发行者的种种考虑或资金市场上供求关系、利息率的变化，债券的市场价格常常脱离它的面值，有时高于面值，有时低于面值。也就是说，债券的面值是固定的，但它的价格却是经常变化的。发行者计息还本，是以债券的面值为依据，而不是以其价格为依据的。债券价格主要分为发行价格和交易价格。

债券投资收益率的计算公式：

$$R=\frac{M(1+r\times N)-P}{(P\times n)}$$

可得债券价格 P 的计算公式：

$$P=\frac{M(1+r\times N)}{(1+R\times n)}$$

式中，M 为债券的面值；

r 为债券的票面利率；

N 为债券的期限；

n 为待偿期；

R 为买方的获利预期收益。

其中，M 和 N 是常数。那么，影响债券价格的主要因素就是待偿期、票面利率、转让时的收益率。

2. 影响债券价格的因素

(1) 待偿期。债券的待偿期愈短，债券的价格就愈接近其终值（兑换价格）$M(1+r\times N)$，所以债券的待偿期愈长，其价格就愈低。另外，待偿期愈长，发债企业所要遭受的各种风险就可能愈大，所以债券的价格也就愈低。

(2) 票面利率。债券的票面利率也就是债券的名义利息率，债券的名义利率愈高，到期的收益就愈大，所以债券的售价也就愈高。

(3) 投资者的获利预期。债券投资者的获利预期（投资收益率 R）是跟随市场利率而发生变化的，若市场利率高调，则投资者的获利预期 R 也高涨，债券的价格就下跌；若市场的利率调低，则债券的价格就会上涨。这一点表现在债券发行时最为明显。

一般是债券印制完毕离发行有一段间隔，若此时市场利率发生变动，即债券的名义利息率就会与市场的实际利息率出现差距，此时要重新调整已印好的票面利息已不可能，而为了使债券的利率和市场的现行利率相一致，就只能就债券溢价或折价发行了。

(4) 企业的资信程度。发债者资信程度高的，其债券的风险就小，因而其价格就高；而资信程度低的，其债券价格就低。所以在债券市场上，对于其他条件相同的债券，国债的价格一般要高于金融债券，而金融债券的价格一般又要高于企业债券。

(5) 供求关系。债券的市场价格还决定于资金和债券供给间的关系。在经济发展呈上升趋势时,企业一般要增加设备投资,所以它一方面因急需资金而抛出债券,另一方面它会从金融机构借款或发行公司债,这样就会使市场的资金趋紧而债券的供给量增大,从而引起债券价格下跌。而当经济不景气时,生产企业对资金的需求将有所下降,金融机构则会因贷款减少而出现资金剩余,从而增加对债券的投入,引起债券价格的上涨。而当中央银行、财政部门、外汇管理部门对经济进行宏观调控时也往往会引起市场资金供给量的变化,其反映一般是利率、汇率跟随变化,从而引起债券价格的涨跌。

(6) 物价波动。当物价上涨的速度过快或通货膨胀率较高时,人们出于保值的考虑,一般会将资金投资于房地产、黄金、外汇等可以保值的领域,从而引起资金供应的不足,导致债券价格的下跌。

(7) 政治因素。政治是经济的集中反映,并反作用于经济的发展。当人们认为政治形式的变化将会影响到经济的发展时,比如说在政府换届时,国家的经济政策和规划将会有大的变动,从而促使债券的持有人做出买卖政策。

(8) 投机因素。在债券交易中,人们总是想方设法地赚取价差,而一些实力较为雄厚的机构大户就会利用手中的资金或债券进行技术操作,如拉抬或打压债券价格从而引起债券价格的变动。

(二) 债券的收益

债券收益(Bond Yields)是投资于债券所能获得的收益。具体包括三个要素:① 票面规定的利息;② 在复利条件下,用所得利息再投资所得利息,即"利息的利息";③ 债券到期前在流通市场出卖所得价差收入,或买进未到期债券在到期时所得偿还差收入。如果是贴水债券,则其投资者不享有第一、第二两种收益。债券收益是决定债券本身吸引力和债券价格的主要因素。债券收益高,则其吸引力大、价格高,因而评价债券收益是人们进行债券投资选择的基本手段。评价债券收益主要利用到期收益率和名义收益率两个指标。到期收益率是衡量优等债券收益的最普通尺度,其计算公式为:

$$\text{到期收益率}=\frac{\text{债券到期本息}-\text{债券买入价}}{\text{债券买入价}\times\text{待偿还年份}}\times 100\%$$

名义收益率是债券票面所载明的利息与本金的比例。这种收益率一般用于那些到期偿还有困难的投机性债务。

(三) 债券的风险

债券投资的风险有:违约风险、利率风险、购买力风险、变现能力风险、经营风险。

(1) 违约风险,是指发行债券的借款人不能按时支付债券利息或偿还本金,而给债券投资者带来损失的风险。一般来说,如果市场认为一种债券的违约风险相对较高,那么就会要求债券的收益率要较高,从而弥补可能承受的损失。

(2) 利率是影响债券价格的重要因素之一:当利率提高时,债券的价格就降低;当利率降低时,债券的价格就会上升。由于债券价格会随利率变动,所以即便是没有违约风险的国债也会存在利率风险。

(3) 购买力风险,是指由于通货膨胀而使货币购买力下降的风险。通货膨胀期间,投资者实际利率应该是票面利率扣除通货膨胀率。

(4) 变现能力风险,是指投资者在短期内无法以合理的价格卖掉债券的风险。如果投资者遇到一个更好的投资机会,想出售现有债券,但短期内找不到愿意出合理价格的买主,要把价格降到很低或者很长时间才能找到买主,那么,他不是遭受降低损失,就是丧失新的投资机会。

(5) 经营风险,是指发行债券的单位管理与决策人员在其经营管理过程中发生失误,导致资产减少而使债券投资者遭受损失。

第三节 证券投资基金

一、证券投资基金概述

(一) 证券投资基金的概念

证券投资基金,是指通过发售基金份额募集众多投资者资金形成独立的基金财产,由基金管理人管理、基金托管人托管,以资产组合方式进行证券投资,基金份额持有人按其所持份额享受收益和承担风险的投资工具。

(二) 证券投资基金的特点

(1) 集合理财、专业理财。

(2) 组合投资、分散投资。

(3) 利益共享、风险共担。

(4) 严格监管、信息透明。

(5) 独立托管、保障安全。

(三) 证券投资基金与其他金融工具的比较

1. 证券投资基金 VS 股票、债券

(1) 反映的经济关系不同:

股票——所有权关系,是所有权凭证,股东。债券——债务债权关系,债券凭证,债权人。

基金——信托关系,收益凭证,基金受益人。

(2) 所筹资金的投向不同:

股票和债券——直接投资工具,资金投向实业领域。

基金——间接投资工具,资金投向有价证券等金融工具或产品。

(3) 资金与风险的大小不同:

股票——波动性较大,高风险,高收益。债券——低风险,低收益。

基金——有效分散风险,风险适中,收益稳健。

2. 证券投资基金 VS 银行储蓄存款

(1) 性质不同。基金是收益凭证,基金财产独立基金管理人,管理人不承担投资损失风险。银行存款是信用凭证,银行对存款者负责。

(2) 收益与风险特征不同。

基金收益具有波动性,投资风险较大;银行存款损失本金的可能性较小。

(3) 信息披露程度不同。

基金管理人需要定期披露,银行存款不需要。

3. 证券投资基金的运作

证券投资基金的运作，包括证券投资基金的市场营销、基金的募集、基金的投资管理、基金资产的托管、基金份额的登记、基金的估值与会计核算、基金的信息披露及其他。

（四）证券投资基金的参与主体

契约性：我国为契约性。依照所签署的基金合同设立，权利主要体现在合同条款上。

公司型：以美国为代表。公司型基金在法律上具有独立的法人地位，依据基金公司的章程设立，投资者是股东，按持有的股份承担有限责任，分享投资收益。

两者的主要区别：

（1）法律主体资格不同：契约型基金没有法人资格，公司型基金具有法人资格。

（2）投资者的地位不同：与公司型基金的股东大会相比，契约型基金持有人权利相对小。

（3）基金运营依据不同：契约型依据基金合同运营，公司型依据基金公司章程运营。

（五）证券投资基金的运作方式

封闭式基金：基金份额在基金合同期内固定不变，基金份额可以在证券交易所交易，但是基金份额持有人不得申请赎回。

开放式基金：基金份额不固定，可以在基金合同约定的时间和场所内进行申购或赎回。

开放式基金和封闭式基金的区别：

（1）期限不同：封闭式基金有固定期限，大致为 15 年左右；开放式基金无期限。

（2）份额限制不同：封闭式基金有固定份额，未经法定程序认可不能增减；开放式基金没有规模限制，投资者可以随时提出申购和赎回申请，基金份额会随之增加或者减少。

（3）交易场所不同：封闭式基金只能委托证券公司在证券交易所按照市价买卖，交易在投资者之间完成。开放式基金可以按照基金管理人确定的时间和地点向基金管理人或其销售代理人提出申购、赎回申请，交易在投资者与基金管理人之间完成。

（4）价格形成方式不同：封闭式基金主要受二级市场供求关系的影响。开放式基金的买卖价格以基金份额净值为基础，不受市场供求关系影响。

（5）激励约束机制与投资策略不同：开放式基金向基金管理人提供了更好的激励约束机制。但是由于封闭的基金份额固定，没有赎回压力，基金投资管理人完全可以根据预先设定的投资计划进行长期投资和全额投资，有利于基金长期业绩的提高。

二、证券投资基金的分类

（一）分类的意义

（1）对基金投资者来说，科学的分类有助于加深对各类的基金的认识以及风险收益特征的把握，有助于做出证券的投资选择与比较。

（2）对基金管理公司来说，基金业绩的比较在同一类别中进行才公平合理。

（3）对基金研究评价机构来说，分类是评级的基础。

（4）对监管部门来说，有利于针对不同基金的热点实施有效监管。

（二）基金分类

（1）按运作方式分类：封闭式、开放式。

(2) 按法律形式分类：契约型、公司型。

(3) 按投资对象分类：股票基金(60%以上投资于股票)、债券基金(80%以上投资于债券)、货币市场基金(仅投资于货币市场工具)、混合基金。

(4) 按投资目标分类：增长型(以追求资本增值为目标)、收入型基金(以追求稳定的经常性收入为目标)、平衡型基金(两者都注重)。

(5) 按投资理念分类：主动型基金，力图取得超越基准组合表现的基金；被动(指数)型基金，选取特定的指数作为跟踪对象。

(6) 按募集方式分类：公募基金(投资金额要求低，适宜中小投资者参与，监督比较严格)、私募基金(投资金额要求高，投资资格和人数受到严格限制，但是运作限制较少)。

(7) 按基金的资金来源与用途分类：在岸基金(本国募集并投资于本国)、离岸基金(一国投资基金组织在他国发售，将募集的资金投资于本国或者第三国)。

(8) 特殊类型基金：

系列基金(多个基金共用一个基金合同，子基金独立运作)、基金中的基金(以其他证券投资基金为投资对象)、保本基金(保证投资者在投资到期时至少能够获得投资资本金或一定回报的证券投资基金)

(三) 证券投资基金的设立与交易

1. 证券投资基金的设立

我国基金事业的发展尚属初级阶段，而基金的设立又是基金运作的第一步，因此，为了保证基金成立后能够规范正常地管理、运作，需要严把基金设立关，实行严格的"核准制"。

(1) 基金设立的程序。证券投资基金的设立包括四个主要步骤：

① 确定基金性质。按组织形态不同，基金有公司型和契约型之分；按基金券可否赎回，又可分为开放型和封闭型两种，基金发起人首先应对此进行选择。

② 选择共同发起人、基金管理人与托管人，制定各项申报文件。根据有关对基金发起人资格的规定慎重选择共同发起人，签订"合作发起设立证券投资基金协议书"，选择基金保管人，制定各种文件，规定基金管理人、托管人和投资人的责、权、利关系。

③ 向主管机关提交规定的报批文件。同时，积极进行人员培训工作，为基金成立做好各种准备。

④ 发表基金招募说明书，发售基金券。一旦招募的资金达到有关法规规定的数额或百分比，基金即告成立，否则，基金发起便告失败。

(2) 申请设立基金应提交的文件和内容。

根据《证券投资基金管理暂行办法》及其实施细则，基金发起人在申请设立基金时应当向证监会提供的文件有8个：

① 申请报告。主要内容包括基金名称、拟申请设立基金的必要性和可行性、基金类型、基金规模、存续时间、发行价格、发行对象、基金的交易或申购和赎回安排、拟委托的托管人和管理人以及重要发起人签字、盖章。

② 发起人情况。包括发起人的基本情况、法人资格与业务资格证明文件。

③ 发起人协议。主要内容包括拟设立基金名称、类型、规模、募集方式和存续时间；基金发起人的权利和义务，并具体说明基金未成立时各发起人的责任、义务；发起人认购基金单位

的出资方式、期限以及首次认购和在存续期间持有的基金单位份额;拟聘任的基金托管人和基金管理人;发起人对主要发起人的授权等。

④ 基金契约与托管协议。

⑤ 招募说明书。

⑥ 发起人财务报告。包括主要发起人经具有从事证券相关业务资格的会计师事务所及其注册会计师审计的最近3年的财务报表和审计报告,以及其他发起人实收资本的验资证明。

⑦ 法律意见书。具有从事证券法律业务资格的律师事务所及其律师对发起人资格、发起人协议、基金契约、托管协议、招募说明书、基金管理公司章程、拟委任的基金托管人和管理人的资格,本次发行的实质条件、发起人的重要财务状况等问题出具法律意见。

⑧ 募集方案。包括基金发行基本情况及发行公告。

申请设立开放式基金时,除应报送上述材料外,基金管理人还应向中国证监会报送开放式基金实施方案及相关文件。

2. 证券投资基金的交易

由于封闭式基金成立之后不能赎回,除了成立之时投资者可以在交易所或者指定单位购买之外,一旦封闭式基金成立,投资者只能在证券公司通过交易所平台像买卖股票一样买卖。

投资者只要拥有证券账户,就可以很轻松地像购买股票一样购买封闭式基金。

ETF基金是指"交易型开放式指数证券投资基金"(Exchange Traded Fund,ETF),简称"交易型开放式指数基金",是一种跟踪"标的指数"变化且在证券交易所上市交易的基金。投资者可以像买卖股票那么简单地去买卖"标的指数"的ETF,并获得与该指数基本相同的报酬率。

ETF的交易与股票和封闭式基金的交易完全相同,基金份额是在投资者之间买卖的。投资者利用现有的证券账户或基金账户即可进行交易,而不需要开设任何新的账户。ETF的二级市场交易同样需要遵守交易所的有关规则,如当日买入的基金份额当日不得卖出,并可适用大宗交易的相关规定等。

(四)私募股权基金

私募股权基金(Private Equity Fund)是从事私人股权(非上市公司股权)投资的基金,主要包括投资非上市公司股权或上市公司非公开交易股权两种。追求的不是股权收益,而是通过上市、管理层收购和并购等股权转让路径出售股权而获利。

1. 私募属性

当前,我国私募股权基金正处在发展初期,逐步受到关注。私募股权基金是美国开创的一种专业的投资管理服务和金融中介服务。其第一个属性是私募。私募有三个内涵:第一,私募基金募集对象或投资者的范围和资格有一定要求。美国最早设定一个私募股权基金投资者人数不能超过100个人。投资者的资格是资金实力较为雄厚。最初投资者资格要求年收入在20万美元以上,家庭资产也须达到一定的水平;机构投资者净资产必须在100万美元以上。1996年以后标准做出调整:投资者人数扩大到500人,个人投资者资产特别是金融资产规模在500万以上。第二,私募是指基金的发行不能借助传媒。主要通过私人关系、券商、投资银行或投资咨询公司介绍筹集资金。第三,由于投资者具有抗风险能力和自我保护的能力,因此政府不需要对其进行监管。

私募股权基金的第二个属性是股权投资。私募来的基金主要用于企业股权的投资。广义的私募股权基金包括创业投资、成熟企业的股权投资，也包括并购融资等形式。狭义的私募股权基金不包括创业投资的范畴。国内谈论得比较多的“私募基金”主要是私募证券投资基金，不属于本文讨论的范畴。

2. 退出渠道机制

在美国，私募股权基金及创业投资的退出渠道和机制通常有三种：第一，通过创业板上市，投资者通过股票的抛售退出。通过这种退出方式，投资者通常可获得10倍甚至10倍以上的投资收益。第二，通过转让给第三方企业退出，通过这种退出方式，投资者可获得3倍左右的投资收益。第三，转让给企业内部的管理人，通过这种方式，投资者通常可获得70%的投资收益。曾经出现过私募股权投资基金投资收益高达100倍以上的投资神话，比如美国S. A. C基金。

但是，做投资要有风险意识。国内私募股权基金退出，一般而言有如下四种方式：

(1) 境内外资本市场公开上市；

(2) 股权转让；

(3) 将目标企业分拆出售；

(4) 清算。

第四节 金融衍生工具

20世纪70年代至90年代，随着金融自由化和国际化的逐步发展，任何有价资产的持有者都会面临由汇率或利率变动而造成直接损失或间接损失的风险。虽然分散资产可以降低非系统性风险，但对系统性风险却完全没有帮助。因此，市场对一些能够对冲风险的工具，需求十分殷切。在高度自由竞争的环境下，金融衍生工具市场的出现满足了这类需求，其实是一个很自然的过程。金融衍生工具是以合约形式制定，其价值往往引申自另一个或多个基础变数。这些变数可以是任何形式的资产价格，如股票、货币、商品等资产价格，亦可以是指数或其他经济指标等。金融衍生工具市场能够迅速发展到今天的规模，还有赖于其他因素，包括科技和电脑的进步、银行和金融机构的积极推广、相关理论的形成等。

一、金融衍生工具市场参与者

市场上从事金融衍生工具买卖的参与者，基本上分为三类：对冲者(Hedgers)或称保值者、投机者(Speculators)和套利者(Arbitrageurs)，对冲者的主要目的是避免或降低面对的风险；投机者则与对冲者相反，投机者期望的是市场未来的不确定性，他们并不一定持有资产，或对未来投资做保值，而在于获得资产未来真实价格和现在的远期价格之间的差额；套利者是通过两个或以上的不同市场，同时买卖某一种(或两种类似的)资产或商品，以期获得无风险的利润。

二、金融衍生工具——期货

期货的英文为futures，是由“未来”一词演化而来，其含义是不必在买卖发生的初期交割，而是共同约定在未来的某一时候交割，因此在国内就称其为“期货”。

最初的期货交易是从现货远期交易发展而来，最初的现货远期交易是双方口头承诺在某一时间交收一定数量的商品，后来随着交易范围的扩大，口头承诺逐渐被买卖契约代替。这种契约行为日益复杂化，需要有中间人担保，以便监督买卖双方按期交货和付款，于是便出现了1570年伦敦开设的世界第一家商品远期合同交易所——皇家交易所。为了适应商品经济的不断发展，1985年芝加哥谷物交易所推出了一种被称为“期货合约”的标准化协议，取代原先沿用的远期合同。使用这种标准化合约，允许合约转手买卖，并逐步完善了保证金制度，于是一种专门买卖标准化合约的期货市场就形成了，期货成为投资者的一种投资理财工具。

（一）期货与股票的区别

期货与股票的投资报酬不一样：期货交易由于其保证金的杠杆原理，可以放大收益，达到“四两拨千斤”的效果。期货只需付出合约总值10%以下的本钱；股票则必须100%投入资金，要融资则需付出利息代价。与投资报酬成倍增长一样，期货的投资风险与股票相比，也是成倍增长。

（二）期货合约的主要特点

(1) 期货合约的商品品种、数量、质量、等级、交货时间、交货地点等条款都是既定的，是标准化的，唯一的变量是价格。期货合约的标准通常由期货交易所设计，经国家监管机构审批上市。

(2) 期货合约是在期货交易所组织下成交的，具有法律效力，而价格又是在交易所的交易厅里通过公开竞价方式产生的；国外大多采用公开叫价方式，而我国均采用电脑交易。

(3) 期货合约的履行由交易所担保，不允许私下交易。

(4) 期货合约可通过交收现货或进行对冲交易来履行或解除合约义务。

（三）期货合约的组成要素

(1) 交易品种。

(2) 交易数量和单位。

(3) 最小变动价位，报价必须是最小变动价位的整倍数。

(4) 每日价格最大波动限制，即涨（跌）停板。当市场价格涨到最大涨幅时，我们称“涨停板”；反之，称“跌停板”。

(5) 合约月份。

(6) 交易时间。

(7) 最后交易日（指某一期货合约在合约交割月份中进行交易的最后一个交易日）。

(8) 交割时间（指该合约规定进行实物交割的时间）。

(9) 交割标准和等级。

(10) 交割地点。

(11) 保证金。

(12) 交易手续费。

（四）期货合约的功能

(1) 吸引套期保值者利用期货市场买卖合约锁定成本，规避因现货市场的商品价格波动风险而可能造成的损失。

(2) 吸引投机者进行风险投资交易,增加市场流动性。

(五) 期货交易的特征

(1) 期货交易的双向性。期货交易与股市的一个最大区别就是期货可以双向交易,期货可以买空也可以卖空。价格上涨时可以低买高卖,价格下跌时可以高卖低补。做多可以赚钱,做空也可以赚钱,所以说期货无熊市。在熊市中,股市会萧条,而期货市场却风光依旧、机会依然。

(2) 期货交易的杠杆作用。杠杆原理是期货投资的魅力所在。期货市场里的交易无须支付全部资金,目前国内期货交易只需要支付5%的保证金即可获得未来交易的权利。由于保证金的运用,原本的行情被以十余倍放大。我们假设某日铜价格涨了3%,如果操作对了,我们的资金利润率就达60%(=3%÷5%),远远超过股票投资。

(3) 期货是零和市场,但大于负市场。期货是零和市场,期货市场本身并不创造利润。在某一时段里,不考虑资金的进出和提取交易费用,期货市场的总资金量是不变的,市场参与者的盈利来自另一个交易者的亏损。

(六) 期货套利方法

期货市场的套利主要有三种形式,即跨交割月份套利、跨市场套利及跨商品套利。

(1) 跨交割月份套利(跨月套利)。投机者在同一市场利用同一种商品不同交割期之间价格差距的变化,买进某一交割月份期货合约的同时,卖出另一交割月份的同类期货合约以牟取利润的活动。其实质是利用同一商品期货合约的不同交割月份之间差价的相对变动来获利,这是最为常用的一种套利形式。

例如,如果注意到5月份的大豆和7月份的大豆价格差异超出正常的交割、储存费,应买入5月份的大豆合约而卖出7月份的大豆合约。过后,当7月份的合约与5月份的大豆合约更接近而缩小了两个合约的价格差时,就能从价格差的变动中获得一笔收益。跨月套利与商品绝对价格无关,而仅与不同交割期之间的价差变化趋势有关。

(2) 跨市场套利(跨市套利)。跨市套利是在不同交易所之间的套利交易行为。当同一期货商品合约在两个或更多的交易所进行交易时,由于区域间的地理差别,各商品合约间存在一定的价差关系。投机者利用同一商品在不同交易所期货价格的不同,在两个交易所同时买进和卖出期货合约以牟取利润。

当同一商品在两个交易所中的价格差额超出了将商品从一个交易所的交割仓库运送到另一交易所的交割仓库的费用时,可以预计,它们的价格将会缩小并在未来某一时期体现真正的跨市场交割成本。例如,伦敦金属交易所(LME)与上海期货交易所(SHFE)都进行阴极铜的期货交易,每年两个市场间会出现几次价差超出正常范围的情况,这为交易者的跨市套利提供了机会。又如,当LME铜价低于SHFE时,交易者可以在买入LME的铜合约的同时,卖出SHFE的铜合约,待两个市场价格关系恢复正常时再将买卖合约对冲平仓并从中获利,反之亦然。

(3) 跨商品套利。所谓跨商品套利,是指利用两种不同的但是相互关联的商品之间的期货价格的差异进行套利,即买进(卖出)某一交割月份某一商品的期货合约,而同时卖出(买入)另一种相同交割月份、另一关联商品的期货合约。跨商品套利必须具备以下条件:

第一，两种商品之间应具有关联性与相互替代性。

第二，交易受同一因素制约。

第三，买进或卖出的期货合约通常应在相同的交割月份。

在某些市场中，一些商品的关系符合真正套利的要求。比如在谷物中，如果大豆的价格太高，玉米可以成为它的替代品。这样，两者价格变动趋于一致。另一常用的商品间套利是原材料商品与制成品之间的跨商品套利，如大豆及其两种产品——豆粕和豆油的套利交易。大豆压榨后，生产出豆粕和豆油。在大豆与豆粕、大豆与豆油之间都存在一种天然联系，这种联系能限制它们的价格差异额的大小。

要想从相关商品的价差关系中获利，套利者必须了解这种关系的历史和特性。例如，一般来说，大豆价格上升（或下降），豆粕的价格必然上升（或下降），如果预测豆粕价格的上升幅度小于大豆价格的上升幅度（或下降幅度大于大豆价格的下降幅度），那么应在交易所买进大豆的同时卖出豆粕，待机平仓获利。反之，如果预测豆粕价格的上升幅度大于大豆价格的上升幅度（或下降幅度小于大豆价格下降幅度），则应在卖出大豆的同时买进豆粕，待机平仓获利。

第五节　投资概述

在现实生活中，投资活动几乎无处不在，投资概念对经济学学科来说也是十分基本的。但是，在很多的经济学教材中，投资的概念被大家当作理所当然已经理解的东西来使用。而实际上，如果每人都给“投资”（Investment）下定义的话，我们就会发现，人们对“投资”的理解是五花八门的。不同的理解，往往意味着不同的定义。

本书对投资的定义主要是从投资的过程进行理解。所谓投资，是指货币转化为资本的过程。在货币转化为资本的过程中，需要借助于投资媒介或者说投资对象。一般而言，投资媒介可分为真实资产和金融资产两种。真实资产是指一些可看到、可触摸的物件，如房地产、名表、古董、名画和黄金等。金融资产是指一种契约，保障持有人获得契约内所规定的权益，如股票、债券、期货、期权等。两者的显著区别在于资产套现和变卖能力。相对而言，金融资产的套现和变卖能力要强于真实资产。而投资者决定投资真实资产还是金融资产，或者投资者具体要投资哪种真实资产或哪种金融资产，往往取决于其投资目的：

因此，任何投资者在投资前，首先都要明确其投资的目的。投资目的有很多种，总体而言，投资者进行投资主要出于以下几个目的：

(1) 本金保障。这是最为常见的投资目的，投资者通过投资保存资本或者资金的购买力。只要持有现金数量大于生活所需，在通货膨胀的情况下，若不通过有效益的投资，现金的购买力就会受到侵蚀。所以，投资的目的就是保障资金的购买力不受到侵蚀。

(2) 资本增值。对某些投资者来说，他们要求不单是保值，而且还要获得资本的增值。通过投资工具，以期本金能迅速增长，使财富得以累积。

(3) 经常性收益。一般已拥有若干资产和回避风险的人士，只期待本金获得保障且能定期地获得一些经常性收益作为生活费用，如退休人士通过退休投资计划来获取稳定的退休金。

投资者在获取投资收益的同时，也面临着投资所带来的风险。不同投资者会因自身生活背景和条件的不同，风险承受能力会有所不同，故他们的投资目的也会有所不同，进而投资取向、投资作风以及所选择的投资工具也会有所不同。所以在建立投资计划时，投资者宜先行了解投资目的和风险承受能力等因素，而后才能树立成熟的投资理念。因此，要真正地理解投资，还必须对风险以及风险偏好有很好的认识。

思考题

一、名词解释

风险　股票　普通股　优先股　债券　基金　证券投资基金　契约型基金　公司型基金　封闭型基金　开放型基金　基金管理人　基金托管人　金融衍生工具　期货　期权

二、简答题

1. 简述有价证券的种类和特征。
2. 股票有哪几种主要类型？
3. 简述普通股股票的基本特征和主要种类。
4. 普通股股东享有哪些主要权利？
5. 简述优先股股票的基本特征。
6. 简述债券的种类。
7. 证券投资基金与股票、债券有哪些异同？
8. 证券投资基金主要有哪几种类型？
9. 金融衍生工具可分为哪些种类？
10. 金融衍生工具的主要功能有哪些？

第二部分

股市基本面分析

第三章　证券投资的宏观经济分析

第一节　判断宏观经济形势的基本变量

一、判断经济增长与经济周期的主要指标

（一）国内生产总值（GDP）与经济增长率

我们通常用国内生产总值的增长速度衡量经济增长率，而经济增长率的变化也反映了经济在经济周期的不同阶段运行。国内生产总值是指一个国家（或地区）所有常住单位在一定时期内生产活动的最终成果。国内生产总值有三种表现形态，即价值形态、收入形态和产品形态。从价值形态看，它是指所有常住单位在一定时期内生产的全部货物和服务价值超过同期中间投入的全部非固定资产货物和服务价值的差额，即所有常住单位的价值增加值之和；从收入形态看，它是指所有常住单位在一定时期内创造并分配给常住单位和非常住单位的初次收入分配之和；从产品形态看，它是所有常住单位在一定时期内最终使用的货物和服务价值与货物和服务净出口价值之和。在实际核算中，国内生产总值有三种计算方法，即生产法、收入法和支出法。这三种方法分别从不同的方面反映国内生产总值及其构成。

从国内生产总值的定义可以看出，它是以“国土原则”为核算标准的，不包含本国居民在国外取得的收入，但包含外国居民在本国取得的收入。与国内生产总值相类似的一个概念是国民生产总值（GNP），国民生产总值是以“国民原则”为核算标准，包含本国居民在国外取得的收入，但不包含外国居民在本国取得的收入。统计国内生产总值时，常用的公式为：

$$GDP=C+I+G+(X-M)$$

式中，C 为消费；

I 为投资；

G 为政府支出；

X 为出口；

M 为进口；

$X-M$ 为净出口。

国内生产总值的增长速度一般用来衡量经济增长率，它是反映一定时期经济发展水平变化程度的动态指标，也是反映一个国家经济是否具有活力的基本指标。对于发达国家来说，其经济发展总水平已经达到相当的高度，经济发展速度的提高相对来说比较困难；对经济尚处于

较低水平的发展中国家而言，由于发展潜力大，其经济发展速度可能达到高速甚至超高速增长。

因此，在宏观经济分析中，国内生产总值指标占有非常重要的地位，具有十分广泛的用途。国内生产总值的持续增长是政府追求的目标之一。

（二）失业率

失业率是指劳动力人口中失业人数所占的百分比。劳动力人口是指年龄在 16 岁以上且具有劳动能力的人的全体。目前，我国统计部门公布的失业率为城镇登记失业率，即城镇登记失业人数占城镇从业人数与城镇登记失业人数之和的百分比。城镇登记失业人数是指拥有非农业户口，在一定的劳动年龄内，有劳动能力，无业而要求就业，并在当地就业服务机构进行求职登记的人员数。失业率的上升与下降是以国内生产总值相对于潜在 GDP 的变动为背景的，而其本身则是现代社会的一个主要问题。值得注意的是，通常所说的充分就业是指对劳动力的充分利用，但不是完全利用，因为在实际的经济生活中不可能达到失业率为零的状态。在充分就业情况下也会存在一部分“正常”的失业，如由于劳动力的结构不能适应经济发展对劳动力的需求变动所引起的结构性失业。

（三）通货膨胀

通货膨胀是指一般物价水平持续、普遍、明显的上涨对通货膨胀的衡量可以通过对一般物价水平上涨幅度的衡量来进行。一般来说，常用的指标有三种：零售物价指数、批发物价指数、国民生产总值物价平减指数。零售物价指数又称“消费物价指数”或“生活费用指数”，反映消费者为购买消费品而付出的价格的变动情况；批发物价指数反映一国批发价格上升或下降的幅度；国民生产总值物价平减指数则是按当年不变价格计算的国民生产总值与按基年不变价格计算的国民生产总值的比率。由于以上三种指标在衡量通货膨胀时各有优缺点，且所涉及商品和劳务的范围不同、计算口径不同，即使在同一国家的同一时期，各种指数所反映的通货膨胀程度也不尽相同，因而在衡量通货膨胀时需要选择适当的指数。一般来说，在衡量通货膨胀时，零售物价指数使用得最多、最普遍。

通货膨胀一般以两种方式影响经济：通过收入和财产的再分配以及通过改变产品产量与类型影响经济。具体地说，通货膨胀对社会经济产生的影响主要有：引起收入和财富的再分配，扭曲商品相对价格，降低资源配置效率，引发泡沫经济乃至损害一国的经济基础和政权基础。

对于通货膨胀的形成原因，传统的理论解释有三种：需求拉动的通货膨胀、成本推动的通货膨胀、结构性通货膨胀。通货膨胀有被预期和未被预期之分，从程度上则有温和的通货膨胀、严重的通货膨胀和恶性通货膨胀三种。温和的通货膨胀是指年通货膨胀率低于 10%的通货膨胀；严重的通货膨胀是指年通货膨胀率是两位数的通货膨胀；恶性通货膨胀则是指年通货膨胀率在三位数以上的通货膨胀。各国往往不会长期容忍高的通货膨胀率，但为抑制通货膨胀而采取的货币政策和财政政策通常会导致高失业率和 GDP 的低增长，因此损失的产量和就业数量本身作为抑制通货膨胀的代价是很大的。

二、判断金融市场形势的主要指标

（一）货币供应量

货币供应量是单位和居民个人在银行的各项存款及手持现金之和，其变化反映着中央银行货币政策的变化，对企业生产经营、金融市场尤其是证券市场的运行和居民个人的投资行为有着重大的影响。

我国从1994年三季度起由中国人民银行按季向社会公布货币供应量统计监测指标。参照国际通用原则，根据我国实际情况，中国人民银行将我国货币供应量指标分为以下四个层次：

(1) M0，流通中的现金。

(2) M1，M0＋企业活期存款＋机关、团体、部队存款＋农村存款＋个人持有的信用卡类存款。

(3) M2，M1＋城乡居民储蓄存款＋企业存款中具有定期性质的存款＋外币存款＋信托类存款。

(4) M3，M2＋金融债券＋商业票据＋大额可转让存单等。

其中，M1是通常所说的狭义货币量，流动性较强；M3是广义货币量；M2与M1的差额是准货币，流动性较弱；M3是考虑到金融创新的现状而设立的，暂未测算。

值得注意的是，M1与M2的比值在某种程度上可以衡量一个经济体内货币流动性的大小。如果M2中MI所占比例较高，说明经济体中的货币流动性较强；反之，如果M2中M1所占比例较低，说明经济体中的货币流动性较低。

（二）利率

利率又称利息率，表示一定时期内利息量与本金的比率，通常用百分比表示，按年计算则称为年利率。其计算公式是：

$$利率=\frac{利息量}{本金}$$

利率直接反映信用关系中债务人使用资金的代价，也是债权人出让资金使用权的报酬。

从宏观经济分析的角度看，利率的波动反映出市场资金供求的变动情况。在经济发展的不同阶段，市场利率有不同表现。在经济持续繁荣增长时期，资金供不应求，利率上升；在经济萧条疲软时，利率会随着资金需求的减少而下降。利率影响着人们的储蓄、投资和消费行为；利率结构也影响着居民金融资产的选择，影响着证券的持有结构。

利率通常由国家的中央银行控制，在美国由联邦储备委员会管理。当经济过热通货膨胀上升时，便提高利率、收紧信贷；当过热的经济和通货膨胀得到控制时，便会把利率适当地调低。当前，世界各国频繁运用利率杠杆实施宏观调控，利率政策已成为各国中央银行调控货币供求，进而调控经济的主要手段，利率政策在中央银行货币政策中的地位越来越重要。

（三）汇率

汇率是外汇市场上一国货币与他国货币相互交换的比率。它是由一国货币所代表的实际社会购买力平价和自由市场对外汇的供求关系决定的。

汇率变动是国际市场商品和货币供求关系的综合反映。当汇率升高时，本币贬值，国外的本币持有人就会抛出本币或者加快国内市场的商品购买速度。对于国内来说，一方面是流回国内的本币增多，另一方面是从国内流出的商品增多，导致出口量扩大，这就形成了国内需求的扩大和供给的减少。当汇率下降时，本币升值，国外对本币的需求增大以及流出增加，对国内的进口减少，这就使国内需求减少，导致国内供给增加。因此，汇率变动的总体效应就是：本币贬值会扩大国内总需求，本币升值会缩减国内总需求。

一国的汇率会因该国的国际收支状况、通货膨胀率、利率、经济增长率等的变化而波动。同样，汇率波动又会影响一国的进出口额和资本流动，并会影响一国的经济发展。在当前国际分工异常发达、各国间经济联系十分密切的情况下，汇率的变动对一国的国内经济、对外经济以及国际经济联系都会产生重大影响。

第二节　宏观经济对证券市场的影响

一、证券市场价格的主要影响因素

与任何商品的价格一样，证券价格不是固定不变的。根据证券价格决定模型得出的证券价格只是证券的理论价格，它是在高度简化和严格假设条件下的结果，而实际的证券市场受多重因素的影响和作用，这些因素也常常处于变动之中，因此证券价格不可能按照纯粹的理论价格变动。一般来说，影响证券市场价格的因素主要有以下几方面。

（一）宏观因素

宏观因素包括对证券市场价格可能产生影响的社会、政治、经济、文化等方面。

(1) 宏观经济因素，即宏观经济环境状况及其变动对证券市场价格的影响，包括宏观经济运行的周期性波动等规律性因素和政府实施的经济政策等政策性因素。证券市场是整个市场体系的重要组成部分，上市公司是宏观经济运行微观基础中的重要主体，因此证券市场价格理所当然地会随宏观经济运行状况的变动而变动，会因宏观经济政策的调整而调整。例如，一般来说，股票价格随国民生产总值的升降而涨落；证券市场行情随着宏观经济政策的扩张与紧缩及由此导致的市场资金量的增减而升跌。

(2) 政治因素，即影响证券市场价格变动的政治事件。一国的政局是否稳定对证券市场有着直接的影响。一般来说，政局稳定则证券市场稳定运行；反之，政局不稳则常常引起证券市场价格下跌。除此之外，国家首脑的更换、罢工、主要产油国的动乱等也对证券市场有重大影响。

(3) 法律因素，即一国的法律特别是证券市场的法律规范状况。一般来说，法律不健全的证券市场更具投机性，震荡剧烈、涨跌无序、人为操纵成分大、不正当交易较多；反之，法律法规体系比较完善、制度和监管机制比较健全的证券市场，证券从业人员营私舞弊的机会较少，证券价格受人为操纵的情况也较少，因而表现得相对稳定和正常。从总体上说，新兴的证券市场往往不够规范，而成熟的证券市场法律法规体系则比较健全。

(4) 军事因素，主要是指军事冲突。军事冲突是一国国内或国与国之间、国际利益集团与国际利益集团之间的矛盾发展到无法采取政治手段来解决的最终结果。军事冲突小则造成一个国家内部或一个地区的社会经济生活的动荡，大则打破正常的国际秩序。军事冲突会使证券市场的正常交易遭到破坏，因而必然导致相关证券市场的剧烈动荡。例如，海湾战争之初，世界主要股市均呈下跌之势，而且随着战局的不断变化，股市均大幅振荡。

(5) 文化、自然因素。就文化因素而言，一个国家的文化传统往往在很大程度上决定着人们的储蓄和投资心理,从而影响证券市场资金流入流出的格局,进而影响证券市场价格;证券投资者的文化素质状况则从投资决策的角度影响着证券市场。一般来说,文化素质较高的证券投资者在投资时较为理性。如果证券投资者的整体文化素质较高,则证券市场价格相对比较稳定;相反,如果证券投资者的整体文化素质偏低,则证券市场价格容易出现暴涨暴跌。在自然方面,如果发生自然灾害,生产经营就会受到影响,从而导致相关证券的价格下跌;反之,如果进入恢复重建阶段,由于投入大量增加,对相关物品的需求也大量增加,从而导致相关证券价格的上升。

（二）产业和区域因素

产业和区域因素主要是指产业发展前景和区域经济发展状况对证券市场价格的影响。它是介于宏观和微观之间的一种中观影响因素,因而它对证券市场价格的影响主要是结构性的。

在产业方面,每个产业都会经历一个由成长到衰退的发展过程,这个过程称为产业的生命周期。产业的生命周期通常分为四个阶段,即初创期、成长期、稳定期衰退期。处于不同发展阶段的产业在经营状况及发展前景方面有较大差异,这必然会反映在证券价格上。蒸蒸日上的产业证券价格呈上升趋势,日渐衰落的产业证券价格则逐渐下落。

在区域方面,由于区域经济发展状况、区域对外交通与信息沟通的便利程度、区域内的投资活跃程度等的不同,分属于各区域的证券价格自然也会存在差异,即便是相同产业的证券也是如此。经济发展较快、交通便利、信息化程度高的地区,投资活跃,证券投资有较好的预期;相反,经济发展迟缓、交通不便、信息闭塞的地区,其证券价格总体上呈下降趋势。

（三）公司因素

公司因素是指上市公司的运营对证券价格的影响。上市公司是发行证券募集资金的运用者,也是投资收益的实现者,因而其经营状况的好坏对证券价格的影响极大。而其经营管理水平、科技开发能力、产业内的竞争实力与竞争地位、财务状况等无不关系着其运营状况,这些因素均从各个不同的方面影响着证券市场价格。由于产权边界明确,公司因素一般只对本公司的证券市场价格产生深刻影响,是一种典型的微观影响因素。

（四）市场因素

市场因素是指影响证券市场价格的各种证券市场操作,如看涨与看跌、买空与卖空、追涨与杀跌、获利平仓与解套或割肉等行为,而不规范的证券市场中还存在诸如分仓、串谋、轮炒等违法违规操纵证券市场的行为。一般来说,如果证券市场的做多行为多于做空行为,则证券价格上涨;反之,如果做空行为占上风,则证券价格趋于下跌。由于各种证券市场操作行为主要是短期行为,因而市场因素对证券市场价格的影响具有明显的短期性质。

在以上影响证券市场价格的诸多因素中,宏观因素、产业和区域因素及公司因素主要是通过影响证券发行主体(即公司)的经营状况和发展前景来影响证券市场价格,它们在证券市场之外,因而被称为基本因素。基本因素的变动形成了证券市场价格变动的主要利多题材和利空依据。市场因素主要是通过投资者的买卖操作来影响证券市场价格,它存在于证券市场内部,与基本因素没有直接关联,因而被称为技术因素。技术因素是技术分析的对象。

二、宏观经济变动是影响证券市场价格变动的基础因素

由于宏观因素、产业和区域因素、公司因素及市场因素的共同作用,证券市场价格的变动

表现为非常复杂的形式。作为投资者，如果想取得较高的投资收益并尽可能降低投资风险，就需要认真分析和研究对证券市场价格有影响的各种因素，其中，首要的一环是要对宏观经济因素进行深刻全面的分析和研究，因为宏观经济因素在证券价格诸多影响因素中占据了基础性的地位。

如前所述，证券市场是整个市场体系的组成部分，上市公司是宏观经济的微观主体，因此证券市场价格从根本上说就是一个经济问题。由于专业化和分工的日益深化，现代经济体系中的各个环节、各个组成部分之间更是相互依赖、紧密联系，“一荣俱荣、一损俱损”已成为现代经济生活的基本特征。因此，从本质上讲，证券市场价格是由宏观经济所影响和决定的。事实上，其他宏观因素也是通过影响宏观经济来影响证券市场价格的，如政局的变动可能引致经济政策的改变，从而影响证券市场价格；战争、动乱则通过影响宏观经济环境而导致证券市场价格变动；文化自然因素及其变迁则通过影响消费、储蓄、投资、生产等来影响证券市场价格。这也说明证券市场态势从根本上讲是与宏观经济相关联的。

宏观经济因素对证券市场的影响不仅是基础性的，而且是全局性的。同样，作为经济因素，产业或区域因素一般只会影响某个板块（即某个产业或区域）的证券价格，公司因素一般只会影响本公司上市证券的价格，它们一般不会对整个证券市场构成影响。而宏观经济因素几乎对每只上市证券均构成影响，因而必然影响证券市场全局的走向。从各国证券市场发展史来看，除处于极不规范时期的新兴证券市场外，证券市场的每一次牛市均是以宏观经济向好为背景的，而证券市场每一次熊市的形成均是因为宏观经济发展趋缓或衰退。

宏观经济因素的重要性还在于它的影响是长期的。由于宏观经济因素对证券市场的影响是根本性的，因而它的影响也就必然是长期的。无论是政治因素、军事因素，还是市场因素，都不具有长期影响力。政治、军事事件作为一个事件，本身就不具备持续性，因而也不可能对证券市场产生持续的影响。至于市场因素，其中的战略性建仓或空仓行为则是基于投资者对宏观经济和证券市场发展的未来预期，因而是宏观经济影响证券市场的方式和体现；而短期的买卖操作则只能构成对证券市场长期发展的调整，而不能从根本上改变其长期趋势。构筑证券市场长期趋势的基础正是宏观经济态势。

综上所述，宏观经济因素对证券市场价格的影响是基础性的，也是全局性的和长期性的。因此，要成功地进行证券投资，首先必须认真研究宏观经济状况及其走向。市场上常有“顺势者生”“选股不如选时，选时不如选势”等格言，其中的“势”就是宏观经济形势。只有充分把握了宏观经济形势，投资者才能有效把握证券市场中的投资机会。

三、经济周期波动对证券市场的影响

宏观经济运行对证券市场的影响主要是通过宏观经济的周期性波动进行。

（一）经济运行周期性的含义

理论研究和经济发展的实证均表明，由于受多种因素的影响，宏观经济的运行总是呈现出周期性变化。这种周期性变化表现在许多宏观经济统计数据的周期性波动上，如国民生产总值、消费总量、投资总量、工业生产指数、失业率等。由于GNP是最常见、综合性最强的衡量宏观经济的指标，因此宏观经济的周期性变化通常用GNP的系列统计数据来表示。

研究表明，宏观经济周期一般经历四个阶段，即萧条、复苏、繁荣、衰退。也就是说，如果从

GNP 的下降开始算起，那么它首先经历 GNP 处于下降的衰退阶段，下降至最低点为萧条阶段，然后经过不断回升的复苏阶段，达到欣欣向荣的繁荣阶段，繁荣之中又孕育着衰退的再次来临。如此循环往复，周而复始，其中每四个阶段构成一个经济周期。

经济周期作为宏观经济运行的一种规律存在于我们的经济生活之中，它的存在并不依赖于国家、制度等的不同。第二次世界大战后，由于各国加强了对宏观经济的干预，经济周期由繁荣至萧条的波幅已大大减小，但经济周期仍然存在，而且周期的长度明显延长。也就是说，国家干预经济的政策只能在一定程度上削弱经济周期的振幅，却不能根除经济周期。另外，经济周期也不像数学上的“周期”那样具有严格的波长和波幅，这也给经济周期的阶段性判断带来困难。

（二）判断目前经济处在经济周期哪一阶段的分析方法

由于宏观经济的周期性运行将对社会经济生活产生深刻的影响，因此，无论是政策制定者还是企业或投资者个人均希望对目前经济的性质做出准确的判断。然而，如前所述，由于宏观经济运行的复杂性，要对经济处于周期的哪一阶段做出准确的判断是一件比较困难的事情，目前主要的分析方法有经济指标分析、计量经济模型和概率预测。

1. 经济指标分析

经济指标分析是一种较早使用的方法，它采用多种经济指标，并将其分类。第一类是先行指标。这些指标的高峰和低谷顺次出现在经济周期的高峰和低谷之前，因此对将来的经济状况有预示作用。这些指标有货币供应量、股价指数、房屋建造许可证的批准数量、机器设备的订单数量等。从实践来看，通过先行指标对宏观经济的实际高峰和低谷进行计算及预测，得出结论的时间可比实际发生的时间提前半年。第二类是同步指标。这些指标的高峰和低谷出现的时间与经济周期相同。也就是说，这些指标反映的是宏观经济正在发生的情况，并不预示将来的变动。这类指标有实际 GNP、失业率等。第三类是滞后指标。这类指标的高峰和低谷比宏观经济滞后，一般滞后半年。这类指标有银行短期商业贷款利率、工商业未偿还货款、生产成本、物价指数等。在上述三类指标中，先行指标可以用来预测，同步指标和滞后指标可以用来验证。例如，在先行指标已经下降的情况下，如果同步指标也在下降，那么就可以判断衰退正在来临。

经济指标分析方法的特点是简明直观，但经验色彩较为浓厚。

2. 计量经济模型

计量经济模型是表示经济变量之间数量关系的方程式。计量经济模型主要有经济变量、参数和随机误差三大要素。经济变量是反映经济变动情况的量，模型中的经济变量有内生变量和外生变量两种。内生变量是由模型本身加以说明的变量，是模型中的因变量；外生变量是不能由模型本身加以说明的变量，是模型中的自变量。参数是模型中的常数和常系数，它反映的是自变量和因变量之间相对稳定的比例关系。随机误差是指那些难以预知的、随机产生的差错，以及在统计、资料整理和综合过程中所出现的差错。由于误差一般较小，而且有正有负，最终可以相互抵消，因此可以忽略不计。用计量经济模型进行预测的一般过程为：首先，预测者要按照一定的经济理论来建立数学模型；然后，根据现实的材料，使用计量经济学的方法来估计模型参数，进行模型检验；最后，利用通过检验的模型进行预测。对经济周期进行分析和预测，一般采用宏观计量经济模型。由于宏观计量经济模型提供的是一组组宏观经济变量的预测数据，因此它不仅可以用来分析和预测宏观经济运行的阶段性质，而且可以用来预测其具体水平。计量经济模型的理论性强，而且模型庞大，所含方程数目可从一二十个到数百个，因此必须依赖先进的计算机系统。另外，每一个计量经济模型都是某一经济理论的产物，经济理论的正确与否及正确程度对计量经济模型来说至关重要。

3. 概率预测

概率预测是用概率论的方法对宏观经济活动进行的预测。由于宏观经济运行的复杂性，宏观经济变量的变化并不一定像计量经济模型所描述的那样稳定，而是常常在一定的区间内按某种概率发生。因此，总结宏观经济运行的过去和现状，揭示其规律性，从而在一定的置信水平下预测未来宏观经济变量的水平，就成为一种行之有效的方法。

用概率论的方法分析宏观经济在20世纪初就已开始，并在第二次世界大战后得到了蓬勃发展。但概率预测方法用得较多也比较成功的是对宏观经济的短期预测，如对实际GNP及其增长率、通货膨胀率、失业率、利率、个人收入、个人消费企业利润及对外贸易差额等指标的下一时期水平或变动率的预测。由此可见，概率预测比较适于宏观经济运行的短周期阶段性判断。经济指标分析、计量经济模型和概率预测三种分析方法各有千秋，不同的证券投资者可根据自身掌握资料的丰富程度，按照成本—收益的原则灵活选择使用。除以上三种方法外，我国经济界在长期的经济预测研究和实践中也开发了许多方法及工具。实际上，我国有关政府部门和各类机构已根据各自掌握的资料和使用的方法对宏观经济运行进行跟踪和预测，并定期公布预测数值，这也为投资者分析和判断目前宏观经济的性质提供了一定的参考。

（三）宏观经济循环周期与证券市场波动

经济周期的时间有长有短，形态也多种多样，可以说没有完全相同的经济周期。但从证券市场的情况来看，证券价格的变动大体上与经济周期相一致，一般的规律是经济繁荣，证券价格上涨；经济衰退，证券价格下跌。

在萧条阶段，经济下滑至低谷，百业不振，公司经营情况不佳，证券价格低位徘徊。由于预期未来经济状况不佳，公司业绩得不到改善，大部分投资者都已离场观望，只有那些富有远见且在不断搜集和分析有关经济形势并合理判断经济形势即将好转的投资者在默默地吸纳。

当经济走出萧条、步入复苏阶段时，公司的经营状况开始好转，业绩上升，债信提高。此时，由于先知先觉的投资者不断吸纳，证券价格实际上已经回升至一定水平，初步形成底部反转之势。随着各种媒介开始报道萧条已经过去、经济日渐复苏的消息，投资者的认同感不断增强，投资者自身的境遇亦在不断改善，从而推动证券价格不断走高，完成对底部反转趋势的确认。随着经济的日渐活跃，繁荣阶段就会来临，公司的经营业绩也在不断提升，并通过增资扩大生产规模、占有市场。由于经济的好转和证券市场上升趋势的形成得到了大多数投资者的认同，投资者的投资回报也在不断增加，因此投资者的投资热情高涨，从而推动证券市场价格大幅上扬，并屡创新高，整个经济和证券市场均呈现一派欣欣向荣的景象。此时，一些有识之士在充分分析宏观经济形势的基础上，认为经济高速增长的繁荣阶段即将过去，经济将不会再创高潮，因而悄悄地卖出所持的证券。证券价格仍在不断上扬，但多空双方的力量在逐渐发生变化，因此价格的上扬已成强弩之末。

由于繁荣阶段的过度扩张，社会总供给开始超过总需求，经济增长减速，存货增加；同时，经济过热造成工资、利率等大幅上升，使公司营运成本上升，公司业绩开始出现停滞甚至下降之势，繁荣之后衰退的来临不可避免。在衰退阶段，更多的投资者基于对衰退来临的共同认识加入抛出证券的行列，从而使整个证券市场完成中长期筑顶，形成向下的趋势。证券市场价格的变动周期虽然大体上与经济周期相一致，但在时间上并不与经济周期相同。如前所述，证券市场完成中长期的底部、形成上升趋势、完成中长期的顶部、形成向下趋势在时间上比经济周期的四个阶段皆有提前。从实践上看，证券市场走势大约比经济周期提前几个月到半年。也就是说，证券市场走势对宏观经济运行具有预警作用。这就是通常所说的"证券市场是经济的晴雨表"的原因所在，也是在经济指标分析中将证券价格指数作为先行指标的理由。当然，证券市场的"晴雨表"功能是就其中长期趋势而言的，证券市场的每一次波动，特别是短期波动，并不表示宏观经济状况的变好或趋坏。

在20世纪60年代初期，美国在越南的战争开始升级，1964年后，美国进入全面的战争。从1965年起，军费开支的增加提高了政府支出，而联邦储备体系同时提高了货币增长率，试图制止利率上升。由于越南战争的扩大，致使总产出和价格水平受到影响。对此，总供给和总需求说明什么?

政府支出的增加和货币增长率的提高会使总需求曲线右移。结果是，总产出增加，失业下降，价格水平上升。实际发生的情况正是如此:失业率从1964年到1969年不断下降，低于经济学家现在对这一时期自然失业率5%左右的估计，而通货膨胀率开始上升。由于经济的自我校正机制，失业率最终回升到自然失业率水平，这正是我们在1970年见到的现象。当时，通货膨胀率进一步上升，而失业率进一步增大。

第三节 宏观经济政策与证券市场

目前，市场经济国家对经济的干预主要是通过货币政策和财政政策来实现的。根据宏观经济运行状况的不同，政府可采取扩张的或紧缩的货币政策和财政政策，以促进经济快速增长，保持价格总水平的稳定，实现充分就业。政策的实施及政策目标的实现均会反映到作为国民经济"晴雨表"的证券市场上。不同性质、不同类型的政策手段对证券市场价格变动有着不同的影响。另外，政府为了改善国际贸易状况、促进国际收支平衡而对汇率政策进行的调整，也会影响证券市场格局。

一、货币政策的调整会直接、迅速地影响证券市场

在一般情况下，中央银行的货币政策工具主要有：① 法定存款准备金率；② 再贴现率；③ 公开市场业务。现阶段，中国的货币政策工具还有对商业银行的信贷规模控制、差别化的存款准备金率、基准利率控制等。

中央银行为了防止经济衰退、刺激经济发展而实行扩张性货币政策时，就会通过降低法定存款准备金率、降低中央银行的再贴现率或在公开市场上买入国债的方式来增加货币供应量，降低社会融资成本，扩大社会的有效需求。当经济持续高涨、通货膨胀压力较重时，中央银行往往采用适当紧缩的货币政策，通过提高法定存款准备金率、提高中央银行的再贴现率或在公开市场上卖出国债以减少货币供应量同时紧缩信用、提高社会融资成本，以实现社会总需求和总供给大体保持平衡。

中央银行实施的货币政策对证券市场的影响，主要是通过以下几个方面产生的：① 当增加货币供应量时，一方面证券市场的资金增多，另一方面通货膨胀也使人们为了保值而购买证券，从而推动证券价格上扬；反之，当减少货币供应量时，证券市场的资金减少，价格的回落又使人们对购买证券保值的欲望降低，从而使证券市场价格呈回落的趋势。② 通过再贴现率影响市场利率，从而影响到证券投资的机会成本和上市公司的业绩，进而影响证券市场价格。当提高再贴现率时，证券投资的机会成本提高，同时上市公司的营运成本提高、业绩下降，从而证券市场价格下跌；反之，当降低再贴现率时，证券投资的机会成本降低，而上市公司的营运成本也下降、业绩向好，从而证券市场价格上涨。③ 中央银行在公开市场上买进证券时，对证券的有效需求增加，促进证券价格上涨；中央银行卖出证券时，证券的供给增加，引起证券价格下跌。

由于货币政策以货币市场为媒介，通过数量型和价格型工具来调节货币供需，因此它对证券市场的影响相比于财政政策更加直接、迅速。例如，中央银行在公开市场上买进或卖出债券就能直接影响债券市场价格的变动；而利率的调整也会改变股票投资的机会成本和上市公司未来的营运成本，但由于影响股票价格的因素更加复杂，因而货币政策对股票价格的影响容易被其他因素的影响所掩盖。

二、财政政策的调整对证券市场具有持久的但较为缓慢的影响

财政政策是通过财政收入和财政支出的变动来影响宏观经济活动水平的经济政策。财政政策的主要手段有三个：一是改变政府购买水平；二是改变政府转移支付水平；三是改变税率。当经济增长持续放缓、失业增加时，政府要实行扩张性财政政策，提高政府购买水平，提高转移支付水平，降低税率，以增加总需求，解决衰退与失业问题。当经济增长强劲、价格水平持续上涨时，政府要实行紧缩性财政政策，降低政府购买水平，降低转移支付水平，提高税率，以减少总需求，抑制通货膨胀。

国家通过实行财政政策对证券市场产生影响，主要有以下几个途径：

(1) 综合来看，实行扩张性财政政策，可增加财政支出、减少财政收入，可增加总需求，使公司业绩上升、经营风险下降，使居民收入增加，从而使证券市场价格上涨；反之，实行紧缩性财政政策，可减少财政支出、增加财政收入，可减少社会总需求，使过热的经济受到抑制，从而使得公司业绩下滑、居民收入减少。这样，证券市场价格就会下跌。

(2) 政府购买是社会总需求的一个重要组成部分。扩大政府购买水平，增加政府在道路、桥梁、港口等非竞争性领域的投资，可直接增加对相关产业（如水泥、钢铁、建材、机械等产业）的产品需求；这些产业的发展又形成对其他产业的需求，以乘数的方式促进经济发展。这样，公司的利润增加，居民的收入水平也得到提高，从而可促使证券价格上扬。减少政府购买水平的效应正好与此相反。

(3) 改变政府转移支付水平。主要从结构上改变社会购买力状况，从而影响总需求。提高政府转移支付水平，如增加社会福利费用、增加为维持农产品价格而对农民的拨款等，使一部分人的收入水平得到提高，也间接促进了公司利润的增长，因此有助于证券价格的上扬；反之，降低政府转移支付水平将使证券价格下跌。另外，调整中央政府对地方政府的转移支付水平，将打破原有的中央政府与地方政府之间、地方政府与地方政府之间的财政平衡格局，形成新的平衡状态，这样不仅能从整体上而且能从结构上影响证券市场。一般来说，如果中央政府

提高对地方政府的转移支付水平，地方政府将拥有更多的自主财力，用于发展地方经济，直接或间接地扶持当地上市公司的发展，从而促进证券价格的上扬。同样地，如果某地方政府得到相对更多的中央政府的转移支付，那么该地区的证券价格上扬的潜力更大。

(4) 改变税率。公司税的调整将在其他条件不变的情况下，直接影响公司的净利润，并进一步影响到公司扩大生产规模的能力和积极性，从而影响公司未来成长的潜力。因此，公司税的调整对其证券的影响不言而喻。个人所得税将直接影响居民个人的实际收入水平，因而将影响证券市场的供求关系。证券交易税直接关系到证券交易的成本。所以，一般来说，税率的提高将抑制证券价格的上扬，而税率的降低或免税将有助于证券价格的上扬。当然，对某些特定的产业或区域的税收优惠对证券市场的影响一般只局限于该产业或区域的上市证券。

从传导机制上讲，财政政策是以实体经济为媒介，通过控制财政收入和支出，经过企业(公司)的投入与产出来影响总需求的，与货币政策有明显的区别。因此，财政政策无论是扩张性的还是紧缩性的，从理论上讲，其传导过程比较长。财政政策这种较长的时滞性决定了它对证券市场的影响不像货币政策那样立竿见影，而是比较缓慢的，但也比较持久。例如，1998 年我国中央政府开始实施扩张性的财政政策，大规模扩大政府投资，但当时证券市场并没有给予多大的响应，到 1999 年却演绎出创历史新高的大行情。当然，也有例外，如证券交易税的调整也能对证券市场迅速产生影响。

三、汇率政策的调整从结构上影响证券市场价格

在开放经济条件下，汇率对经济的影响十分显著。汇率的高低将影响资本的国际流动，也会影响本国的进出口贸易。如果以单位外币的本币标值来表示汇率，那么汇率对证券市场的影响主要通过以下几个途径：

(1) 汇率上升，本币贬值，本国产品的竞争力增强，出口型企业将受益，因而此类公司的证券价格就会上扬；相反，进口型企业将因成本增加而受损，此类公司的证券价格将因此而下跌。汇率下跌的情形与此相反。

(2) 汇率上升，本币贬值，将导致资本流出本国。因此，本国的证券市场需求减少，价格下跌；反之，汇率下跌，则资本流入本国，本国的证券市场将因需求旺盛而价格上涨。

为了消除汇率变动对本国经济的消极影响，本国中央政府常常对汇率的变动进行干预，这种干预政策也会对本国的证券市场产生影响。当汇率上升时，为保持汇率稳定，政府可能动用外汇储备——抛出外汇，购进本币，从而减少本币的供应量，使证券价格下跌；也可能抛出外汇，同时回购国债，这样将使国债市场价格上扬。

由此可见，汇率的变动和汇率政策的调整与实施主要是从结构上影响证券市场，一方面引起本国证券市场和外国证券市场的相对变化，另一方面引起本国证券市场上出口型企业和进口型企业证券价格的相对变化。

思考题

一、名词解释

国民生产总值　经济周期　财政政策　货币政策　汇率政策　先行指标　同步指标

滞后指标

二、简答题

1. 为什么说宏观经济因素是影响证券市场价格变动最重要的因素?
2. 财政政策的变动对证券市场价格有何影响?
3. 货币政策的变动对证券市场价格有何影响?
4. 汇率政策的变动对证券市场价格有何影响?

第四章 证券投资的产业分析

产业环境决定了企业参与竞争的领域，产业的发展在一定程度上制约着企业的成长，所以产业分析是证券分析的重要组成部分，是自上而下分析方法中的重要一环。产业分析的内容比较广泛，主要包括产业的基本特性分析、产业生命周期分析以及产业结构分析等。

第一节 产业的基本特征分析

一、从证券市场角度进行的产业分类

产业(Industry)是指一个企业群体。在这个企业群体中，各成员企业由于其产品(包括有形产品与无形产品)在很大程度上的可替代性而处于一种彼此紧密联系的状态，并且由于产品可替代性的差异而与其他企业群体相区别。产业有时也称行业，在本书中，这两个概念具有同一含义，不做区分。

在国民经济中，各个产业的发展很不平衡。一些产业如日中天，一些产业则苟延残喘；一些产业的增长与国民生产总值的增长保持同步，一些产业的增长高于国民生产总值的增长，而另一些产业的增长则低于国民生产总值的增长。由于这一现象的存在，要选择适当的产业进行投资，就有必要对产业进行有效的分类和分析研究。

目前，对产业的分类有多种方法，如三次产业分类法、联合国标准产业分类法、我国的国民经济产业分类法等。这些分类方法都是与不同的需要相适应的，如我国的国民经济产业分类法旨在提高我国的宏观经济管理水平；三次产业分类法主要用于研究产业结构的发展和演变；而联合国标准产业分类法则希望由此统一世界各国的产业分类，以便进行国际比较和交流。这些分类一般都是根据产业的技术特点进行的。从证券投资的角度看，一般的投资者既不可能懂得各种各样的技术，也不实际参与公司的经营管理，他们所关心的只是其证券投资能否保值增值，因此，证券市场的产业分类要重点反映产业的盈利前景，而按技术特征进行产业分类对证券投资来说意义不大，除非产业的发展具有显著的技术特征。

产业的发展前景与许多因素有关，因此产业的分类也有多重标准。

(一) 根据产业的发展与国民经济周期性变化的关系分类

(1) 成长型产业。成长型产业的运动状态与经济活动总水平的周期及其振幅无关，这些产业销售收入和利润的增长速度不受宏观经济周期性变动的影响，特别是经济衰退的消极影响。它们依靠技术进步、推出新产品、提供更优质的服务及改善经营管理，可实现持续成长。

例如，在过去的20年内，信息产业和生物制药产业就是典型的成长型产业。

(2) 周期型产业。周期型产业的运动状态直接与经济周期相关。当经济处于上升时期，这些产业会紧随其扩张；当经济衰退时，这些产业也相应跌落。产生这种现象的原因是，当经济衰退时，对这些产业相关产品的购买被延迟到经济改善之后，如珠宝业、耐用品制造业及其他依赖于需求的具有收入弹性的产业就属于典型的周期性产业。

(3) 防御型产业。防御型产业与周期型产业刚好相反，这种类型产业的运动状态并不受经济周期的影响。也就是说，无论宏观经济处在经济周期的哪个阶段，产业的销售收入和利润均呈缓慢增长态势或变化不大。正是由于这个原因，对其投资便属于收入投资，而非资本利得投资。例如，食品业和公用事业就属于防御型产业，因为社会需求对其产品的收入弹性较小，所以这些公司的收入相对稳定。

(4) 成长周期型产业。这种类型的产业既含有成长状态，又随经济周期面波动。许多产业都属于这种类型。

（二）根据产业未来可预期的发展前景分类

根据产业未来可预期的发展前景，可以分为朝阳产业和夕阳产业。朝阳产业是指未来发展前景看好的产业，如目前的信息产业。朝阳产业尽管发展前景一片光明，但在创立之初常常十分弱小，此时它又被称为幼稚产业。夕阳产业是指未来发展前景不乐观的产业，如目前的钢铁业、纺织业。朝阳产业和夕阳产业的划分具有一定的相对性。一个国家或地区的夕阳产业在另一个国家或地区有可能是朝阳产业，如化工产业在发达国家已是夕阳产业，而在我国则被认为是朝阳产业。朝阳产业和夕阳产业之间也可相互转化，即朝阳产业在其发展的根据渐渐丧失时就会成为夕阳产业，如纺织业曾经是工业革命的急先锋，但如今已风光不再；而夕阳产业也常有再度辉煌的机会，如20世纪70年代钢铁业在日本得到了复兴。

（三）按照产业所采用技术的先进程度分类

按照产业所采用技术的先进程度，可分为新兴产业和传统产业。新兴产业是指采用新兴技术进行生产、产品技术含量高的产业，如电子业。传统产业是指采用传统技术进行生产、产品技术含量低的产业，如资源型产业。由于技术的不断更新和发展，新兴产业和传统产业之间的区分是相对的。目前，两者之间的区分是以第三次技术革命为标志的，以微电子技术、基因工程技术、海洋工程技术、太空技术等为技术基础的产业称为新兴产业，而以机械、电力等为技术基础的产业称为传统产业。新兴产业和传统产业内部也可进一步分类。一般来说，新兴产业多为朝阳产业，传统产业多为夕阳产业。

（四）按照产业的要素集约度分类

按照产业的要素集约度，可以分为资本密集型产业、技术密集型产业和劳动密集型产业。资本密集型产业是指需要大量资本投入的产业，技术密集型产业的技术含量较高，而劳动密集型产业主要依赖于劳动力。它们之间并没有严格的界限，有些产业同时是资本密集型产业和技术密集型产业，如汽车产业。一般来说，由于通常情况下资本是不可替代的短缺资源，因而资本密集型产业容易产生垄断；技术密集型产业由于技术的不断更新，容易导致十分残酷的竞争；至于劳动密集型产业，由于劳动是一种可替代性较强的生产要素，根据“机器排挤工人”的经济发展规律，它特别容易受到技术革新的冲击。

（五）证监会的行业分类

按照证监会的行业分类方法，我国上市公司的行业分类所采用的财务数据为经过会计师事务所审计并已公开披露的合并报表数据。当上市公司某类业务的营业收入比重大于或等于50%，则将其划入该业务相对应的行业。当上市公司没有一类业务的营业收入比重大于或等于50%，但某类业务的收入和利润均在所有业务中最高，而且均占到公司总收入和总利润的30%以上(包含本数)，则该公司归属该业务对应的行业类别，不能按照上述分类方法确定行业归属的，由上市公司行业分类专家委员会根据公司实际经营状况判断公司的行业归属；归属不明确的，划为综合类。由此，上市公司可分为19大类：

(1) 农、林、牧、渔业。

(2) 采矿业。

(3) 制造业。

(4) 电力、热力、燃气及水生产和供应业。

(5) 建筑业。

(6) 批发和零售业。

(7) 交通运输、仓储和邮政业。

(8) 住宿和餐饮业。

(9) 信息传输、软件和信息技术服务业。

(10) 金融业。

(11) 房地产业。

(12) 租赁和商务服务业。

(13) 科学研究和技术服务业。

(14) 水利、环境和公共设施管理业。

(15) 居民服务、修理和其他服务业。

(16) 教育。

(17) 卫生和社会工作。

(18) 文化、体育和娱乐业。

(19) 综合类。

二、产业的基本特性分析

产业的基本特性分析一般包括产业的特性、发展规模和利润水平等方面内容。

（一）产业的特性

产业分析首先要对产业的特性进行分析，对产业特性的分析可以通过回答以下问题来完成：

(1) 本产业在工业生产总过程中处于什么位置？产业范围包括哪些？

(2) 本产业有什么资本需求？产业中的企业所需的资源是属于资金密集型、技术密集型还是劳动密集型的？

(3) 本产业与经济周期有什么关系？是成长型产业、周期型产业还是防御型产业？

(4) 本产业是完全竞争型产业还是垄断竞争型产业？抑或是寡头垄断、完全垄断型产业？

(5) 本产业的主要厂商有哪些？主导产品有哪些？

(6) 本产业所需要的主要原材料是什么？主要供应商有哪些？

(7) 本产业的技术总体水平如何？产业的主要技术特点是什么？

(8) 本产业的技术将朝什么方向发展？

（二）产业的发展规模

产业的发展规模直接决定着产业未来的发展前景以及产业内公司成长的空间对产业本身的需要，资源供应以及产业的生产能力则对产业的发展规模有着直接的影响。对产业发展规模的分析可以重点围绕以下几个问题展开：

(1) 社会对产业的产品或服务的需求总量是多少？需求的趋势如何？影响需求的重要因素有哪些？

(2) 产业的资源(包括自然资源、资本资源和人力资源等)供应状况如何？

(3) 产业目前的总生产能力，包括设计能力、实际能力有多大？生产能力是过剩还是不足？

（三）产业的利润水平

产业的利润水平决定着产业的吸引力以及产业的竞争状况。产业的利润水平在很大程度上决定着一个企业的价值。对产业利润水平的分析可以通过回答以下几个问题来实现：

(1) 产业的毛利率、净资产收益率现状如何？未来的发展趋势如何？

(2) 本产业的历史经营业绩如何？其变动的主要原因是什么？

(3) 本产业中的财务指标(如毛利率、资本收益率、每股平均收益、流动比率、速动比率、存货周转率等)的平均水平如何？

(4) 本产业的长期利润前景如何？产业利润率的预期变动趋势。

三、产业环境分析

（一）政府政策

政府的政策取向对于产业的发展起着十分重要的作用，政府对于产业的管理和调控主要是通过产业政策来实现的。产业政策是国家干预或参与经济的一种形式，是国家系统设计的有关产业发展的政策目标和政策措施的总和。一般认为，产业政策包括产业结构政策、产业组织政策、产业技术政策和产业布局政策等。其中，产业结构政策与产业组织政策是产业政策的核心。政府对产业的促进作用可通过补贴、优惠税、限制外国竞争的关税、保护某一产业的附加法规等措施来实现。同时，考虑到生态、安全、企业规模和价格因素，政府会对某些产业实施限制性规定，加重该行业的负担。例如，我国对房地产业进行的较严厉的产业调控，将会在一定程度上遏制房地产业的不正常发展。

（二）技术进步

技术进步是厂商生产新产品以满足社会潜在需求的关键。一方面，技术进步创造新产品、开拓新领域，从而使新产业不断出现。例如，生物技术的发展，推动了生物制药产业的产生和发展。另一方面，技术进步在不断推出新产业的同时，也在不断淘汰旧产业。例如，电灯的出现极大地削减了对煤气灯的需求；蒸汽动力产业则被电力产业逐渐取代；激光排版技术诞生后，传统的铅字排版技术便告消亡。

技术进步可以推动现有产业的技术升级。例如，生物科技领域的成果应用于农业，最终带来了更高的粮食产出率；电脑游戏软件的不断创新，推动了电脑硬件设备的迅速发展；新能源技术应用于汽车制造领域，正在逐渐改变汽车业的发展。

技术进步不仅使新产品的推出成为可能，而且能提高新产业的生产效率，降低成本，从而加速产业的市场扩张，使产业进入快速成长期。技术进步还使产业实现更大规模的规模经济，使厂商能够从生产规模的扩大中获利，从而壮大新产业。此外，通过技术进步改变产业的生产方式以降低成本，通过技术进步所带来的创新产品还可以刺激和创造市场需求，为产业的发展拓展空间。例如，移动互联网的出现，带来了智能终端设备的不断发展。

（三）社会习惯的改变

社会习惯的变化对企业的经营活动、生产成本和利润收益等方面都会产生一定的影响，足以使一些不再适应社会需要的行业衰退，同时激发新兴行业的发展。譬如，随着我国经济水平的发展，人们已经不再简单满足于基本的温饱水平，开始追求更高层次的精神消费，由此引起了对健身、旅游、娱乐等方面的消费，极大地促进社会习惯对关系经济增长的消费、储蓄、投资、贸易等诸方面产生影响，由此必然会对产业的发展和生命周期各阶段的更替产生重要的影响。例如，社会公众对安全性的强烈要求促使汽车产业加固汽车保险杠、安装乘员安全带、改善燃油系统、提高防污染系统的质量等，而大众环保意识的觉醒则推动了环保产业的迅速发展。

在社会习惯的变迁过程中，国际文化交流起着重要的作用。例如，我国传统上以勤俭为持家原则，但在国际交往过程中逐渐接受了超前消费的观念，这一转变将会对许多产业（如房地产业）的发展产生深远的影响。

（四）经济全球化

经济全球化使每一个行业和企业都置身于全球性竞争中，同时也使各行各业可以获得全球性的市场和资源。分析经济全球化对行业的影响，关键要看经济全球化是否有利于这一行业整合全球性的资源，是否有利于这一行业面向全球市场满足全球性的需求。

（1）经济全球化的主要表现。第一，生活活动全球化，传统的国际分工正在演变成世界性的分工。第二，1995 年 1 月 1 日诞生的世界贸易组织标志着世界贸易进一步规范化，世界贸易体制开始形成。第三，各国金融日益融合在一起。第四，投资活动遍及全球。第五，跨国公司的作用进一步加强。

（2）经济全球化对各国产业发展的重大影响。第一，经济全球化导致产业的全球性转移。第二，国际分工出现重要变化。其主要表现在：国际分工的基础出现了重要变化，一个国家的优势行业不再主要取决于资源禀赋，后天因素的作用逐步增强，即政府的效率、市场机制完善的程度、劳动者掌握知识与信息的能力、受到政策影响的市场规模等。国际分工的模式也出现了重要变化，即行业内贸易和公司内贸易的比重大幅提高。

第二节　产业生命周期分析

一、产业生命周期及其阶段特征

与世界上的万事万物一样，产业也会经历一个由产生到成长再到衰落的发展演变过程，这个过程称为产业的生命周期。产业的生命周期可分为四个阶段（见图 4－1），即初创阶段（也称引入期）、成长阶段（也称成长期）、成熟阶段（也称成熟期）和衰退阶段（也称衰退期）。判断产业处于生命周期哪个阶段的主要指标有市场份额、需求增长率、产品品种、竞争状况等。

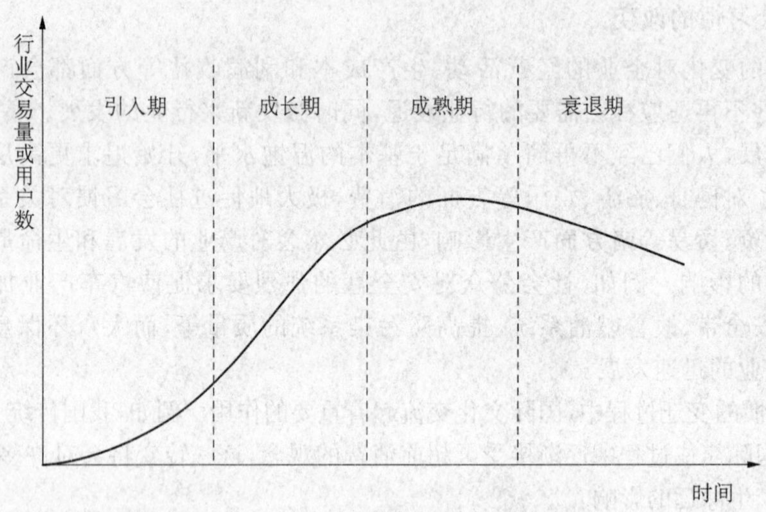

图 4－1　产业的生命周期曲线

（一）初创阶段

初创阶段是一个产业的起步阶段。在这一阶段，新产业刚刚诞生或初建不久，如同一个初生的婴儿，具有明显的幼稚性。表现在产业组织方面，只有为数不多的创业公司介入这一新兴产业，产业的企业数量少、集中程度高。此外，由于技术相对不成熟，产业的产品品种单一、质量较差且不太稳定。同时，作为新产业，其被大众普遍了解和认可尚需一个过程，因而产业的市场规模狭小、市场需求增长缓慢、需求的价格弹性也很小。但是，产业因创立投资、产品的研究开发和新产品的推介等需要大量投入而固定费用较高，所以产业的利润微薄甚至全产业亏损，表现在市场竞争方面，由于新产业可发展的空间还很大，所以除技术障碍外，进入的壁垒相当低，而且由于产业发展的当务之急是扩大产业的影响、拓展全产业的市场，各创业公司相互竞争程度较弱，再加上产品品种单一，各企业的产品定价行为也各自为政。此外，由于初创的产业信用较差，一些企业还可能存在因财务困难而引发破产的危险。在初创阶段后期，随着产业生产技术的提高、生产成本的降低和市场需求的扩大，新产业便逐步由高风险、低收益的初创阶段转向高风险、高收益的成长阶段。

（二）成长阶段

成长阶段是产业发展的黄金时期。在这一阶段，新产业快速成长，开始显露出朝阳产业的风采。在产业组织方面，由于产业的发展得到了广泛的认同，因而市场需求增长迅速，市场规模增大，需求的价格弹性增大；另外，随着生产技术的日渐成熟和稳定，产品呈现多样化、差别化，质量提高且稳定；产业的固定费用也随之下降，但由于市场拓展和广告宣传的费用增加，可变费用开始上升；产业的利润迅速增长，而且利润率较高。在竞争状况方面，新产业的竞争力显著增强；在产业内部，产业的集中程度低、进入壁垒低，而且由于产业的市场容量急剧扩大，大量的新厂商纷至沓来、自由竞争；而这一阶段的主要竞争形式为价格竞争，领导价格制是经常出现的定价形式。

在成长阶段，产业不仅高速成长，而且此时的成长具有较强的可测性。由于受不确定因素的影响较少，产业的波动也较小。在这种情况下，各生产厂商一方面通过扩大产量、提高市场份额来增加收入；另一方面依靠提高生产技术、降低成本以及研制和开发新产品的方法来争取竞争优势、战胜竞争对手和维持企业的生存。在激烈的市场竞争中，资本和技术力量雄厚、经营管理有方的厂商将占有优势，而那些财力与技术实力相对较弱、经营不善或新加入的企业（因产品的成本较高或不符合市场的需要）往往被淘汰或被兼并。因此，这一时期产业的利润虽然增长很快，但产业内部的竞争压力也非常大，破产率与并购率相当高。

在成长阶段的后期，由于产业中生产厂商与产品竞争优胜劣汰规律的作用，市场上生产厂商的数量在大幅下降之后便逐渐稳定下来。由于市场需求基本饱和，产品的销售增长率减慢，迅速赚取利润的机会减少，整个产业开始进入稳定期。

（三）成熟阶段

成熟阶段是产业发展的巅峰阶段，通常会持续相对较长的时期。在这一时期，通过激烈的市场竞争和优胜劣汰而生存下来的少数大厂商基本上垄断了整个产业的市场，每个厂商都占有一定比例的市场份额，由于彼此势均力敌，市场份额比例发生变化的程度较小，因此成熟阶段也是产业发展的稳定阶段。这一阶段的主要特征是产业的集中程度很高，并出现了一定程度的垄断，产业的利润因此达到了很高的水平，而风险却因市场比例比较稳定而较低；进入的壁垒高，主要体现为规模壁垒，新企业很难打入成熟期市场；市场需求虽然仍在增长，但增长速度已明显减缓；产品开始再度无差别化，需求的价格弹性减小；由于垄断，通常会出现合谋价格，但厂商对于产品的竞争手段已逐渐从价格手段转向各种非价格手段，如提高质量，改善性能和加强售后服务等。

在成熟阶段，产业的发展很难保持与国民经济同步增长。而在宏观经济衰退时处于成熟阶段的产业还可能遭受较大损失。但是，由于技术创新的原因，某些产业或许会有新的增长。

（四）衰退阶段

在经过一个较长的稳定阶段后，产业就进入衰退阶段，衰退阶段是产业发展的暮年时期。衰退阶段的产业具有与初创阶段相似的一些特征，如由于新产品和替代品的大量出现，原有产业的竞争力下降，市场需求开始逐新减少，导致销售下降、价格下跌、利润降低，再加上其他更有利可图的产业不断涌现，使得一些厂商不断地从原有产业撤出资金，原产业的厂商数量减少。当正常利润无法维持或现有投资折旧完毕后，整个产业便逐渐解体了。

不过，与人的生命不同，步入暮年的产业未必就一定面临死亡。从历史上看，真正被完全淘的产业很少，产业的发展呈现出“生多死少”的特征，多数情况是产业自此进入一个发展停滞、随波逐流的状态。

二、产业周期性和产业业绩

与产业的生命周期性相对应，产业的业绩也呈周期性变化。在初创期，市场规模狭小制约了产业销售收入的增长，市场认同度低封杀了产品价格的上涨空间，而产业的成本特别是固定费用又很高，因而产业的业绩往往不佳。同时，信用的不足又使新兴产业缺乏强劲的资本基础，致使产业内倒闭如潮。因此，初创期是一个风险大、收益小的时期，其间的主要风险为技术风险和市场风险。

成长期是产业发展的黄金时代。虽然在成长期有大量的厂商介入该产业，产业的供给能力大幅增加，同时激烈的竞争使产品价格不断下跌，但产业的发展已得到普遍的认同，市场急剧扩张，销售收入以更快的速度迅猛增长，而技术的成熟化、产品的多元化和标准化使成本大幅降低。因此，处于此阶段的产业不仅业绩优良，而且高速成长。但是，产业内部的发展并不均衡，资本、技术实力雄厚且营销、管理水平较高的大公司处于竞争的有利地位，而规模较小，管理、营销水平不高的中小公司则相对不利，常常倒闭或被兼并。因此，成长期的主要风险在于管理风险和市场风险，而技术风险则大幅降低甚至基本消除。

当产业处于成熟期时，市场规模虽然有可能在成长，但增速已放缓甚至负增长，产品价格通常已趋稳定，同时降低成本的空间也十分有限，因而产业的利润进入稳定期。此时，产业的垄断局面已经形成，垄断利润非常丰厚，而技术风险和市场风险已基本消除。因此，成熟期的风险较小、收益较高。

处于衰退期的产业，即使还健在，也只能维持正常的利润水平。因此，对衰退型产业的业绩是不应该寄予厚望的，衰退型产业面临的最大问题是它的市场正在被新产品、新产业一点点地分割，因而尽管衰退型产业内部的竞争压力并不大，但来自其他产业的竞争压力并不小，这毕竟是一个资本净流出的产业。由此可见，衰退型产业的主要风险是生存风险，但产业内部的风险较小，同时收益也小。

产业生命周期各阶段的更替不仅使产业的业绩呈现阶段性变化，从宏观经济的角度来看，也使各产业的相对业绩和地位不断发生变化，在一些产业高速成长的同时，另一些产业则日趋没落。这些产业的共存形成产业结构，而产业生命周期的存在正是产业结构形成和演进的原因。

三、不同生命周期阶段的产业在证券市场的表现

由于产业生命周期各阶段的风险和收益状况不同，而证券投资的目的就是在尽可能小的风险条件下获取最大的收益，因此，处于产业生命周期不同阶段的产业在证券市场上的表现就会有较大的差异。

处于初创期的产业，如电脑网络业、生物制药业等，由于产业创立不久、厂商较少、收益较少甚至亏损，因而在传统的证券市场上是不符合上市条件的。为了满足这些产业发展对资本的需求，推进经济结构的调整和升级，除风险投资基金外，许多国家和地区纷纷创立上市条件有别于传统证券市场的、便于新兴产业上市融资的新型证券市场，如美国的 NASDAQ 市场、香港的创业板市场等。最重要的上市条件之一就是企业未来发展的前景看好，尽管目前的状

况可能不佳。正是基于对未来高成长的预期,一些处于初创期的产业的证券表现常常极为出色。典型的例子是美国的网络股雅虎(Yahoo!),其股价曾以每笔交易上扬几十美元的速度上涨,最高价达300多美元,但此时其业绩尚处于亏损状态。由于这种价格的大幅扬升没有其业绩基础,而初创期产业的风险较大,因而必然是投机性的,证券价格的大幅波动不可避免,如雅虎曾在一个交易日内下跌数十美元。

处于成长期的产业由于利润快速成长,因而其证券价格也呈现快速上扬趋势。由于证券价格的上涨有业绩为基础,所以这种证券价格的上扬是明确的,并且具有长期性质。证券价格也会因对未来成长的过度预期和对这种过度预期的纠正而出现中短期波动。另外,由于在产业快速成长的同时产业内部会出现厂商之间的分化,相应地,证券价格也表现为在某一成长性产业的证券价格快速上涨的同时,个别证券却表现不佳。

处于成熟期的产业是蓝筹股的集中地。由于处于成熟期的产业已经形成垄断,产业发展的空间已经不大,所以产业快速成长的可能性已经很小,但一般能保持适度成长,而且垄断利润丰厚。所以,其证券价格一般呈现稳步攀升之势,大涨和大跌的可能性都不大,颇具长线持筹的价值。

处于衰退期的产业由于已丧失发展空间,所以在证券市场上全无优势,是绩平股、垃圾股的摇篮,一般情况下,这类产业的股票常常是低价股,不引人关注。但在我国目前的现实情况下,由于上市资格控制较严,因此衰退型产业的上市证券虽然也常常为低价股、绩差股或绩平股,但常常因买壳、借壳或资产重组而出现飙升行情。这一状况可能会随着证券发行审核制度的改革而逐步消失。按照证券价值决定理论,证券的价格主要取决于其业绩。但如前所述,产业生命周期各阶段的市场表现与其业绩状况并非一一对应。最典型的就是初创期的产业虽然业绩不佳,但其证券在二级市场上价格的大幅飙升,其中一个重要的因素就是投资者的预期。

第三节 产业结构分析

一、产业的市场结构分析

市场结构是指反映竞争程度不同的市场状态。在不同市场结构之中,企业之间的竞争具有不同的特性,同样的竞争手段在不同市场结构中也会产生不同的反应,获得不同的效果。通常根据市场上交易者的数量、产品差异程度、行业的进入限制、价格决策形式和市场信息通畅程度等来划分不同的市场结构状态。市场结构具有以下几种状态。

(一) 完全竞争

完全竞争是指许多企业生产同质产品的市场情形,其特点是:

(1) 生产者众多,各种生产资料可以完全流动。

(2) 产品不论是有形或无形的,都是同质的、无差别的。

(3) 没有一个企业能够影响产品的价格。

(4) 企业永远是价格的接受者而不是价格的制定者。

(5) 企业的盈利基本上由市场对产品的需求来决定。

(6) 生产者和消费者对市场情况非常了解,并可自由进入或退出这个市场。

完全竞争的根本特点在于:企业的产品无差异,所有的企业都无法控制产品的市场价格。在现实经济中,完全竞争是四种市场类型中最少见的,初级产品的市场类型较接近于完全竞争。

(二) 不完全竞争

不完全竞争是指许多生产者生产同种但不同质量产品的市场情形,其特点是:

(1) 生产者众多,各种生产资料可以流动。

(2) 生产的产品同种但不同质,即产品之间存在着差异。产品的差异性是指各种产品之间存在着实际或想象上的差异,它是垄断竞争与完全竞争的主要区别。

(3) 由于产品差异性的存在,生产者可以树立自己产品的信誉,从而对其产品的价格有一定的控制能力。

在国民经济各产业中,制成品的市场一般都属于这种类型。

(三) 寡头垄断

寡头垄断是指相对少量的生产者在某种产品的生产中占据很大市场份额的情形,其特点是:

(1) 在寡头垄断的市场上,由于这些生产者的产量非常大,因此他们对市场的价格和交易具有一定的垄断能力。

(2) 由于只有少量的生产者生产同一种产品,因而每个生产者的价格政策和经营方式及其变化都会对其他生产者形成重要影响。

(3) 在这个市场上,通常存在着一个起领导作用的企业,其他企业随该企业定价与经营方式的变化而相应地进行某些调整。资本密集型产品、技术密集型产品(如钢铁、汽车等)以及少数储量集中的矿产品(如石油等)的市场多属这种类型,因为生产这些产品所必需的巨额投资、复杂的技术或产品储量的分布限制了新企业对这个市场的侵入。

(四) 完全垄断

完全垄断是指独家企业生产某种特质产品的情形。特质产品是指那些没有或缺少相近替代品的产品。

完全垄断可分为两种类型:

(1) 政府完全垄断,如国有铁路、邮电等部门。

(2) 私人完全垄断,如根据政府授予的特许专营或根据专利生产的独家经营,以及由于资本雄厚、技术先进而建立的排他性的私人垄断经营。

完全垄断市场类型的特点是:

(1) 由于市场被独家企业所控制,产品又没有或缺少合适的替代品,因此垄断者能够根据市场的供需情况制定理想的价格和产量,在高价少销和低价多销之间进行选择,以获取最大的利润。

(2) 垄断者在制定产品的价格与生产数量方面的自由性是有限度的,它要受到反垄断法和政府管制的约束。

在现实生活中,公用事业(如发电厂、煤气公司、自来水公司和邮电通信等)和某些资本、技术高度密集型行业或稀有金属矿藏的开采等行业属于这种完全垄断的市场类型。

二、产业的竞争结构分析

产业的竞争状况将会影响这个产业的整体获利水平。对产业竞争状况的分析一般采用哈佛大学教授迈克尔·波特的五种竞争力模型(一般简称五力模型)。波特认为,在任何产业中,无论是国内还是国外,无论是生产一种产品还是提供一项服务,竞争规律都寓于五种竞争力量之中,即潜在进入者的威胁、购买方的议价能力、供应商的议价能力、替代产品的威胁和现有竞争者的威胁。这五种基本竞争力量的状况及综合强度决定着产业竞争的激烈程度,同时也决定了产业的最终获利能力,图 4-2 简单描述了五种竞争力模型。

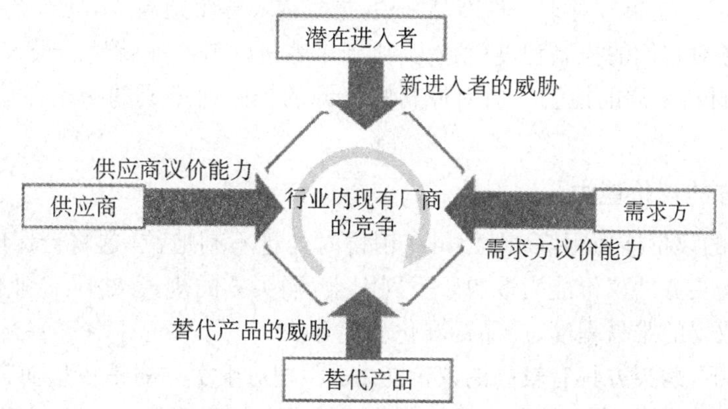

图 4-2 波特的五种竞争力模型

波特的五力模型不仅是分析行业利润前景的有力工具,同时也有助于预测行业的演进、分析公司业绩差别的原因并确定行业的关键成功因素。

(一) 潜在进入者的威胁

当潜在进入者进入一个产业后,将造成此产业的竞争环境改变,产业内原有公司的市场占有率将因此有所变动。当某产业的利润率或发展前景优于其他产业时,必然会面临潜在进入者的威胁,而产业的进入壁垒则在一定程度上阻止了新公司的进入。

壁垒是指阻碍观望者进入产业的因素。

进入障碍可视为潜在竞争者进入某特定产业的门;进入障碍越低,则吸引越多新竞争者加入,因此可预期未来这个产业的成长率及获利率将会受到影响。

形成进入壁垒的因素主要有:

(1) 规模效应。大规模经营的经济性表现为一定时期内产品的单位成本随总产量的增加而降低。规模经济的存在阻止了对行业的侵入,因为它迫使"入侵者"或者冒大规模生产的风险,或者以小规模生产而在产品成本方面处于劣势。每一个行业都有其特定的规模经济要求。对美国一些产业进行研究后发现,存在产业的规模效应。经济学家对 20 世纪 60 年代的一些美国产业进行调研后发现如钢铁业、打字机、牙膏业等领域的"最小最佳规模"会随着技术、经济等方面的变化而发生变化。另外,同一产业(产品)的"最小最佳规模"在国与国之间也是有差别的,但有一点是相同的,就是产业的"最小最佳规模"越大,该产业的进入壁垒越高。

(2) 差别化效应。差别化效应意味着原有目标产业中的企业通过广告、产品质量、顾客服务等手段建立的商标及顾客信誉上的优势。差别化所构成的产业壁垒,将迫使“入侵者”耗费大量资金以克服原有企业的信誉优势。这种努力通常带来初始阶段的亏损。产品差别化使婴儿食品、药品、化妆品等产业可能成为重要的壁垒产业。

(3) 专有技术和资金投入规模。当产品的生产和经营涉及专有知识(诀窍),则通过专利或保密方法也可构成产业壁垒。另外,有些产品属资金密集型,高额的资金投入对后来者也制造出较高的进入障碍。

(4) 政府的政策和法律规定。政府可以通过政策或法律的形式限制甚至封锁对某产业的入侵,常见的方式包括发放许可证、实现差别税率等。

(5) 销售渠道的控制。对于一种产品来说,批发或零售渠道越少,现有企业通过长久的关系、高质量的服务对它们的控制程度就越大,则新来者进入该产业就越困难。

(6) 最佳原材料来源的控制。由对原材料来源的控制而形成的壁垒在信息业、采掘业等产业中最为典型。

(二) 购买方的议价能力

如果购买方的议价能力很高,则公司在销售时处于不利地位,这将会影响公司的获利能力。通常说来,购买方的议价能力取决于下列因素:购买方的规模大小、产业内公司数量的多寡、购买方信息取得的难易程度、产品标准化程度等。

在下述条件下,购买方具有较高的议价能力:① 相对于卖方的销售量而言,购买是大批量和集中进行的;② 购买方从产业中购买的产品占其成本或购买数额的相当部分;③ 从产业中购买标准的或非差异化产品;④ 购买方的转换成本低;⑤ 购买方盈利低,因为低利润促使购买方极力压低购买成本;⑥ 购买方采取后向整合的现实威胁,购买方可以以“自己生产”这一筹码作为讲价手段;⑦ 产品对购买方产品的质量及服务无重大影响(反之,卖方能拥有一个很好的价格);⑧ 购买方掌握了充分的信息,如成本结构、价格行情、市场需求等。

(三) 供应商的议价能力

供应商是向企业及其竞争对手供应它们为生产特定的产品和劳务所需各种资源的工商企业及个人。在下列情况下,供应商有较强的议价能力:供应行业由几家大公司控制;供应来源具有稀缺性;供应商无须与替代产品竞争;对供应商而言,所供应的行业无关紧要;对于购买方来说,供应商的产品是很重要的市场投入要素,供应商提供的产品是差异性产品;购买方转换供应商的费用较高等。

如果供应商有较强的议价能力,供应商可能会通过提高供应价格、降低产品或服务质量、配额供给等手段使生产企业受到一定程度的威胁。

如果供应商的议价能力高,则公司在采购原材料时将处于劣势,很可能受制于供应商而无法有效地降低原料成本,最终影响公司利润。

(四) 替代产品的威胁

所谓替代产品是指其用途与所分析的产品相似或相同的产品。从广义上看,一个产业的所有企业都与生产替代产品的产业竞争。对产业而言,替代产品的出现意味着来自相似产业的竞争力量,消费者在购买上有更大的选择空间,同时也代表着本产业产品消费量减少的可能。波特指出,替代品的状态决定了产业中企业可谋取利润的上限,从而限制一个产业的潜在收益。替代品所提供的价格—性能选择越有吸引力，产业利润的“上盖”压得就越紧。

识别替代产品也就是寻找那些能够实现本产业产品同种功能的其他产品，它将导致分析者去分析从表面看来与该产业相去甚远的业务。例如，证券经纪人正日益严峻地受到替代者的威胁，包括不动产、保险业、货币市场基金以及其他个人资本投资方式的替代威胁，这种情况在权益资本市场表现不佳时尤为严重。

一般来说，替代产品产业影响被替代产品产业的因素有下列几点：技术发展程度、替代产品的功能、现有产品功能是否能提升等。

（五）现有竞争者的威胁

当产业中有其他竞争者采取竞争动作时，将连带影响到同产业其他公司的经营表现。现有竞争者的威胁大小与产业的竞争结构关系密切。现有竞争者的威胁与下列因素有关：竞争者多寡、产品差异化、退出障碍高低等。

通常说来，产业的利润率水平主要取决于业内现有公司的竞争情况。产业内竞争的方式包括价格竞争和差别竞争。价格竞争可以采取不同形式，如直接降价、放宽收款条件、放宽收款时间等。例如，在煤炭生产或水泥制造行业，厂家之间的激烈竞争将销售价格压到等于甚至低于边际生产成本。差别竞争同样可以有不同形式，如产品质量、地点选择、产品形象、产品设计、售后服务、销售渠道等。比如香水或白酒酿造行业，企业之间主要采用非价格竞争手段进行竞争。

决定产业内竞争的因素包括以下几个方面：

(1) 产业成长性的高低。在一个快速成长的产业中，现有企业只要通过拓展新的市场就可以获得高速发展，无须采用削价竞争的形式从其他企业手中争夺市场份额，比如20世纪80年代的中国家用电器行业就处在这样一个阶段。在一个成熟的、市场容量相对固定的行业，现有企业要发展，只有通过掠取其他企业的市场份额才能实现。此时，大幅降价将生产成本高的对手挤出市场就成为竞争的主要手段，如目前彩电、洗衣机的生产者。值得注意的是，随着社会资本流动性的加强和市场信息传播速度的加快，削价竞争时代在一个新兴市场上到来的日期在不断提前。

(2) 竞争者生产能力的集中程度。如果某个产业产品的主要生产能力集中于一个或少数几个企业手中，这些企业就有能力为自己的产品定价，行业内的竞争性就会减弱。例如，英特尔公司控制了全世界CPU市场份额的90%，因而有能力主导芯片产品的市场价格，它还与微软公司结成Wintel联盟，攫取电脑工业大部分的利润，据统计，英特尔的年利润比世界前十大个人电脑生产厂商的总和还多。

(3) 产品的差异性和顾客的转换成本。致力于形成产品差异是企业避免单纯价格竞争的重要手段，树立品牌形象是形成产品差异最有效的措施。化妆品生产行业与煤炭生产行业可以说是产品差异性的两个极端。对于电脑软件行业来说，目标顾客更换软件的高转换成本则是阻止价格竞争的有效手段，因为顾客花在学习和运用上的资源要比购买软件的成本高得多。

(4) 固定成本相对于可变成本的比率。对于有些行业，比如航空运输业来说增加单位运输量的可变成本相对于固定成本很小，因而它们更倾向于通过降低单位售价的价格竞争，力求达到规模经济。

思考题

一、名词解释

成长型产业　周期型产业　防御型产业　朝阳产业　夕阳产业　产业生命周期

二、简答题

1. 产业生命周期各阶段的特征主要有哪些？
2. 波特的五种竞争力模型包括哪些内容？
3. 证券投资的产业投资需遵循哪些原则？

第五章　公司财务分析

第一节　概述：如何阅读上市公司的财务报表

一、造成会计数据和其所代表的经济现实之间出现偏差的因素

（一）会计准则的缺陷

会计准则在限制经理层对会计数据进行不当处理能力的同时也不可避免地减少了会计数据所代表的信息量。例如，股份有限公司的研究开发费计入当期管理费用，但研发的结果可能是许多项目没有产生有价值的成果，而有些项目却很有价值。现行的会计制度不允许对这两种结果进行不同的会计处理。

我国会计准则的修订渐渐向国际会计准则靠拢，然而某些处理方式仍无法准确反映经济现实。例如，新会计准则要求上市公司损益表中要单独设置"公允价值变动损益"项目，以评估交易性金融资产等公允价值变动对上市公司损益的影响。然而，此项损益只有在金融资产被处置之后才能真正实现，因此在未处置之前，损益变动存在不确定性，从而无法真实准确地反映出上市公司的经济现实。

（二）预测的偏差

在权责发生制下，企业的收入和费用的确认含有主观成分。一项交易发生之后，由于经理人员不能准确无误地对交易结果进行估测就会造成会计数据和经营实际结果的偏差。例如，在新会计制度下，当一个企业卖出产品而尚未收回货款时，要求经理人员对应收账款的收回概率进行预测，以确定坏账准备的提取方法和提取比例。由于交易的复杂程度、对方企业的信誉及未来经济发展的状况都是不确定的因素，经理人员不可能对此做出完全正确的预测，结果就是坏账产生的实际情况高于或低于坏账准备的数额。

在权责发生制下，企业的收入和费用的确认含有主观成分。例如，根据新会计准则，上市公司的研发费用以研发步骤分为研究阶段和开发阶段。研究阶段的支出费用化，计入当期损益；开发阶段的支出在一定条件下允许资本化，计入无形资产。然而，对于开发费用资本化的评估含有大量主观因素，同时会计人员需要具备相应的技术水平才能做出合理预测，这在实际操作上有很大的难度，因此费用的预测会存在一定偏差。

（三）经理人员通过影响会计数据来达到自己的目的

经理人员完全有能力在会计准则许可的范围内，按自己的意愿对财务报表施加影响。在

坏账准备提取的方法和比例上，在存货的计价上，在固定资产折旧的方法上，新会计制度都允许有自主选择的灵活性。经理人员对会计数据的影响可能出于以下动机：

(1) 维护经理层个人利益。例如，在以利润实现为业绩考核指标的情况下，企业的高级管理人员就有可能通过更改会计政策和账项调整的方法来操纵利润，以达到自己获得高额分红或保住现有职位的目的。

(2) 满足在资本市场上筹资的条件。对于上市公司而言，配股是一条重要的筹资渠道。大部分经理人员都有将更多的资源置于自己控制之下的内在冲动，因而倾向于高比例和高股价的配股。对于那些经营不善、资金匮乏的企业更是如此，管理人员有可能出于达到配股条件的目的来操纵利润。这种企业财务报表中会计数据的可信度值得怀疑。

(3) 满足借款条款规定的需要。企业在向债权人借款时常常被迫接受一些限制性的债务条款，比如要求企业保持一定的还本付息比率、营运资金比率和净资产值等。一旦企业达不到这些比率的要求，债权人有权要求企业提前偿还有关债务。经理人员有可能通过调整账项的方法来达到这些比例。

二、上市公司报表的阅读

上市公司的定期报表是获得上市公司经营状况的最重要信息来源之一。图 5－1 是某上市公司 2012 年年报的目录。对于上市公司定期报表的阅读，其基础就是目录中的数据。

目　　录

图 5－1　某上市公司定期报告目录

目录的第二节是对上市公司历史、现实和未来经营战略及经营情况的总结，其中包括会计数据和业务数据摘要、历史财务数据摘要、境内外审计差异(仅限境内外上市公司)、相关财务报表的补充财务数据等。阅读会计数据和业务数据摘要是掌握上市公司经营状况的最关键、最核心数据。第三节和第十节是财务数据的核心部分，其中披露了资产负债表、损益表和现金流量表的全部内容。结合这些数据，金融分析人员就能对上市公司的现实经营情况和历史经营情况做出一个宏观的比较分析。第六节介绍了股份变动及股东情况。由于股东的结构和股本的构成直接决定了企业的发展方向和发展战略，因此对该节的内容进行深度挖掘也具有极其重要的意义。第七节和第八节涉及公司的治理和高管人员的介绍，虽然公司的管理机构是个团队，但是核心的人物往往是公司关键发展方向的确定者。

就像杰克·韦尔奇成就了GE的传奇、比尔·盖茨造就了微软王国一样，任何一个上市公司中都可能会有一小部分核心人员决定了企业发展的方向、风格和前途，因此这两节的分析更加侧重于上市公司战略层面的内容，也是不可忽视的。同样重要的是股东的结构，不同的股东结构，包括股东性质（国有股、社会法人股、自然人股）和股东结构（是否具有绝对控股的股东、第一大股东与其他股东之间是否有制衡关系）两方面。定期报告中还有一部分是财务情况和企业经营状况的分析——“管理层讨论”（Management Analysis），该部分在我国上市公司报告中通常放在第四节董事会报告中体现，部分公司会用“董事会关于公司报告期内经营情况的讨论与分析”或“讨论与分析”等名称代替“管理层讨论”一词，但讨论内容是大致相同的。对于这一部分的分析，其重要程度不亚于第三节和第十节。图5-2是某上市公司董事会报告中关于管理层讨论的部分内容。

第四节 董事会报告

董事会关于公司报告期内经营情况的讨论与分析

报告期内，本公司坚持以科学发展为主题，以加快转变发展方式为主线，坚持稳中求进，落实“创新发展、精细管理”，取得了较好的经营业绩，全面完成本公司2008—2012年五年发展规划纲要的主要目标和董事会确定的年度经营目标。

(1) 综合盈利能力稳步提升。报告期末，本集团总资产规模达到14 888.60亿元，同比增长19.67%；归属于上市公司股东的净利润127.96亿元，同比增长38.76%，比资产增速快19.09个百分点；实现中间业务收入48.40亿元，同比增长30.60%，高于净利息收入增速13.93个百分点；资产利润率0.94%，比上年提高0.13个百分点。盈利能力提升主要得益于存货款规模稳步增长、成本费用水平持续下降、非利息收入的增长和资产质量的持续改善。

(2) 业务结构持续优化。一是持续调整资产负债结构，小企业货款和个人货款占比达30%；一般性存款日均增速快于月增速，存款稳定性增强。二是不断优化收入结构，报告期末，中间业务收入占比12.17%，同比提高1.12个百分点。

(3) 资源配置管理显现成效。一是加强资源配置统筹管理，增强资本约束和成本费用意识，合理配置资源。二是推进全面成本管理，在人员、机构、信息技术等费用刚性增长压力下，有效控制运行成本。报告期末，本集团成本收入比39.95%，同比下降1.94个百分点。

图5-2 某上市公司管理层讨论（部分）

第二节 基于资产负债表的资产管理分析

资产负债表是反映在特定日期企业资产与负债状况的重要文件。通过资产负债表，我们可以得到某一确定日期（通常是在季度末或年末）资产的总额及其结构、企业拥有或控制的资产及其分布情况。例如，通过分析流动资产和固定资产的数据可以获得流动资产和固定资产的相对比例、企业流动性状况、企业账款收回情况、企业资产减值情况、企业资产折旧情况、企业固定资产使用状况等重要数据。通过资金来源方的数据还可以获得企业资本结构、债务结构等数据，通过将资金运用方和资金来源方的数据进行比较，可以获得企业偿债能力、债务风险、金融杠杆等数据。

资产负债表主要由资金来源方和资金运用方两部分组成，分列在资产负债表的左右两个部分，因此又称“T型账户”。资金来源方包括长期负债和股东权益两部分，资金的运用方包括流动资产、固定资产等部分。

一、资产负债组成情况

资产负债的组成情况分析主要包括资产负债率、企业债务结构、流动资产结构、流动比率、速动比率、现金比例、存货周转情况、应收账款周转情况、应付账款周转情况等，本部分将对这些内容分别介绍。

（一）资产负债率

企业的资产负债率是反映企业资本结构的重要指标，也是反映企业可能的信用风险的重要参照指标。企业资本来源通常包括两种：债务资本融资和权益资本融资。债务资本占总资本的比例通常由行业特点、企业融资渠道等决定。不同行业的资产负债率通常有较大的差异，同一行业内不同的企业由于其二级市场再融资难度、发行企业债券难度以及银行信用额度的不同，也会有一定的差异。一个普遍的结论是：债务融资有利于享受利息税盾部分的企业增值，但同时会增加企业的破产成本；不同的金融体系也会导致企业对融资来源的不同依赖程度。资产负债率的公式为：

$$资产负债率=\frac{总负债}{总资产}\times100\%$$

通过上证 50 指数样本股票资产负债率表可见，在所选取的 50 只股票中，贵州茅台、大秦铁路等股票的资产负债率最低，分别为 27.86％和 20.17％，而银行类上市公司的资产负债率最高，除去银行类上市公司之外，中国交建、中信证券等企业的资产负债率均 70％多。

对上证 50 指数样本股票的资产负债率进行分析，我们可以得出很多有用的结论：

(1) 总体而言，铁路、药业、能源等行业的企业资产负债率较低，而地产、保险等行业的企业资产负债率较高。

(2) 即使处于相同的行业，不同的上市公司由于异质的融资能力和偏好，其资产负债率也会体现出较大差异。例如，同样处于食品饮料行业的贵州茅台和伊利股份，前者的资产负债率为 27.86％，而后者的资产负债率则达到了 41.35％。

由于上证 50 指数样本股票选择的偏差，我们通过表 5－1 只能看到整个股票市场中一小部分的数据，众多规模较小的公司并没有体现在其中，但上述结论仍是具有代表性的。

表 5－1　上证 50 指数样本股票 2017 年报资产负债率　（％）

证券简称	资产负债率	证券简称	资产负债率
工商银行	91.91	中国重工	59.43
新华保险	91.16	山东黄金	54.11
中国平安	90.59	洛阳钼业	52.22
绿地控股	89.31	复星医药	51.8
中国人寿	89.25	万华化学	48.2
华夏幸福	84.43	中国石化	48.11

续　表

证券简称	资产负债率	证券简称	资产负债率
保利地产	79.87	宝钢股份	47.6
中国中铁	78.65	中国石油	43.02
中国建筑	78.63	中国联通	42.72
中国铁建	77.72	伊利股份	41.35
中国交建	76.26	药明康德	35.74
中信证券	74.54	中国神华	33.06
华泰证券	71.77	中国国旅	30.39
青岛海尔	69.3	三安光电	27.86
国泰君安	68.83	贵州茅台	27.86
工业富联	68.51	海螺水泥	22.75
南方航空	68.02	大秦铁路	20.17
中国中车	63.36	三六零	18.55
上汽集团	61.97	恒瑞医药	10.36

（二）流动比率

流动比率是反映企业偿债能力的重要指标。流动比率这一指标认为，对企业债务进行偿付保障的是企业的流动资产，如现金、存货、应收账款等。其计算公式为：

$$流动比率=\frac{速动资产}{流动负债}$$

流动比率可以反映短期偿债能力。企业能否偿还短期债务，要看有多少债务以及有多少可变现偿债的资产。流动资产越多，短期债务越少，则偿债能力越强。如果用流动资产偿还全部流动负债，则企业剩余的是营运资金(＝流动资产－流动负债)，营运资金越多，说明不能偿还的风险越小。因此，营运资金的多少可以反映偿还短期债务的能力。但是，营运资金是流动资产与流动负债之差，是个绝对数。如果企业之间规模相差很大，那么绝对数相比的意义很有限。而流动比率是流动资产与流动负债的比值，是个相对数，它排除了企业规模不同的影响，更适合企业间以及本企业不同历史时期的比较。

一般认为，生产企业合理的最低流动比率是 2。这是因为，流动资产中变现能力最差的存货金额约占流动资产总额的一半，剩下的流动性较大的流动资产至少要等于流动负债，企业的短期偿债能力才会有保证。人们长期以来的这种认识，还不能成为一个统一标准，因其也未能从理论上证明。计算出来的流动比率，只有和同行业平均流动比率、本企业历史的流动比率进行比较，才能知道这个比率是高还是低。这种比较通常并不能说明流动比率为什么这么高或低，要找出过高或过低的原因还必须分析流动资产及流动负债所包括的内容以及经营上的因素。在一般情况下，营业周期、流动资产中的应收账款数额和存货的周转速度是影响流动比率的主要因素，通过上证 50 指数非金融类样本上市公司流动比率表(见表 5－2)可以看出，通常对固定资本投入需求较小的行业和企业的流动比率较高,反之亦然。贵州茅台的流动比率远远高于2,而中国联通、伊利股份、山东黄金等需要大规模资本投入的企业流动比率极低。这是由于贵州茅台的大量资产以存货形式存在,而中国联通、伊利股份、山东黄金等上市公司由于流动资产很少,所以流动比率相对较低。

表5-2 上证50指数部分样本上市公司2017年流动比率

证券简称	速动比率	流动比率	证券简称	速动比率	流动比率
恒瑞医药	7.67	8.15	中国铁建	0.91	1.2
三六零	3.78	3.81	青岛海尔	0.89	1.13
贵州茅台	2.51	3.05	中国中车	0.85	1.2
三安光电	2.39	3.04	中国中铁	0.83	1.09
海螺水泥	2.3	2.57	复星医药	0.77	0.94
中国国旅	2.13	2.67	中国石化	0.64	0.99
洛阳钼业	1.91	2.27	保利地产	0.64	1.77
中国神华	1.76	1.86	中国建筑	0.63	1.29
大秦铁路	1.59	1.69	万华化学	0.61	0.9
药明康德	1.23	1.41	宝钢股份	0.59	0.87
伊利股份	1.13	1.3	中国石油	0.57	0.86
中国重工	1.09	1.61	山东黄金	0.53	0.78
工业富联	1.06	1.39	华夏幸福	0.46	1.5
上汽集团	0.95	1.1	绿地控股	0.46	1.29
中国交建	0.93	1.04	中国联通	0.41	0.42

资料来源:万得数据。

(三)速动比率

流动比率虽然可以用来评价流动资产总体的变现能力,但人们(特别是短期债权人)还希望获得比流动比率更进一步的有关变现能力的比率指标,这个指标被称为速动比率,也称酸性测试比率。速动比率是从流动资产中扣除存货部分,再除以流动负债的比值。速动比率的计算公式为:

$$速动比率=\frac{流动资产-存货}{流动负债}$$

在计算速动比率时要把存货从流动资产中剔除的主要原因在于:

(1) 在流动资产中,存货的变现速度最慢。

(2) 由于某种原因,部分存货可能已损失报废但还没做处理。

(3) 部分存货已抵押给某债权人。

(4) 存货估价还存在着成本与合理市价相差悬殊的问题。

综合上述原因,在不希望企业用变卖存货的办法还债以及排除使人产生种种误解因素的情况下,把存货从流动资产总额中扣除后计算出的速动比率,反映的短期偿债能力更令人信服。

通常认为正常的速动比率为 1,低于 1 的速动比率被认为是短期偿债能力偏低。这仅是一般的看法,因为行业不同,速动比率会有很大差别,没有一个统一的标准。例如,采用大量现金销售的商店,几乎没有应收账款,因而出现远低于 1 的速动比率是很正确的;相反,一些应收账款较多的企业,其速动比率可能要大于 1。影响速动比率可信性的重要因素是应收账款的变现能力。账面上的应收账款不一定都能变成现金,实际坏账可能比计提的准备要多;季节性的变化可能使报表的应收账款数额不能反映平均水平。对于这些情况,外部使用人不易了解,而财务人员却有可能做出估计。

(四) 利息保障倍数

利息保障倍数(Interest Coverage Ratio)指标是指企业税息前利润与利息费用的比率,用以衡量偿付借款利息的能力。其计算公式为:

$$利息保障倍数=\frac{税息前利润}{利息费用}$$

公式中的“税息前利润”是指损益表中未扣除利息费用和所得税之前的利润,可以用“利润总额加利息费用”来预测。

公式中的“利息费用”是指本期发生的全部应付利息,不仅包括财务费用中的利息费用,还应包括计入固定资产成本的资本化利息。资本化利息虽然不在损益表中扣除,但仍是要偿还的。利息保障倍数的重点是衡量企业支付利息的能力,没有足够大的税息前利润,资本化利息的支付就会发生困难。

(五) 周转率及周转天数

周转率或周转大数是反映企业经营效率的指标,主要包括存货、应收账款、固定资产周转率和周转天数。

1. *存货周转率和存货周转天数*

在流动资产中,存货所占的比重较大。存货的流动性将直接影响企业的流动比率,因此必须特别重视对存货的分析,存货的流动性一般用存货的周转速度指标来反映,即存货周转率或存货周转天数。

存货周转率是衡量和评价企业购入存货、投入生产、销售收回等各环节管理状况的综合性指标。它是销货成本被平均存货所除而得到的比率,或称为存货的周转次数。用时间表示的存货周转率就是存货周转天数,其计算公式为:

$$存货周转率=\frac{销货成本}{平均存货}$$

$$存货周转天数=\frac{360}{存货周转率}$$

公式中的“销货成本”数据来自损益表,“平均存货”数据来自资产负债表中的“期初存货”与“期末存货”的平均数。

一般来说，存货周转速度越快，存货的占用水平越低，流动性越强，存货转换为现金或应收账款的速度越快。提高存货周转率可以提高企业的变现能力，存货周转速度越慢则变现能力越差。

存货周转率(存货周转天数)指标的好坏反映存货管理水平，它不仅影响企业的短期偿债能力，也是整个企业管理的重要内容。企业管理者和有条件的外部报表使用者，除了应分析批量因素、季节性生产的变化等情况外，还应对存货的结构以及影响存货周转速度的重要项目进行分析。

2. 应收账款周转率和周转天数

应收账款和存货一样，在流动资产中有着举足轻重的地位。及时收回应收账款，不仅增强了企业的短期偿债能力，也反映出企业管理应收账款方面的效率。

反映应收账款周转速度的指标是应收账款周转率，也就是年度内应收账款转为现金的平均次数，它表明了应收账款流动的速度。用时间表示的周转速度是应收账款周转天数，也称应收账款回收期或平均收现期，它表示企业从取得应收账款的权利到收回款项、转换为现金所需要的时间。其计算公式为：

$$\text{应收账款周转率}=\frac{\text{销售收入}}{\text{平均应收账款}}$$

$$\text{应收账款周转天数}=\frac{360}{\text{应收账款周转率}}$$

公式中的“销售收入”数据来自损益表，是指扣除折扣和折让后的销售净额。后文中，除非特别指明，“销售收入”一词均指销售净额，它是资产负债表中“期初应收账款余额”与“期末应收账款余额”的平均数。有人认为，“销售净额”应扣除“现金销售”部分，即使用“除销净额”来计算。从道理上看，这样可以保持计算分母和分子口径的一致性，但是，不仅财务报表的外部使用人无法取得这项数据，而且财务报表的内部使用人也未必容易取得该数据。因此，把“现金销售”视为收账时间为零的赊销也是可以的。只要保持历史的一贯性，使用销售净额来计算该指标一般不影响其分析和利用价值。因此，在实务上多采用“销售净额”来计算应收账款周转率。

一般来说，应收账款周转率越高、平均收账期越短，说明应收账款的收回越快；否则，企业的营运资金会过多地呆滞在应收账款上，影响正常的资金周转。影响该指标正确计算的因素有：

(1) 季节性经营的企业使用这个指标时不能反映实际情况。

(2) 大量使用分期付款结算方式。

(3) 大量的销售使用现金结算。

(4) 年末大量销售或年末销售大幅度下降。

这些因素都会对该指标的计算结果产生较大的影响。

3. 固定资产周转率

固定资产周转率是销售收入与全部固定资产平均余额的比值。其计算公式为：

$$\text{固定资产周转率}=\frac{\text{销售收入}}{\text{平均固定资产}}$$

其中，

$$平均固定资产=\frac{年初固定资产+年末固定资产}{2}$$

该比率是衡量企业运用固定资产效率的指标，比率越高，表明固定资产运用效率高，利用固定资产的效果好。

二、资产收益情况

资产收益情况通常使用杜邦分解来表现企业净资产收益率的高低受两个因素制约：一是由经营总资产所产生的利润，二是总资产相对于所有者权益的比例。净资产收益率的计算公式为：

$$\begin{aligned}净资产收益率&=\frac{净利润}{所有者权益}\times 100\%\\&=\frac{净利润}{总资产}\times\frac{总资产}{所有者权益}\times 100\%\end{aligned}$$

式中，“净利润/总资产”为总资产收益率(ROA)；

“总资产/所有者权益”为财务杠杆(Financial Leverage)。

这是两个非常重要的财务比率。进一步细分，ROA也由两部分组成，其计算公式为：

$$\frac{净利润}{总资产}=\frac{净利润}{销售额}\times\frac{销售额}{总资产}\times 100\%$$

式中，“净利润/销售额”为销售利润率(Profit Margin)；

“销售额/总资产”为总资产周转率(Total Asset Turnover)。

通过细分，净资产收益率可以表示为三个比率的乘积，其计算公式为：

$$净资产收益率=销售利润率\times 总资产周转率\times 财务杠杆$$

我们看到，企业获利能力有三个发动机：销售利润率取决于公司的经营管理，总资产周转率取决于投资管理，财务杠杆取决于融资政策。因此，我们可以通过对这三个比率的分析来了解企业经理人员在何种程度上贯彻了公司的各项战略，具体关系见图5-3。

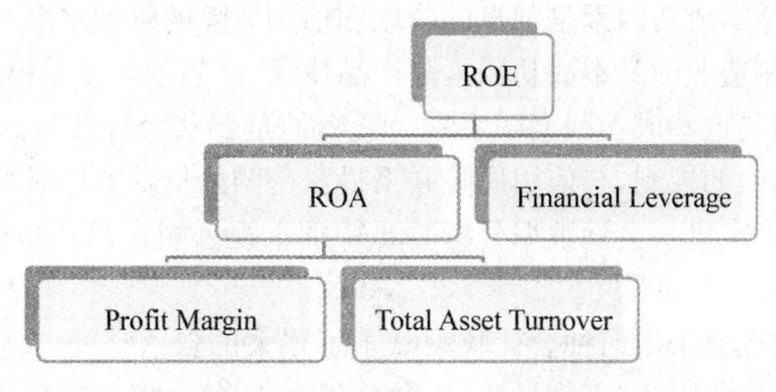

图5-3　图杜邦三项分解图

其中，

$$ROE(净资产收益率)=\frac{利润}{净资产}\times 100\%$$

$$ROA(总资产收益率)=\frac{净利润}{总资产}\times 100\%$$

$$FL(财务杠杆)=\frac{总资产}{所有者权益}$$

$$PM(销售净利率)=\frac{净利润}{销售额}\times 100\%$$

$$TAT(总资产周转率)=\frac{销售额}{总资产}$$

第三节　基于损益表的经营效益分析

会计数据构成了上市公司财务报表的主体，是外部投资者据以对上市公司进行分析的数据基础。以往我们在对上市公司进行财务分析时，通常直接对会计数据进行加工处理，而忽视了财务报表的原始数据有可能并没有真实、准确地反映企业经营现实。会计数据分析的目的就是评估一个企业的会计记录是否真实地反映了其所代表的经济活动。通过对企业的会计政策和会计预测进行评估，证券分析人员能够知道他所使用的财务报表在多大程度上扭曲了经济现实，进而对这些扭曲进行“恢复”，为后面的财务分析提供一个真实的数据基础。

一、判别损益表虚假数据可能科目

一个企业身处的行业特性和它所选择的竞争战略决定了该企业的主要成功因素和面临的主要风险，会计数据分析的一个主要目的就是评估企业在何种程度上运用了这些成功因素以及在何种程度上控制了主要风险。例如，对于一家主营设备租赁业务(如汽车租赁)的上市公司来说，最主要的成功因素是企业能正确地预测被租赁的设备在租赁期末的残值。就此企业而言，对其经营影响最大的会计政策是设备残值的计算方式。不同的计算方式将会极大地影响公司的账面利润和账面资产价值。如果残值被高估，企业将来就面临着巨大的资产冲销风险。

同样，银行业的基本成功因素是利息的收取和信用风险的管理水平；零售业的基本成功因素是对存货的管理；制造业的基本成功因素是产品质量、产品创新以及售后产品返修率。证券分析人员首先要弄清与这些成功因素联系最为紧密的是哪些会计政策。例如，银行业最重要的成功因素是信用风险的控制，与信用风险联系最紧密的是贷款的坏账准备；制造业最重要的成功因素是产品质量，在进行会计数据分析时要特别重视公司产品质量保证金的支出和储备情况。

现行会计制度对企业采用何种会计政策赋予了很大的自由空间。例如，企业可以自由选择的折旧方法包括平均年限法、工作量法、年数总和法、双倍余额递减法，库存商品成本计价可采用先进先出法、加权平均法、移动平均法、个别计价法、后进先出法；坏账准备的提取方法和比例也可以由公司按照自己的业务特点自行确定。为了保证会计政策的连续性和可比性，法律规定一种会计政策一经确定不得随意更改，如需变更，应在会计报表附注中加以说明。需要明确的一点是，企业获得的会计政策自由度越大，从理论上说，该企业会计报表中的会计数据就越有可能准确地反映经营的实际情况。例如,如果银行业的坏账提取比例是一个行业内通用的固定比例,那么同样数量的坏账准备就潜在地减少了资产状况良好银行的利润而虚增了资产状况较差银行的收益。因此,如果企业在与主要成功因素紧密相关的会计政策处理上没有灵活度,它所提供的会计报表就很可能无法反映真实的经营状况。

二、损益表虚假数据的可能迹象

根据新会计制度,上市公司的管理者在选择会计政策时有较大的自由度。企业经理既可以利用这一自由度更好地向股东反映企业的经营状况,也可以利用它们掩盖经营问题,误导投资者。从构成上说,利润有:主营业务收入减去销售成本、期间费用;其他业务收入减去其他业务支出;投资收益;营业外收支;以前年度损益调整。上市公司也正是从以上各项收入与费用入手进行利润操纵的。以下是一些经常出现不真实数据的科目。

(一)与销售额增加相关的应收账款的大幅增加

这一现象可能是由于公司放宽了对赊款销售的控制,以扩大当期的收益。销售政策的改变可能是出于扩大市场占有率、提高存货周转率等原因,也可能是公司为了完成上级的考核指标(对国有控股公司尤其要注意)、经理层红利获得等原因来粉饰财务报表。不论是何种情况,公司在以后的会计期间都将面临因客户违约而造成的应收账款冲销以及下期销售收入增幅下降的问题。

上市公司为增加本年利润可以在本年内(一般是年末)向外销售商品,同时私下协议于下一年以销售退回的方式收回,从而增加本年的主营业务收入及主营业务利润。《股份有限公司会计制度》中对销售后退回的规定是,上期销售退回的处理直接冲减本期销售收入,如在资产负债表财务报告发送之前进行报表调整。所以只要退货的时间安排在财务报告发送之后,公司就可以这种假销售方式增加本年利润。虽然这会导致下一年销售收入的减少(冲减退回期的销售收入),但对于具有很强短期利益要求(如限期扭亏或10%配股限制)的公司来说,也不失为一个可行之策。

(二)公司的报表利润与由经营所产生的现金流量之间的比例变化

由公司经营活动所产生的现金流量是公司得以生存和发展的根源。在会计政策没有发生变化的情况下,报表利润与经营所产生的现金流量之间应有一种相对固定的比例关系。经理人员可以通过对费用分摊计提方式的变化来影响报表利润,但无法影响经营所产生的现金流量。

(三)因处置长期资产而产生的巨大利润

当上市公司的经营业绩较差的时候,公司往往倾向于出售固定资产(如土地)、在其他公司的股权等长期资产来增加当期收益,这种收益是非持续的一次性收入,但对静态市盈率的影响很大,容易误导投资者。其主要方法有以下几种:

(1) 进行债务重整,将应收账款转为长期股权投资。大量应收账款的存在使公司的应收账款周转率偏低,表现为经营效率的低下;同时,现行会计准则要求公司每年年末按应收账款余额的一定比例提取坏账准备,计入本期的期间费用(管理费用)。应收账款数额越大,提取的坏账准备越多,本期的费用也越高。如果年末应收账款大量减少,公司不仅不用继续提取坏账准备,而且上一年多提的坏账准备还可以冲减本期的管理费用。为了减少本期账面上的费用支出，上市公司可以采取债务重整方式将应收账款转化为对该企业的股权投资。这样，一方面使年末应收账款总额明显减少，因此计入本期期间费用（管理费用）并需要提取坏账准备的金额减少；另一方面使公司应收账款周转率提高，表现为经营管理效率的提高。公司对于这部分投资可以用成本法记账（即使对该单位的投资占有表决权资本总额的 20%以上，也可因不具有重大影响而采用成本法计价），这样就可以不在账面上分担被投资企业每年的亏损——虽然投资收益额与长期投资相比表现得效率很低，但总比作为坏账冲销有利得多（至少不作为费用冲减利润）。

(2) 向关联方出售长期股权投资。会计准则并不要求公司对出售长期投资的行为按公允价值调整，因为股权投资的价值很难确定，所以通常是按实际收到的金额减去该项投资账面价值的净额计入本期投资收益。公司常用此种方法将其持有的长期投资以较高的价格出售给其集团公司或不纳入合并报表的关联企业，以增加其投资收益。

(3) 改变长期股权投资计价方法。会计制度规定，对于按权益法计账的长期股权投资，每年期末按所占股份的比例分担被投资企业的净损益，借记或贷记"投资收益"科目。如果上市公司持有长期效益不好（亏损）的长期投资，按规定每年都要分担被投资企业的净亏损，即投资收益为负值；而此时这部分股份的售价已低于账面价值，若在市场上出售会直接恶化本期投资收益，因此公司可以不再具有重大影响为由将这部分股权投资的计价方法由权益法改为成本法核算（会计制度允许），从而将这部分长期投资对于公司损益表的不利影响化解。

（四）中期报表与年度报表的收益相差甚大

企业的经营是一个持续的过程，一般来说，在一个会计年度中上市公司的获利能力不会有太大的变化。有些上市公司的中报收益与年报收益相差 10 余倍，经营业绩在一年中出现大幅波动，这种现象非常值得重视。企业的经营活动的确有季节的差别，如空调生产企业的销售旺季在夏季，其上半年的业绩一般要占到全年收益的 2/3；相反，彩电的销售额通常在下半年有所放大。但我们要注意到中报和年报在审计要求上的差别，中期不进行分红和配股的企业中报不要求必须经过审计，因而不排除上市公司与庄家联手操纵中报收益，起到拉抬或打压股价的作用。

（五）关联交易带来的利润增加

关联方关系定义为在企业财务和经营决策中，如果一方有能力直接或间接控制、共同控制另一方或对另一方施加重大影响，即被视为关联方（同是国家控制的国有企业不能一概而论）；如果两方或多方同受一方控制，也视为关联方。有关联关系的企业主要指母子公司之间或受同一母公司控制的子公司之间；合营企业、联营企业；主要投资者个人（持股 10%以上）、关键管理人员或与其关系密切的家庭成员及其直接控制的其他企业。关联企业之间的交易在作价上存在非市场因素干扰的可能，证券市场上大量的上市公司和其母公司或其他关联企业进行资产置换及资产买卖而带来的巨额利润增加，都是值得注意的。在主营业务收入中制造虚增是比较困难的（也容易被注册会计师查出），公司可以通过"其他业务收入"的调整来影响利润总额。其他业务收入包括材料销售、技术转让、代购代销、包装物出租等收入。在这种操作中，通常并不采用一般商品的购销，因为一般商品交易存在市场公允价格，按规定需按公允价格进行调整。

上市公司更倾向于向关联交易人[主要是集团公司，因为被上市公司直接或间接控制的关联公司(如子公司)是要纳入合并报表的,内部之间的交易在编制合并报表时进行抵消,在合并报表中并不表现为销售收入]出售劳务活动来增加其他业务收入。与一般商品不同,有些劳务活动是独特的,很难找到公允价格。这些劳务主要包括出售已有的研究开发成果、提供加工服务、提供经营管理服务、直接向集团公司收取收入。此外,上市公司也可以通过直接或间接让关联单位为其负担某些费用的方式减少费用开支、增加利润。具体有以下主要手段:

(1) 转让研究开发成果。会计制度规定,自行开发过程中发生的费用,计入当期费用。如果是自行开发并按法律程序申请取得的无形资产,按依法取得时发生的注册费、聘请律师费等费用,借记"无形资产",贷记"银行存款"等科目。尽管这部分活动计入了费用,开发公司仍可转让其研究开发行为的成果,按实际取得的转让收入,借记"银行存款",结转转让无形资产的摊余价值,借记"其他业务支出"(由于允许计入无形资产的开发费用很少,其他业务支出金额很少),贷记"其他业务收入",因此上市公司可以通过关联交易对其花费很少的研究活动收取大量金额来增加本年收入(虽然这种转让不一定会为受让的关联方带来利益)。

(2) 以费用分担方式转移期间费用。这种方式是以其他单位愿意承担上市公司某项费用的方式减少公司本年期间费用,从而使本年利润增加,如由集团公司承担保险费、运输费、广告费等(一般是承担影响主营业务利润的期间费用)。

(3) 向关联方出租资产与土地使用权来增加收益。会计制度对出售资产的要求是必须以公允价格成交,而且需要结转资产的成本。一般来说,通过公允价格处置长期资产不一定会得到净收益。由于会计制度对租金收入合理性的规定较少,所以上市公司往往通过向关联方出租长期资产的方式由外部转移收入,取得确定的大额收入。

(4) 向关联方借款融资,降低财务费用。对于资产负债率较高的上市公司来说,每年要负担固定的借款利息成本(计入财务费用),为了降低财务费用从而提高主营业务利润,公司可以通过改向关联方借款来减少对银行的负债,因为向关联方借款的利息支出可以在双方之间灵活确定是否支出、何时支出及支出金额的大小。

(六) 利用会计政策、会计估计的选择与变更进行利润调整

(1) 选择是否使用某一会计政策。《股份有限公司会计制度》中新增了三个跌价准备科目,即短期投资跌价准备、存货跌价准备、长期投资减值准备,要求境外上市公司、香港上市公司以及在境内发行外资股的公司必须设立这三个科目;同时指出,其他上市公司也可按上述规定提取短期投资跌价准备、存货跌价准备、长期投资减值准备。这就为效益好的上市公司提供了将利润在不同年度之间转移的可能,即如果某一年度各种利润指标大大高于各种配股条件,则在期末可以提取跌价准备,在不影响公司必要收益指标的前提下,化解了下期资产跌价的风险,提高了公司未来年度利润的稳健性。

(2) 对折旧要素的估计变更。固定资产折旧根据用途的不同分别计入"产成品"和"管理费用",其中计入管理费用部分的大小直接影响期间费用以及主营业务利润。折旧额的大小是由使用年限、预计净残值和折旧方法三个要素决定的。会计制度要求公司应当根据固定资产的性质和消耗方式合理地预计固定资产的使用年限,预计净残值和恰当地选用折旧方法。折旧方法一经确定,不得随意变更,如需变更应在会计报表附注中予以说明。公司可以通过变更对固定资产残值的估计、对固定资产使用年限的估计,变更折旧方法来调整本年的折旧费用额。由于折旧方法的变更受到的限制较多,所以公司只在不得已的时候才进行折旧方法的变更。

(3) 变更商品销售成本的计价方法。销售成本是根据存货(产成品)的发出来计量的,公司可以根据具体情况,采用先进先出法、加权平均法、移动平均法、后进先出法和个别计价法,方法一经确定,不得随意变更,如需变更,应在会计报表附注中予以说明。使用不同的计价方法直接影响本期销货成本的大小,进而影响主营业务利润的大小。由于公司产品销售量很大,变更商品销售成本的计价方法对主营业务成本及利润的影响是非常明显的,因此变更销售成本计价方法也是上市公司调整本年利润常用的一个方法。

(七) 利用其他应收账款科目回避费用的提取

会计制度规定,公司对于应收账款,应于中期期末或年末按规定提取坏账准备。境外上市公司、香港上市公司以及在境内发行外资股的公司,坏账准备的提取方法、提取比例等由公司自行确定,国内上市的公司按统一规定以年末应收账款余额的 0.3%~0.5%计提坏账准备,计入本期管理费用。

公司通过与欠款单位协商(尤其是关联企业)年底收回应收账款,同时以对该单位短期融资的方式(计入其他应收款)又将此笔金额转给对方(实际上只是账务的划转)。这样,一方面使公司的应收账款减少(应收账款周转率指标明显好转);另一方面,应收账款的收回使得本期期末应提的坏账准备减少,列入期间费用的金额减少(如果应收账款数小于年初数,还可以冲减管理费用)。而对公司来说,这只是账务上的划转,并没有影响其资金运行,又降低了其列入损益表中的费用。

(八) 利用推迟费用确认入账的时间来降低本期费用

(1) 将应计入本期的费用挂在“待处理财产损溢”科目。会计制度规定,公司在清查财产过程中查明的各种财产物资的盘盈、盘亏和毁损(待处理固定资产损溢、待处理流动资产损溢)应于办理年终决算前查明原因,并报经批准处理,未能在年终决算前处理完毕的,应在会计报表附注中予以说明。对“待处理财产净损失”的处理结果都是计入损益表抵减当期利润,所以公司为了保证当期利润指标的实现,往往尽可能地推迟确认该损失的时间。

(2) 将费用挂在“待摊费用”科目。待摊费用虽然是一项费用,但在会计准则中表现为资产负债表中的一项资产,要在一定时间内逐步转为损益表中的费用。待摊费用的发生时间是公司可以控制的,待摊费用多是分摊期在 1 年以内的各项费用,如低值易耗品、预付保险费、固定资产修理费用以及一次购买印花税票和一次缴纳印花税税额较大,需分摊的数额等。公司在年初、年中还是年末发生此项支出直接影响进入本期损益表费用的多少。还有一些支出的摊销期在 1 年以上(固定资产修理支出、租入固定资产的改良支出以及其他摊销期限在 1 年以上的费用),在“长期待摊费用”中核算。

除待摊费用外,公司还可将已发生的费用挂在“预提费用”的借方,反映公司实际支出的费用大于预提的费用,即未推销的费用,主要有预提的租金、保险费、借款利息、固定资产修理费用。通过将实际发生的费用支出挂在资产类科目内而推迟计入损益表的费用或不全计入本期期间费用的办法,可以使上市公司公布的本年利润比实际情况更好一些。

(九) 利用其他非常性收入增加利润总额

(1) 争取地方政府的补贴收入。在损益表中列有一项“补贴收入”,用来核算公司取得的各种补贴收入。对于需要利润达标而又没能通过自我努力实现必要利润的上市公司,必然会向当地政府争取补贴收入作为最后的挣扎。地方政府从本地经济与上市指标角度考虑也会大力相助，政府可以只出一个准予补贴的文件，不必立即实际支付补贴的金额。公司按规定计算应收的补贴，借记“应收补贴款”，贷记“补贴收入”，从而顺利地增加利润总额。

(2) 利用营业外收入增加利润总额。营业外收入是与公司生产经营无直接关系的各项收入，包括固定资产盘盈、处理固定资产净收益、资产再次评估增值、债务重组收益、接受捐赠转入、罚款净收入。它是利润总额的一个组成部分，上市公司常常通过从关联企业接受捐赠的方式增加营业外收入，实现当年的利润总额。

(3) 对不真实的会计数据进行“恢复”。通过上面的分析发现有些会计数据没有真实地反映经济现实，证券分析人员就必须运用自己的经验和知识对这些被扭曲的会计数据进行“恢复”，使修正后的会计数据更贴近上市公司的实际经营情况。能对证券分析人员“恢复”或修正会计数据有较大帮助的数据来源有两个：一是财务报表附注；二是现金流量表。审计制度规定，对于上市公司已经披露的重大信息，注册会计师应出具无保留意见，所以投资者还要关注会计报表附注中的信息。上市公司正在使用的会计政策与会计估计、会计政策与会计估计的变更、关联交易、重要项目的详细资料(如存货的构成、应收账款的账龄、长期投资的对象、借款的期限与利率等)都在附注中揭示，为进行会计数据分析与判断上市公司是否有操纵利润的迹象提供了可操作与决策的信息，如本期是否变更了某项会计政策，该变更对利润的影响如何；哪些交易是与关联方进行的，对利润的影响如何等。

根据附注中的说明，证券分析人员能够评价会计政策的改变对报表数据的影响，并根据自己的经验和行业中其他企业的参照数据进行修正。

现金流量表从收付实现制的角度对企业的经营业绩进行报告，它是对以权责发生制为基础编制的会计报表的一种验证。如果证券分析人员对权责发生制的报表产生怀疑，现金流量表能提供一种基准点式的参照。损益表中的会计数据是现金流量表中会计数据变化的结果。损益表是以权责发生制为基础的，由此产生的递延、应付、推销和分配等会计处理为管理人员提供了合法地扭曲会计数据的机会。报告中的现金流量不涉及估计或分配，也很少涉及确认问题，因为一切现金的收付在其发生时已经得到了确认。证券分析人员可以通过现金流量表中的数据对相关的资产负债表中的数据进行修正。如前所述，上市公司操纵利润总是通过一定方法进行的，而任何方法都有其表现形式，投资者可以通过查找这些迹象来判断并对公司的获利能力进行调整。

(1) 应收账款与其他应收款的增减关系。如果是对同一单位的同一笔金额由应收账款调整到其他应收款，则表明存在操纵问题，应在利润总额中调增此笔应收账款按规定需计提的坏账准备金。

(2) 应收账款与长期投资的增减关系。如果对一个单位的应收账款减少而对其长期投资增加，且增减金额相近，则表明存在操纵问题，应在利润总额中调增此笔应收账款按规定需计提的坏账准备金。

(3) 待摊费用与待处理财产损失的数额。如果待摊费用与待处理财产损失数额较大，则说明存在拖延费用列入损益表的问题，需要从公布的利润总额中扣减这部分金额。

(4) 借款、其他应付款与财务费用的比较。如果公司有对关联单位的大额其他应付款，同时财务费用较低(只是近似账面借款的利息，可以通过附注里的信息计算出借款的年利息支出)，说明存在利用关联单位降低财务费用的问题，应将其他应付款按借款利率计算出利息费用，调减利润总额。

总之，证券分析人员在利用财务报告时应对上市公司进行全面分析，并对其公布的利润情况进行合理化调整，使调整后的信息具备可预测性，这样才能把握上市公司的长期获利能力，并根据公司状况的变化，及时回避风险，抓住真正的蓝筹股。

公司基本素质分析和会计数据分析为后面的工作提供了清晰的分析思路和干净的会计数据，是对上市公司报表进行财务分析和业绩预测必不可少的准备工作。这些工作完成之后，就开始进入公司财务分析阶段。

第四节　基于现金流量表的现金流分析

在比率分析中，多数财务比率的数据均来自损益表和资产负债表。通过对现金流量表的分析，可以进一步剖析企业的经营、投资和筹资活动的效率。资金链条是企业经营的重要环节，企业的不同经济活动产生的现金流量是不同的，通过现金流量表，可以明确经营活动、筹资活动和融资活动为企业带来的现金流量情况。

一、现金流量信息的作用

有关企业现金流量的会计信息，有助于财务报表的使用者评价企业形成现金和现金等价物的能力，为企业使用这些现金流量的需要提供依据。使用者进行经济决策，需要对企业形成现金和现金等价物的能力及其时间性与确定性做出评价。

当现金流量表结合其他财务报表一起使用时，所提供的信息能帮助使用者评价企业净资产的变动、财务结构(包括流动性和偿债能力)以及企业为适应环境和时机的变化而影响现金流量的金额和时间的能力。现金流量的信息有助于评价企业形成现金和现金等价物的能力，并使使用者能够建立评价和比较不同企业未来现金流量现值的模式。它还提高了不同企业经营业绩报告的可比性，因为它消除了对相同交易和事项采用不同会计处理的影响。

有关以往现金流量的信息常用来作为未来现金流量的金额、时间和确定性的指标，它有助于检查过去对未来现金流量所做估计的准确性，检查获利能力、净现金流量与价格变动影响之间的关系。

二、现金流量的构成与分类

现金流量是指在一定会计期间内流入和流出企业的现金及现金等价物。这里的现金不仅包括“现金”账户核算的库存现金，还包括“银行存款”账户核算的银行活期存款和可提前支取的定期存款，以及“其他货币资金”账户核算的外埠存款、银行汇票存款、银行本票存款和在途货币资金等其他货币资金。现金等价物是指企业持有的期限短(从购入之日起 3 个月内到期)、流动性强、易于转换为已知金额现金的投资，比如短期国债和信誉良好的短期企业债。

西方国家对现金流量的分类也不尽相同。美国、澳大利亚和国际会计准则委员会等都将现金流量分为经营活动、投资活动和筹资活动三大类，英国则将现金流量划分为经营活动、投资收益和投资成本、纳税、资本性支出和金融投资、购买和处置、权益性股利支付、流动资金管理和筹资活动八大类。我国将现金流量划分为三类:经营活动所产生的现金流、投资活动所产生的现金流和筹资活动所产生的现金流。

(1) 经营业务,是指创造收益的主营业务以及不属于投资业务或融资业务的其他业务。经营活动形成的现金流量的金额是一个重要的指标,通过它可以判断在不依靠外部资金来源的情况下,企业经营形成的现金流量是否足以偿还贷款、维持企业的经营能力、派发股利以及进行新的投资。有关以往经营形成的现金流量具体构成的资料,结合其他资料,有助于预测未来经营形成的现金流量。

(2) 投资业务,是指取得和处理长期资产以及不包括现金等价物在内的其他投资。这种现金流量代表了有多少支出已用于为了产生未来收益和现金流量的投资业务。

(3) 融资业务,是指导致企业的权益资本以及借款的规模和结构产生变化的业务。单独揭示融资业务形成的现金流量是重要的,因为这有助于资本提供者预计企业对未来现金流量的需求。

三、现金流量表的编制方法

现金流量表的编制方法有直接法和间接法两种。直接法是指通过现金收入和支出的主要类别反映来自企业经营活动的现金流量。直接法提供了有助于估计未来现金流量但不能通过间接法获得的信息,它一般是以损益表中的营业收入为起算点,调整与经营活动有关项目的增减变动,然后计算出经营活动的现金流量。间接法是以本期净利润为起算点,调整不涉及现金的收入、费用、营业外收支等项目的增减变动,据此算出经营活动的现金流量。我国采用直接法编制现金流量表。在直接法下,三大活动所产生的现金流量项目见表5-3。

表5-3　现金流量表的项目

	经营活动所产生的现金流量	投资活动所产生的现金流量	筹资活动所产生的现金流量
现金流入	销售商品,提供劳务收到的租金 收到的增值税销项税额和退回的租金 收到的除增值税以外的其他税收返还 收到的其他与经营活动有关的现金	收回投资所收到的现金 分得股利或利润所收到的现金 取得债券利息收入所收到的现金 处置固定资产、无形资产和其他长期资产所收到的现金净额 收到的其他与投资活动有关的现金	吸收权益性投资所收到的现金 发行债券所收到的现金 借款所收到的现金 收到的其他与筹资活动有关的现金
现金流出	购买商品、接受劳务支付的现金 经营租赁所支付的现金 支付给职工及为职工支付的现金 支付的增值税款 支付的所得税款 支付的其他税费 支付的其他与经营活动有关的现金	购建固定资产、无形资产和其他长期资产所支付的现金 权益性投资所支付的现金 债权性投资所支付的现金 支付的其他与投资活动有关的现金	偿还债务所支付的现金 发生筹资费用所支付的现金 分配股利或利润所支付的现金 偿付利息所支付的现金 融资租赁所支付的现金 减少注册资本所支付的现金 支付的其他与筹资活动有关的现金

四、现金流量表的分析要点

（1）经营性现金流量为负数。

经营活动所产生的现金流量是公司生存和发展的基础，如果此项结果为负值，说明公司从销售商品和劳务之中取得的现金收入不能满足维持当期营运资本正常运行的支付。导致出现这种结果的原因有两种：

① 公司正在快速成长。处于高速成长期的公司，其销售收入每年都保持着很高的增长率。经理人员预见到了市场需求的潜力巨大，就会扩大在存货、广告费用和人员工资上的支出，以期在下一个年度带来更大的现金流量。此举的直接结果就是当期销售所产生的现金流入小于当期在营运资金上的支出，出现负的经营性现金流量。经营性现金流量的赤字必须由投资活动或筹资活动产生的正现金流量来弥补，而处于快速成长期企业的投资活动一般也为负值，其现金流量缺口必须依靠债权性或股权性的融资来补偿。通过分析上市公司的年报，可以发现许多成长股的经营性现金流量为负值，它们急切地希望通过高价配股筹资。

② 经营业务亏损或对营运资本管理不力。因外购商品和劳务形成的成本高于公司产品和劳务的售价而形成的现金流量负值就比较严重。激烈的行业内部竞争压低销售价格、高成本的企业就会面临这种困境。因销售不力而导致的产品积压同样会导致当期现金流入不足，必须通过加强对营运资金的管理予以解决。经营性现金流量为负值是非常值得分析人员注意的现象，尤其是对于处于成熟期的公司或公用事业行业的上市公司而言，它可能意味着公司现行的经营战略存在着巨大的问题。

（2）经营活动所产生的现金流量与净收益之间的巨大差额一般是由于应收账款的剧增或投资收益及营业外收入的变化造成的。

① 应收账款剧增。净收益的计算采用的是权责发生制。销售行为发生后，不管有没有收到现金，都会在账面上表现为销售收入，如果产品的销售价高于成本，将直接增加净收益。现金流量则是销售收入中减去应收账款的部分，是公司当期收到的现金，是一种“在手之鸟”，而应收账款则有坏账的可能。对于一次性销售收入巨大的企业，比如房地产开发商，应收账款的变化会引起公司业绩的大幅波动。

② 投资收益及营业外收入的变化。投资收益和营业外收入的增加直接作用于营业利润，进而增加净利润，而对经营活动所产生的现金流量没有影响。出售被投资单位股权、处理固定资产以及资产评估增值等都可能导致当期净收益的增加，但这种增加与公司的经营活动无关，是非持续性的一次性交易，不能改变公司经营业绩的长期发展趋势，在对公司价值评估和业绩预测中必须剔除这种因素的影响。另外，公司所受税收待遇的变化也会显著影响经营活动产生的现金流量与净收益之间的比例关系。尤其对新上市公司的税收减免，会在减免期提高公司的净收益能力，在分析公司的长期获利能力时，也要注意此因素的影响。

（3）经营活动的现金流量小于利息支付额。

利息支出是负债经营企业的一项硬性的短期现金支出，偿付利息所支付的现金被列入筹资活动的现金流出项目。一般来说，公司的利息支付应该由经营活动所产生的现金流量偿还。经营活动的现金流量是否大于当期的利息支付是公司债权人判断公司偿还能力的一个重要标准，也是证券分析人员判断公司经营稳健性的一项主要指标，对于一家财务杠杆率较高的公司而言，经营活动的现金流量不足以满足利息支付的需要，将有可能导致财务危机，直接损害股权持有人的利益。

(4) 投资活动的现金流量的流向是否与企业战略一致。

投资活动的现金流量来源于企业收回投资、处置固定资产以及取得的债息和股息收入，现金流量的流向就是上述科目的支出。投资活动的现金流量与经营活动的现金流量对公司生存发展的作用是不同的，后者主要反映当期经营活动的成果，前者则对后期经营活动的现金流量有巨大的影响。当期经营活动的现金流量是前期或前几期投资活动的结果，投资活动的现金流量的流向是对企业展业战略的贯彻。例如，公司决定了以电脑生产行业为主业的战略，投资现金流量就应该表现为用以建立、收购或兼并电脑的生产性和科技性企业的现金支出，而对其他与主业发展关系不大的企业，公司应收回投资和处理固定资产，表现为投资活动的现金流入，如果投资活动的现金流量表现得非常分散，说明公司投资方向不明，有可能是管理层正在试图通过投资多元化来降低收益的波动性。多元化一般带来公司成长率的下降，在对公司未来的业绩进行预测时要考虑这个因素。

(5) 投资活动的资金来源是依赖于内源融资还是外源融资。

投资活动是公司成长性的保证，如果经营活动所产生的现金流量为正值，说明公司经营活动所产生的现金流量除了能支持营运资本的运作外，还有余力支持投资活动。如果投资活动所需资金可以完全由经营性现金流量支持，说明公司的发展依赖于内源融资；反之，如果需要通过借债或配股筹资来支持投资活动，说明公司比较依赖于外源融资。一般来说，依赖内源融资的企业，财务状况较为稳健，对债权人和股东的要求较少，投资于这种企业增值快。依赖于外源融资会加速企业资产规模膨胀的速度，但是，如果这种增长是依赖于债务融资，会增加企业财务危机的可能性；如果依赖于配股融资，则会降低净资产收率，这两种情况对于公司现有的股东都是不利的。

(6) 公司是否有自由现金流量，如何分配自由现金流量。

公司经营活动和投资活动所产生的现金流量净值扣除当期还本付息的数额后，所剩余的可以用作支付红利的现金流量被称为自由现金流量，自由现金流量可用于支付红利、偿还借款或回购股票。如果公司用来支付红利的数额大于当期的自由现金流量，说明公司是在用外部现金流量来支付红利，这种红利政策是不稳定的。

(7) 筹资活动现金流量的主要来源是股票筹资、短期负债还是长期负债筹资活动，反映企业从何种渠道获取外部资金。

不同形式的筹资活动对企业经营风险和收益的影响是有差别的，这一点要联系当期企业的财务杠杆率和企业所处行业来分析。一般来说，股票筹资对公司经营的压力较小，短期负债过大将会限制企业经营的灵活性。但是，如果企业的财务杠杆率较低，同时企业所属行业的获利能力又比较稳定，比如供电供水、公路收费等公用事业类公司，增加短期负债和长期负债在企业财务结构中的比重，会提高公司的净资产收益率。财务分析作为对公司分析的细化，使我们能够透过财务数据对目标公司内部进行剖析，从财务数据的角度加深对目标公司的了解。

思考题

一、名词解释

资产负债率　流动比率　速动比率　财务杠杆　存货周转率　杜邦分解　存货周转天数　应收账款周转率　应收账款周转天数　利息保障倍数　净资产收益率

二、简答题

1. 简述如何阅读上市公司定期报告。
2. 简述资产负债率、财务杠杆变化对企业的影响。
3. 简述杜邦分解的含义及其对企业经营的意义。
4. 简述现金流量表分析的要点。
5. 上市公司如何通过关联方交易来操纵利润？

第六章　公司价值分析

第一节　公司基本分析

证券投资的基本分析主要是通过对决定证券投资价值及价格的基本要素的分析，评价证券的投资价值，判断证券的合理价位及其变动趋势，从而提出相应投资建议的一种分析方法。

从本质上讲，证券价格是公司价值的体现。对决定证券投资价值及价格的基本要素进行分析，实质上是对影响或反映上市公司价值的各种因素进行分析，主要包括宏观因素、产业因素和公司因素等。

公司分析是基本分析自上而下流程中的最后一步，之前的宏观经济分析以及产业分析都是为进行公司分析做铺垫的，因为公司分析直接涉及单个证券的选择。

公司基本分析主要是一个定性分析的过程，分析的主要目的是了解公司的基本情况、公司的战略定位以及公司的竞争优势等。

一、公司基本情况分析

（一）公司的基本概况

对公司进行分析时，首先要弄清楚公司所处的产业、公司的主要经营业务。这是因为不同产业的发展现状各不相同，发展阶段互有差异；更为关键的是，不同产业的利润率有着显著差别。例如，在我国，房地产业的利润率明显高于大多数其他行业。在此情况下，确定公司所处的产业对公司分析来说至关重要。

其次，要分析公司的产品和服务，公司产品的生命周期具体包括消费者如何使用其产品和服务；客户及其类型；生产要素的供给状况；生产的组织、技术水平；公司的组织结构；营销和销售策略等。

（二）竞争对手分析

要获取相对于竞争对手的持久的竞争优势，就必须首先弄清企业的竞争对手有哪些，竞争对手的目标及实力等。这样才能做到“知已知彼，百战不殆”。一旦确定了竞争对手，需要对竞争对手做以下四个方面的分析：

(1) 竞争对手的目标和战略，主要分析竞争对手的增长目标、产品结构、主要市场分布、市场地位和组织结构，以便从中掌握竞争对手的自我估价、战略方向、市场布局、竞争地位以及由组织结构所体现出的战略重点。

(2) 经营状况和财务状况分析，主要分析竞争对手的收益水平、资金周转速度、经营安全性、偿付能力、折旧率以及成长状态，掌握竞争对手的盈利能力、营运能力、资金结构以及固定资产更新改造能力，这些都将决定竞争对手的发展潜力。

(3) 技术经济实力的分析，主要对竞争对手的产品质量、新产品和技术储备、设备先进程度、技术人员的素质和数量、销售队伍的素质和经验、销售人员与售后服务网络的规模与效率、研究与技术开发投入比例等进行分析，以掌握竞争对手的产品技术水平、制造能力、研究开发能力、销售能力以及生产效率。

(4) 领导者和管理者背景分析，主要分析竞争对手的最高主管人员的素质和能力、管理阶层的素质和能力以及管理方式和竞争方式等。

（三）公司在产业中的竞争地位分析

在确定公司所处的产业、公司的竞争对手后，需要对公司进行产业竞争地位分析。在大多数产业中，无论其产业平均盈利能力如何，总有一些企业比其他企业具有更强的获利能力，这说明不同企业在行业中的竞争地位不一样。

对公司在产业中的竞争地位分析，可以采用 SWOT 这一分析工具来进行。SWOT 是英文的缩写，SW 是指企业内部的优势和劣势(Strengths and Weaknesses)，OT 是指企业外部的机会和威胁(Opportunities and Threats)，参见图 6－1。

优 势	劣 势
机 会	威 胁

图 6－1　SWOT 分析矩阵

SWOT 分析主要是通过列举公司相对于竞争对手的优势和劣势、公司外部环境给企业竞争带来的影响因素来分析公司在产业中的竞争地位。

优势(S)是公司的内部因素，是指在竞争中相对优势的方面，具体包括有利的竞争态势；充足的资金来源；良好的企业形象；技术力量；规模经济；产品质量；市场份额；成本优势；广告攻势等。

劣势(W)也是公司的内部因素，是指在竞争中相对弱势的方面，具体包括设备老化；管理混乱；缺少关键技术；研究开发落后；资金短缺；经营不善；产品积压；竞争力差等。

机会(O)是公司的外部因素，具体包括新产品；新市场；新需求；市场壁垒解除；竞争对手失误等。

威胁(T)也是公司的外部因素，具体包括新的竞争对手；替代产品增多市场紧缩；行业政策变化；经济衰退；客户偏好改变；突发事件等。

（四）公司经济区位分析

经济区位是指地理范畴上的经济增长点及其辐射范围。上市公司的投资价值与区位经济的发展密切相关。进行区位分析时应该注意以下几个方面：

(1) 区位自然条件及基础条件。自然条件和基础条件包括矿产资源、能源、交通、通信设施以及人才等，是上市公司所拥有的基本硬件条件，对区位内上市公司的发展起着重要作用。

(2) 区位内政府相关政策。不同区位的地方政府通常会有自己的经济发展规划，也会据此制定一系列相关产业内的政策法规，支持当地经济的发展。在这个背景下，政府往往会确定区位内优先发展和扶植的产业,并给予相应的各项政策优惠,因此相关产业内的公司将得到较好的发展。

(3) 区位内的经济特色。经济特色是指区位内外经济的联系和互补性及其发展活力与潜力的比较优势。特色在某种意义上代表着优势,比如福建沿海地区形成了独特的服装制造集群化特色,该区位内的公司在服装制造方面比其他区位内的同类公司更有竞争力。

二、公司价值链分析

价值链的概念是由哈佛大学教授迈克尔·波特提出的,迈克尔·波特认为将企业作为一个整体来看无法认识竞争优势,因此他将企业视作设计、生产、营销、交及辅助过程中所进行的许多相互分离的活动的集合,在此基础上引入价值链作为分析的工具。

将企业创造价值的过程分解为一系列互不相同但又互相关联的价值增值活动,这些活动构成了企业的价值链。迈克尔·波特把企业的活动分为两类:一类是基本活动,主要涉及如何将输入有效地转化为输出,这部分活动直接与顾客发生各种各样的联系。另一类是辅助活动,主要体现为一种内部过程。

企业价值活动可以分为两大类:基本活动和辅助活动。基本活动是涉及产品的物质创造及其销售、转移给买方和售后服务的各种活动。在任何企业中,基本活动可以按五种基本类别进行划分。辅助活动是辅助基本活动的活动,它们通过提供外购投入、技术、人力资源以及各种公司范围的职能以相互支持。

企业内的基本活动有五种类型,每一种类型又可依据产业特点和企业战略划分显著不同的活动。

(1) 内部后勤。与接收、存储和分配相关联的各种活动,如原材料搬运、仓储、库存控制、车辆调度和向供应商退货等。

(2) 生产作业。将投入转化为最终产品的各种活动,如机械加工、包装、组装、设备维护、检测和各种设施管理。

(3) 外部后勤。与集中、存储和将产品发送给买方有关的各种活动,如产成品库存管理、送货车辆调度、订单处理和生产进度安排。

(4) 市场销售。帮助买方购买产品和引导他们进行与消费有关的各种活动,如广告、促销、销售队伍、报价、渠道选择、渠道关系和定价。

(5) 服务。与提供服务以增加或保持产品价值有关的各种活动,如安装、维修培训、零部件供应和产品调整。

企业的各种辅助活动也可以被分为四种基本类型,与基本活动一样,每一种类型的辅助活动都可根据产业的具体情况划分为若干显著不同的价值活动。例如,在技术开发过程中,可能包括零部件设计、特征设计、现场测试、工艺过程和技术选择。同样,采购也可以分成各种活动,如审核新的供应商、外购投入不同组合的原料和不断监督供应商的业绩等。

利用价值链可以分析企业所进行的一系列生产经营活动及其如何相互作用,寻找企业在价值链上某个特定价值环节上的竞争优势,并长期保持这种特定的优势。研究企业价值链的关键是找出哪一项活动是最重要的环节。对于批发商、零售商而言,进货和发货的后勤管理最为重要;对于一个致力于向企业贷款的银行而言,市场和销售对竞争优势起到至关重要的作用;对于一个制药企业而言,研发则可能成为竞争优势的核心来源。当然,在任何企业中,所有类型的基本活动都在一定程度上存在并对竞争优势产生影响。

波特认为，企业的这些价值创造活动中的每一种都对企业的相对成本地位、独特性、响应速度等外部表现有所贡献。企业通过构建比其竞争厂商更低的成本或更高质量的具有战略重要性的活动而取得竞争优势。竞争厂商价值链之间的差异是竞争优势的一个关键来源。在一个产业中，企业的价值链可能因其产品种类不同、用户地理位置以及销售渠道的不同而有所变化。

一个企业的价值链蕴藏于范围更广泛的一连串经营活动中，波特把它称为价值系统。供应厂商制造出原材料、零配件、元器件并投入企业的价值链，形成外购投入的价值链(称上游价值链)。供应厂商不仅提供产品，而且还能以多种其他方式来影响企业效益。企业生产的产品在到达用户手中之前要通过销售渠道，形成销售渠道的价值链(称渠道价值链)。

三、公司战略定位分析

在现代经济社会中，由于资本在产业之间流动速度的加快和信息传播成本降低，致使每一个产业中的企业都面临着日趋激烈的竞争。对于任何一个企业而言，制定正确的竞争战略是确保其在行业中生存并得以发展的基础。基本的竞争战略包括成本领先战略、差异化战略和聚焦战略。

(一) 成本领先战略

成本领先战略是指通过有效途径，使企业的总体成本低于竞争对手的成本，以获得同行业平均水平以上的利润。

企业竞争中很重要的部分就是使成本低于竞争对手。一旦成本领先，企业的竞争优势是显而易见的。由于企业的成本优于同行业中的其他企业，因此它的产品在以行业平均价格进行销售时，企业取得的利润就高于同行业的平均水平。这一优势在行业内进行削价竞争时尤其明显。销售价格降低，其他企业的盈利降低甚至接近于零或为负，这时低成本的企业还存在盈利的空间。

成本领先战略是在一个行业中最容易成功的竞争战略。低成本可以通过降价竞争的方式将高成本的对手挤出市场。例如，“格兰仕”是中国家电行业中应用低成本竞争战略最成功的厂家之一，它通过降价竞争挤占了国内外微波炉厂家的市场份额，一举成为世界最大的微波炉生产厂家。

对于那些规模经济效益明显的行业，企业要想获取高于竞争对手的利润水平或行业平均利润水平，必须扩大生产制造规模并超过最小规模临界点。这样，企业就会通过巨大的产品数量来分生产成本，使单位成本大大降低，从而在按照行业的价格进行销售时可获得高于行业的利润水平，进而获得竞争优势。

(二) 差异化战略

所谓差异化战略，是指为使企业产品、服务和形象与竞争对手有明显的区别，形成与众不同的特点而采取的一种竞争战略。

当一个企业确认自己的产品有某些不同于本行业其他产品的突出特点，而这些特点又能得到消费者的特别重视时，企业就可以采用差异化的竞争战略。一个企业要想使自己的差异化战略获得成功，必须做到以下三点：首先，必须找到消费者所看重的产品差异点；其次，必须将自己定位为满足目标顾客需求的唯一供货商；最后，企业在致力于创造产品差异时所增加的成本必须低于消费者愿意为产品差异所付出的增加值。产品差异可以源自超凡的质量、创新的款式或是便捷的服务，产品差异的表现形式可以是品牌、产品外观或是卓越的声誉。这些都要求公司增加在研究和广告上的投入，直接增大产品的成本。正因为如此，成功的企业无论是在选择成本主导型还是差异营销型的竞争战略时，都不会只考虑一方面而完全忽视另一方面。采取差异化战略的企业也需关注成本控制，以使获得差异的成本最小；同样，采取低成本战略的企业至少应在质量和服务方面树立自己的品牌形象。

（三）聚焦战略

聚焦战略是指公司主攻某个特定的顾客群、某产品系列的一个细分区段或某个地区市场。虽然低成本与产品差异都是要在全产业范围内实现其目标，但聚焦战略却是围绕着很好地为某一特定目标服务这一中心建立的。这一战略的前提是：公司能以更高的效率、更好的效果为某一狭窄的战略对象服务，从而超过在更广阔范围内的竞争对手。采用该战略的公司也具有赢得超过产业平均水平收益的潜力，但常常面临对所获整体市场份额的限制。

证券分析人员在了解公司的竞争战略后，还必须从以下角度提出问题并进行分析：

(1) 企业选定一种竞争战略后，它所面临的主要风险和主要的成功驱动因素有哪些？

(2) 企业目前有无足够的资源和能力来应对风险？

(3) 企业的各项活动，如研究设计、产品生产、推广应用、分销渠道及售后支持等，是否与企业的既定战略相吻合？

(4) 其他企业是否很容易模仿这一竞争战略？企业的竞争优势能否持久？

(5) 企业所在行业有无发生重大结构变化（新技术的发明、外国竞争者的加入、国家法律的变化、消费者需求的改变等）的可能性？企业是否有足够的弹性来应付这些变化？

四、公司竞争优势分析

企业选择了正确的竞争战略并不意味着能自动获得竞争优势。为了形成竞争优势，企业还必须具有实施和保持既定竞争战略的资源与核心能力。作为证券分析人员，必须要评价一个企业是否具有保持竞争优势的资源与核心能力。

（一）企业的资源

企业的有形资产、无形资产和组织资本构成了企业的资源。有形资产是企业资产负债表上体现的唯一资源，它包括房地产、生产设施、原材料等；无形资产包括企业的声望、品牌、文化、技术知识、专利和商标，以及日积月累的知识和经验。组织资本是资产、人员与组织投入产出过程的复杂结合。并非企业的所有资源都具有战略价值，只有那些能让企业比竞争对手更好地为顾客创造价值的资源才是有价值的资源。判断企业资源的价值可以从稀缺性、持久性和不可替代性等几个方面进行判断：

(1) 稀缺性。资源的稀缺性是指资源处于短缺供应状态。资源的稀缺性是创造价值的中心点，因为它限制了竞争。如果在行业中容易得到这类资源，那么它们将成为参与竞争的先决条件，而不会成为竞争优势的来源。稀缺性源于物质唯一性、路径依赖性、因果模糊性和经济制约。物质唯一性是指竞争对手无法得到同样的资源，如绝佳的不动产位置、矿产的开采权以及受法律保护的专利等；路径依赖性是指资源之所以独一无二，是因为它们的形成需要一个漫长复杂的积累过程，竞争者无法立即购买到这些资源；因果模糊性是指潜在复制者既不知有价值的资源源于何处，也不知如何进行准确复制的方法；经济制约是指市场领导者的竞争对手虽然拥有复制其资源的能力，但由于市场空间有限只好作罢。

(2) 持久性。所谓资源的持久性是指它们能在较长时期内维持其价值不变。企业的盈利能力不仅取决于所建立的竞争优势的大小，而且取决于其维持竞争优势的时间长度，而这一时间长度既与资源的持久性有关，同时又与竞争对手模仿企业战略的能力有关；影响资源持久性的是资源的流动性，流动性可以反映资源在不同公司之间转移的难易程度。企业的有形资源最易模仿，因为竞争对手可以在市场上通过交易获得，而无形资源则难以模仿。

(3) 不可替代性。可替代性是指一种独特的资源能被另一种资源胜出。例如，决定公司所提供的产品或服务的资源可否被其他资源所替代。除非公司拥有不可替代的资源，企业由此具有的竞争优势才不会由于竞争对手的模仿、复制和寻找其他替代因素而消失。

（二）核心能力

核心能力是一种能为企业进入各类市场提供潜在机会，能借助最终产品为顾客所认定，而且不易为竞争者所模仿的能力。核心能力是企业在特定的经营环境中的竞争能力和竞争优势等方面知识及技能、技术体系、管理体系、价值观念与行为规范的有机组合，是识别和提供竞争优势的知识体系。体现在企业员工身上的知识和技能是最常提到的核心能力要素，它包含了企业特有的知识与技能状况。技术体系是指经过多年的积累与选择，经过整理建立起来的技术知识系统；管理体系是指使用知识和创造知识的控制系统，如监督与激励、责任与权利、分权与集权等；价值观念与行为规范是融合于前三种要素之中的，是企业文化的一种表现形式。一个企业能否正确评价并培育自己的核心能力，是能否及时识别创新机会并提高创新成功概率的关键。

从战略上理解，一种能力是一套经营方法，每家公司都拥有一种将价值传递给顾客的经营方法。作为一个竞争实体存在的任何企业，都有其独具的优势。核心能力没有有无之分，只有开发利用高低之分。只是有些优势没有形成现实的竞争力，仅仅是核心能力的雏形，是处于低级阶段的核心能力。只有核心能力被企业管理者所认识并加以培养，才能发挥其作为核心能力的作用；否则，它只能是一种潜在的核心能力。

核心能力具有以下特性：

(1) 有价值。企业的核心能力有助于企业为顾客创造价值，它能为顾客带来相对长期的关键性利益，能够使企业在创造价值和降低成本方面比竞争对手更优秀，能为企业创造超过一般同行企业的超值利润。

(2) 异质性。企业的核心能力是企业在长期的生产经营活动过程中积累而成，不仅与企业独特的技能与诀窍等技术特性高度相关，还深深地印上了企业组织管理市场营销以及企业文化等诸多方面的特殊烙印。企业的核心能力既有技术特性又有组织特性，很难被竞争对手完全了解并轻易复制，更无法进行市场交易。企业核心能力的异质性，决定企业的效率差异与收益差别。

(3) 扩展性。核心能力可使企业拥有进入各种市场的潜力。企业一旦建立了自己的核心能力，即可将其核心能力组合到不同的相关创新中，构建新的创造与发展的基础，并不断推出创新成果。核心能力是发展新业务的引擎，它决定着企业如何实行多样化经营，是差别化竞争优势的源泉。例如，卡西欧公司在显示技术方面的核心能力可使其参与计算机、微型电视、监视仪等方面的经营。

(4) 动态性。企业的核心能力是企业在长期实践中以特定方式、沿着特定的技术轨道逐步积累起来的，因此具有较强的稳定性。但是，企业的核心能力总与一定时期顾客的价值需求、产业动态、管理模式以及企业资源等变量高度相关，企业核心能力的动态发展演变是客观必然的，曾经的企业核心能力也可能演变为一般的企业能力。因此，企业战略需要适时实现企业核心能力的跃升。

核心能力既包括科学技术，又包括管理、组织以及营销等方面的技能。这些技术的结合方式和技术的先进水平共同决定着核心能力的强弱，决定着企业开发新产品、服务市场、挖掘新的市场机会的潜力，体现着竞争优势。

第二节　绝对估值法

对于上市公司的估值方法，通常包括两类：绝对估值法和相对估值法。绝对估值法的核心理念是“股票是未来预期现金流以合理贴现率进行贴现的现值”。绝对估值法的关键在于对股票未来现金流的预测和股票合理贴现率的确定。绝对估值法对于未来现金流的理解具有多种不同的视角，因而也就产生了多种不同的绝对估值法。常用的估值法包括股利贴现(Discounted Dividend)模型、自由现金流贴现(Discounted Free Cash Flow)模型、剩余收入贴现(Discounted Residual Income)模型等。本部分将主要介绍股利贴现模型和自由现金流贴现模型。

一、股利贴现法

(一) 股利贴现模型

股利贴现模型(DDMD)的主要假设之一是“股票的价值等于未来永续现金流的现值”，即：

$$P_0=\frac{D_1}{(1+k)}+\frac{D_2}{(1+k)^2}+\cdots+\frac{D_n}{(1+k)^n}+\cdots$$

或者：

$$P_0=\sum_{i=1}^{\infty}\frac{D_i}{(1+k)^i}$$

式中，D_i 为第 i 期的股利；

k 为权益资本的必要收益率；

P_0 为当期股票价格。

如果股票的股利符合稳定增长的假设——股利的稳定增长率为 $g(g<r)$，则上式可以表示为

$$P_0=\frac{D_1}{k-g}$$

或者：

$$P_0=\frac{D_0(1+g)}{k-g}$$

对于这个公式的理解如下：

(1) 投资者对于股票价格的预期是所有未来期望发放的股利的现值总和。

(2) 贴现率为企业权益资产的必要收益率，给定股利发放政策不变，企业的必要收益率越高，则企业股价越低，反之亦然。

(3) 给定企业风险不变，股利增长速度越高，企业股价越高，反之亦然。

（二）股利贴现模型的特点

股利贴现模型虽然具有简单明了的好处，但在应用中也存在着如下的限制：

(1) 该模型不适于没有股利发放历史或未来没有明确股利发放政策的上市公司，由于这类公司的股利现金流具有不可预测性，所以基于任何预测的股利均无法作为企业股价评估的合理现金流来使用。

(2) 该模型不适于股利发放与企业收益没有直接关系的上市公司。很多上市公司为了给投资者以明确的股利政策预期，其股利发放与上市公司的收益情况相独立。对于这种公司，股利现金流并不能完整刻画企业的收益情况，因而也不能作为企业股价估值的合理现金流来使用。

(3) 对没有交易历史的上市公司而言，无法使用 CAPM 模型来估计必要收益率，从而贴现率的缺失也会给 DM 模型的使用带来困难。

(4) 对于股利发放仍不稳定的上市公司，也很难用前述模型来解决。例如，某些公司正处于增长期，在未来若干年内维持较高增长速度，因而股利增长也较快。但是，当这些公司经历若干年进入稳定增长期后，其增长率将会改变。对这类企业来说，普通的 DDM 模型是无法解决的，需要对模型进行修改，利用两阶段模型、三阶段模型来解决。

总之，虽然 DM 模型的假设条件和使用的参数具有众多不符合现实的情况，但这一模型为“基于股利的现金流贴现模型”提供了理论框架。

对于企业永续增长率的假定，通常认为该增长率为不大于 5%的非负数，而且该增长率小于资本的必要收益率。

（三）股利贴现模型的应用

对采用同样的股利增长政策和发放政策的企业来说，它们所面临的风险不同会导致企业权益资本必要收益率不同。由于股利现金流需要通过企业权益资本必要收益率进行贴现后才等于股价，所以风险越大也就意味着贴现率越高，现值越小，股价越低。对于企业的权益资本必要收益率，通常可以通过资本资产定价模型来获得：

$$k=r_f+\beta(r_m-r_f)$$

式中，k 为企业权益资本的必要收益率；

r_f 为无风险收益率；

r_m 为市场收益率；

β 为企业股票的 β 值。

当投资者利用股利贴现模型计算出股票的价值之后，应该将其与当前的股票价格进行比较：如果股票的市场价值低于所估计的股票价值，则该股票的价格被低估；反之，如果股票的市场价值高于所估计的股票价值，则该股票的价格被高估。如果股票的市场价值与所估计的股票价值相等或接近时，则认为该股票的价格合理。

【例 6-1】 孙明在研究中国大陆股份有限公司(上海证券交易所上市公司)的股利政策和市场表现，他新近搜集了以下信息：中国大陆股份有限公司已经处于稳定发展阶段，几年来表现了稳定的股利增长政策，股利增长的速度为 5%。中国大陆股份有限公司刚刚发放了每股 1 元的股利。经过计算，该公司的 B 值为 1.43，预期市场收益率为 10%，无风险收益率为 4%，该公司现在的股票价格为 14 元。依据以上数据，中国大陆股份有限公司的合理价格是多少？如果你是孙明，你将如何做出该股票的投资建议？

解：利用 DM 模型首先求得该公司的必要收益率，然后再将股利、必要收益率、稳定增长率代入模型求解，具体如下：

(1) 利用 CAPM 求解必要收益率。

$$
\begin{aligned}
k &= r_f + \beta(r_m - r_f) \\
&= 4\% + 1.43 \times (10\% - 4\%) \\
&= 12.58\%
\end{aligned}
$$

(2) 将求得的必要收益率代入 DDM，求解股票的合理价值。

$$
\begin{aligned}
P_0 &= \frac{1 \times (1+5\%)}{12.58\% - 5\%} \\
&= 13.85
\end{aligned}
$$

(3) 根据理论价值与二级市场交易价格做出投资建议。

鉴于股票的理论价值低于二级市场交易价格，所以可行的投资建议是出售持有的股票，或者做空该股票。

二、自由现金流贴现法

(一) 自由现金流贴现模型

绝对估值法中除了股利贴现模型之外，另一个重要的方法是基于自由现金流的贴现模型。自由现金流贴现模型为：

$$
V = \sum_{i=1}^{+\infty} \frac{FCF}{(1+r)^i}
$$

1. 公司价值

如果将一个公司所有资产所产生的属于全部投资者的现金流贴现，就可以得到公司的整体价值，即公司价值。如果将一个公司所产生的只属于股东的现金流贴现，那么仅得到这个公司的股权价值。计算公司价值的公式如下：

$$
V_f = \sum_{t=1}^{+\infty} \frac{FCFF_t}{(1+WACC)^t}
$$

式中，$FCFF_t$ 为 t 时点预期的公司整体现金流；

$WACC$ 为加权平均资本成本。

2. 股权价值

计算公司股权价值的公式如下：

$$股权价值 = \sum_{t=1}^{+\infty} \frac{FCFE_t}{(1+K_e)^t}$$

式中，$FCFE_t$ 为 t 时点预期的属于公司股东的现金流；

K_e 为权益资本成本。

权益资本成本是公司权益投资者所要求的回报率。以权益资本成本对属于公司股东的现金流贴现就得到了股权价值。

虽然这两种方法所使用的现金流及贴现率不同，但是若假设条件相同，就会得到一致的结论。因为公司价值应该等于股权价值与公司净债务之和，即：

$$公司价值 = 股权价值 + 净债务$$

其中，

$$净债务 = 公司总债务 - 现金及现金等价物$$

（二）自由现金流贴现法的特点

自由现金流贴现法具有以下优点：

(1) 理论上最完善的方法。贴现现金流法也称现金流贴现法，是通过预测未来若干年的自由现金流，并用恰当的贴现率（通常为加权平均资本成本）和终值计算这些现金流及终值的现值，从而预测出合理的公司价值和股权价值。自由现金流贴现法分析了一个公司的整体情况，既考虑了资金的风险，也考虑了资金的时间价值，是理论上最完善的估值方法。

(2) 估值结果接近股权的内在价值。自由现金流贴现法最大的优点是最贴近公司的实际内在价值。通常会计科目中数据的记录往往带有主观判断，因而可能产生误差，比如一项开支是核算为费用支出还是新增资产就会因人而异。自由现金流贴现法是通过对公司未来的自由现金流计算得出公司价值的，单纯追踪属于投资者的资金流，并不完全基于历史财务数据，因此计算出的价值更贴近公司的内在价值。

(3) 充分反映公司的经营战略。为了预测公司未来的自由现金流，首先需要按照公司的业务流程建立一个估值模型。好的估值模型的结构可以充分反映公司采购、生产及销售等各个业务环节。在设计好估值模型的结构后，根据公司未来的经营战略，把相应的数据输入模型中，最终得到预测的自由现金流。因此，通过自由现金流贴现法计算的估值结构可以反映公司的经营战略。

(4) 受市场短期及周期性变化的影响较少。利用自由现金流贴现法进行估值的预测期要超过公司的成熟期，通常预测未来 5～10 年的数据。由于预测期较长，因此可以完全覆盖掉市场短期情况或者行业周期性变化对估值的影响。

自由现金流贴现法同时也有如下缺点：

(1) 估值方法复杂，工作量大。首先，自由现金流贴现模型的结构复杂，并且模型的建立需要对行业和公司的情况有充分的理解。其次，自由现金流贴现法的估值模型不是建立在一系列固定不变的数据基础上的，因此在行业未来前景出现变化，或者公司的经营策略转变的情况下，都需要随时调整模型所需要输入的数据。因此，相对乘数估值法而言，自由现金流贴现法的工作量较大、操作不便。

(2) 估值区间的范围大，估值结果可用性有限。首先，自由现金流贴现法的估值结果对于公司未来发展速度以及市场走势的假设很敏感。如果对于自由现金流、贴现率以及永久增长率的预测仅仅基于主观判断,得到的估值区间可能会很大,因此估值结果的参考价值有限。自由现金流贴现法的准确性有赖于对未来现金流的精确判断,对于难以预测销售和成本走势的企业而言,很难准确预测未来的现金流。仅仅是预测未来几年的现金流已经很困难,无限延长后的预测数字,其准确性更值得商榷。为了保证公司的真实价值处于估值区间之中,就需要对众多假设进行敏感性分析,从而最终得到估值区间的可能性很大。

(3) 较难捕捉短期盈利机会。自由现金流贴现法的优点之一是不受市场短期波动的影响,因此自由现金流贴现法无法应用在短期投资的估值上。虽然自由现金流贴现法可以在很大限度上规避最终投资泡沫的风险,但很可能使投资者错过股票短期上涨的盈利机会。以微软公司为例,如果通过自由现金流贴现法对其估值,1995 年微软公司的股价是被高估,但它稍后迅速控制了整个软件市场,行业霸主的地位令众多投资者趋之若鹜。

第三节 相对估值法

一、相对估值法的基本模型

相对估值法也称乘数估值法。相对估值法的基本思想是:在运行良好的股票市场上,投资者对未来获利预期相同的资产应该支付相同的价格;或者说,投资者对相同质量的资产不会支付更高的价格。通常说来,处于同一行业的公司由于其业务模式和经营管理模式相似,因此同一行业内公司的业务指标和财务指标也具有很强的相似性。乘数估值法就是利用同行业公司的相似性,通过研究行业内可比公司的比例指标并将其作为乘数,乘以某公司的价值驱动因素,从而计算出公司价值。用公式可表示为:

$$公司价值=价值驱动因素\times乘数$$

上式中的价值驱动因素是指实际驱动公司价值增长的变量。这些驱动因素反映的是公司本身的盈利能力或拥有的资源,可以是利润、每股利润、收入、总资产、净资产或用户数等。乘数是可比公司较为恒定的比率。通常使用的乘数包括市盈率(PE)、市净率(PB)及公司价值/EBITDA 等,见表 6-1。

表 6-1 常用估值乘数

行 业	常用的估值乘数
汽车制造业	市值/收入
化工业	企业价值/收入、企业价值/ EBITDA
银行业	市净率
建筑业	企业价值/无杠杆自由现金流、企业价值/ EBITDA
航空业	企业价值/ EBITDA
公用事业	市值/收入

二、相对估值法的特点

相对估值法的特点在于预测方法的计算相对简单，基准标杆(Benchmark)的确定也相对简单。在证券或市场波动性较大的时候，可以较敏感地调整估值水平。例如，对于同一上市公司，在牛市和熊市中由于基准标杆水平的改变，可以上调或下调证券的估值水平，可以在不改变公司经营业绩(如 EPS、BVPS、CFOEBITDA)的前提下调整股价的合理价值。

(一) 相对估值法的优点

1. 易于计算，快捷高效

经济含义直观明了，参数使用较少，计算相对简便等。相对估值法通常只需要个明确的假设，即这些公司的乘数相等。一旦找到了可比公司，估值过程就变得相当简单。假如相对估值法可以捕捉现金流贴现理论关于乘数变化趋势的预测，那么它就能与使用现金流贴现法一样正确。

2. 采用当前股价或交易价格计算，提高了估值的准确性

在一个有效市场中，当前股价是最好的估值数据之一。相对估值法由于采用当前股价计算，提高了估值的准确性。另外，由于相对估值法使用当前股价估值，因此是即将上市公司最适合选用的估值方法之一。

3. 少数股权投资的最佳估值方法

对于仅占少数股权的投资，用可比公司法计算出来的股权价值具有更高的参考性，因为可比公司法计算的估值结果不包含控制权溢价。

(二) 相对估值法的缺点

1. 很难找到完全一致的可比公司

正如世界上找不到两片完全相同的叶子，完全可比的公司是不存在的，公司与公司之间总会存在一定的差异。我们在选择可比公司时只能从产品类型、产品结构、地理位置、公司规模、盈利能力、成长性及资本结构等方面寻找与目标公司尽量相似的公司，因此就要寻找可比公司与目标公司的差异，将可比公司的估值乘数进行调整，这种主观的调整可能会对目标公司的估值带来误差。

2. 估值结果的准确性受市场影响较大

利用可比公司法进行估值的一个前提条件是市场是有效的，这意味着可比公司的交易价格反映了该公司的实际价值。如果目前整个行业都被高估或者低估了，通过相对估值法得到的公司价值必然也被高估或者低估了。另外，如果可比公司的市值较小、公众持股量小或者交易不活跃，则公司的估价可能已经偏离了其实际价值，尽管可比公司与目标公司有很强的可比性，但是由于市场对可比公司估值的影响，也会影响到目标公司估值结果的准确性。

3. 会计政策的选择会影响估值的结果

相对估值法的价值驱动因素是会计收入或者利润而不是现金流。由于不同会计准则的应用，对公司的收入和利润指标会有较大的影响，因此同一家公司选择的会计政策不同，得到的估值结果也不一样。更有甚者，有的经理人通过选择会计方法来提高或者降低公司的收入或利润。因此，用相对估值法估值时，如果目标公司的财务数据是被粉饰过的，那么计算出的估值结果将不能反映公司的实际价值。

4. 使用单一年度盈余进行估值不能反映公司发展潜力对公司价值的影响

相对估值法只使用一年的经营结果作为估值基础，而不是公司未来预期的现金流。这个方法实际上没有考虑到公司未来发展的潜力对公司价值的影响。例如，如果预计A公司未来5年的净利润固定为100万元，而B公司未来5年的净利润预计将从100万元增长到500万元，这两家公司显然应该具有不同的价值。但是，如果我们用两家公司第一年的净利润乘以同一个估值乘数对其进行估值，则得到的估值结果是完全相同的。

三、相对估值法在投资中的运用

（一）市盈率估值法

越来越多的投资者把相对估值法作为估值的快捷工具。作为相对估值法的代表，市盈率的估值是目前最主流的估值手段之一。市盈率（P/E）是指股票理论价值和每股收益的比例。当每股收益为过去一年的收益数据时，称为静态市盈率（Trailing P/E）；当每股收益为未来一年的预测收益数据时，称为动态市盈率（Leading P/E）。

$$PE_{trailing} = \frac{P}{E_0}$$

$$PE_{leading} = \frac{P}{E_1}$$

需要注意的是，当P为股票的理论价值时，相应的P/E为理论值；当P为股票的实际价格时，P/E则为股票的实际值。在计算某一特定股票的PE时，需要通过企业的损益表（Income Statement）获得企业的每股收益（Earnings per Share），通过证券市场获得股票的交易价格P，进而获得企业的实际P/E值。当某一股票的实际P/E高于理论P/E时，股价高估（Over Priced），应当卖出；反之，当某一股票的实际P/E低于理论P/E时，表示股价低估（Under Priced），应当买入。

确定理论P/E的基准标杆有多种方法，通常使用的有：

(1) 同类行业内，风险因素和经营状况相似的企业。

(2) 上市公司所在行业的平均值。

(3) 上市公司的历史平均值。

(4) 市场指数的P/E值。

市盈率会由于证券所处市场的不同、行业的不同、经营状况的不同而产生较大差异。

不同市场的经济增长速度会影响到企业的增长速度，这是因为，虽然市盈率指标从直观上看并不含企业增长率这一因素，但由于企业的理论价值P是与企业的增长密切相关的。通常状况下，未来增长速度越高、高增长阶段持续时间越长，则理论市盈率也就越高。由于新兴市场国家在较长时间内保持相对较高的经济增长速度，这使得在新兴市场国家经营的企业也能够分享这一高增长因素，所以企业的理论价值也就较高，市盈率也较高。相反，如果企业主要在成熟经济体内经营，由于成熟经济体的经济增长已经达到稳定状态，所以在成熟经济体中经营的企业增长速度相对而言也就低于新兴市场国家的同类企业，市盈率水平也相对较低。

上市公司的市盈率也会由于企业经营行业的不同而不同。从一般意义上说，高成长行业的企业市盈率通常会较高，成熟行业的企业市盈率通常较低；绝对规模较大的企业市盈率较低，绝对规模较小的企业市盈率较高。例如，高成长行业中的信息技术（Information Technology）、生物科学（Bio Tech）等高科技行业的企业市盈率通常较高，钢铁、能源、银行等行业的市盈率通常较低。

同一行业内的不同上市公司，由于其行业地位的差异也会导致市盈率水平的不同。处于行业龙头地位的企业，由于其在行业内通常具有某种程度的定价权，抗风险性也较强，这就使得该类企业能够享受到一定的估值溢价；在行业内没有龙头地位的企业，其经营环境、竞争地位、定价权等各个方面相对龙头企业均具有一定的劣势，因而经营风险相对较高。因此，出于对风险的补偿要求，就会使这类企业的市盈率水平相对下降。

市盈率这一指标具有很多优点，主要包括：

(1) 可通过会计收益数据和市场股价数据计算得到，方法简单，内涵明确。

(2) 同行业公司的市盈率可以直接进行比较，不同行业的市盈率又可以在整个市场市盈率平均水平的基础上做向上（高增长、高科技等行业）或向下（成熟、资源类等行业）调整，进而可以判断行业估值水平的高低。当然，市盈率指标也具有以下缺点：

(1) 对于收益为负值的上市公司，市盈率也为负值，不具有经济含义。

(2) 市盈率并没有将企业的估值与未来收益的增长情况建立直接联系，因而无法直观判断不同增长前景企业的估值水平。

（二）市净率估值法

市净率（PB）是指股票价格与每股净资产（Book Value Per Share，BVPS）的比例。市净率反映了市场对于上市公司净资产经营能力的溢价判断。当这一比例大于1时，表明上市公司每一元的净资产可以以高于一元的价格进行交易。PB的溢价来源于上市公司的“剩余收入”（Residual Income）。剩余收入是指上市公司净收入扣除权益资本成本（Equity Cost）之后的价值。净收入反映了权益收入（Return On Equity，ROE）。在给定企业ROE、权益资本成本以及企业长期稳定增长率（Sustainable Growth Rate）的假定之下，上市公司的市净率为：

$$PB=1+\frac{ROE-k}{k-g}$$

式中，PB 为市净率；

ROE 为权益资本收入；

k 为权益资本成本；

g 为长期稳定增长率。

将上式变形，两边同时乘以 $BVPS$，可以得到：

$$PB\times BVPS=\left(1+\frac{ROE-k}{k-g}\right)\times BVPS$$

$$p=BVPS+BVPS\times\frac{ROE-k}{k-g}$$

式中，P 为二级市场上股票的交易价格；

$BVPS$ 为上市公司的每股净资产；

$BVPS\times\frac{ROE-k}{k-g}$ 为二级市场愿意为上市公司每股支付的溢价，该溢价的比率 $\frac{ROE-k}{k-g}$ 与

ROE 正相关，与 *g* 正相关。

PB 的经济含义是很明显的。上市公司的溢价是直接与其权益资本收益相关的，在给定条件下(Others Being Equal)，上市公司的 *ROE* 越高，其为股东创造的价值也就越高，股东为上市公司支付的溢价水平也就越高。同理，在给定条件下，上市公司可持续的增长率越高，其能够给股东创造超额收益的时间也就越长，股东就更愿意为其支付较高的溢价。

市净率已经成为国际通用的衡量企业估值水平的重要指标，该指标尤其适用于金融类企业。该指标的用法与市盈率相似，通过不同上市公司的参数，可以估计出每一个上市公司市净率的绝对预测值。但在不同的市场状况下，市净率指标会发生波动。在牛市下，上市公司的市净率指标会纷纷上扬，而在熊市下，市净率会伴随市场指数的下滑而不断下跌。

利用市净率方法进行投资决策的思路与市盈率法基本相同：当某一股票的实际 *PB* 高于理论 *PB* 时，表示股价高估，应当卖出；反之，当某一股票的实际 *PB* 低于理论 *PB* 时，表示股价低估，应当买入。

确定理论 *PB* 的基准标杆有多种方法，通常使用的有：

(1) 同类行业内，风险因素和经营状况相似的企业。

(2) 上市公司所在行业的平均值。

(3) 上市公司的历史平均值。

思考题

一、名词解释

相对估值法　绝对估值法　市盈率　市净率　股利贴现模型　自由现金流贴现模型　WACC　可持续增长率　FCFF　FCFE　MM 定理　资本结构　破产成本　股权分置对价　成本主导型战略　差异营销型战略

二、简答题

1. 简述上市公司及其股票估值的主要方法。
2. 比较相对估值法和绝对估值法的差异。
3. 简述股权分置的危害。
4. 简述 FCFF 和 FCFE 的异同点。
5. 简述 MM 定理的基本内容。
6. 在权衡理论框架下，公司应该如何选择资本结构？

| 第三部分 |

证券投资技术分析

第七章 技术分析

第一节 技术分析概述

在金融领域，技术分析就是通过对过去市场数据（主要是价格和成交量）进行研究从而预测市场价格未来发展趋势的方法论。

日本技术分析专家对技术分析下的定义如下：

所谓技术分析就是通过对过去所发生的价格、时间、成交量的思考来推算未来的行情。一般来讲，技术分析虽然难以事先推测市场总的变化结构，但它能够根据那些残留在图表上的变化反过来了解基本面的变化。

我们认为，技术分析是指以市场行为为研究对象，以判断市场趋势并跟随趋势的周期性变化来进行股票及一切金融衍生物交易决策的方法的总和。技术分析认为市场行为包容消化一切。这句话的含义是：所有的基础事件——经济事件、社会事件、战争、自然灾害等作用于市场的因素都会反映到价格变化中来。所以技术分析认为只要关注价格趋势的变化及成交量的变化就可以找到盈利的线索。

技术分析基于三大假设：一是假设市场行为包含了所有的相关信息；二是假设具有惯性趋势；三是认为历史会重演。技术分析就是基于此三项假设进行的。

通俗地说，就是运用证券历史价格和成交量序列形成的特定的图形模式，预测证券价格的未来走向。

第二节 技术分析的基本要素

在股票市场上，技术分析有四大基本要素：价、量、时、空。这四大要素之间的相互关系是进行正确分析的基础。

（1）价，是指股票过去和现在的成交价。技术分析中主要依据的价格有开盘价、最高价、最低价和收盘价。

（2）量，是指股票过去和现在的成交量（或成交额）。技术分析要做的工作就是利用过去和现在的成交价和成交量资料来推测市场未来的走势。价升量增、价跌量减、价升量减、价跌量增是技术分析所依据的最重要的价量关系。

（3）时，是指股票价格变动的时间因素和分析周期。一个已经形成的趋势在短时间内不会发生根本改变，中途出现的反方向波动，对原来趋势不会产生大的影响。一个形成了的趋势又不可能永远不变，经过一定时间又会有新的趋势出现。循环周期理论着重关心的就是时间因素，它强调了时间的重要性。分析人员进行技术分析时，还要考虑分析的时间周期，可以以“日”为单位，也可以以“周”“月”“季”或“年”为单位。比如用日 K 线、周 K 线、月 K 线、季 K 线或年 K 线来进行短期、中期或长期分析。

(4) 空，是指股票价格波动的空间范围。从理论上讲，股票价格的波动是“上不封顶、下不保底”的。但是，市场是以趋势运行的，在某个特定的阶段中，股票价格的上涨或下跌由于受到上升趋势通道或下跌趋势通道的约束而在一定的幅度内震荡运行，空间因素考虑的就是趋势运行的幅度有多大。不言而喻，一个涨势或一个跌势会延续多大的幅度，这对市场投资者的实际操作有着重要的指导意义。

证券市场中，价格、成交量、时间和空间是进行分析的要素。这几个因素的具体情况和相互关系是进行正确分析的基础。价和量是市场行为最基本的表现。过去和现在的成交价、成交量涵盖了过去和现在的市场行为。

技术分析就是利用过去和现在的成交量、成交价资料，以图形分析和指标分析工具来分析、预测未来的市场走势。在某一时点上的价和量反映的是买卖双方在这一时点上共同的市场行为，是双方的暂时均势状态。

随着时间的变化，均势状态会不断发生变化，这就是价量关系的变化。价、量是技术分析的基本要素，一切技术分析方法都是以价、量关系为研究对象的，目的就是分析、预测未来价格趋势，为投资决策提供服务。成交量与价格趋势存在以下关系：

(1) 股价随着成交量的递增而上涨，为市场行情的正常特性，此种量增价涨关系，表示股价将继续上升。

(2) 在一波段的涨势中，股价随着递增的成交量而上涨，突破前一波的高峰，创下新高后继续上涨，然而此波段股价上涨的整个成交量水准却低于前一波段上涨的成交量水准，价突破创新高，量却没突破创新水准量，则此波段股价涨势令人怀疑，同时也是股价趋势潜在的反转信号。

(3) 股价随着成交量的递减而回升，股价上涨，成交量却逐渐萎缩，成交量是股价上涨的原动力，原动力不足显示股价趋势潜在反转的信号。

(4) 有时股价随着缓慢递增的成交量而逐渐上涨，渐渐地走势突然成为垂直上升的喷发行情，成交量急剧增加，股价暴涨。紧随着此波走势，继之而来的是成交量大幅度萎缩，同时股价急速下跌。这种现象表示涨势已到末期，上升乏力，走势力竭，显示出趋势反转的现象。反转所具有的意义将视前一波股价上涨幅度的大小及成交量扩增的程度而定。

(5) 在一波的长期下跌，形成谷底后股价回升，成交量并没有因股价上涨而递增，股价上涨欲振乏力，然后再度跌落到先前谷底附近，或高于谷底。当第二谷底的成交量低于第一谷底时，是股价上涨的信号。

(6) 股价下跌，向下跌破股价形态趋势线或移动平均线，同时出现大成交量，是股价下跌的信号，强调趋势反转形成空头市场。

(7) 股价跌一段相当长的时间，出现恐慌性卖出，随着日益扩大的成交量，股价大幅度下跌，继恐慌性卖出之后，预期股价可能上涨，同时恐慌性卖出所创的低价，将不可能在极短时间内跌破。恐慌性大量卖出之后，往往是空头的结束。

(8) 当市场行情持续上涨很久，出现急剧增加的成交量，而股价却上涨乏力，在高档盘旋，无法再向上大幅上涨，显示股价在高档大幅震荡，卖压沉重，从而形成股价下跌的因素。股价连续下跌之后，在低档出现大成交量，股价却没有进一步下跌，价格仅小幅变动，是进货的信号。

(9) 成交量作为价格形态的确认。在形态中，如果没有成交量的确认，价格形态将是虚的，其可靠性也就差一些。

(10) 成交量是股价的先行指标。关于价和量的趋势，一般说来，量是价的先行者。当量增时，价迟早会跟上来；当价升而量不增时，价迟早会跌下来。从这个意义上，往往说"价是虚的，而只有量才是真实的"。

时间在进行行情判断时有很重要的作用。一个已经形成的趋势在短时间内不会发生根本变化，中途出现的反方向波动，对原来趋势不会产生大的影响。一个形成了的趋势又不可能永远不变，经过了一定时间又会有新的趋势出现。循环周期理论着重关心的就是时间因素，它强调了时间的重要性。

空间在某种意义上讲，可以认为是价格的一方面，指的是价格波动能够达到的极限。

第三节　技术分析的几大理论流派

技术分析理论分为以下几大理论流派：K线理论、道氏理论、技术指标理论、切线理论、波浪理论、形态理论和循环周期理论。

一般说来，可以按约定俗成，将技术分析主要分为如下五类：指标派、切线派、形态学派、K线派、波浪派。

一、指标派

指标派要考虑市场行为的各个方面，建立一个数学模型，给出数学上的计算公式，得到一个体现现货市场的某个方面内在实质的数字。这个数字叫指标值。指标值的具体数值和相互间关系直接反映股市所处的状态，为我们的操作行为提供指导的方向。目前，世界上用在市场上的各种名称的技术指标，数不胜数，至少在一千以上。例如，相对强弱指标(RSI)、随机指标(KD指标)、趋向指标(DMI)、平滑异同平均线(MACD)、能量潮(OBV)、心理线、乖离率等。这些都是很著名的技术指标，在股市中长盛不衰。而且，随着时间的推移，新的技术指标还在不断涌现，充实并扩大这个大家族。

二、切线派

切线派是按一定方法和原则在现货图表上画一些直线，然后根据这些直线的情况推测黄金价格的未来趋势，这些直线就叫切线。切线的作用主要是起支撑和压力的作用。支撑线和压力线往后的延伸位置对价格的趋势起一定的制约作用。一般说来，现货价格在从下向上抬升的过程中，一触及压力线，甚至远未触及压力线，就会调头向下；同样，价格从上向下跌的过程中，在支撑线附近就会转头向上。另外，如果触及切线后没有转向，而是继续向上或向下，这就叫突破。突破之后，这条直线仍然有实际作用，只是名称变了。原来的支撑线变成压力线，原来的压力线将变成支撑线。切线派分析市场主要是依据切线的这个特性。

切线的画法是最为重要的，画得好坏直接影响预测的结果。目前，画切线的方法有很多种，它们都是人们长期研究之后保留下来的精华。著名的有趋势线、通道线等。此外还有黄金分割线、甘氏线、角度线等。在实际应用中，人们从这些线上获益不少。

三、形态学派

形态学派是根据价格图表中，过去一段时间走过的轨迹的形态来预测黄金价格未来的趋势情况的方法。假设条件 1 告诉我们，市场的行为包括一切信息。价格走过的形态是市场行为的重要部分，是现货市场对各种信息感受之后的具体表现，用价格的轨迹或者说是形态来推测黄金将来的价格是很有道理的。从价格轨迹的形态，我们可以推测出黄金市场处在一个什么样的大环境之中，由此对我们今后的行为给予一定的指导。著名的形态有 M 头、W 底、头肩顶底等十几种，这些形态同样是人们智慧的结晶。

四、K 线派

K 线派的研究方法是侧重若干天 K 线的组合情况，推测市场多空双方力量的对比，进而判断现货市场多空双方谁占优势，是暂时的，还是决定性的。单独一天的 K 线的形态有十几种，若干天 K 线的组合种类就无法数清了。人们经过不断的总结经验，发现了一些对现货买卖有指导意义的组合，而且新的结果正不断地被发现、被运用。K 线在东亚地区很流行，广大现货投资人进入现货市场后，进行技术分析时往往首先接触 K 线图。

五、波浪派

波浪理论起源于 1978 年美国人查尔斯·J. 柯林斯发表的专著《波浪理论》。波浪理论的实际发明者和奠基人是艾略特，他在 20 世纪 30 年代有了波浪理论最初的想法。

波浪理论把股价的上下变动和不同时期的持续上涨下降看成波浪的上下起伏。波浪的起伏遵循自然界的规律，按一定之规进行，价格也就遵循波浪起伏所遵循的规律。

简单地说，上升是 5 浪下跌是 3 浪。数清楚了各个浪就能准确地预见到，跌势已接近尾声，牛市即将来临，或是牛市已到了强弩之末，熊市将来到。波浪理论较之于别的技术分析流派，最大的区别就是能提前很长的时间预见到 W 底和 M 顶。别的流派往往要等到新的趋势已经确立之后才能看到。但是，波浪理论又是公认的最难掌握的技术分析方法。大浪套小浪，浪中有浪，在数浪的时候极容易发生偏差。事情过了以后，回过头来数这些浪，发现均满足波浪理论所陈述的，都能数对。一旦身处在现实，真正能够正确数浪的人是很少的。

以上五类技术分析方法是从不同的方面理解和考虑现货市场的。有些有相当坚实的理论基础，有的就没有很明确的理论基础，很难说清楚为什么。它们都有一个共同的特点，那就是都是经过市场的实际战火的考验，最终没有被淘汰而被保留下来，它们都是我们的前人的经验、智慧的精华。

这五类技术分析方法尽管考虑的方式不同，目的是相同的，彼此并不排斥，在使用上相互借鉴。比如,在指标分析时,经常用到切线和形态学派中的一些结论和手法。

这五类技术分析方法考虑的方式不同,这样就导致它们在操作指导时,所使用的方式不同,有的注重长线,有的就要短些;有的注重价格的相对位置,有的注重绝对位置;有的注重时间,有的注重价格。不管注重什么,最终殊途同归。只要能有收益,用什么方法是不重要的。

由于K线理论、道氏理论和技术指标理论比较重要且内容较多,我们将它们独立成章专门论述,在这一章里,我们专门讲解切线理论和波浪理论。

第四节　切线理论

切线理论指股票投资“顺势而为”是非常重要的,这种“势”就是趋势。而趋势又分为短期、中长期趋势,怎样判断和把握这些趋势的转变就成为投资者关注的核心或者说投资者都希望在下降趋势转为上升趋势的时候买入股票,而又希望在上升趋势转为下降趋势的时候卖出股票。那么怎样才能区分是短期、中期还是长期趋势的转变呢？利用趋势线无疑是最为简单和有效的方法之一,而“一条直线闯股市”正是对趋势线重要性和实用性的高度概括。

一、概述

(一) 趋势分析

简单地说,趋势就是股票价格的波动方向,或者说是股票市场运动的方向。趋势的方向有三个:① 上升方向;② 下降方向;③ 水平方向,也就是无趋势方向。按道氏理论的分类,趋势分为三个类型:主要趋势、次要趋势和短暂趋势。

(二) 作用

支撑线(Support Line)又称为抵抗线。当股价跌到某个价位附近时,股价停止下跌,甚至有可能还有回升。这个起着阻止股价继续下跌或暂时阻止股价继续下跌的价格就是支撑线所在的位置,如图7-1所示。

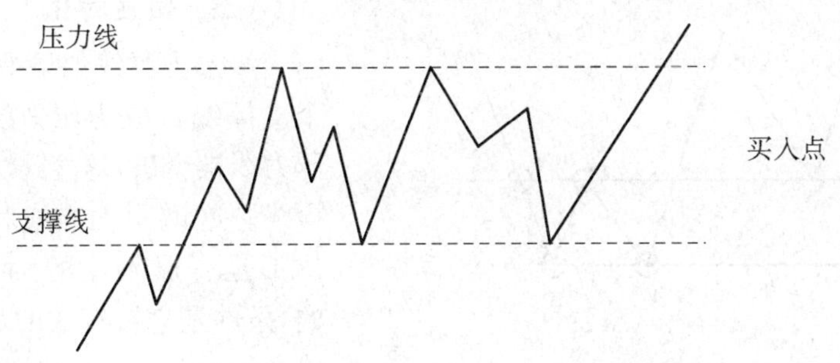

图7-1　支撑线(下线)与压力线(上线)

压力线(Resistance Line)又称为阻力线,如图 7-2 所示。当股价上涨到某价位附近时,股价会停止上涨,甚至回落。这个起着阻止或暂时阻止股价继续上升作用的价位就是压力线所在的位置。

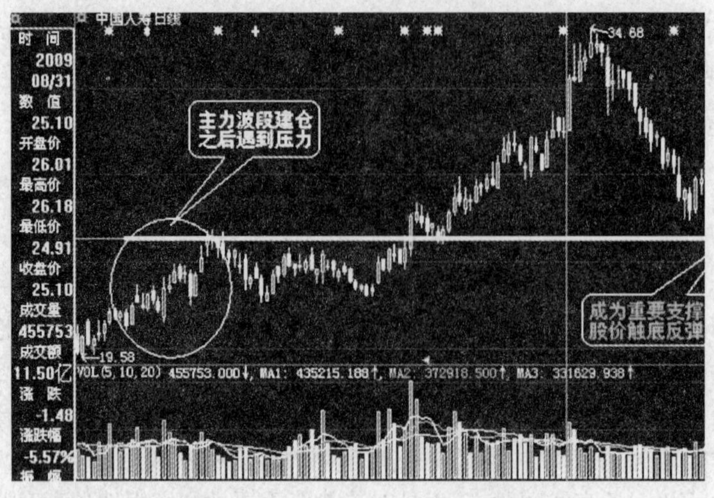

图 7-2　压力线(上面圆圈右上角)

支撑线和压力线的作用是阻止或暂时阻止股价向一个方向继续运动。同时,支撑线和压力线又有彻底阻止股价按原方向变动的可能,如图 7-3 所示。

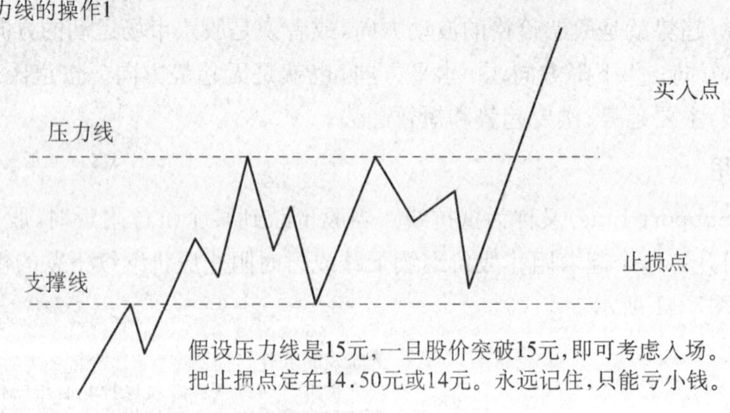

图 7-3　支撑线(下线)与压力线(上线)的操作

(三) 相互转化

一条支撑线如果被跌破,那么这个支撑线将成为压力线;同理,一条压力线被突破,这个压力线将成为支撑线。这说明支撑线和压力线的地位不是一成不变的,而是可以改变的,条件是它被有效的足够强大的股价变动突破。支撑线与压力线的转化见图 7-4。

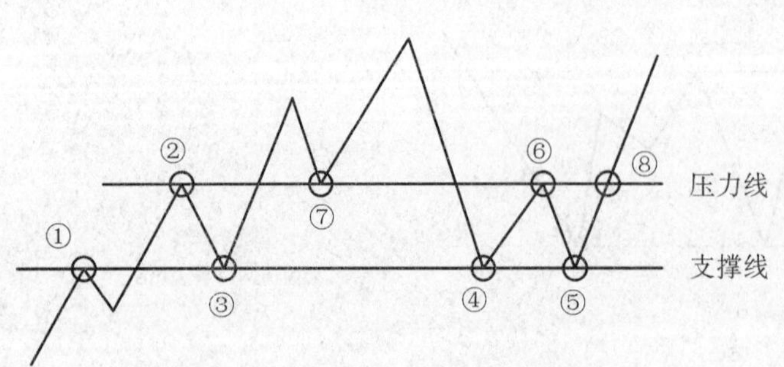

图 7-4　支撑线与压力线的转化

（四）印证

一般来说，一条支撑线或压力线对当前影响的重要性有三个方面的考虑，一是股价在这个区域停留时间的长短；二是股价在这个区域伴随的成交量大小；三是这个支撑区域或压力区域发生的时间距离当前这个时期的远近。

二、轨道线

（一）趋势线

趋势线是衡量价格波动的方向的，由趋势线的方向可以明确地看出股价的趋势。在上升趋势中，将两个低点连成一条直线，就得到上升趋势线。在下降趋势中，将两个高点连成一条直线，就得到下降趋势线。要得到一条真正起作用的趋势线，要经多方面的验证才能最终确认。首先，必须确实有趋势存在。其次，画出直线后，还应得到第三个点的验证才能确认这条趋势线是有效的。

趋势线的正确画法如下。

上升趋势线：连接某一时间段最低点（或相对低点）与最高点之前的任意低点，中间不穿越任何价位的直线，就是上升趋势线。上升趋势线的正确画法如图 7－5、图 7－6 所示。

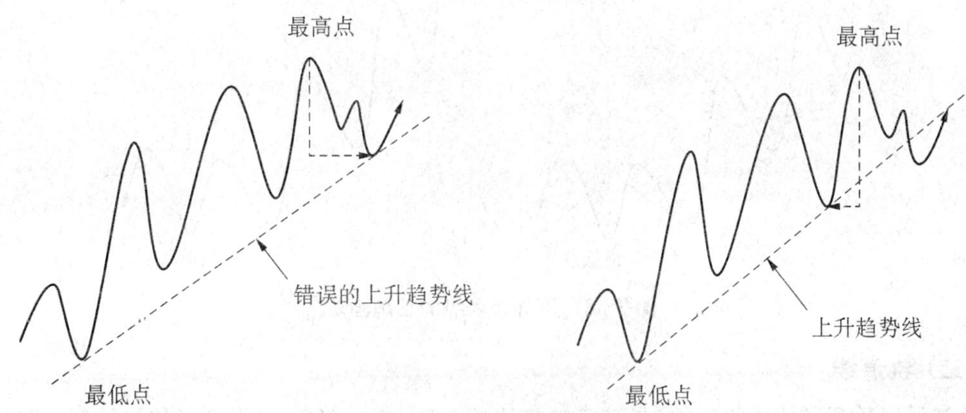

图 7－5　上升趋势线的正确画法

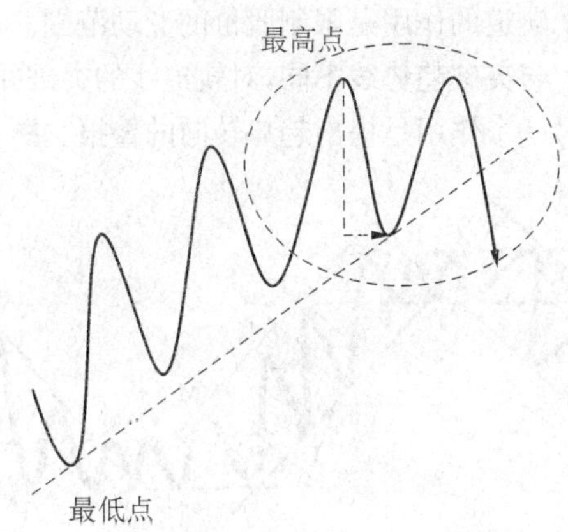

图 7－6　上升趋势线的正确画法

下降趋势线：连接某一时间段最高点（或相对高点）与最低点之前的任意高点，中间不穿越任何价位的直线，就是下降趋势线。图 7－7 为下降趋线图，图 7－8 为下降趋势线的正确画法。

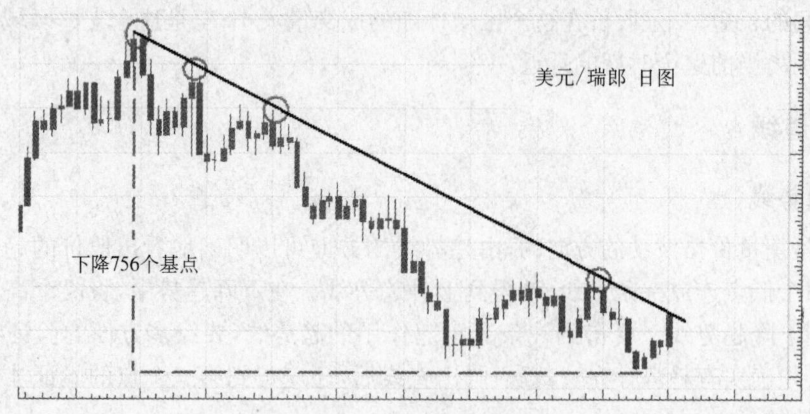

图 7－7　下降趋势线

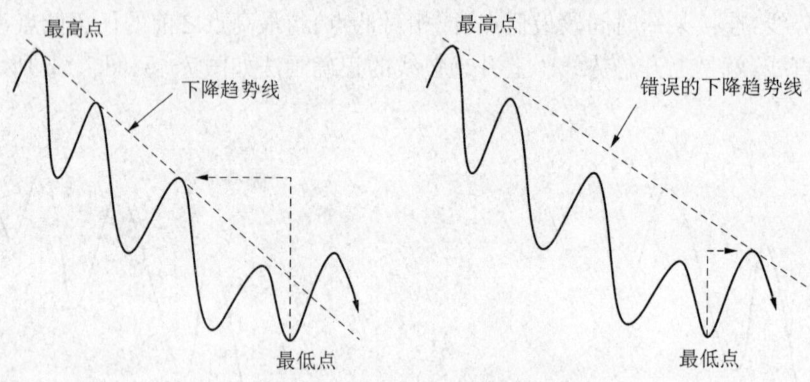

图 7－8　下降趋势线的正确画法

（二）轨道线

轨道线又称通道线或管道线，是基于趋势线的一种方法。在已经得到了趋势线后，通过第一个峰和谷可以做出这条趋势线的平行线，这条平行线就是轨道线。两条平行线组成一个轨道，这就是常说的上升和下降轨道。轨道的作用是限制股价的变动范围。对上面的或下面的直线的突破将意味着有一个大的变化。与突破趋势线不同，对轨道线的突破并不是趋势反向的开始，而是趋势加速的开始。轨道线的另一个作用是提出趋势转向的警报。图 7－9 为轨道线的各种形态。

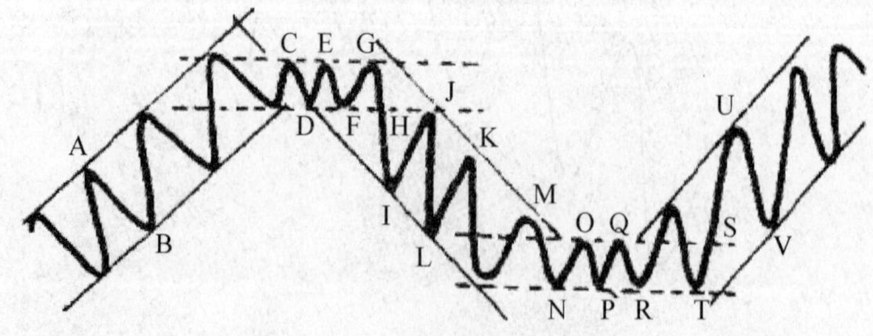

图 7－9　轨道线的各种形态

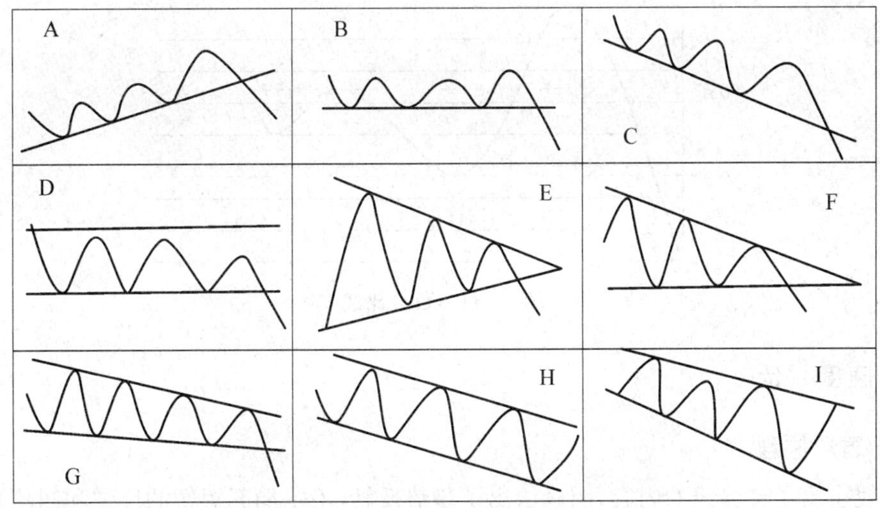

图 7－9　轨道线的各种形态(续图)

三、百分比

(一) 黄金分割线

画黄金分割线的第一步是记住若干个特殊的数字,这些数字中,0.382、0.618、1.382 和 1.618 最为重要,股价极为容易在由这四个数产生的黄金分割线处产生支撑和压力。第二步是找到一个点。某个趋势的转折点就可以作为进行黄金分割的点,这个点一经选定,我们就可以画出黄金分割线了。图 7－10 为黄金分割线。

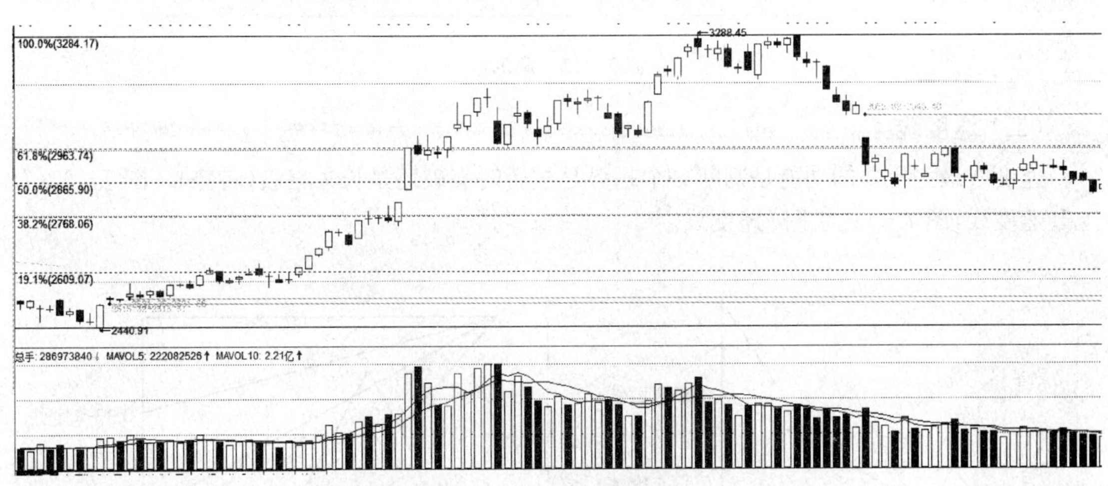

图 7－10　黄金分割线

(二) 百分比线

百分比线考虑问题的出发点是人们的心理因素和一些整数位的分界点。其中,1/2、1/3、2/3 的这三条线最为重要。图 7－11 为百分比线。

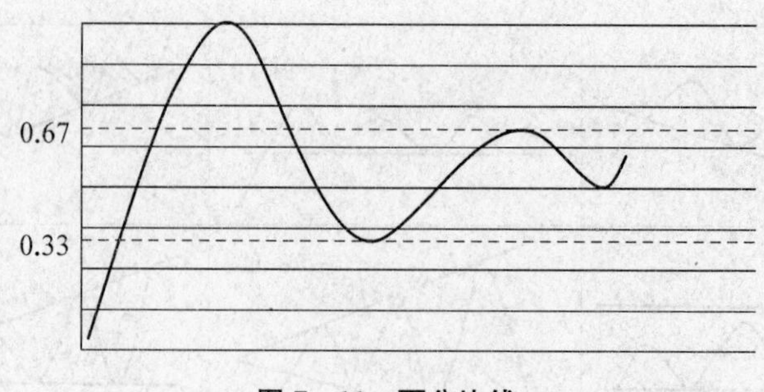

图 7-11　百分比线

四、速度甘氏

（一）扇形原理

扇形线丰富了趋势线的内容，明确给出了趋势反转（不是局部短暂的反弹和回落）的信号。扇形原理是依据三次突破的原则。图 7-12 为扇形线。

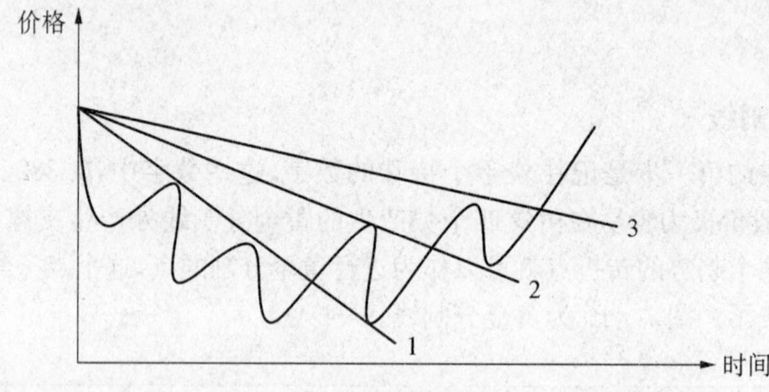

图 7-12　扇形线

（二）速度线

速度线最为重要的功能是判断一个趋势是被暂时突破还是长久突破（转势）。图 7-13 为上升速度线，图 7-14 为下降速度线。

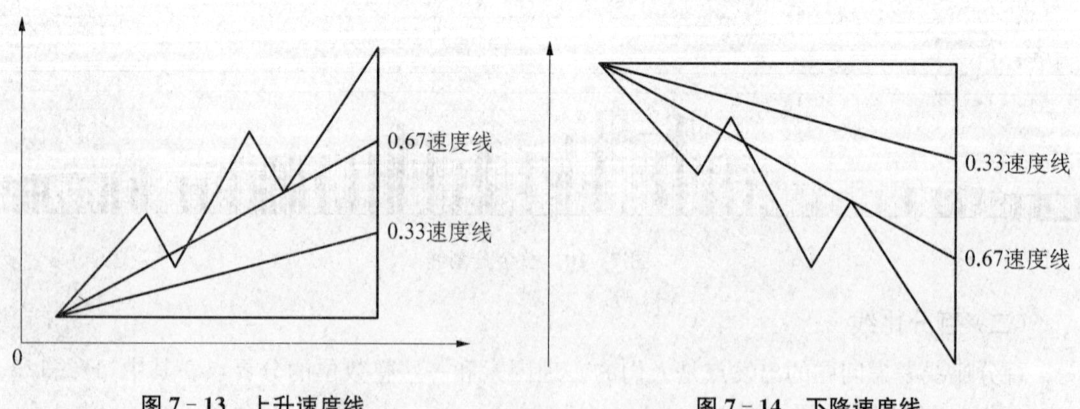

图 7-13　上升速度线　　图 7-14　下降速度线

（三）甘氏线

甘氏线是从一个点出发，依一定的角度向后画出的多条射线。图 7－15 为甘氏线。

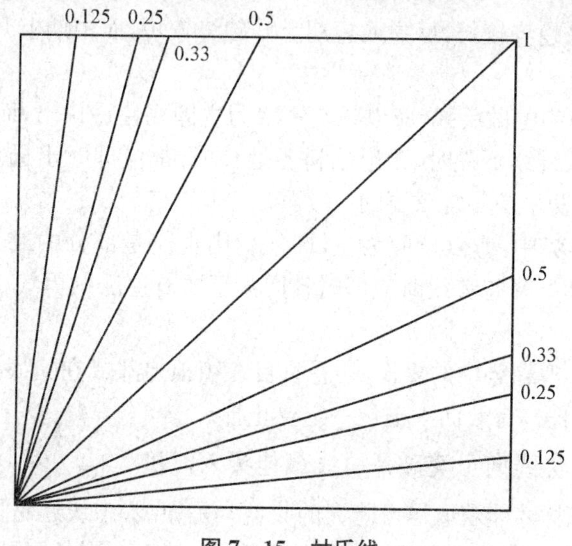

图 7－15 甘氏线

五、应该注意的问题

支撑线、压力线有被突破的可能，在应用时会有一些令人困惑的现象。往往要等到价格已经离开很远时，才发现突破的有效和无效。

影响价格波动的因素很多，支撑线、压力线只是其中的一方面。多方面考虑才能提高正确的概率。

六、实战运用

下面，我们就介绍利用趋势线判断短期、中期和长期买入时机的方法。

（一）短期下降趋势线向上突破是短线买入时机

在中期下跌趋势中，股价主要以下跌为主，高点和低点都不断下移。但是，当股市下跌一段之后往往也会产生反弹，如果把握得当，这种反弹也会有可观的收益，而把握这种中期下跌趋势中的短线买入时机，即股价向上突破短期下降趋势线时便是短线的买入时机。

在中期上涨趋势中，股价主要以上涨为主，高点和低点都不断提高。但有时候，股价在急速上升一段之后，也会进入短期的下调整理，这时股价就会受到一条短期下降趋势线的压制，而当股价向上突破该条短期下降趋势线时，说明短期的调整结束，股价又将进入新的上升阶段，此时也成为中期上升趋势中的一个新的买入时机。

股价的中期趋势，除了中期上升和中期下跌趋势之外，还有一种中期横盘整理趋势，即股价在一定的价格范围内进行中期的箱体波动。此时，我们也可以运用短期趋势线来判断这种箱体波动中短线买入时机。

分析与操作要领：

(1) 短期趋势，我们将其界定为由数日至 20 个交易日的股价波动所形成的趋势。因此，短期趋势线也就由数日至 20 个交易日的股价波动的明显高点或低点所构成。一般来说，中期下跌趋势中的短期下跌趋势较长，反弹或短期上升趋势较短，而中期上升趋势中的短期上升趋势较长，调整时间短些。

(2) 在中期下跌趋势中做反弹，应以长空短多为主即要快进快出，而且一旦确认反弹结束特别是股价再创出新低继续下跌时，无论盈利还是亏损，都应即时出局。因此，在中期下跌趋势中抢反弹，止损位的设立是非常重要的。

(3) 在中期上升趋势中，应以持股为主，即使卖出也应是部分的或暂时的，当调整结束特别是股价向上突破短期下降趋势线时应即时补回甚至要有追涨的勇气，因为上涨尚未结束，新的涨升又已开始。

(4) 对于中期向整理趋势中的操作，切忌盲目在箱顶追涨或在箱底杀跌。而且，在有效向上突破之前不宜重仓出击，有效向下破位一定要止损。

（二）中期下降趋势线向上突破是中线最佳买入时机

股票投资或投机怎样才能获取尽可能大的收益？是短线、中线还是长线？不同的投资者可能会有不同的回答，但有一点相信多数投资者都会赞同——不管什么股票，做波段行情或中级行情是大多数投资者所青睐的。中级行情既是较易判断又是能尽可能获取较高收益的操作方法；短线操作虽然非常具有诱惑力，但需要投资者具有可靠的消息来源、丰富的操盘经验和良好的市场感觉等，一般投资者较难做到；长线的话选股非常重要，且要具有十足的耐心，而一般离市场近的投资者要做到这一点也不易。因此，笔者向来以中线投资为主，以寻求获得尽可能大的利润。那么，怎样才能有效和可靠地判断中级行情呢？中期趋势线无疑为我们提供了非常重要的帮助。

当一轮中期上升行情结束进入持续下跌，且跌幅较大和时间较长之后，股价放量向上突破由中期下降趋势中两个明显的高点连成的下降趋势线时，往往预示着该股票中期下跌趋势的结束，而将转为中期上涨趋势，自然成为中线的最佳买入时机，其后的上涨多久或从哪里跌下来的有可能又涨回哪里去。任何一只股票我们都可以运用中期下降趋势线寻找到其中期的最佳买入时机。

分析与操作要领：

(1) 在这里我们将中期趋势界定为 20 个交易日以上至 120 个交易日即半年之内的趋势。因此，在下降趋势线或中期上升趋势线就是由 20 个交易日以上至 120 交易日之内的股价运行所形成的明显高点或低点连接而成的趋势线。

(2) 下降趋势中，下降趋势线的向上突破是中期下降趋势结束而转为中期上升趋势的信号，也是实际操作中非常重要的买入时机。

(3) 中期下降趋势线的向上突破应有成交量放大的配合，转势的可靠性才会更高、后市上升的空间才会更大。否则，中期下降趋势线即使突破后股价也可能仍然横向运行而不马上展开上升行情。因此，在同样突破中期下降趋势线的股票中，应选择成交量大而走势强劲的股票买入。

(4) 运用中期下降趋势线判断中线买入时机的最大麻烦是下降趋势线的斜率有时会改变，即前面的一条中期下降趋势线“突破”后仅仅是短暂的反弹，其后又继续下跌不止，这时原来的中期下降趋势线就需要修正，它将由新的中期下降趋势线所取代。这种情况的发生主要在于两个原因,即股价的下跌幅度和时间不够,与前成的上涨幅度和时间尚未形成对称性、股价向上突破下降趋势线时成交量未与配合。遇此情况,当股价再创新低时应止损出局观望,再等机会。

(三)长期下降趋势线向上突破是中长线最佳买入时机

股市的运行有其自身的内在规律,既有波澜壮阔的牛市,也有寂寞难熬的漫漫熊市。当一轮牛市结束,就会进入下跌时间很长或下跌幅度很深的熊市之中,而且牛市涨得越高,熊市的跌幅就越大、时间也越长。在熊市的长期下跌过程中,也会产生数次中期的反弹或上涨行情而成一些明显的高点,如果将两个重要的中期高点连成一条直线,我们就会看到每一次的中期反弹或上涨都受到该条长期下降趋势线的反压,可一旦股价放量突破长期下降趋势线就意味着长期下降趋势或熊市的结束和一轮大行情的开始,而成为中长期的最佳买入时机。

分析与操作要领:

(1)长期趋势跨越的时间至少在半年以上,多者长达数年。而且,时间越长的趋势线被突破后其意义越大,其上升或下跌的空间也越大。

(2)长期下降趋势线向上突破应有成交量放大的配合且最好伴以中长阳线,否则可靠性降低或后市上升的空间有限。

(3)在长期下降趋势线之下,往往有数次中级反弹或上涨,由于这些中级行情高点的原因,常常改变长期下降趋势线的斜率即原来的长期下降趋势线也需要重新修正。不过,原来的下降趋势线突破后将由以前的阻力线变成培养股价下跌的支撑线。遇到此情况,仍应止损离场,耐心等待机会,因为熊市是漫长的。

(4)为了便于长期趋势的分析,最好运用周K线图。

(四)第三条下降扇形线向上突破是中长线最佳买入时机

在前面几条时机中,大家已经注意到下降趋势线经常出现假突破后股价未涨多少又重归下跌之路,经常面临不得不止损出局的情况。这主要是因为下降趋势尚未结束的缘故,而原来的下降趋势线也需要重新修正甚至多次修正。面对这个问题,可以利用扇形线很好地解决。

所谓扇形线,就是利用一个重要的高点或低点作为原始点,将该点与其后的各个明显高点或低点互相连线,组成一个类似于扇子的形状而得名。由此可知,扇形线分为下降扇形线和上升扇形线两种,这里我们主要讨论下降扇形线。

在一轮较大的上升行情结束之后,将进入较长期的下跌之中,而在下跌过程中,一定会产生数次中级反弹。通常,我们将前面上升行情的最高点与第一次中级反弹的高点连成一条直线,它既是下降趋势线也是第一条扇形线。其后,股价再次创新低并大幅下跌而引发第二次中级反弹且向上突破了下降趋势线,此时我们就常犯错误,认为是下降趋势结束了,其实不然,股价突破下降趋势线后并未涨多少又下跌并创出新低。此时,我们就应将最高点与第二次中级反弹的高点再连成一条线,这既是修正后的下降趋势线又是第二条下降扇形线。股价再次下跌后产生中级反弹,又突破了第三条修正的下降趋势线,但股价上升幅度不大继续下挫,将最高点与第三次中级反弹的高点连成一条线,成为再次修正的下降趋势线同时也是第三条下降扇形线。俗话说"事不过三",当第三条下降扇形线被突破的时候,就意味着长期跌势的结束,股价将进入中长期的上升阶段。

分析与操作要领:

(1)下降扇形线属于中长期的压力线,一般出现在大熊市里,而第三条下降扇形线的向上突破通常是熊市结束、牛市开始的强烈信号，因此是中长线最佳的买入时机。

(2) 第一、第二条下降扇形线被突破后，在后面的股价下跌过程中它们将由阻力线变成支撑线即对股价的下跌起到一定的支撑作用。

(3) 第三条下降扇形线向上突破时的成交量应较前两次突破时明显增加，前两次突破后升幅不大的原因，除了下跌不够深之外，重要的是没有足够大的成交量支持。如果第三条下降扇形线向上突破时成交量配合不理想，后市的升幅会有限甚至会先进入横盘甚至再跌一小段才展开上升行情。

(五) 股价向上突破下降通道是重要买入时机

下降通道，是指股价在两条向右下方倾斜的平行线之间有规律地下跌，它实际上是下降趋势线分析的延续和补充，在实际操作中比下降趋势线具有更强烈的实用性和可靠性。

实际上，任何一只股票的上涨或下跌，都在以或平缓或陡峭的大小不同的上升或下降通道中运行。在下降趋势中，股价的高点和低点都在不断下移，首先将两个明显的高点连成一条下降趋势线，然后通过一个明显的低点作其平行线，便形成一节向右下方倾斜的下降通道。一般来说，当股价在下跌过程中，跌至下降通道的下轨便会产生支撑而反弹，当反弹至下跌通道上轨时又会遇阻回落。当最终股价放量向上突破下降通道上轨时，便宣告下降趋势的结束和上升趋势的开始，而成为重要的买入时机。

分析与操作要领：

(1) 股价向上突破下降通道时，应有成交量放大的配合，否则突破的可靠性降低或股价出通道后也难于上涨而横向运行。

(2) 下降通道有大小，大通道中往往套着小通道。大通道突破后的上升空间大，形成时间越长的通道突破后的升幅比形成时间短的通道突破后的升幅要大且力度更强。一般来说，下降通道有效向上突破后的量度升幅至少是下降通道的垂直高度或其倍数。

(3) 除了股价向上有效突破下降通道为重要买入时机之外，在下降通道内当股价下跌至下降通道下轨附近获得支撑时，也是短线买入时机。

(4) 股价突破下降通道后有时会形成缩量回抽确认，但股价不应再跌回通道内，否则就是假突破且需要修正先前的下降通道并应止损离场。

(六) 上升趋势中上升趋势线附近是买入时机

在上升趋势中，股价的低点和高点都不断上移，将其不断上移的两个明显低点连成一条向右上方倾斜的直线，便是上升趋势线，它将成为股价回档时的支撑。当股价第三次或更多次回档至该线止跌回升时，便是上升趋势中的又一次买入时机。

分析与操作要领：

(1) 上升趋势中的支撑线，一般来说应当经过第三次回落支撑的验证方为可靠，且验证次数越多、时间跨度越长的上升趋势线越是有效和可靠。

(2) 股价回落至支撑线时，成交量应出现非常明显的萎缩，否则支撑线将难于支撑。

(3) 在股价第三或第四次回落至支撑线附近买进后，万一股价不涨反跌，特别是放量长阴线跌破支撑线时，应止损离场观望。

(4) 随着上升行情的进行，上升趋势线的斜率可能改变，应适时修正上升趋势线，以便更好地指导实际操作。

（七）上升通道向上突破是短线买入时机

在上升趋势中，有时候股价前期上涨沿着一定的上升通道有节奏地运行，即在上升通道的下轨形成明显的支撑，在上升通道的上轨股价又遇阻回落。但是，到了上升趋势的末期，庄家大幅拉抬，股价放量向上突破上升通道上轨的压力，出现加速上涨，短时间内升幅常常可观，把握得当短期内可获丰厚利润。因此，在上升趋势中，当股价放量突破上升通道上轨时是短线买入时机。

分析与操作要领：

(1) 股价向上突破上升通道上轨时必须要有大成交量的配合，否则假突破的可能性大或者难于达到量度升幅。

(2)股价向上突破上升通道上轨后的量度升幅是上升通道内的垂直高度或其数倍。

(3)股价向上突破上升通道上轨是股价加速上涨和上升趋势末期的信号，持续时间一般不会太长，迟早还会跌回通道之内甚至更低。

(4) 股价向上突破上升通道上轨时买入，如很快又跌回上轨线之内应止损出局，虽然突破后偶有回抽，也不应收盘在上轨线之下。

第五节 波浪理论

一、波浪理论的形成

波浪理论(或说艾略特波浪理论)是由拉尔夫·纳尔逊·艾略特(Ralph Nelson Elliott)在20世纪30年代创立的一种价格趋势分析工具，可用以分析股市指数、价格的走势，它也是世界股市分析上运用最多，而又最难于了解和精通的分析工具。经由A·汉米尔顿·博尔顿(A Hamilton Bolton)在20世纪50—60年代的大力宣传和推广，才使其受到应有的重视。其后，波浪理论的追随者对波浪理论进行了不断的研究与完善，并形成了不同的分支，其中最著名的是普莱切特(Robert Rougelot Prechter, Jr.)和弗罗斯特(Alfred John Frost)。普莱切特和弗罗斯特在对艾略特和波浪理论研究者的研究成果总结的基础上，完善和发展了艾略特波浪理论，并在1978年合作出版了波浪理论经典著作《艾略特波浪理论——市场行为的关键》，使艾略特波浪理论成为具有完整体系的证券市场技术分析理论。

艾略特波浪理论是对道氏理论的继承和发展。艾略特本人就是道氏理论大师雷亚(Robert Rhea)的忠实读者。艾略特波浪理论和道氏理论一样，是一种具有深刻投资哲学的理论体系。“在通过观察、研究和思考发展自己理论的过程中，艾略特融汇了道氏的发现，但在广泛性和精确性上比道氏理论更进一步。这两个人都觉察到了控制市场运动的人类均衡的存在，但道氏做的是大写意，而艾略特做的是工笔画”。

波浪理论是股市分析中运用最为广泛的分析工具之一，在中国的股票市场分析中也已经得到了十分广泛的应用。我们不仅可以在专业的证券市场报纸杂志上看到专业技术分析人士使用波浪理论的图表和术语对股票市场走势的分析和预测，而且可以在众多的传媒中看到普通投资者使用艾略特波浪理论对股市的分析。同时，艾略特波浪理论也是一种难以充分理解、特别是难以精通的技术分析工具，在使用中存在着不少的误区。

二、基本命题

基本命题：自然的节律。艾略特认为，“经济进程全部发展的结果遵循一条规律，这规律就是使它们在相似和不断再现的波浪系列或确定的数字及图形的推动下重复自己。股票、债券和商品价格趋势特别适于检验和论证波浪运动”。

艾略特认为，人类经济活动的进程和发展遵循着宇宙中有序生长的普遍法则，是人类群体活动所固有的规律。而股票市场则是最好的反映人类群体活动的场所。波浪理论认为，股票市场价格的变动，是人类社会行为变动直接影响的结果。股票市场的每一个行为个体所做出的每一个市场决定都受到特定信息的影响，同时这一行为也产生影响其他市场个体的信息。市场的个体行为通过这种反馈循环而形成群体行为，而股票市场价格的变动就是这种群体行为的反映。由于人类群体行为表现为某种自然规律，所以，股票市场人类群体行为的外化——股票价格的变动，也就表现出某种自然规律的特征。

艾略特的波浪理论就是要通过对外化的价格变动形态及变化规律的研究揭示人类群体行为所遵循的自然规律；并通过对自然界事物发展变化法则的研究，使用自然法则对形态的行进与比率进行度量和预测。因此，波浪理论是由三个基本方面所构成：① 模式关系；② 比率关系；③ 时间关系。

在波浪理论中，模式关系（即股票价格走势所形成的模式及关系）是通过对股票价格指数长期走势进行观察、归纳和总结的结果，它反映了股票价格的变动规律，是波浪理论的基础，所以，模式关系在波浪理论中是第一重要的。比率关系对模式关系的识别起辅助作用，是第二位的。时间关系对模式的行进进行测量，由于其难以把握，所以其重要性往往被忽略。

通过对道琼斯指数等股票市场数据进行长期的观察和研究，艾略特发现股票价格以可识别的模式前进和反转。他辨认出这些模式在形态上不断重复，但并不一定在时间上或幅度上重复。艾略特总结归纳出了十三种这样的价格运动模式，并把这些模式称之为“波浪”。在此基础上，艾略特创立了他称之为波浪理论的股票价格分析理论体系（当然，这一理论也同样适用于类似的市场的价格分析，如期货、商品价格等）。

艾略特把波浪理论定义为：可识别的价格运动模式；以及连接价格运动模式（或波浪），形成它们自身的更大的变体的原则和方法；波浪依次相连形成大一级的相同模式，依次类推，从而产生结构化的价格行进的原则和方法。

三、波浪理论基本原则和五浪模式

（一）波浪理论基本原则

波浪理论认为，每个市场决定不仅受制于有价值的信息，同时也产生有价值的信息。每笔交易在即刻成为一种结果的同时进入市场组织，并通过交易数据传递，加入影响其他投资者行为的一系列原因之中。这种反馈循环受人的社会本性的控制，而且，既然人有这种本性，那么这个过程就会产生各种形式。因为这些形式会重演，所以它们有预测价值。

有时，市场明显会对外部环境和事件做出反应，但有时它会对大多数人认为的影响无动于衷。原因是市场有其自身的规律。它不会被某人在日常生活中熟知的线性因果关系所驱动。

价格的轨迹不是消息的产物。市场不像某些人宣称的那样,是一部有节奏的机器。它的运动反映了独立于假设的起因,和独立于周期的形态重复。

市场的行进以波浪形式展开。波浪是有向运动的模式。更确切地说,一个波浪是任何一种自然发生的模式,正如本章其余部分描述的那样。

(二) 五浪模式

在市场中,价格最终以一种特定结构的五浪形态行进。其中的三个浪,分别标成 1、3 和 5,真正影响价格的有向运动。这三个浪被二个分别标成 2 和 4 的逆势休整期所分割,如图 7-16 所示。对于将要发生的整个有向运动,这两个休整期显然是必不可少的。

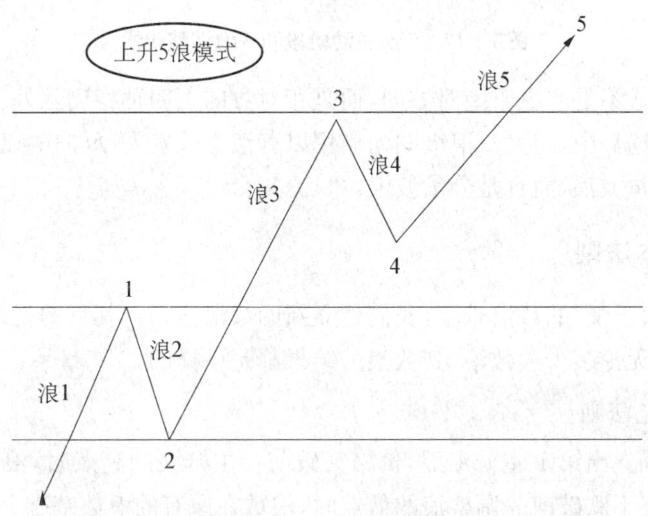

图 7-16 五浪模式

艾略特发现了五浪形态中的三个永恒定律。它们是:浪 2 的运动永远不会超过浪 1 的起点;浪 3 永远不是最短的一浪;浪 4 永远不会进入浪 1 的价格范围。

艾略特并未具体说明仅有一种支配形态,即"五浪"模式,但这是不可否认的事实。在任何时候,市场都处于最大级别趋势中的基本五浪模式中的某个位置。由于五浪模式是市场行进中的主导形态,因此,其他所有模式都被纳入其中。

由于波浪理论内容庞杂繁多,这里我们概括一下。

1. 五浪模式

五浪形态三个重点:

(1) 浪 2 永远不会运动超过浪 1 的起点;

(2) 浪 3 永远不是最短的一浪;

(3) 浪 4 不会进入浪 1 的价格领地。

任何时候,市场都处于更大浪级趋势的 5 浪模式的某个位置。

2. 波浪发展方式

两种波浪发展方式:1 驱动浪;2 调整浪。

驱动浪:有一个 5 浪结构。

调整浪:有一个 3 浪结构或其变体。

所有的驱动浪和调整浪都是相对而言的。

完整的循环：5浪驱动阶段和3浪调整阶段（见图7-17）。

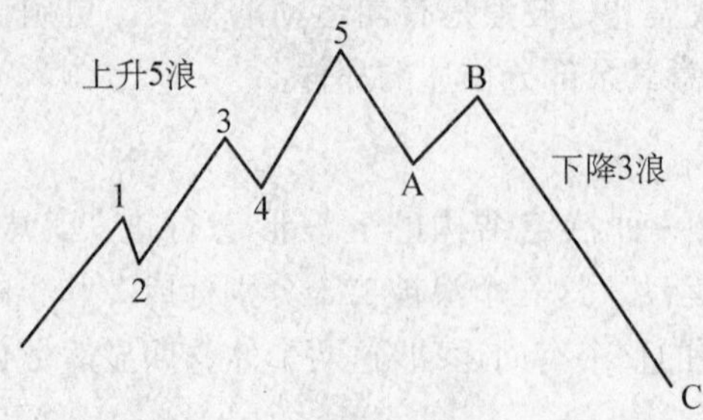

图7-17　5浪驱动阶段和3浪调整阶段

波浪的发展方式不是取决于绝对方向，而是相对方向。四种特例除外。

在任何浪级的趋势中，与大一浪级同向作用以五浪方式发展，反向的以三浪方式发展。所有的波浪不仅有分量波浪，而且是分量波浪。

四、数浪基本法则

为了解决“千人千浪”的数浪难题，我们建立新的数浪法则。其目的就是为了达到“千人一浪”的数浪效果，即无论多少人数浪，其数浪的结果都是一样的。

（一）大浪优先法则

上升趋势：在确立出第1主升浪后，价格突破前一主升浪的高点时，浪数在原有的浪数基础上增加1浪，价格不跌破前一调整浪的低点时，浪数在原有的浪数基础上增加1浪。奇数为主升浪，偶数为调整浪。除了以上的定义外，解除一切数浪的限制条件。

下降趋势：在确立出第1主跌浪后，价格跌破前一主跌浪的低点时，浪数在原有的基础上增加1浪，价格不升破前一调整浪高点时，浪数在原有的基础上增加1浪。奇数为主跌浪，偶数为调整浪。除了以上的定义外，解除一切数浪的限制条件。

1. 如何确定第1浪

如果价格在升破之前的高点时，前一主跌浪跌破了它之前的主跌浪的低点，那么，现在突破前高后的上涨就是第1浪，如图7-18所示。

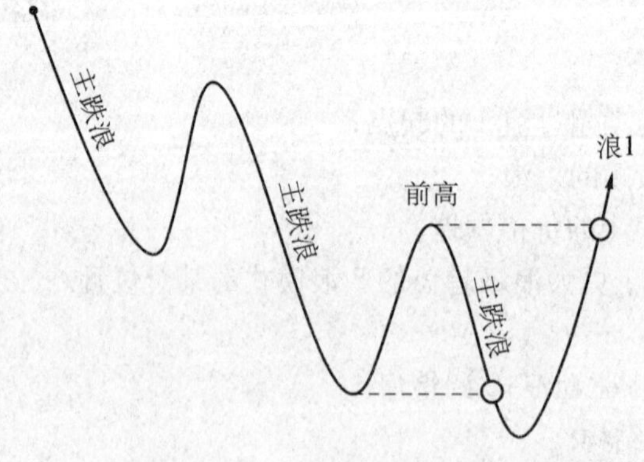

图7-18　如何确定第1浪

如果价格在升破之前的高点时，前一主跌浪没有跌破它之前的主跌浪的低点，那么，现在突破前高后的上涨就是第 3 浪，第 1 浪就是价格突破前高之前的主升浪，之前为原下降趋势的调整浪，如图 7－19 所示。

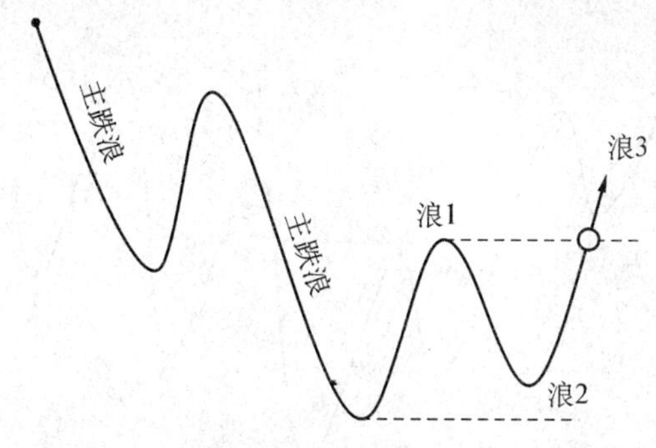

图 7－19　如何确定第 3 浪

2. 确定出第 1 浪后的数浪原则

在上升趋势时，确定出第 1 主升浪后，之后的下跌只要不跌破之前的最低点，就是第 2 浪。之后的上升只要能突破第 1 浪的高点，就是第 3 浪，依此类推。

已经确立出第 1 浪，如图 7－20 所示。

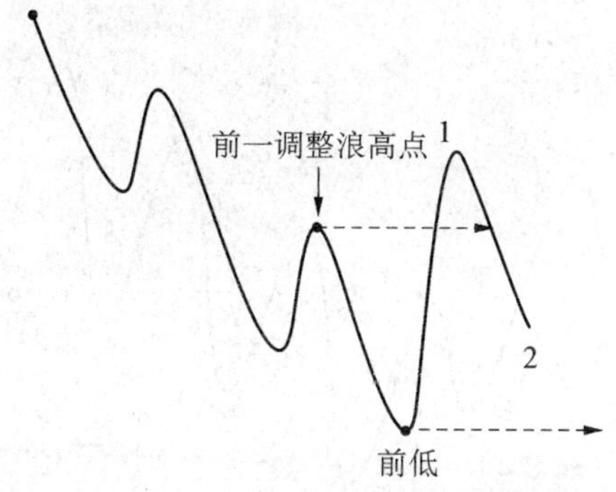

图 7－20　第 1 浪的确立

上图中，目前的下跌只要不跌破前低，此时我们把自第 1 浪高点开始的下跌看作第 2 浪。第 3 浪的确立如图 7－21 所示。

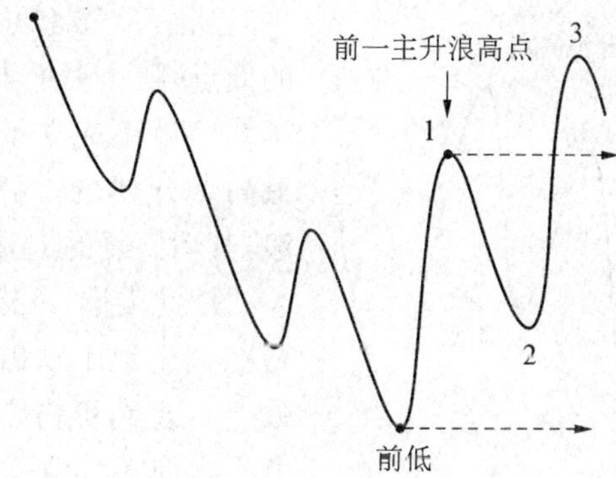

图 7－21　第 3 浪的确立

上图中，价格已经突破前一主升浪高点，也就是第 1 浪的高点，此时的上升就是第 3 浪，在突破第 1 浪高点的同时，确立了第 2 浪的成立。自第 3 浪高点开始的回调，我们暂时认定为第 4 浪，如图 7 - 22 所示。

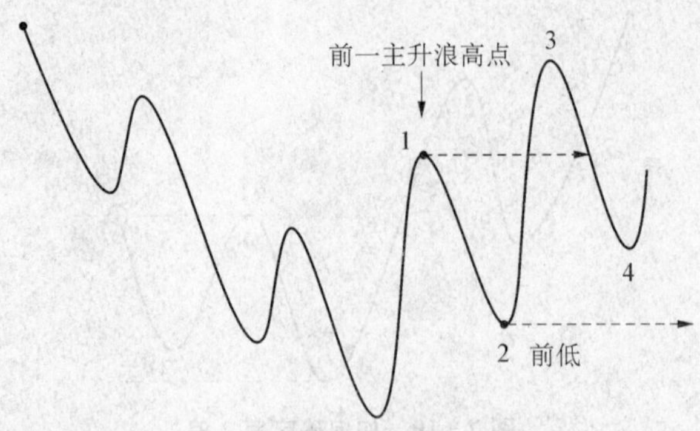

图 7 - 22　第 4 浪成立的条件

上图中，第 4 浪成立的条件是，价格不能跌破前一调整浪（浪 2）的低点。再次恢复上升的浪我们考虑是第 5 浪，但是，现在还不能确定第 5 浪能否成立，其成立的条件是突破前一主升浪的高点（第 3 浪的高点），如图 7 - 23 所示。

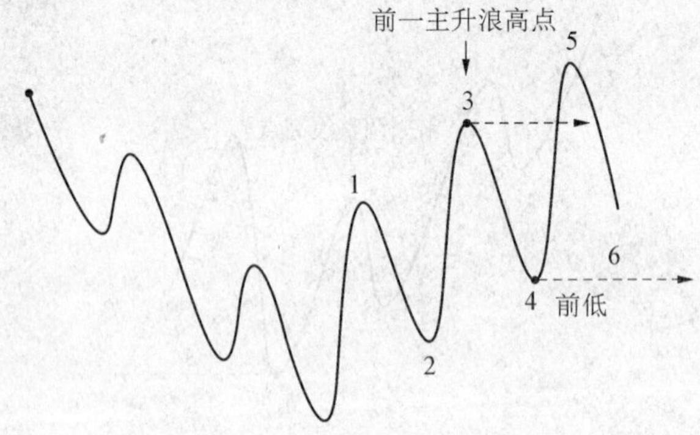

图 7 - 23　第 5 浪成立的条件

上图中，自最高点开始的下跌，此时我们看作上升趋势的调整浪（第 6 浪），第 6 浪成立的条件是不跌破第 4 浪低点，然后又向上突破之前第 5 浪的高点。

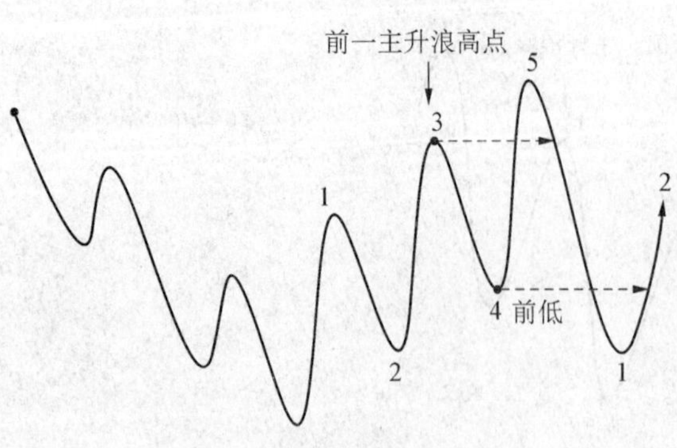

图 7 - 24　浪的循环条件

从图 7 - 24 可以看出，价格突破了之前的低点（第 4 浪低点），此时我们之前考虑的第 6 浪就不成立了，我们此时暂时先考虑自最高点开始的下跌为未来下降趋势的第 1 浪，其后恢复的上升为第 2 浪。

依此类推，不停地在突破前高时，浪数 + 1，在调整浪不跌破前一调整浪的低点时，浪数 + 1，直到价格跌破前一调整浪的低点时，就不再向上数浪，而是转向向下开始数浪，如图 7 - 25 所示。

图 7-25 数浪实践

五、波浪理论的缺点

(1) 波浪理论家对现象的看法并不统一。每一个波浪理论家,包括艾略特本人,很多时都会受一个问题的困扰,就是一个浪是否已经完成而开始了另外一个浪呢?有时甲看是第一浪,乙看是第二浪。差之毫厘,失之千里。看错的后果却可能十分严重。一套不能确定的理论用在风险奇高的股票市场,运作错误足以使人损失惨重。

(2) 怎样才算是一个完整的浪,无明确定义,在股票市场的升跌次数绝大多数不按五升三跌这个机械模式出现。但波浪理论家却曲解说有些升跌不应该计算入浪里面。数浪(Wave Count)完全是随意主观。

(3) 波浪理论有所谓伸展浪(Extension Waves),有时五个浪可以伸展成九个浪。但在什么时候或者在什么准则之下波浪可以伸展呢?艾略特对此却没有言明,使数浪变成各自启发,自己去想。

(4) 波浪理论的浪中有浪,可以无限伸延,亦即是升市时可以无限上升,都是在上升浪之中,一个巨型浪,一百几十年都可以。下跌浪也可以跌到无影无踪都仍然是在下跌浪。只要是升势未完就仍然是上升浪,跌势未完就仍然在下跌浪。这样的理论有什么作用?能否推测浪顶浪底的运行时间甚属可疑,等于纯粹猜测。

(5) 艾略特的波浪理论是一套主观分析工具,毫无客观准则。市场运行却是受情绪影响而并非机械运行。波浪理论套用在变化万千的股市会十分危险,出错机会大于一切。

(6) 波浪理论不能运用于个股的选择上。

第六节 技术分析的重要性

一、技术分析的重要性

技术分析的重要性大致体现在以下五个方面:

第一,在基本分析中,虽然可能包括了对市场供求状况的评估,对股票价格与每股盈利之比的测算，以及对其他各种经济指标等各方面内容的研究，但是，并没有把市场心理方面的影响因素考虑进去。问题恰恰在于有些时候市场在极大的程度上是受市场情绪支配的。一盎司的情绪，足以抵过一磅的事实。诚如约翰·梅纳德·凯恩斯所指出，"在一个非理性的世界里，再也没有什么比采取理性化的投资策略更能招致深重灾难的了"。针对市场的各种"非理性化"（市场情绪）因素，技术分析方法为我们提供了一种绝无仅有的衡量机制。

第二，在具备明确纪律约束的交易方式中，技术分析方法是其中的重要组成部分。所有的交易人员都逃不过情绪问题，这是我们天生的禀性，而严格的纪律有助于减缓其负面的影响。从我们在市场上投入资金的那一刹那起，情绪主义便立即占据了司机的宝座，而理性主义和客观性原则则退避三舍，沦为车上的乘客。要是对这一点有怀疑，那么，我们先做做纸上交易，然后，再用自己的钱实际入市操作一番。马上，我们就能亲身体验到，紧张、期待和焦虑等负面因素的影响力是何等地深切，实际上它们已经扭曲了我们的交易方式，也打破了我们看待市场的平衡心态，而这类影响的重要程度通常与我们投入的资金金额呈正比。技术分析方法能够将客观性原则送回司机的座位。技术分析提供了一套市场操作的机制，通过这种机制，我们可以选定入市和出市点，确定风险/报偿之比，以及设计止损出市的水平。通过采取上述各方面的措施，我们就能够建立起一套风险管理与资金管理的有效规范。

前面曾经提到，技术分析方法能够帮助我们客观地面对市场。不幸的是，人们往往一厢情愿地看待市场，而看不清市场的本来面目，这是由我们人类的天性所决定的。下面这样的悲剧不是一而再再而三地在我们身边上演吗？起先，某位交易商买进了。随后，市场便开始下跌。他会马上"壮士断腕"，止损出市吗？通常不会。虽然在市场的逻辑里从来就没有主观想象的地位，但是，这位交易商还是不遗余力地搜罗一切利好方面的基本面信息，一心将它们拼凑成一幅看涨的图画来给自己打气，巴望市场回到自己的方向上来。与此同时，市场的价格继续下滑。或许，市场正在使劲给他发来什么信号。是的，市场的确能够与我们进行交流。通过技术分析方法，我们就能够耳闻目睹这样的市场语言和神态。现在，市场正向这位交易商传递着自己的信息，但他却视而不见，听而不闻。

如果这位交易商能够退后一步，跳出自身的困局，冷静客观地研究价格变化，那么或许就能够找回准确可靠的市场感觉。设想一下，如果大家本以为一则消息对市场是利好的，但是当这则消息发布后，市场并没有上升，甚至下跌了，那么，这究竟说明了什么问题呢？这就说明，市场正通过这样的价格变化，十分强烈地揭示出当前的市场心理状态，并且对我们应当怎样操作提供了大量的信息。

我们记得，著名的交易商杰西·利弗莫尔曾经表达了这样一个观点：只有离开研究对象一定的距离，才能更好地观察它的全貌。技术分析就是让我们退后一步来观察市场，如此才使我们对市场获得了一份不同寻常的，或许也更加贴切的观感。

第三，退一步讲，即便我们并不完全相信技术分析的一套，遵循它的交易信号也依然是非常重要的。这是因为，有的时候技术信号本身已经构成推动市场运动的主要动力。既然它是推动市场运动的一种重要因素，那么我们就得对它心存戒备。

第四，随机行走理论提出，前一天的市场价格变化，对第二天的市场行情毫无影响。但是，在这种学院式的理论中却遗漏了一项重要的市场成分——人。今天的人当然记得昨天的行情，并且他正是依据他迄今所得的切身感受来采取行动的。换句话说，一方面，人对市场的反应的确会影响价格变化；另一方面，市场价格的变化也会反过来影响人对市场的反应。如此一来，在研究市场的过程中，价格本身，就成为我们必须考虑的重要的一分子。那些对技术分析吹毛求疵的人，大概忘了后面这个要点。

第五，如果我们要观察总体的供给——需求关系，那么，观察价格变化显然是最直观、最容易进行的一种方法，有些基本面的消息，普通的投资大众可能根本无缘得知，但是我们可以正确地预期，它们一定已经包含在价格信息之内了。

如果有人先于大家掌握了某种推动市场变化的情报，那么，他极有可能抢先在市场上买进或者卖出，直到价格变比抵消了他的情报才会罢手。如此一来，在有些情况下，这类消息可能早在当初事件发生的时候就被市场消化吸收掉了。一言以蔽之，当前的市场价格应当充分反映了当前发生的一切市场信息，不论这些信息是普通大众已经知晓的，还是仅仅掌握在极少数人手中的。

二、技术分析的缺点

技术分析流派认为，股票价格的波动是对市场供求均衡状态偏离的调整。技术分析法直接选取公开的市场数据，采用图表等方法对市场走势做出直观的解释。但它缺乏牢固的经济金融理论基础，对证券价格行为模式的判断有很大随意性，因而受到学术界的批评。

思考题

1. 技术分析基于哪三大假设？
2. 技术分析的基本要素有哪些？
3. 支撑线和压力线起什么作用？
4. 如何理解波浪理论中价格走势的基本形态结构？
5. 什么是技术指标？
6. 应用技术指标的法则有哪几条？

第八章　道氏理论

众所周知，理论是行动的指南，有一定研究能力的证券投资者都应该研究股市的运行规律。人们所提及的“道氏理论”，实际上是美国的查尔斯·亨利·道、威廉姆·彼得·汉密尔顿和罗伯特·雷亚三人的研究成果。

第一节　道氏理论的形成与发展过程

一、形成和发展过程

道氏理论是所有市场技术研究的鼻祖，尽管它经常因为“反应太迟”而受到批评，并且有时还受到那些拒不相信其判定的人士的讥讽（尤其是在熊市的早期），但只要对股市稍有经历的人都对它有所听闻。但人们从未意识到那是完全简单的技术性的，那不是根据什么别的，是股市本身的行为（通常用指数来表达），而不是基本分析人士所依靠的商业统计材料。道氏理论的形成经历了几十年。1902 年，在道去世以后，威廉姆·彼得·汉密尔顿和罗伯特·雷亚继承了道氏的理论，并在其后有关股市的评论写作过程中，加以组织与归纳而成为今天我们所见到的理论。他们所著的《股市晴雨表》《道氏理论》成为后人研究道氏理论的经典著作。

值得一提的是，这一理论的创始者——查尔斯·亨利·道，声称其理论并不是用于预测股市，甚至不是用于指导投资者，而是一种反映市场总体趋势的晴雨表。大多数人将道氏理论当作一种技术分析手段——这是非常遗憾的一种观点。其实，“道氏理论”的最伟大之处在于其宝贵的哲学思想，这是它全部的精髓。雷亚在所有相关著述中都强调，“道氏理论”在设计上是一种提升投机者或投资者知识的配备（Aid）或工具，并不是可以脱离经济基本条件与市场现况的一种全方位的严格技术理论。

查尔斯·亨利·道（1851—1902）出生于新英格兰，纽约道·琼斯金融新闻服务的创始人、《华尔街日报》的创始人和首位编辑。他是一位经验丰富的新闻记者，早年曾得到萨缪尔·鲍尔斯的指导，后者是斯普林菲尔德《共和党人》杰出的编辑。道曾经在股票交易所大厅里工作过一段时间，这段经历的到来有些奇怪。爱尔兰人罗伯特·古德鲍蒂当时从都柏林来到美国，由于纽约股票交易所要求每一位会员都必须是美国公民，道成了他的合伙人。在罗伯特·古德鲍蒂为加入美国国籍而必须等待的时间里，道把持着股票交易所中的席位并在大厅里执行各种指令。当古德鲍蒂成为美国公民以后，道退出了交易所，重新回到他更热爱的报纸事业上来。

后来，道设立了道·琼斯公司（Dow Jones & Company），出版《华尔街日报》，报道有关金融的消息。1900 年到 1902 年，道充任编辑，写了许多社论；讨论股票投机的方法。事实上，他并没有对他的理论做系统的说明，仅在讨论中做片段报道。道在 1895 年创立了股票市场平均指数——“道琼斯工业指数”。该指数诞生时只包含 11 种股票，其中有 9 家是铁路公司。直到 1897 年，原始的股票指数才衍生为二，一个是工业股票价格指数，由 12 种股票组成；另一个是铁路股票价格指数。到 1928 年，工业股指的股票覆盖面扩大到 30 种，1929 年又添加了公用事业股票价格指数。道本人并未利用它们预测股票价格的走势。1902 年过世以前，他虽然仅有五年的资料可供研究，但它的观点在范围与精确性上都有相当的成就。道的全部作品都发表在《华尔街日报》上，只有在华尔街圣经的珍贵档案中仔细查找才能重新建立起他关于股市价格运动的理论。但是 S · A. 纳尔逊在 1902 年年末完成并出版了一本毫不伪装的书——《股票投机的基础知识》。这本书早已绝版，却可以在旧书商那里偶尔得见。他曾试图说服道来写这本书却没有成功，于是他把自己在《华尔街日报》找到的道关于股票投机活动的所有论述都写了进去。全书 35 章中有 15 章(第五章到第十九章)是《华尔街日报》的评论文章，有些经过少许删节，内容包括“科学的投机活动”“读懂市场的方法”“交易的方法”以及市场的总体趋势。1902 年 12 月道逝世，华尔街日报记者将其见解编成《投机初步》一书，从而使道氏理论正式定名。

威廉姆 · 彼得 · 汉密尔顿(William Peter Hamilton) 在道的指导下进行研究，他是当时“道氏理论”最佳的代言人。道过世后，汉密尔顿在 1903 年接替道担任《华尔街日报》的编辑工作，直至他于 1929 年过世为止，他继续阐明与改进道氏的观念，这些内容主要是发表在《华尔街日报》。在 1922 年，他出版了《股票市场晴雨表》一书，书中集中论述了道氏理论的精华，并使“道氏理论”具备较详细的内容与正式的结构。汉密尔顿在许多问题中加入了自己的思想，其中包括市场操纵行为(“在一次重要的牛市或熊市时期积极向上的力量将压倒市场操纵行为，这是后者无法比拟的”)；投机行为(“投机行为消亡之时就是这个国家消亡之日”)甚至包括政府的管制(“如果说过去的十年中有什么值得公众牢记的教训，那就是当政府干预私人企业的时候，即使这个企业的宗旨是发展公用事业，其结果也将是无法估量的损失和微乎其微的收益”)。

罗伯特 · 雷亚(Robert Rhea)是汉密尔顿与道的崇拜者，他由 1922 年开始至 1939 年过世为止，在病榻上勉强工作，利用两人的理论预测股票市场的价格，并有相当不错的收获。雷亚对于“道氏理论”的贡献极多，他纳入成交量的观念，使价格预测又增加一项根据。《道氏理论》一书是由巴伦氏杂志于 1932 年发行，目前已经绝版，雷亚在此书摘取汉密尔顿的研究成果，并提出了许多有助于了解“道氏理论”的参考资料。稍后，在《道氏理论在商务与银行业的应用》一书中，雷亚显示“道氏理论”可以稳定而精确地预测未来的经济活动。雷亚在所有相关著述中都强调，“道氏理论”在设计上是一种提升投机者或投资者知识的配备或工具，并不是可以脱离经济基本条件与市场现况的一种全方位的严格技术理论。道氏理论在 20 世纪 30 年代达到巅峰。那时，《华尔街日报》以道氏理论为依据每日撰写股市评论。1929 年 10 月 23 日《华尔街日报》刊登“浪潮转向”一文，正确地指出“多头市场”已经结束，“空头市场”的时代来临。这篇文章是以道氏理论为基础提出的预测。紧接这一预测之后，果然发生了可怕的股市崩盘(Crash)，于是道氏理论名噪一时。

道氏理论最早用于股票市场，以此判断股市的升跌，看经济的兴衰，其后他的继承人汉密尔顿再将著名的道氏理论发扬光大，作为推测投资市场走势的一种工具。

道提出了一个目前成为现代金融理论之公理的命题，即任一个别股票所伴随的总风险包括系统性与非系统性风险。其中，系统性风险是指那些会影响全部股票的一般性经济因素，而非系统性风险是指可能只会影响某一公司而对于其他公司毫无影响或几乎没有影响的因素。由于道氏理论反映了投资市场收益与风险的一般客观规律，近年越来越多的人将该理论用于投资市场上。已经在成熟的金融市场上验证的结果表明，道氏理论对于价格走势的预测是有效的。

道氏理论被今日的权威人士视为反映股票市场活动的晴雨表，在道去世 100 多年后的今天，这个不朽的理论仍留给市场技术分析师们一个有力的工具。

第二节　道氏理论的基础：三个假设

一、假设一

人为操作(Manipulation)——指数或证券每天、每星期的波动可能受到人为操作，次级折返走势(Secondary reactions)也可能受到这方面有限的影响，比如常见的调整走势，但主要趋势(Primary trend)不会受到人为的操作。

有人也许会说，庄家能操作证券的主要趋势。就短期而言，他如果不操作，这种适合操作的证券的内质也会受到他人的操作；就长期而言，公司基本面的变化不断创造出适合操作证券的条件。总地来说，公司的主要趋势仍是无法人为操作，只是证券换了不同的机构投资者和不同的操作条件而已。

二、假设二

市场指数会反映每一条信息——每一位对于金融事务有所了解的市场人士，他所有的希望、失望与知识，都会反映在上证指数与深圳指数或其他的什么指数每天的收盘价波动中。因此，市场指数永远会适当地预期未来事件的影响。如果发生火灾、地震、战争等灾难，市场指数也会迅速地加以评估。

在市场中，人们每天对于诸如财经政策、扩容、领导人讲话、机构违规、创业板等层出不穷的题材不断加以评估和判断，并不断地将自己的心理因素反映到市场的决策中。因此，对大多数人来说市场总是看起来难以把握和理解。

三、假设三

道氏理论是客观化的分析理论——成功利用它协助投机或投资行为，需要深入研究，并客观判断。当主观使用它时，就会不断犯错，不断亏损。可以再告诉大家一个秘密：市场中 95％的投资者运用的是主观化操作，这 95％的投资者绝大多数属于“七赔二平一赚”中的那“七赔”人士。

第三节　道氏理论的基本法则

道氏理论的 6 项基本法则：

道氏理论基本法则1:平均指数包含一切。股票交易量及倾向体现华尔街对过去、现在、将来知识的总和,这些知识应用到了对未来的贴现。

点评:市场行为包含价格、成交量和持仓量三种信息。市场行为包含一切信息(这是基于理想的完全有效市场假设),但问题是:从市场行为逆向推导可以得到多少信息?

道氏理论基本法则2:市场有三种趋势。道氏把上升趋势定义为每一轮后继的上升行情均收在以前上升行情的最高点之上,以及每一轮后继的回稳的最低点均收在以前上升行情的最低点之上。趋势有三种:主要趋势、次要趋势和短期趋势。

道氏理论基本法则3:主要趋势分为三个阶段:收集阶段、公众参与阶段及派发阶段。

点评:这个比较有意思。其实,任何市场都是充满内幕交易的,掌握优势信息的人或利益共同体会通过各种渠道将信息转换为利益,虽然这个渠道和过程有时候会非常隐蔽。

道氏理论基本法则4:各种平均指数必须相互印证。

道氏理论基本法则5:成交量必须印证趋势。买卖信号完全基于收盘价。

道氏理论基本法则6:趋势在给出明确反转信号之前被假定一直有效。

道氏理论在发出信号之前,已经错过了一段市场运动的20%至25%。

点评:能把握市场运动全部的只有上帝。一般散户的心态正是不想错过任何一个哪怕很小波段的行情,其结果必然是自讨苦吃。即使心态良好,也不能说把握市场运动的主波段是件容易的事,这需要对市场的深刻理解。

第四节　道氏理论的基本内容

趋势:“相继上冲的价格波峰和波谷都对应地高过前一个波峰和波谷,那么市场就处于上升趋势。相反下降趋势则以依次下降的峰和谷为特征。”

依次上升的波峰和波谷为上升趋势;依次下降的波峰和波谷为下降趋势;依次横向延伸的波峰和波谷为横向延伸趋势。市场的三种趋势形态如图8-1所示。

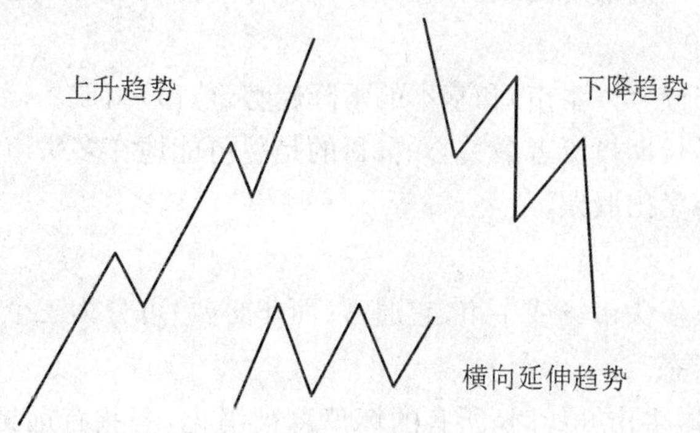

图8-1　市场的三种趋势形态

一、市场可分为三种趋势

价格以趋势方式演变，其中最重要的是主要趋势即基本趋势，在基本趋势的演变过程中穿插着与其方向相反的次要趋势即调整趋势，作为基本趋势推进过头时发生的回撤或调整，最后是小趋势或每日的波动。

这三种类型趋势的最大区别是时间的长短和波动幅度大小不同。以这三种划分可以解释绝大多数行情，对于更复杂的价格波动过程，以上三种类型可能还不够用。

上升趋势形态如图 8-2 所示。

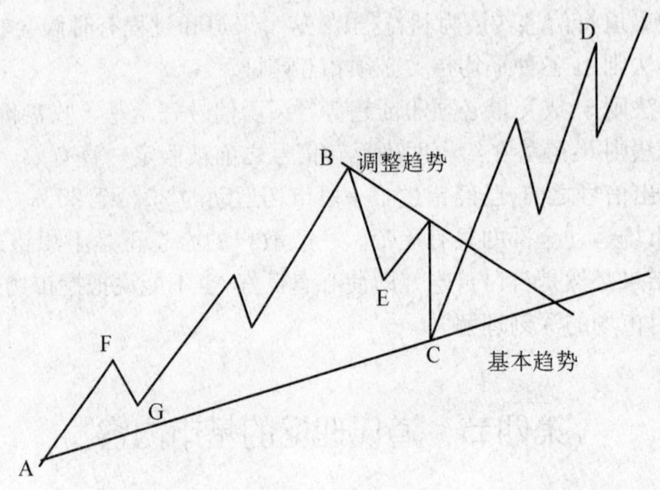

图 8-2　上升趋势形态

图中，A—C 为基本趋势，B—C 为调整趋势；A—F、F—G、B—E 为小趋势；A—B、B—C、C—D 为中等趋势。

（一）基本趋势（长期趋势、主要趋势、大趋势）

特点：最主要的趋势，价格广泛或全面性上升或下降；持续的时间通常为一年或一年以上；总体升（降）幅度超过 20%。

组成：由基本的上升趋势（牛市）和基本的下降趋势（熊市）组成。

股价的基本趋势是长期投资者最关心的，目的是尽可能地在多头市场形成时买入股票，而在空头市场形成前及时卖出股票。

1. 基本上升趋势

基本上升趋势也称多头市场或牛市，它通常（而非必要）可分为三个阶段。图 8-3 为上证指数的区间上升趋势形态。

积累阶段：熊市末尾牛市开始时，所有的坏消息被消化，一些有远见的投资人觉察到目前不景气的市场将有转机，因而逐步买进股票，价格缓缓上升，交易量适度增加。

稳定上升阶段：商业景气上升，公司盈余增加大多使用技术分析的交易人士开始买入，价格快步上扬，成交量放大，大众投资者积极入市。

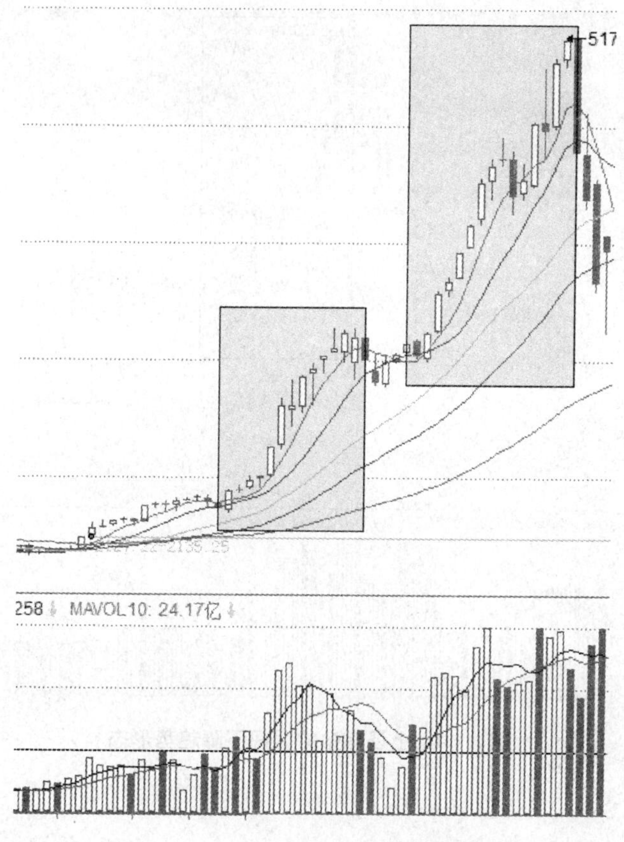

图 8－3 上证指数的区间上升趋势形态

消散阶段：股价不断创出新高，买卖活跃，成交量持续上升，新股不断大量上市，随便什么股都涨。但在积累阶段买进的那些投资人开始“消散”，逐步抛出。

2. 基本下跌趋势

基本下跌趋势也称空头市场或熊市，通常（而非必要）分为三个阶段。

出仓或分散阶段：牛市末期，有远见的投资人加快出货的步伐，此时成交量仍然很高，但在反弹时有逐渐减少的倾向，此时，大众仍热衷于交易。

恐慌阶段：想要买进的人开始退缩，而想要卖出的人则急于脱手，价格加速下跌，成交量增加。在恐慌阶段结束以后，通常会有一段相当长的次级反弹或者横向的变动。

筑底阶段：坏消息频传并不断被证实，但下跌趋势并没有加速，下跌主要集中于一些业绩较为优良的股票上。图 8－4 为上证指数的区间下降趋势形态。

（二）短期趋势（短暂趋势、小趋势）

短期趋势也称小趋势，它们是短暂的波动，很少超过三个星期，通常少于六天。它们本身没有什么意义，只是赋予主要趋势的发展过程神秘多变的色彩。图 8－5 为上证指数的盘整区间形态。

短期趋势是唯一可以被“操纵”的趋势。

同一市场中不同等级的趋势是并存的。

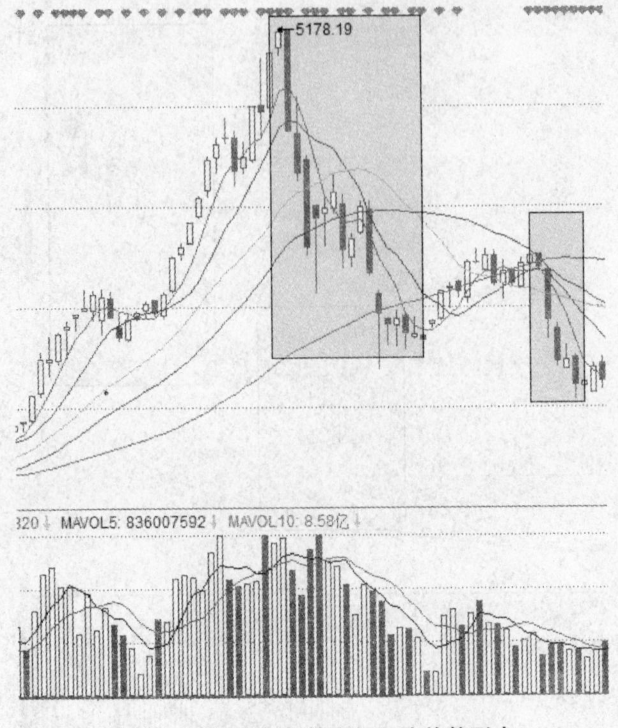

图 8-4　上证指数的区间下降趋势形态

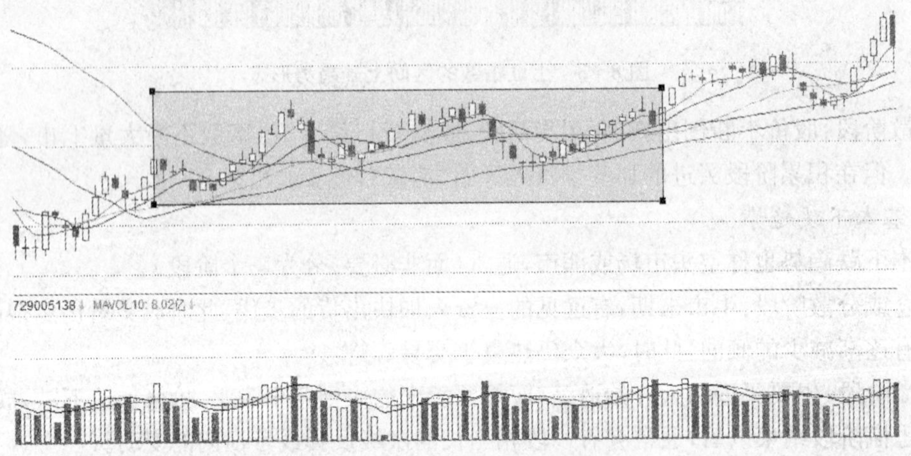

图 8-5　上证指数的盘整区间形态

三种趋势与海浪的波动极其相似。潮汐、波浪、涟漪代表着市场的主要趋势、次级趋势、短期趋势。浪潮可提前预知，股价却不行。

（三）中期趋势（次要趋势、次级趋势）

与基本趋势的运动方向相反，并对其产生一定的牵制作用，因而也称为修正趋势。在多头市场，它是中级的下跌或“调整”；在空头市场，它是中级的上升或反弹。这种趋势持续的时间从 3 周至数月不等，其上升或下降的幅度一般为基本趋势的 1/3 或 2/3。

特点：与主要趋势方向相反，持续至少 3 周；回落前面涨幅的至少 1/3。

二、各种平均价格必须相互验证

(1) 市场趋势必须由两种指数来确定,两者变动一致,反映的趋势才是确实、有效的。

(2) 除非工业股和铁路股这两种指数均发出看涨或看跌的信号,否则就不可能发生大规模的牛市或熊市。任何单种指数所显示的变动都不能作为断定趋势有效反转的信号。当然两种指数不必同时发出信号,但间隔时间越短越好。

(3) 如果两个平均价格的表现相互背离,不能印证,说明原先的趋势依然有效,预测可能有错。

艾略特波浪理论在这一点上与道氏理论不同,只要求单个平均价格给出信号就足够了。

没有任何两个牛市或熊市是完全相同的,也无明确的时间限制。

三、交易量必须验证趋势

道氏认为,交易量分析是第二位的,但作为验证价格图表信号的旁证具有重要的价值。

根据成交量可以对主要趋势做出判断,但价格反转的信号只能由收盘价发出。

(一) 交易量原理

交易量水平是对价格运动背后的市场的强度或迫切性的估价。交易量越高,则反映出的市场的强烈程度和压力就越明显。通过分析配合价格变化的交易量的水平能够较好地估量市场运动背后买入或卖出的压力。

(1) 量价配合(成交量随着主要的趋势而变化)。

通常,在多头市场,价升量增,价跌量减;在空头市场,价跌量增,价升量减,如图 8-6、图 8-7 所示。

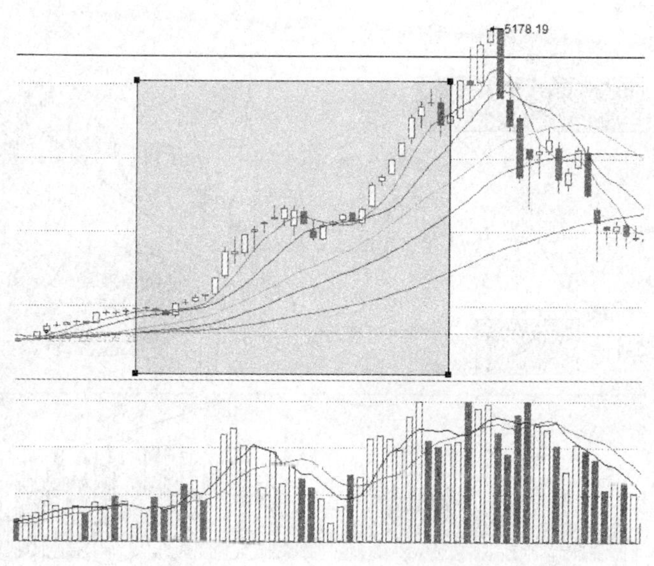

图 8-6 股价上升的量价配合

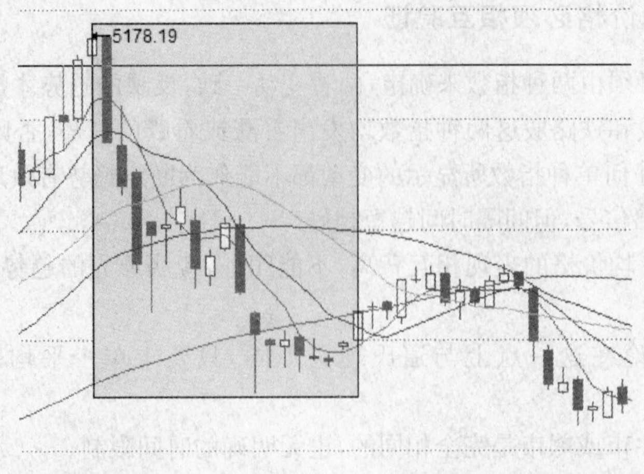

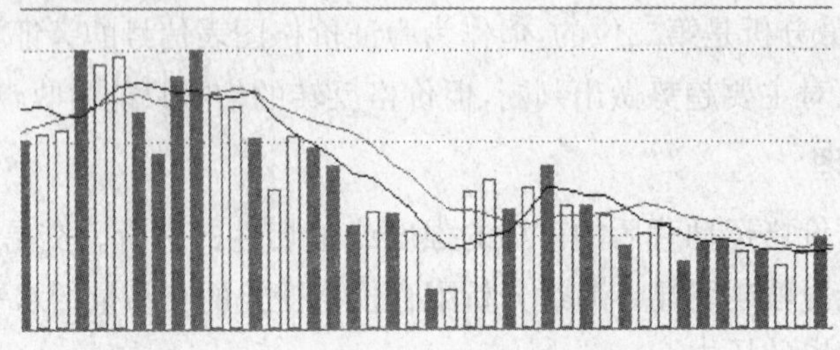

图 8-7 股价下降的量价关系

(2) 量价背离。

在上升趋势中，价升量不增或价回量不减，都是上升趋势即将发生变故的信号，称量价背离。

在下降趋势中，价跌量缩或价升量不缩，是下降趋势难以持续的底部信号。量价背离关系如图 8-8 所示。

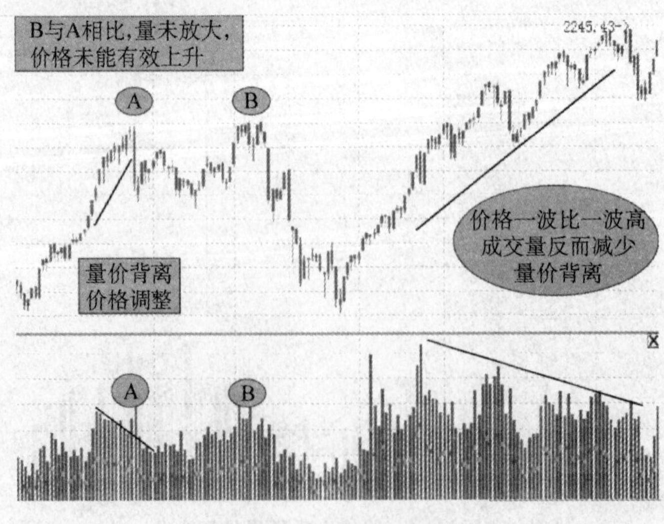

图 8-8 量价背离关系

(3) 交易量领先于价格(量在价先)。

无论是上升趋势中价格上涨压力的减小,还是下降趋势中价格下跌压力的减小,都通过交易量资料预先反映出来了。而就价格本身来说,这一点要等到价格趋势实际反转时才能体现出来,如图 8-9 所示。

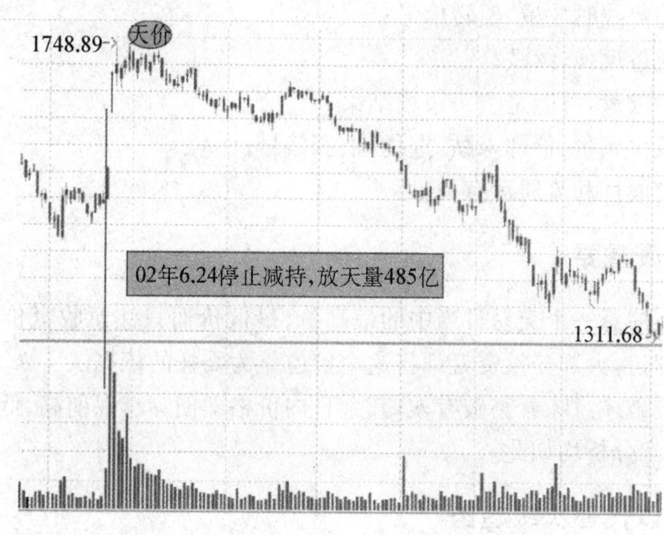

图 8-9 量在价先

(4) 天量见天价,地量见地价(见图 8-10)。

图 8-10 地量地价

(二) 个股成交量与股价

葛兰威尔:成交量与价格趋势的关系。

上升行情中:

正常情况下,价升价涨,续升;

股价创新高,成交量未创新高,涨势难续;

价升量减(背离),上升原动力不足,趋势有变;

价格上升由慢转快，井喷，成交量急增，继而大缩，大跌的开始；

连续上涨后，量剧增，价滞涨(盘旋)，下跌先兆；

低位，价升量不增，上涨乏力。

下降行情中：

跌破均线或趋势线时放量，反转信号；

价跌量增或无量反弹，续跌；

恐慌性下跌后放量，可能是空头市场结束；

持续下跌后低位大量，价却未跌，进货，上涨信号；

个股成交量与股性和流通盘有关。

四、收盘价最重要

道氏理论并不注意一个交易日当中的最高价、最低价而只注意收盘价。因为收盘价是对当天价格的最后评价，大部分投资者都将这个价位作为委托的依据。

只有收市价突破才意味着突破有效，其余日内价格即使穿越以前高、低点也是无效的。

趋势分析、形态分析均如此。

五、直线可以代替次级趋势

持续两个或三个星期的横向波动，有时达数月之久，价格波幅仅在5%或更低。

直线的形成显示买卖双方的力量达到了均衡。

价位往上突破盘局的上限是多头市场的征兆。

往下跌破盘局的下限是空头市场的征兆。

直线越长，波动幅度越小，突破时重要性越大。

直线可能出现在顶部或底部。途中出现是趋势持续的信号，幅度可超过5%。

图8-11为主拉升与调整形态。

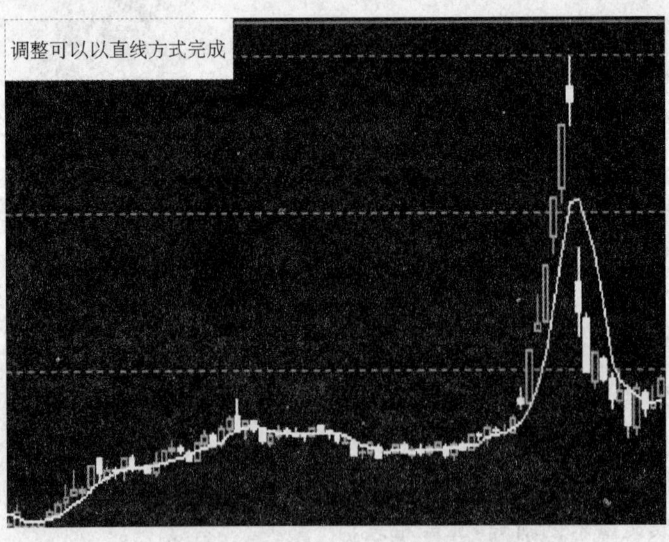

图8-11　主拉升与调整形态

六、明确的反转信号的出现意味着原有趋势的终结

只有明确的反转信号的出现，才意味着原有趋势的终结。这是顺应趋势方法的主要基础。

一个既成趋势具有惯性，通常要继续发展，交易者不宜过早改变立场。

在明确的反转信号出现之前，通常总是选择"趋势还将继续"这一边，把握更大些。

持有你的头寸，直到出现相反的指令。

反转随时可能发生，只要有头寸，必须时刻关注市场。

趋势被确认次数越多，持续的概率越少。

分清基本趋势的调整和掉头反转趋势。

调整：一蹶不振如图 8-12 所示。先是高点 C 无力攻克高点 A，然后，市场向下跌破了低点 B，从而构成了 S 点的卖出信号。

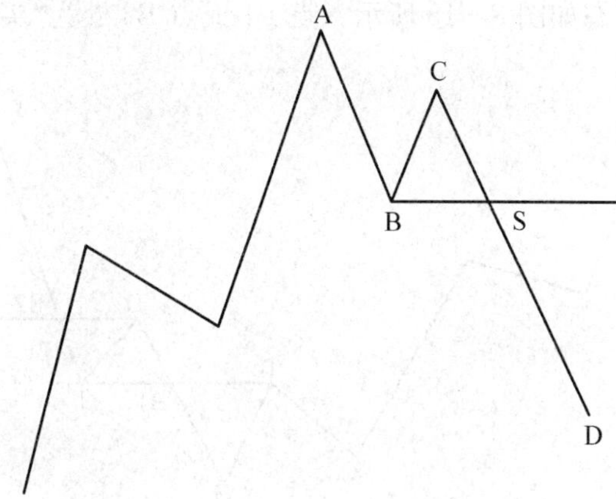

图 8-12　调整：一蹶不振

S1 点应认为原有趋势还将延续。

反转："物极而反"如图 8-13 所示。注意，这里点 C 超过了点 A，但之后却跌破了 B 点。有些道氏主义者认为 S1 点是"卖出"信号，而另一些人则等市场走出了另一个较低的高点 E 后，在 S2 点方采取看跌的态度。

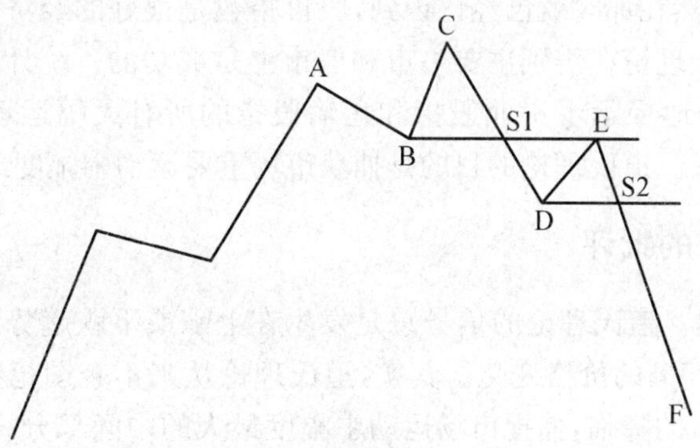

图 8-13　反转："物极而反"

底部的“一蹶不振”如图 8－14 所示。当 B 点被向上突破后(B1 点)，构成“买入”信号。

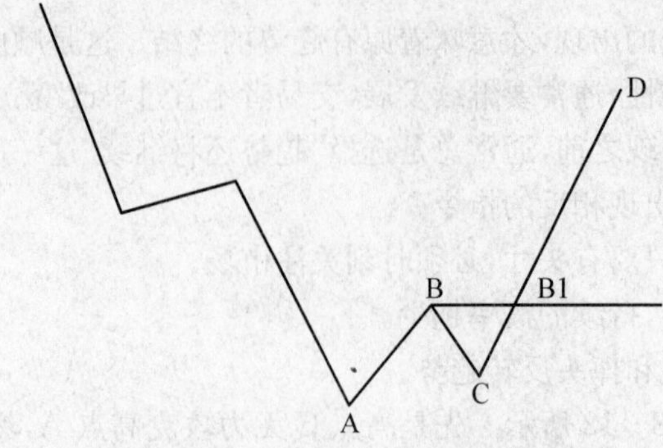

图 8－14 底部的“一蹶不振”

底部的“物极而反”形态如图 8－15 所示。点 B1 或点 B2 处为“买入”信号。

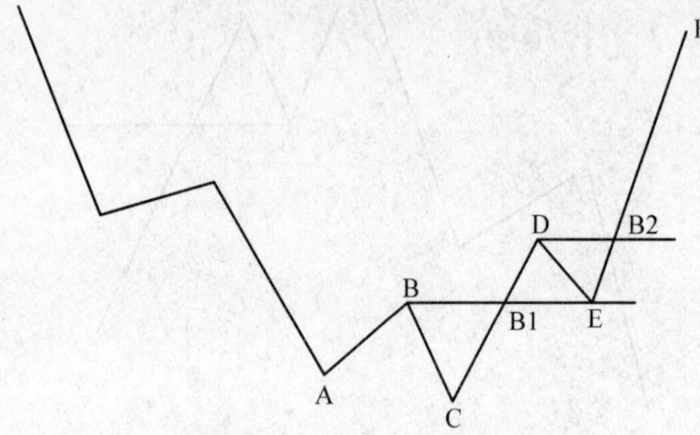

图 8－15 底部的“物极而反”形态

二、实际运用

道氏声称他的理论不是用来预测股市方向的。理论的真正价值在于利用股市方向作为一股市商业活动的晴雨表。道氏的洞察力令人惊叹不已，他不但为我们今天处处运用的预测方法奠定了基础，而且竟然在那时就已经认识到，股价指数是很好的经济先行指标，但追随者们都用于分析市场。道氏理论在辨别主要牛市和熊市上是成功的。统计材料表明从 1920 年到 1975 年，道氏理论成功地揭示了工业股指和运输股指的所有大幅运动中的 68％、标准普尔 500 指数大动作的 67％。道氏理论的目的是捕获市场重要运动中幅度最大的中间阶段。

三、对道氏理论的批评

(1) 信号来得太迟。道氏理论的信号总是发生在上涨或下跌趋势形成后的第二阶段，错过了第一阶段 20％～25％的价格变化。其实，道氏理论从来不企图抢在趋势大前头，而是在于揭示大牛市或大熊市的降临，捕捉市场运动中幅度最大的中间部分。绝大多数顺应趋势的理论也是在此时确认并投入新趋势的。企图逃顶或抄底的人很少能顺应趋势。

(2) 未解决“两种指数背离时怎么解释”这个问题，而这种无法说明的阶段可能持续数周甚至几个月。

(3) 对中期交易帮助太少。道氏理论认为绝大多数投机者只做大趋势,把中等趋势的调整看作入场的时机,小趋势置之不理。其实市场中绝大多数投机者不做大趋势,只做中等趋势,把小幅度的价格调整看作入场时机。

(4) 平均价格指数无法买卖,而道氏理论并未说明何种股票当买或何种股票当卖。期货市场情况不同,绝大多数期货商追逐的是中等趋势而不是大趋势。现在的高频交易,小幅度价格波动对选择时机意义极为重大。短暂趋势在期货交易中就显得极为重要。许多短线交易商在非常短的时间内开仓和平仓,他们更致力于把握日内的价格变化。

思考题

1. 道氏理论有几项基本法则及具体内容?
2. 技术分析方法的特点是什么?
3. 技术分析主要分为哪几类?各自有什么特点?

第九章　TICK、K 线和 K 线理论

TICK 数据是所有技术之源，也是财富之源。

第一节　TICK（逐笔成交单）数据

一、Tick Data

Tick 一般是指 Best Bid/Offer 的变化，就是 Order Book 上最优的买单和卖单发生的变化。

所谓的 Tick Data 其实就是一种对 Order Book Events 的 Down Sample 而已，它的前提假设是 Best Bid/Offer 是最重要的信息，以丢弃其他相对不如这个重要的信息为代价，缩减数据规模，让数据处理变得更容易。

我国两个证券交易所的逐笔成交数据就类似国外的 tick 数据，TICK（逐笔成交单）是股票最原始的数据，也是最宝贵的数据，由于 TICK 是海量数据，也由于缺乏先进的技术理念，没有高速计算机、高速网络和缺乏数据挖掘意识、技术、工具和手段，传统的证券技术分析往往忽视其重要性，常常熟视无睹，忽略不计。上海证券交易所和深圳证券交易所每 6 秒推送一次 TICK 图数据，Level 2 是每 3 秒推送一次，期货是 1 秒 2 tick。

其实 Tick Data 本身并不神秘，就是交易所把每只股票（抑或是 futures options）的 active order book（就是你的委托还存在交易所里面，但并且没有被撮合成交）里面的买、卖的单的情况发给你。

例如，某天的市场一开始的时候苹果股票的 order book（委托挂单）清空（这里不进行 auction period 的探讨）。

	A	B	C	D
1	Bid Price	Bid Quantity	Offer Price	Offer Quantity
2				
3				
4				

（1）接着来了第一个卖家：1000@100：

	A	B	C	D
1	Bid Price	Bid Quantity	Offer Price	Offer Quantity
2			100	1000
3				
4				
5				

这时候交易所会发给我们一个 message，告诉我们是苹果股票，有人想以 100 块钱卖出 1 000 股，那么这个 order 就先挂在了 order book 上，成为卖一。

卖：1000@100

(2) 第二个卖家来了，他想卖得更高：1000@101：

	A	B	C	D
1	Bid Price	Bid Quantity	Offer Price	Offer Quantity
2			100	1000
3			101	1000
4				
5				

这时候交易所会发给我们另一个 message，告诉我们是苹果股票，有人卖的价格比我们高，于是排序在更上面，卖二。

卖：1000@101

1000@100

(3) 刚才的第一个卖家后悔了，cancel 了他的 order：1000@100 撤销了，那么交易所会有 message 告诉我们，现在只剩一个 1000@101(卖一)。但是我们可能需要自己编程处理这种 remove 掉一个 tick 的情况。

卖：1000@101

	A	B	C	D
1	Bid Price	Bid Quantity	Offer Price	Offer Quantity
2			101	1000
3				
4				
5				

(4) 终于有买家来了…500@90，这个价格是不会成交的，因为买家低于现在的最佳卖价：101，那么 order book 里面会继续存着这个 order，同时会发送一个 tick 告诉市场上的其他人，有买单了。

卖：1000@101

买：500@90

	A	B	C	D
1	Bid Price	Bid Quantity	Offer Price	Offer Quantity
2	90	500	101	1000
3				
4				
5				

(5) 接着有一位买家以 101 块钱买入 1 000 股，等于要把目前的 best offer 1000@101 给 match 撮合了，那么我们是不会收到这个最新的 bid：101@1000 的，因为它会在进入 matching engine 的瞬间跟对面的 best offer 撮合了，tick table 的一个规则：bid offer 永远不会 cross，否则要么是数据商的 bug，要么是交易所的 bug。现在，我们只会收到一个告诉我们 delete the best offer 的 message，那么 tick table 是下面这样的：

买：500@90

	A	B	C	D
1	Bid Price	Bid Quantity	Offer Price	Offer Quantity
2	90	500		
3				
4				
5				

Tick 数据就是这么简单，市场上会重复这个过程。

但是比较麻烦的是：

(1) 很多时候 tick 的数据会以 UDP 发送，想象一下，股市上如果交易非常活跃，那么数据量会非常大，UDP 会存在丢包情况，如何处理。曾经遇到过很疯狂的 tick update 但是还要保持在 micro second 的更新 cache，可能要排序(看交易所 protocol)，以及发送出去给前端。

(2) 如何更快地处理实时的 tick 数据，否则数据量如此大，一旦延迟，以后就再也跟不上"实时"的节奏了，直到我们的程序挂掉。

(3) 如何避免一些特殊情况造成 bug，一旦一个 tick 没有算对，那么后面的 tick table 全是错的。

同样，还有对 tick 的理解问题：不同市场的 tick 还有不同点，上面所说的是发达国家的股票市场，以实时情况推送(有新的 order 并且在 tick 的发送 level 以内，比如东京交易所只发送 8 个 tick level，那么我们看不到整个 full tick 的，因为可能会有 100 多个 level，如果很多人交易的话)。

国内期交所是多少个 millisecond 截取一个快照(snapshot)，上交所、深交所是 3 秒，然后发送给我们，兴许是国内交易系统已经非常古老，跟不上 IT 的发展了。那么，这个 tick 数据并不是"real time"的，我们只知道"哦！在前 100 millisecond 和现在的 tick 变化是这样的"，可能中间已经成交了数千单。

二、快照数据与交易所数据的一些细节

对于国外的高频 tick 数据，有完整的 order 数据的过程，因此我们可以利用这些 order 数据来复原快照数据。

国内的两大股票和四大期货理论上讲都是快照数据。比如说典型的数据字段包括开盘价、最高价、最低价、最新价、成交量、成交额。

这里的最高(低)价就从开盘到现在成交发生过的最高(低)价，假设我们有详细的每笔成交的明细，其实这个数据是可以用 max(min)推算的，所以国外的 tick 数据里面一般是没有这个字段的。

上交所和深交所提供的实时行情有三种：快照、逐笔成交和委托。

快照就是每 3 秒一次对市场照相，然后把现价、最高、最低、成交量、成交金额等行情相片发过来。由于照相是 3 秒一次，所以这 3 秒期间市场发生了什么，我们是不知道的。每天连续竞价时间是上下午各 2 小时，共 4 个小时。所以快照的次数就是14 400/3，大概是 3 800 次。仅就股票来说，每天的全市场快照数据量超过 2G。

逐笔成交就是真实的源自每笔成交。不过这个数据也是 3 秒发一批，也并非实时。比如说第 1.5 秒发生的一笔交易，到了第 3 秒才发过来。

委托挂单数据，Level 2 里面只有买一卖一的前 50，并非全部挂单。

有几类典型的原因导致数据的差异。

(一) 数据记录方式

比如拿股票的 Level1 的数据为例，交易所发布一个 dbf 文件，记录着所有证券最新的状

态数据，dbf文件是不断地自动刷新的。那么，数据提供商或者记录数据的人需要做的就是每隔一段时间读取这个文件，然后把所有的数据放入数据库，但是因为交易所更新数据的频率不是一个唯一值，所以为了不错过数据，最好的办法就是我们读取的频率高于它更新的频率。这样问题就来了，因为我们读取很多数据，如果每次都记录下来，一来数据量很大，二来有很多重复数据，所以大家往往使用的办法就是当这条数据有变化的时候才放入数据库。

因为有这样一条规则，所以我们看到的一些非活跃成交的证券数据量会少于活跃成交的证券，远期的期货数据少于近期的，时间戳不同步等问题。

（二）运维问题

谁也不能保证不会断网。如果发生断网、机器错误、程序错误等原因，就会错过交易所数据播放。按照前面所述的数据机制，其实对于Level 1数据，T 和 $T+1$ 时刻是没有任何逻辑关联的，假设缺失了。我们不可能从数据本身发现，因此大量的缺失其实都是这些原因造成的，而且无法弥补。

（三）程序导致的数据错误

一些比较异常的错误，比如说某些类型股票的价格出现异常、空等，可能因为录数据的程序的错误造成的。为什么会出现？理由很多，我们知道会出现就可以了。少部分是因为交易所的问题，比如说交易所曾经把Level 2数据的开盘价发错了。

因此，原则上很难有100%可信的数据，数据的检验和清洗是必要的，也是一个枯燥的事情，规则的设立也看个人的经验。

三、如何充分利用Tick数据

众所周知，没有TICK就没有K线，没有K线就没有K线理论，没有K线或(和)K线组合，形态就无从谈起，也就不会有形态理论。

(1) 可以编写模型对特定的Tick进行预警，如对单笔成交大单超过500万元的股票进行预警，也可以对期货成交超过1 000手的品种进行预警。

(2) 可以利用Tick数据进行回测，检验模型的各种特性。

(3) 可以编写模型对特定的Tick数据进行历史统计，从中发现规律。

(4) 可以利用Tick数据结合其他指标进行选股和程序化交易。

请注意：编写量化模型时，要区别股票与期货的成交手数，股票1手是100股，期货1手就是1手，不能再乘以100。

tick数据上有很多我们在低频数据中获取不到的挂单数据，我们就需要想办法汇集这些高频数据中的信息。

第二节　K线与K线理论

一、K线起源

K线图这种图表源处于日本德川幕府时代，被当时日本米市的商人用来记录米市的行情与价格波动，后因其细腻独到的标画方式而被引入到股市及期货市场。目前，这种图表分析法在我国以至整个东南亚地区均尤为流行。由于用这种方法绘制出来的图表形状颇似一根根蜡烛，加上这些“蜡烛”有黑白之分，因而也叫阴阳线图表。通过K线图，我们能够把每日或某一周期的市况表现完全记录下来，股价经过一段时间的盘档后，在图上即形成一种特殊区域或形态，不同的形态显示出不同意义。我们可以从这些形态的变化中摸索出一些有规律的东西出来。K线图形态可分为反转形态、整理形态及缺口和趋向线等。

那么，为什么叫“K线”呢？实际上，在日本“K”并不是写成“K”字，而是写作“罫”(日本音读 kei)，西方以其英文首字母K直译为K，K线由此发展而来。

二、绘制方法

首先我们找到该日或某一周期的最高和最低价，垂直地连成一条直线；然后再找出当日或某一周期的开市和收市价，把这两个价位连接成一条狭长的长方柱体。假如当日或某一周期的收市价较开市价为高(即低开高收)，我们便以红色来表示，或是在柱体上留白，这种柱体就称之为“阳线”。如果当日或某一周期的收市价较开市价为低(即高开低收)，我们则以绿色表示，又或是在柱上涂黑色，这柱体就是“阴线”了。

三、构成要素

它是以每个分析周期的开盘价、最高价、最低价和收盘价绘制而成。以绘制日K线为例，首先确定开盘和收盘的价格，它们之间的部分画成矩形实体。如果收盘价格高于开盘价格，则K线被称为阳线，用空心的实体表示；反之，称为阴线，用黑色实体或白色实体表示。很多软件都可以用彩色实体来表示阴线和阳线，在国内股票和期货市场，通常用红色表示阳线，绿色表示阴线。(但涉及欧美股票及外汇市场的投资者应该注意：在这些市场上通常用绿色代表阳线，红色代表阴线，和国内习惯刚好相反)用较细的线将最高价和最低价分别与实体连接。最高价和实体之间的线被称为上影线，最低价和实体之间的线称为下影线。

用同样的方法，如果用一分钟价格数据来绘K线图，就称为一分钟K线。用一个月的数据绘制K线图，就称为月K线图。绘图周期可以根据需要灵活选择，在一些专业的图表软件中还可以看到2分、3分钟等周期的K线。

K线是一种特殊的市场语言，不同的形态有不同的含义。

四、形态指标

(1) 收盘价高于开盘价时，则开盘价在下收盘价在上，二者之间的长方柱用红色或空心绘出，称之为阳线；其上影线的最高点为最高价，下影线的最低点为最低价。

收盘价低于开盘价时，则开盘价在上、收盘价在下，二者之间的长方柱用黑色或实心绘出，称之为阴线。其上影线的最高点为最高价，下影线的最低点为最低价。

(2) 根据K线的计算周期可将其分为日K线、周K线、月K线、年K线。

周K线是指以周一的开盘价、周五的收盘价、全周最高价和全周最低价来画的K线图。月K线则以一个月的第一个交易日的开盘价、最后一个交易日的收盘价和全月最高价与全月最低价来画的K线图。同理可以推得年K线定义。周K线、月K线常用于研判中期行情。

对于短线操作者来说,众多分析软件提供的5分钟K线、15分钟K线、30分钟K线和60分钟K线也具有重要的参考价值。

(3) 根据开盘价与收盘价的波动范围,可将K线分为极阴、极阳,小阴、小阳,中阴、中阳和大阴、大阳等线型。它们一般的波动范围如下:极阴线和极阳线的波动范围在0.5%左右;小阴线和小阳线的波动范围一般在0.6%~1.5%;中阴线和中阳线的波动范围一般在1.6%~3.5%;大阴线和大阳线的波动范围在3.6%以上。

(4) 下面以带有成交量的分时走势图分别说明数种典型的单个日K线图的形成过程和不同含义。分时走势图记录了股价的全天走势,不同的走势形成了不同种类的K线,而同一种K线却因股价走势不同而各具不同的含义。

① 小阳星。全日中股价波动很小,开盘价与收盘价极其接近,收盘价略高于开盘价。小阳星出现,表明行情正处于混乱不明的阶段,后市的涨跌无法预测,此时要根据其前期K线组合的形状以及当时所处的价位区域综合判断。

② 小阴星。小阴星的分时走势图与小阳星相似,只是收盘价格略低于开盘价格。表明行情疲软,发展方向不明。

③ 小阳线。其波动范围较小阳星增大,多头稍占上风,但上攻乏力,表明行情发展扑朔迷离。

④ 上吊阳线。如果在低价位区域出现上吊阳线,股价表现出探底过程中成交量萎缩,随着股价的逐步攀高,成交量呈均匀放大事态,并最终以阳线报收,预示后市股价看涨。

如果在高价位区域出现上吊阳线,则有可能是主力在拉高出货,需要留心。

⑤ 下影阳线。它的出现,表明多空交战中多方的攻击沉稳有力,股价先跌后涨,行情有进一步上涨的潜力。

⑥ 上影阳线。显示多方攻击时上方抛压沉重。这种图形常见于主力的试盘动作,说明此时浮动筹码较多,涨势不强。

⑦ 股价走出穿头破脚阳线的图形说明多方已占据优势,并出现逐波上攻行情,股价在成交量的配合下稳步升高,预示后市看涨。

同样为穿头破脚阳线,股价走势若表现出在全日多数时间内横盘或者盘跌而尾市突然拉高时,预示次日可能跳空高开后低走。

还有一种情况,股价走势若表现为全日宽幅振荡、尾市放量拉升收阳时,可能是当日主力通过振荡洗盘驱赶坐轿客,然后轻松拉高,后市可能继续看涨。

⑧ 光头阳线。光头阳线若出现在低价位区域,在分时走势图上表现为股价探底后逐浪走高且成交量同时放大,预示为一轮上升行情的开始。如果出现在上升行情途中,表明后市继续看好。

⑨ 光脚阳线。表示上升势头很强,但在高价位处多空双方有分歧,购买时应谨慎。

⑩ 上影阳线。表示多方上攻受阻回落,上挡抛盘较重。能否继续上升局势尚不明朗。

⑪ 下影阴线、下影十字星、T形线。这三种线型中的任何一种出现在低价位区时,都说明下档承接力较强,股价有反弹的可能。

⑫ 变盘十字星。这种线型常称为变盘十字星,无论出现在高价位区或低价位区,都可视为顶部或底部信号,预示大势即将改变原来的走向。

⑬ 大阴线。股价横盘一日,尾盘突然放量下攻,表明空方在一日交战中最终占据了主导

优势,次日低开的可能性较大。如果股价走出大阴线逐波下跌的行情,这说明空方已占尽优势,多方无力抵抗,股价被逐步打低,后市看淡。

五、特殊形态

(1) 十字线。能够提供自身信息并具有许多重要模式的特征的烛台线的名称。在市场开盘价和收盘价相等时,烛身最小而形成 doji。

(2) 锤头。烛台图表的价格模式,出现于市场交易价在开盘后先下跌,随后在当日重新上扬,收盘价高于或接近开盘价的情况下。该模式形成一个锤头形状的烛台。

(3) 倒置锤头。烛台图表中的价格模式,出现于市场交易价在开盘后显著上涨,但随后下跌,在收盘时形态表现为带有长上影线的小阴线或者小阳线,表明市场价格受到较大的压力而无力上涨,如果连续出现此形态,可作为判断市场方向调整甚至转折的信号。

(4) 墓碑。开盘高于上一交易日收盘价的上扬市场缺口。它会走到一个新高,然后失去力量在接近最低价的位置收盘,这是一种熊市势头。下一个交易日中低于射击之星实体的开盘价将确认趋势的逆转。如果开盘价和收盘价相同,该指标就被认为是墓碑十字线(gravestone doji)。墓碑十字线比射击之星(shooting star)模式更可靠。

(5) 射击之星。反映逆转的烛台。之前股价处于高位,烛身很大。发生射击之星现象的当天开盘价(通常情况下)将高于前一天的收盘价,之后股价攀升到高点,但最后以低于开盘价的价格收盘。

(6) 白三兵。白三兵是牛市的逆转模式,形成三个连贯的长白蜡烛。在一段走低后,白三兵模式指示市场心态的改变和从熊市到牛市的逆转趋势。牛市的确认毋庸置疑,有时逆转会形成一个价格支撑位。

(7) 三个黑乌鸦。熊市逆转模式,由三个连续的黑烛身组成。每天开盘时高于昨天的最低价,但收盘时低于昨天的最低价。

六、研判方法

(一) 单日K线形态

K线图的独到之处在于,利用单日的K线形态即可初步判断市场的强弱。

下面介绍几种基本的K线形态,仅供参考:

(1) 大阳线(长红):开盘价接近于全日的最低价,随后价格一路上扬至最高价处收盘,表示市场买方踊跃,涨势未尽。

(2) 大阴线(长黑/长绿):开盘价接近于全日的最高价,随后价格一路下滑至最低价收盘,表示市场强烈跌势,特别是出现在高价区域,更加危险。

(3) 下影阳线:价格一度大幅下滑,但受到买盘势力支持,价格又回升向上,收盘在最高价处,属强势形态。

(4) 下影阴线:价格一度大幅下滑后但受到买盘势力支持,价格回升向上,虽然收盘价仍然低于开盘价,也可视为强势。但在高价区出现时,说明价格有回调要求,应注意卖出。

(5) 上影阳线:价格冲高回落,涨势受阻,虽然收盘价仍高于开盘价,但上方有阻力,可视为弱势。

(6) 上影阴线:价格冲高受阻,涨势受阻,收盘价低于开盘价,上方有阻力,可视为弱势。

(7) 下十字线：开盘后价格大幅下滑，但在低位处获得支撑，下方买盘积极主动，最终在最高价附近收盘，属强势。当长下影线出现在低价区时，常常是重要的反转信号。

(8) 倒十字线：价格冲高后在高位处遇到强大阻力，最终被迫在开盘价附近收盘。虽有上攻愿望，但短期市场有修整要求，弱势。当倒十字线出现在高价区时，常常是重要的变盘信号。

(9) 十字星：买卖双方势均力敌，走势平稳；但在强势市中，十字星往往成为市场强弱转换的交叉点，后市可能变化。

(10) 一字线：四价合一K线反映出市场成交清淡，后市难有大的变化；但如果出现在涨停(跌停)处，表明买卖双方力量悬殊太大，后市方向明确，短期难以逆转。

(二) 两日K线组合

通过观察连续两日的K线形态，并结合所处位置为高价区还是低价区来测市，可靠性更高。

(三) 高位反转形态

(1) 昨日收上十字线，多头上攻受阻；第二天再度高开低走，最终收盘于昨日收盘价附近，表明多空争夺激烈，上方卖压较重，应密切留意后市，注意出货。

(2) 昨日收十字线，价格有反转迹象；第二天即开盘于昨日收盘价之下，随后价格一路下滑，最终以阴线报收，表明空方占据主动，多预示行情转跌，应注意出货。

(3) 昨日收中阳线，买方气势正盛；第二天高开后多方无力顺势上攻，大幅下滑于昨日收盘价之下收盘，于是行情走软；高位盘整后出现此形态，应提防庄家拉高出货。

(4) 昨日收中阳线，买方气势正盛；第二天再度上攻受阻，最终以阴线报收，但仍在昨日收盘价之上，表示多空交战异常激烈，多头胜一筹，应密切留意后市变化。

(四) 低位反转形态

(1) 昨日收下十字线，表明下方买盘积极，价格止跌回稳，第二天开盘后价格持续走高，最终以小阳线报收，于是多头信心增强，价格回升在即。该组合出现在低价区，是标准的反弹形态。

(2) 昨日收中阴线，空头来势凶猛，第二天顺势大幅低开，但买方在低位积极入市，不跌反涨，最终以阳线报收，并高于昨日收盘价，表明空方下攻乏力，价格回升可能性大。

(3) 昨日收中阴线，空头气盛，但第二天反而大幅高开，价格一路上扬，最终收盘于最高价处，表明多方大获全胜，后市可望转强。

注意：

K线的组合形态很多，其意义也不尽相同，应依据不同价格水平及其变动趋势来分析。参数设置可叠加其他辅助指标(如移动平均线、SAR、成交堆积)等一同研判。

K线图能够全面透彻地观察到市场的真正变化，我们从中既可看到股价(或大市)的趋势，也同时可以了解到每日市况的波动情形。但K线图绘制方法十分繁复，是众多走势图中最难制作的一种，且阴线与阳线的变化繁多。

七、形态运用

对于中长期的股价变化，如何利用K线再加以判断呢？

首先，先介绍几种K线连接起来后所形成的基本形态。

(一) 头肩型

K线在经过一段时日聚集后，在某一价位区域内，会出现三个顶点或底点，但其中第二个顶点或底点较其他两个顶点或底点更高或更低的现象。如图 9－1 是一顶二肩的头肩顶；图 9－2 是一底二肩的头肩底型。然而，有时也可能出现三个以上的顶点或底点；若出现一个或两个头部（或底部），两个左肩与右肩，称为复合型头肩顶（或复合型头肩底）。

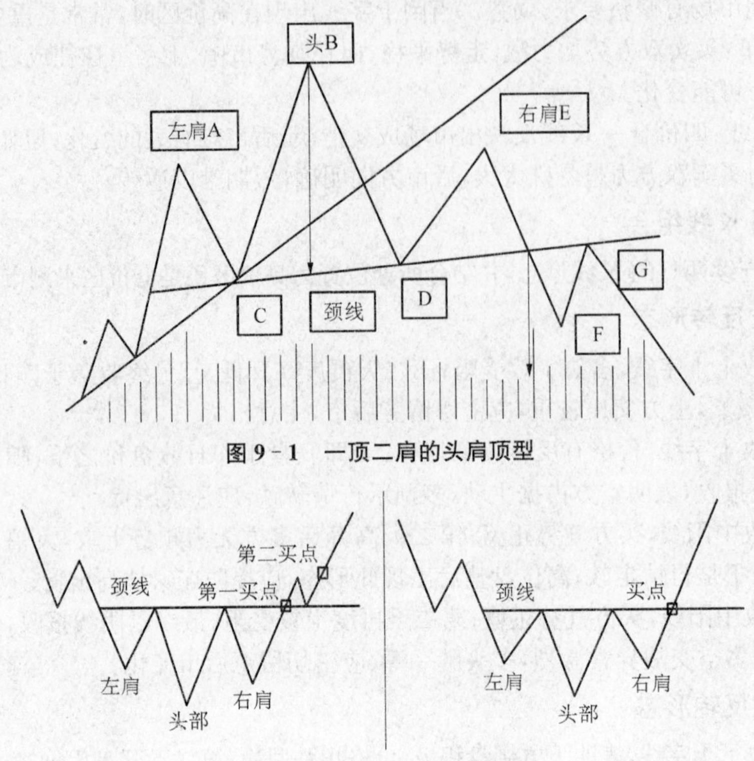

图 9－1　一顶二肩的头肩顶型

图 9－2　一底二肩的头肩底型

（二）双重顶

双重顶是当某一种股票急速涨升至某一价位时，由于短线获利回吐的卖压出现，成交量扩大，股价自峰顶滑落，然后成交量随股价的下跌而逐渐萎缩，股价止跌回升后又开始往上盘升，涨升至与前一峰顶附近价位时，成交量再增加，但却比前一峰顶所创造出的成交量少，上档卖压再现，股价再度下跌，且跌破颈线，形成一直往下走的弱势。颈线即是在双峰间的低点画一平行线，由于双重顶完成后突破颈线，从图形上可看出，非常类似英文字母“M”，故双重顶又可称“M”头。

（三）双重底

即为双重顶的反转型态，形成“W”型；也就是股价下跌至某一价位时出现反弹，但是买方力量仍未能集中，股价再度回软，然后跌势趋于缓和，在跌至前次低价附近获得支撑，买方力量此时增强，股价开始呈现转强走势。

应该注意的是，双重顶（或双重底）出现时，不一定都会呈现反转走势，有时依然会呈现整理形态。双重顶或双重底完成后，突破颈线幅度超过该股市价 3％以上时，才能算是有效突破，否则，仍有可能是盘旋整理甚至反转走势。

八、综合运用 K 线与 MACD 线

目前市场最常用的技术指标是 KDJ 与 MACD 指标。KDJ 指标是一种超前指标，运用

上多以短线操作为主;而MACD又叫平滑异同移动平均线,是市场平均成本的离差值,一般反映中线的整体趋势。理论上分析,KDJ指标的超前主要体现在对股价的反应速度上,在80附近属于强势超买区,股价有一定风险;50为徘徊区;20附近则较为安全区域,属于超卖区,可以建仓,但由于其速度较快而往往造成频繁出现的买入卖出信号失误较多;MACD指标则因为基本与市场价格同步移动,使发出信号的要求和限制增加,从而避免了假信号的出现。这两者结合起来判断市场的好处是:可以更为准确地把握住KDJ指标短线买入与卖出的信号。同时由于MACD指标的特性所反映的中线趋势,利用两个指标将可以判定股票价格的中、短期波动。从陕西金叶(000812)可以看到,2014年的12月20日KDJ就已触及低位,而MACD则随股价在1月22日才见底。当1月23日KDJ与MACD同步向上发散时,这时的买入信号是十分容易把握的。2015年2月4日KDJ开始高位钝化时,MACD仍然在向上移动,表明上扬的动能依然存在,只是短线上将有一定的调整。

从这些方面我们可以看出,当MACD保持原有方向时,KDJ指标在超买或超卖状态下,股价仍将按照已定的趋势运行。因此在操作上,投资者可以用此判断市场是调整还是反转,同时也可以适当地回避短期调整风险,以博取短差。而观察该股,横盘调整已经接近尾声,可以看到MACD仍然在维持原有的上升趋势,而KDJ指标经过调整后也已在50上方向上即将形成金叉,预示着股价短线上依然有机会再次上扬。总地来说,对于短期走势的判断,KDJ发出的买卖信号需要用MACD来验证配合,一旦二者均发出同一指令,则买卖准确率将较高。

九、K线图与技术指标的关系

(1) 指标和K线图的分析,虽然对交易来说是一个必备的过程,但他们对于技术分析来说,都只能是一个参考的工具。根据某一经典的K线图,或者一个常用的指标来分析所得出的结论,并不一定就是千真万确的,具体情况具体分析,不应该是千篇一律的。

(2) 指标的应用经常是对一段时间内的数据,进行一个统计分析或者变化的观察,但是这段时间内的数据,可能也有操作的因素在里面,或者由于一段时间内的基本面、消息面引起的变化,整体上影响了走势,这些可能影响着指标的准确性,同理K线图也是如此。它们都或多或少地受一些外界因素的影响,并不是绝对的。

(3) 日常交易的时候,有的交易员经常将几种不同的技术指标进行综合分析,但是单独将指标或者K线图综合利用的方式,不但可能让原本正确的方向变得更加模糊,并且还让交易的流程变得更加的复杂。环球金汇表示,正确的方法是将技术指标和K线图进行综合利用,双向思考,作为分析的辅助工具,让结论更加可信才对。

十、K线理论分析的三个基本原则

(一) 长期形态比短期形态更重要

短期走势是在相对较小的区间中运动,容易受到各种因素的影响而随时发生变化,所以把握短期走势难度较大。如果在分析短期走势前对长期走势有一个透彻的认识,那么就可以俯瞰短期走势。抓住主要矛盾,做出正确的分析判断。如股票走势在几天时间内出现一个早晨之星的形态,通常会认为股价即将到底,反转的可能性较大,但从长期走势分析,股票走势仍在长期下降通道中运行,阻力位没有任何突破的可能。那么,这时的早晨之星就只是一个小幅的反弹,根本就不存在反转的意义。只不过是部分投资者平仓获利,市场消化压力的一个小调整,有时甚至连做短线的机会都没有。

(二) 位置比形态更重要

深入研究技术分析会发现,技术分析都有一定的法则。但这些法则如果不结合位置形态来分析,那么这些法则就成了空中楼阁,没有任何意义。例如,“头肩底”形态是一个非常经典的底部反转形态,它通常出现在股票走势的底部区域;但如果在股票的高价区出现一个“头肩底”形态,那么,作为一个成熟的投资者应该是宁可退出观望,也绝不应该相信这个形态。因为“在高位最可能出现头部,在底部最可能出现底部”是最基本也是最有效的投资规律。

(三) 市场方向比位置更重要

“股价的高低不重要,股票的趋势才是最重要的”。也许股价已经达到很高或很低的区域,但只要投资者能够准确地判断股票的趋势,就仍然可以买进或持有。对于投资者来讲,最重要也是最难的分析就是市场的走势。然而,只要把准了市场走势的脉络,投资者也就走进了盈利的大门。

十一、K 线理论三种具体的分析方法

一般是从以下三个方面来着手:通过单根 K 线分析;典型的 K 线组合分析;K 线的趋势形态分析。

(1) 单根 K 线。

我们结合分时图时走势图,分别说明几种常见的单个日 K 线图的形成过程和不同含义。分时走势图记录了价格的全天走势,不同的走势形成了不同种类的 K 线,而同一种 K 线却因价格走势不同而各具不同的含义。

(2) 小阳星(见图 9 - 3)。

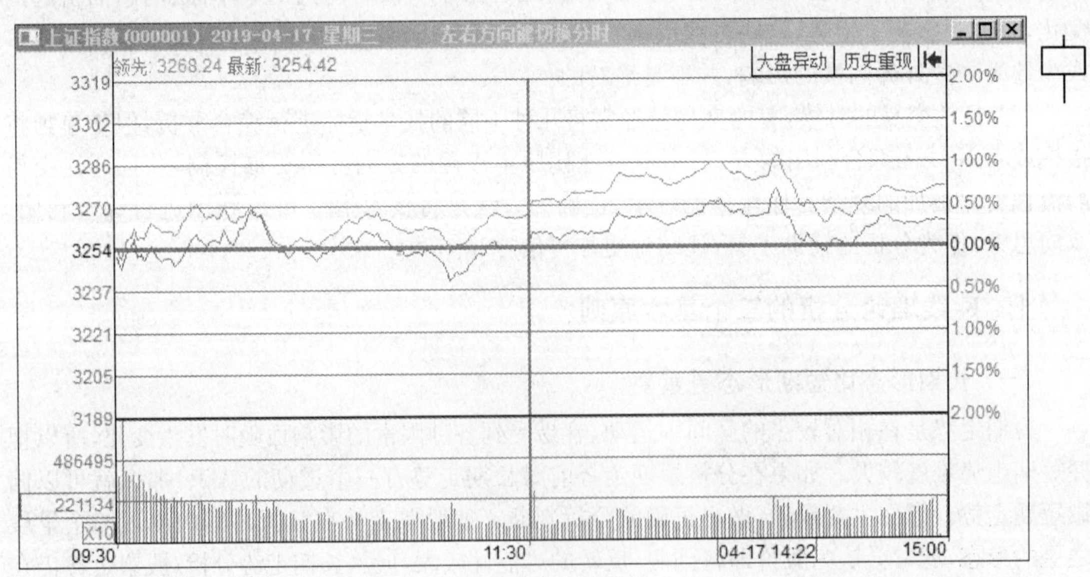

图 9 - 3 小阳星

(3) 小阳线(见图 9-4)。

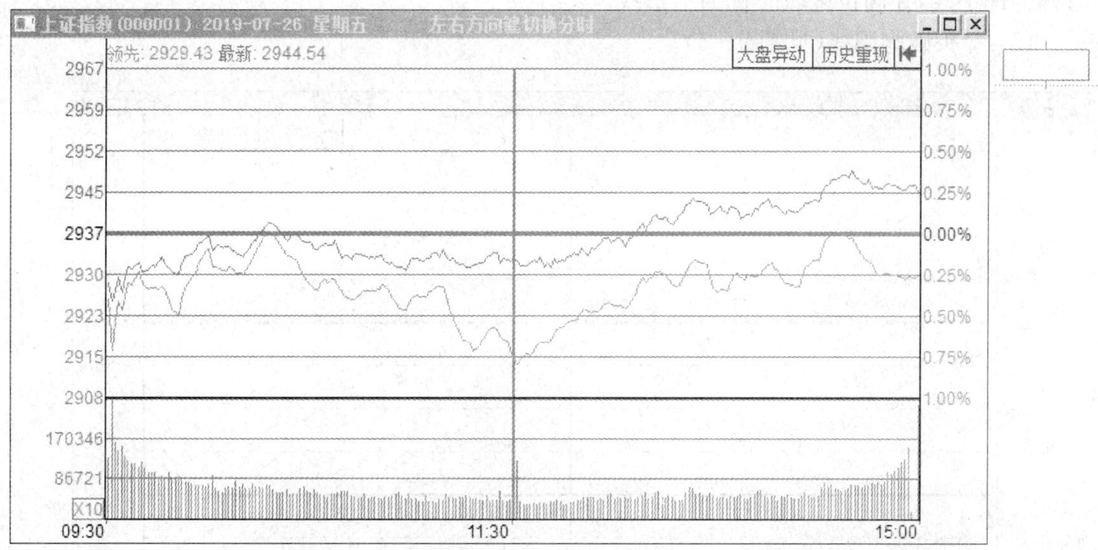

图 9-4 小阳线

① 多头稍占上风,但上攻乏力,表明行情发展扑朔迷离。

② 在这种上升时机尚未成熟之时,多头不敢贸然进攻,只有将商品价格缓慢性地向上推进,此时空头暂时退却,但空头仍然有反击的机会。

(4) 下影阳线(见图 9-5)。

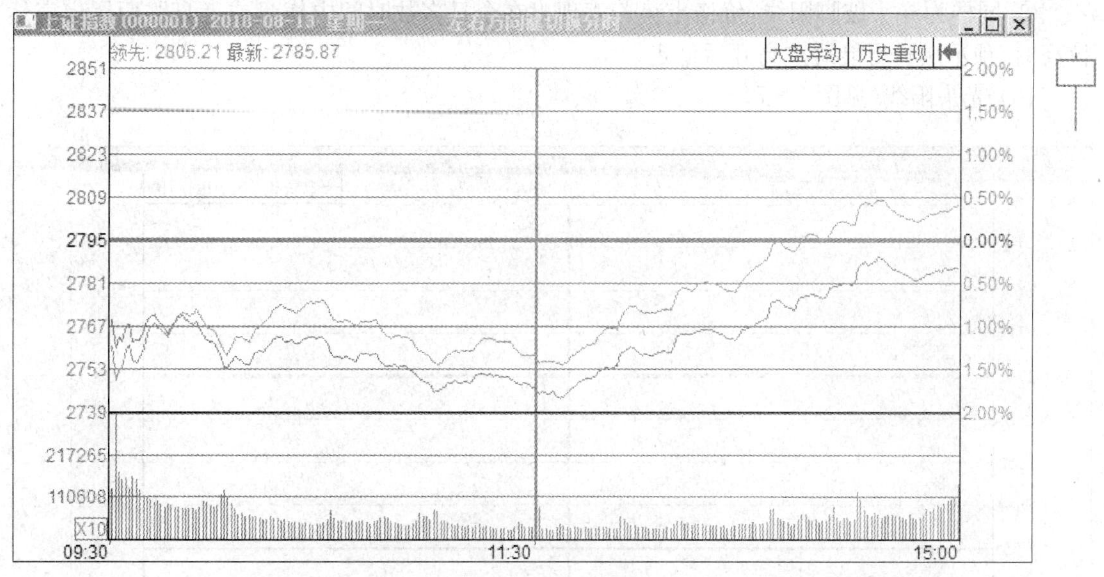

图 9-5 下影阳线

① 它的出现,表明多空交战中多头的攻击沉稳有力,商品价格先跌后涨,行情有进一步上涨的潜力。

② 当下影线的长度为实体的两倍时，此图形就变为翻转图形的一种形态，在低价位区域时称为锤子线，在高位区域时称为上吊线。

(5) 穿头破脚阳线(见图 9－6)。

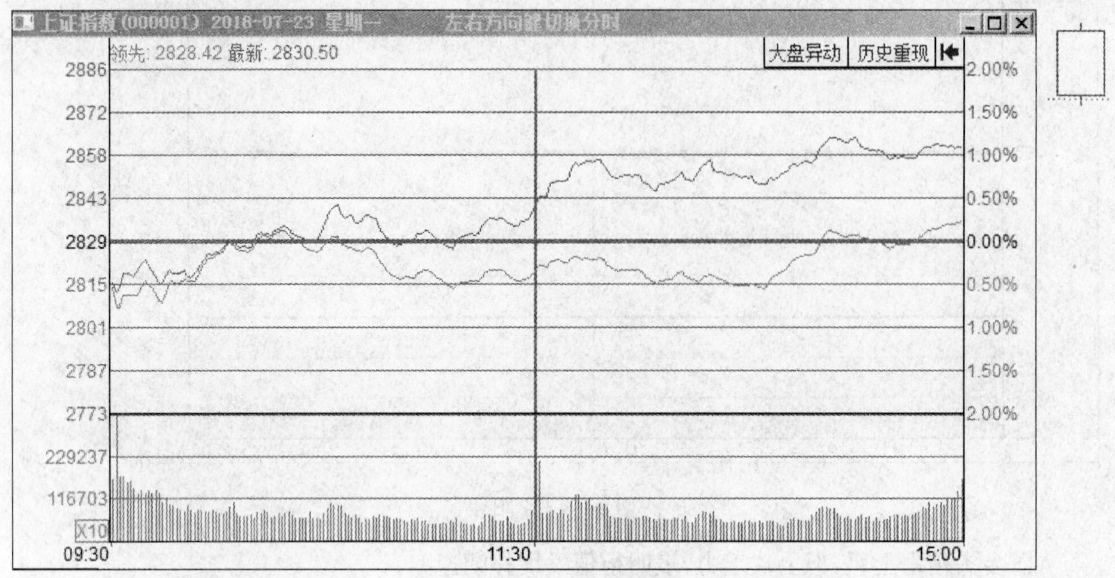

图 9－6 穿头破脚阳线

① 走出如图所示的图形说明多头已占据优势，并出现逐波上攻行情，成交价格在成交量的配合下稳步升高，预示后市看涨。

② 同样为穿头破脚阳线，价格走势若表现出在全日多数时间内横盘或者盘跌而尾市突然拉高时，预示次日可能跳空高开后低走。

(6) 光头阳线(见图 9－7)。

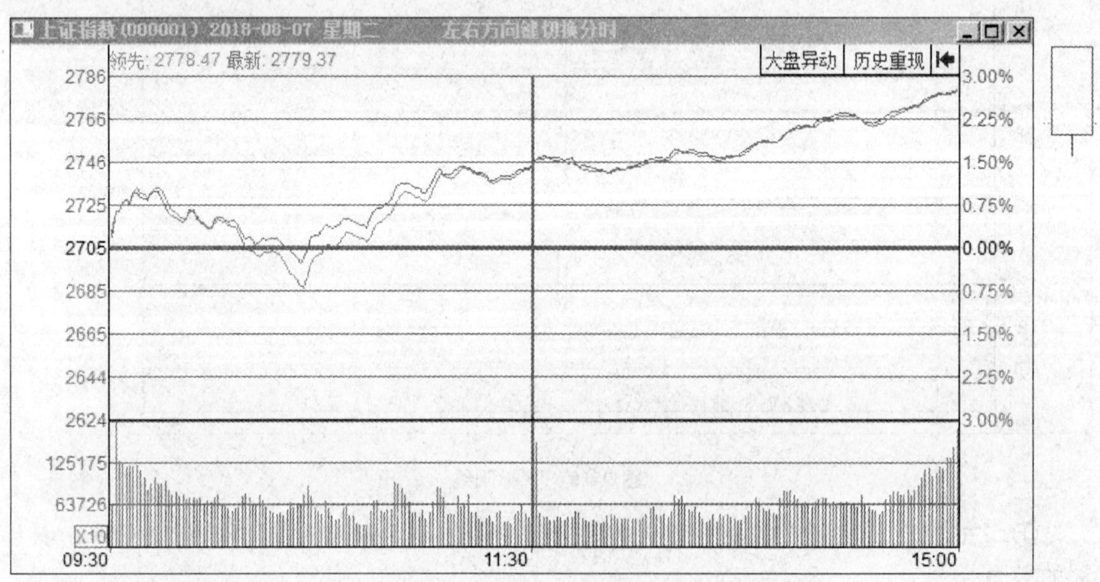

图 9－7 光头阳线

光头阳线若出现在低价位区域，在分时走势图上表现为商品价格探底后逐浪走高且成交量同时放大，预示为一轮上升行情的开始。如果出现在上升行情途中，表明后市继续看好。

(7) 光脚阳线(见图 9－8)。

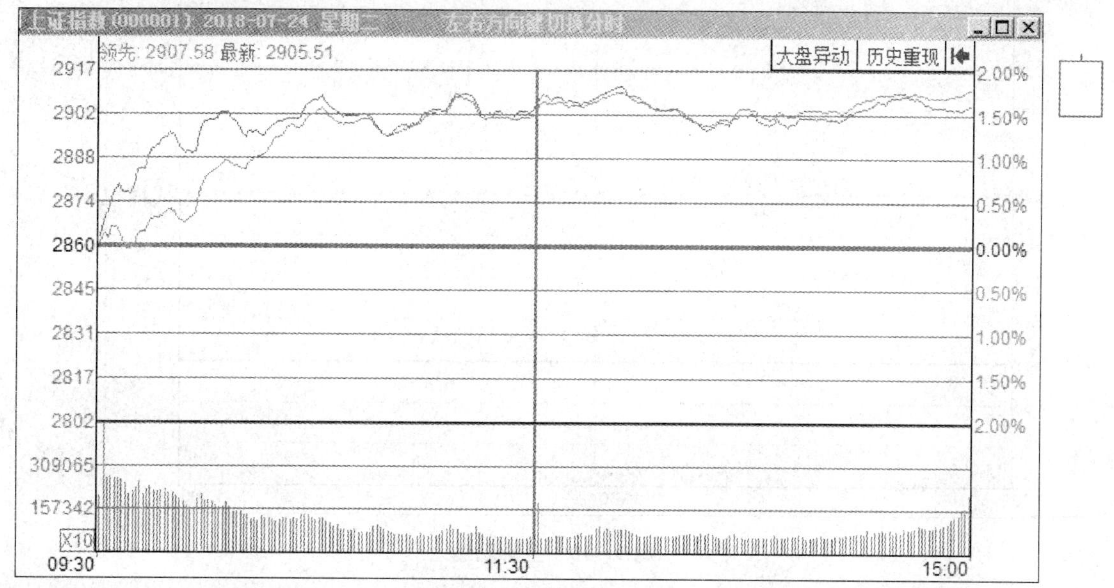

图 9－8 光脚阳线

表示上升势头很强，但在高价位处多空双方有分歧，购买时应谨慎，提前做好减仓的准备。

(8) 光头光脚阳线(见图 9－9)。

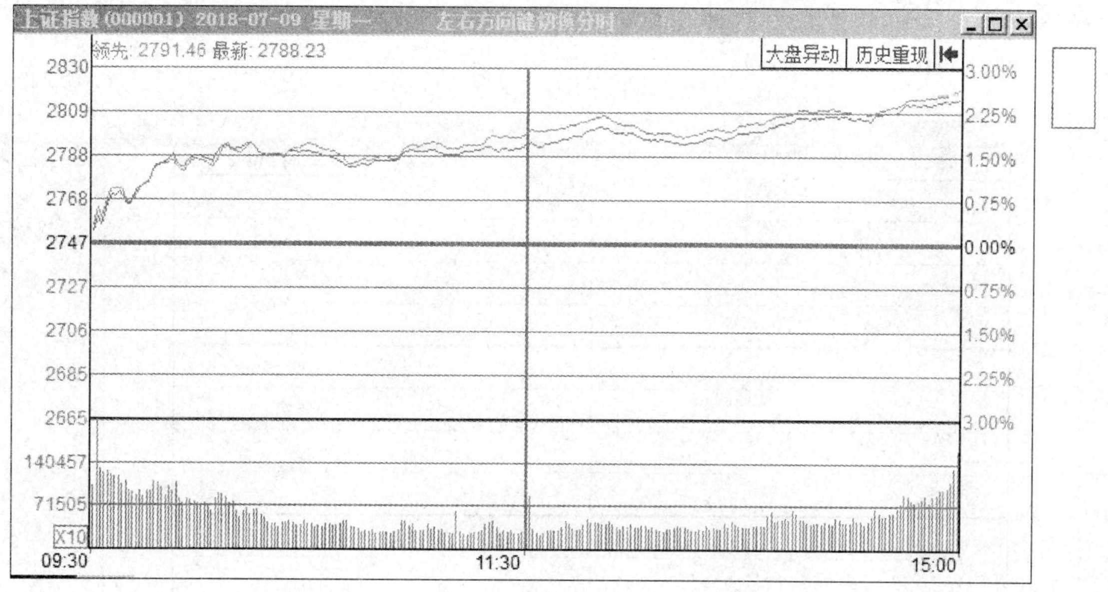

图 9－9 光头光脚阳线

从一开盘，多头就积极进攻，中间也可能出现多头与空头的斗争，但多头发挥最大力量，直到收盘。多头始终占优势，使价格一路上扬，直至收盘。表示强烈的涨势，呈现高潮，多头疯狂涌进，不限价做多。握持有多单者，因看到买气的旺盛，不愿平仓，出现一边倒的行情。

(9) 上影阳线(见图 9－10)：谨慎做多。

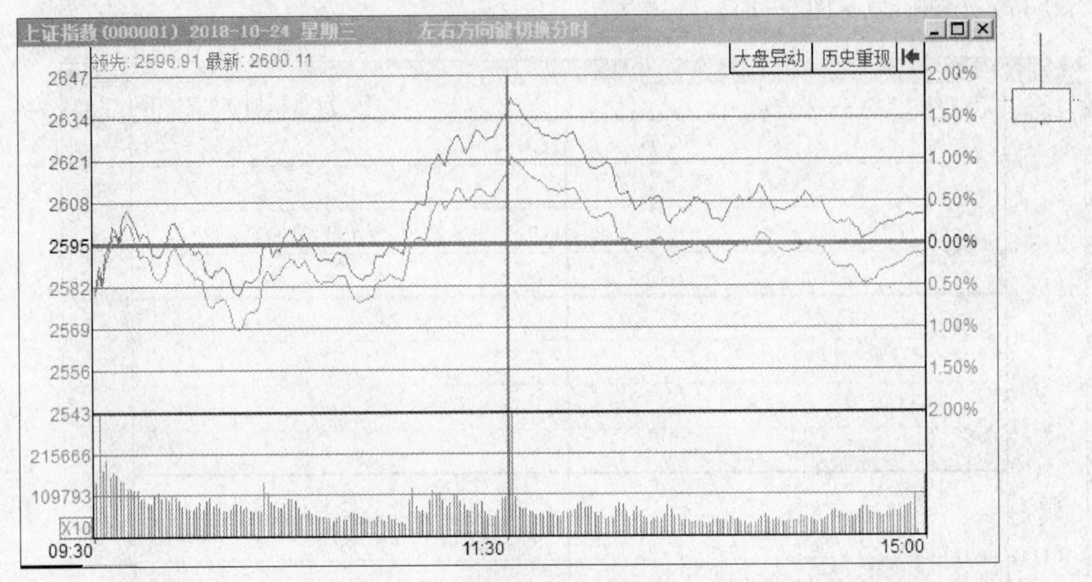

图 9－10　上影阳线

这是一种带上影线的红实体。开盘价即最低价。一开盘买方强盛，价位一路上推，但在高价位遇卖方压力，使价格上升受阻。卖方与买方交战结果为买方略胜一筹，具体情况仍应观察实体与影线的长短。如果实体比影线短，在高价位遇空头的压力大，买多头受到严重考验。大多短线投机者纷纷获利回吐，在当日交战结束后，空头已收回大部分失地。多头一块小小的堡垒(实体部分)将很快被消灭，这种 K 线如出现在高价区，则后市看跌。

(10) 小阴星(见图 9－11)。

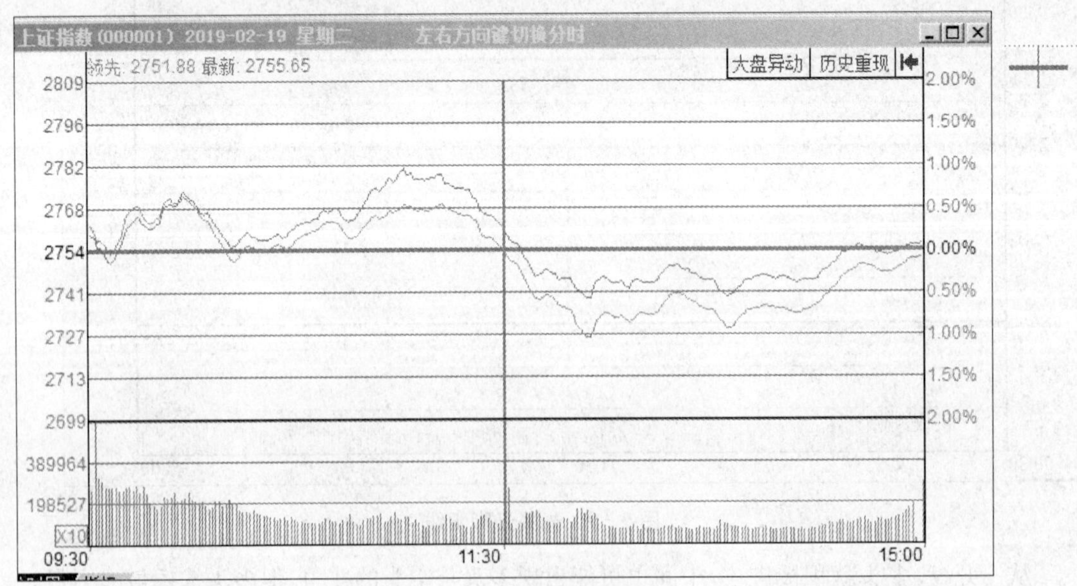

图 9－11　小阴星

小阴星的分时走势图与小阳星相似，只是收盘价格略低于开盘价格。表明行情疲软，发展方向不明。同样，如果收盘价等于开盘价，此时的 K 线图也称为阴十字星。

(11) 小阴线(见图 9－12)。

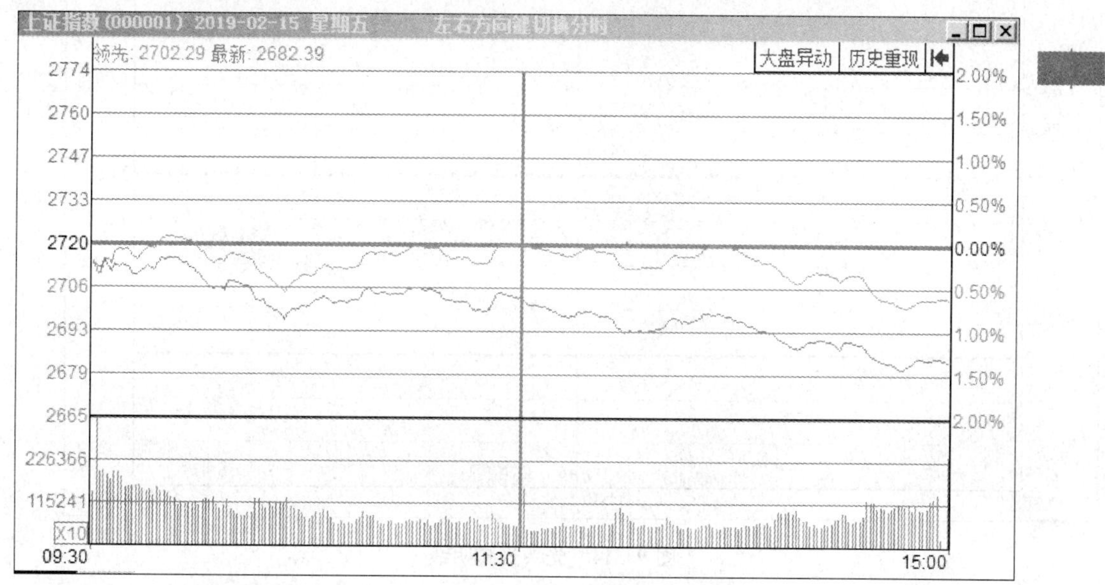

图 9－12　小阴线

多头略占优势，但强度不大。

(12) 光脚阴线(见图 9－13)。

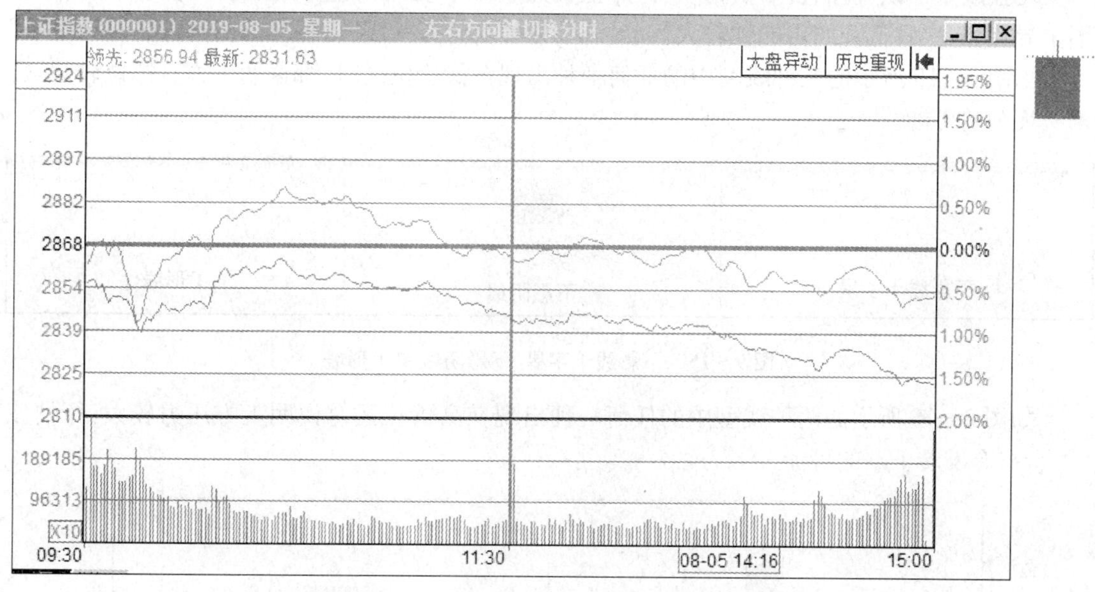

图 9－13　光脚阴线

这是一种带下影线的黑实体，开盘价是最高价。一开盘空头力量就特别大，价格一直下跌，但在低价位上遇到多头的支撑。后市可能会反弹，但力度不大。

(13) 光头光脚阴线(见图 9－14)。

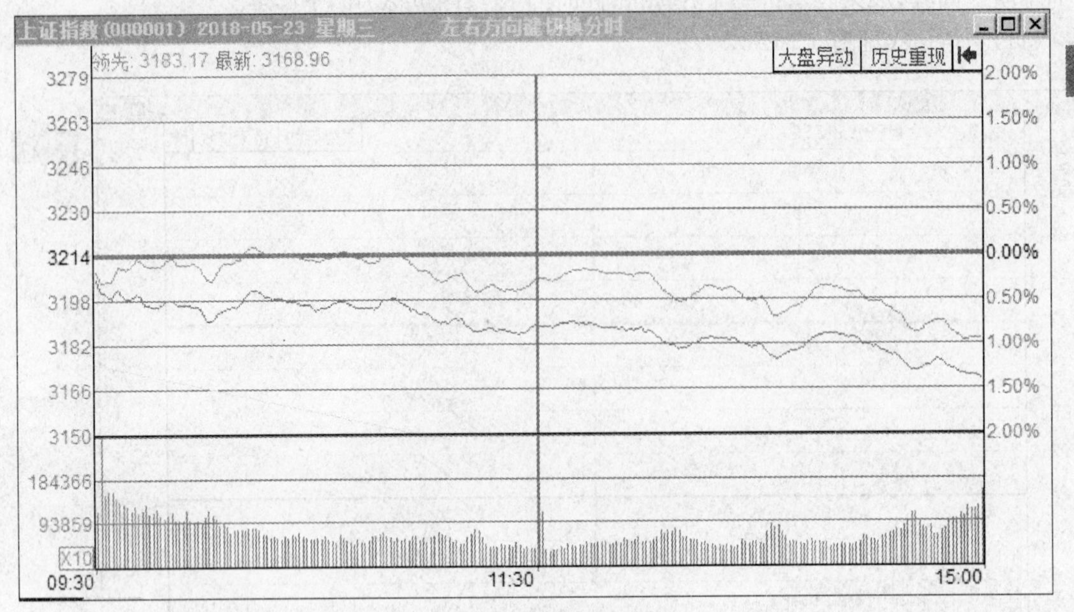

图 9－14　光头光脚阴线

如果走出如图所示的逐波下跌的行情,这说明空头已占尽优势,多头无力抵抗,价格被逐步打低,后市以做空为主。

(14) 大阴线。

尾盘放量下跌,商品价格横盘一日,尾盘突然放量下攻,表明空头在一日交战中最终占据了主导优势,次日低开的可能性较大。

如图 9－15 所示的三种线型中的任何一种出现在低价位区时,都说明下方支撑位较强,价格有反弹的可能。

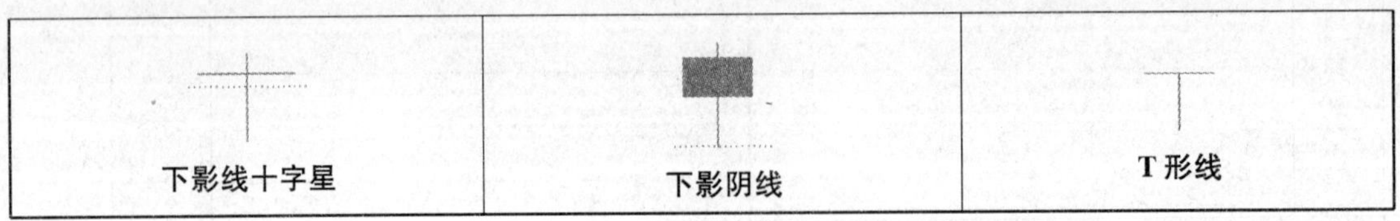

图 9－15　下影线十字星、下影阴线和 T 形线

如图 9－16 所示的两种线型中的任何一种出现在高价位区时说明上方压力较大,行情疲软,价格有反转下跌的可能。

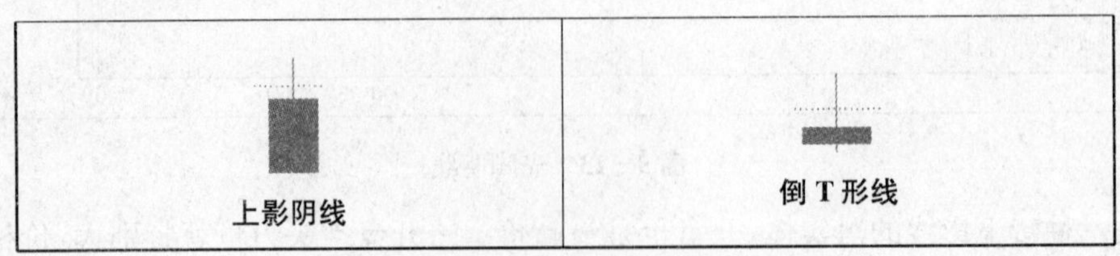

图 9－16　上影阴线、倒 T 形线

如果出现在中价位区的上升途中，若同时出现交易量萎缩，则表明后市仍有上升空间。

(15) 下影阴线(见图 9－17)。

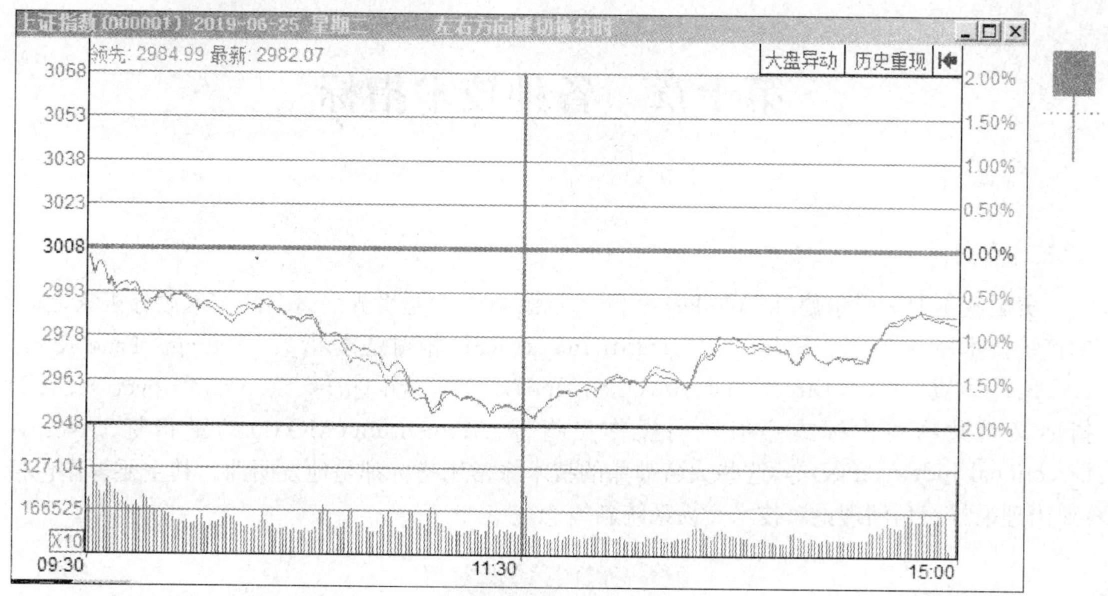

图 9－17 下影阴线

空头在开盘后占尽优势，价格一路下跌，但午盘后，在支撑位上遇到多头强力阻击，多头收复一半失地。

此图形如果出现在低价位区域，就有可能出现止跌反弹。

思考题

能否自动选出集合竞价金额大于 1 000 万元的个股？

第十章 各种技术指标

美国威尔斯·威尔德(J. Welles Wilder,见图 10-1)是世界最著名的技术派分析家,发明的传统技术指标最多。Relative Strength Index(RSI)相对强弱指数、Average True Range(ATR)平均真实区域、Directional Movement Index(DMI)趋向指标、Stop and Reveres(SAR)指标又叫抛物线指标或停损转向操作点指标、Momentum(MOM)动量指标、Average Directional Index(ADX)等,这些大名鼎鼎的技术派常用指标都是他发明的。其主要著作包括《亚当理论》《三角洲理论》《技术交易系统新概念》。

图 10-1 威尔斯·威尔德

《巴伦周刊》将他评价为"技术分析界的泰坦"。在希腊神话中,泰坦在天神之前统治宇宙,意思是说威尔斯·威尔德是技术分析界早期的神。在 1978 年,威尔斯·威尔德扩展了技术分析的数学基础。

《金融世界杂志》说:"多年以来,威尔德开发的交易系统和交易原则,比其他任何专家都要更准确。"

《福布斯杂志》把他单独称为"出版过著述的最杰出的交易者"。注意,这里的称谓是交易者。他在归隐时,户头上存着近千万美元现金,在家乡拥有大片地产,这些都是他通过交易赚取的。

《股票和商品杂志》将他称为"技术分析领域的英雄"。

证券投资技术分析主要技术指标有移动平均线(MA)、平滑异同移动平均线(MACD)、威廉指标(WMS)和 KDJ 指标、相对强弱指标(RSI)、乖离率(BIAS)、心理线(PSY),人气指标(AR)、买卖意愿指标(BR)和中间意愿指标(CR),OBV,ADR、ADL 和 OBO,CCI 商品路径指标,等等。

各种技术指标均可在"指标公式编辑器"里编写，样式如 CCI 商品路径指标，如图 10－2 所示。

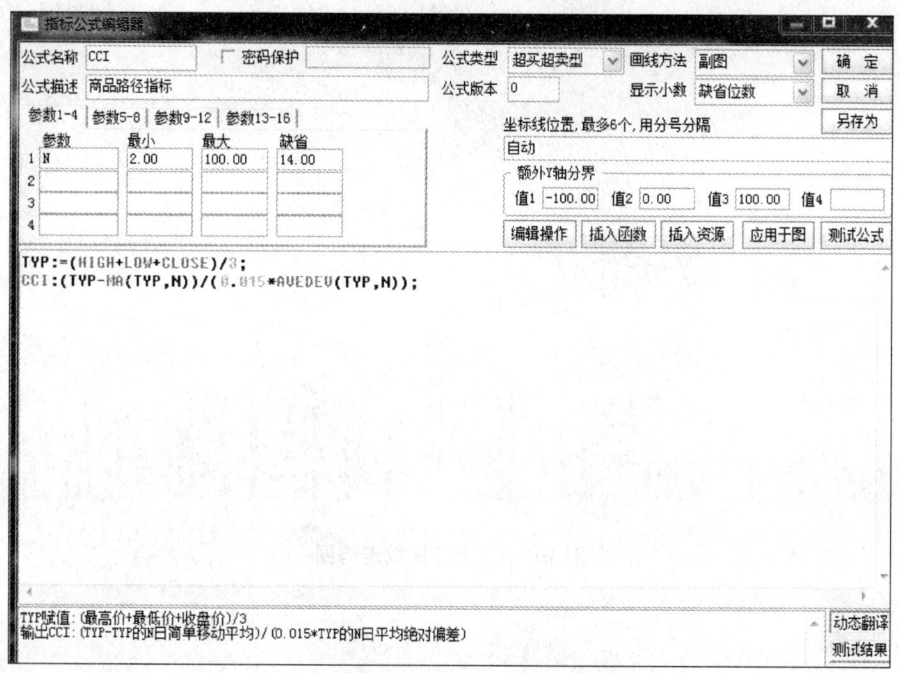

图 10－2　编写 CCI 商品路径指标

除非另有说明，我们编写技术指标公式、选股指标公式和程序化交易指标公式体例一般采用通达信软件平台。

第一节　MA 移动平均线

一、定义

移动平均(Moving Average，MA)是用统计学的分析方法，将一定时期内的证券价格加以平均，并把不同时间的平均值 连接起来，形成一条 MA。它用来观察证券价格的变动趋势的一种指标。

计算公式为：

$$N\text{日移动平均线}=\frac{N\text{日收市价之和}}{N}$$

移动平均线是由著名的美国投资专家 Joseph E. Granville(葛兰碧，又译为格兰威尔，葛兰威尔)于 20 世纪中期提出来的。均线理论是当今应用最普遍的技术指标之一，它帮助交易者确认现有趋势、判断将出现的趋势、发现过度诞生即将反转的趋势。上证指数走势图如图 10－3 所示。

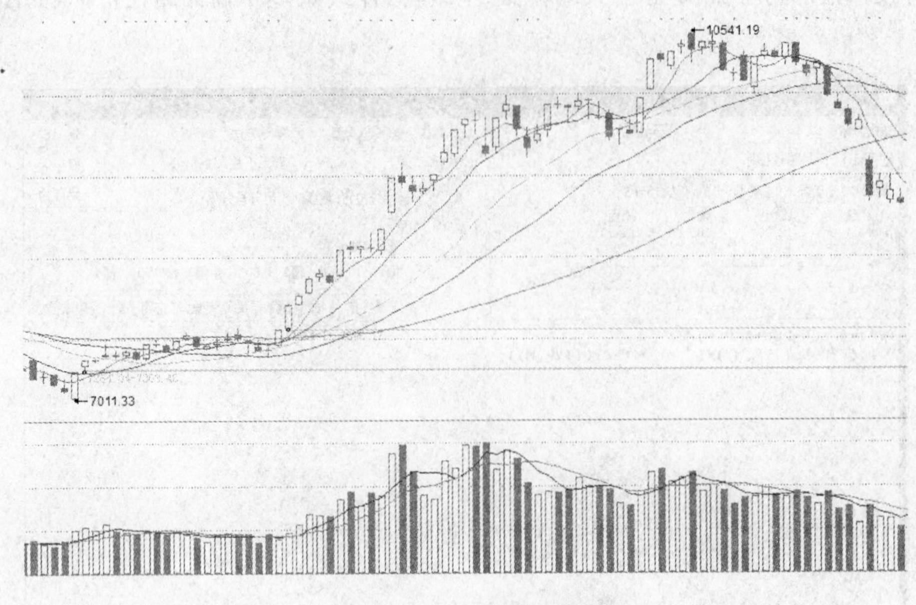

图 10－3　上证指数走势图

二、特点

(1) 追踪趋势。MA 会保持与趋势线方向一致,能消除中间股价在这个过程中出现的起伏。

(2) 滞后性。在股价原有趋势发生反转时,由于 MA 的追踪趋势的特性,MA 的行动往往过于迟缓，调头速度落后于大趋势。这是 MA 的一个极大的弱点。等 MA 发出反转信号时,股价调头的深度已经很大了。

(3) 稳定性。因为 MA 的变动不是一天的变动,而是几天的变动,一天的大变动被几天一分摊,变动 就会变小而显不出来。这种稳定性有优点,也有缺点,在应用时应多加注意,掌握好分寸。

(4) 助涨助跌性。当股价突破了 MA 时,无论是向上突破还是向下突破,股价有继续向突破方面再走一程的愿望,这就是 MA 的助涨助跌性。

(5) 支撑线和压力线的特性。MA 的上述四个特性使得它在股价走势中起支撑线和压力线的作用。

三、“黄金交叉”与“死亡交叉”(向上突破压力线或向下突破支撑线)

当现在价位站稳在长期与短期 MA 之上,短期 MA 又向上突破长期 MA 时,为买进信号;若现在行情价位于长期与短期 MA 之下,短期 MA 又向下突破长期 MA 时,则为卖出信号。新指数走势图如图 10－4 所示。

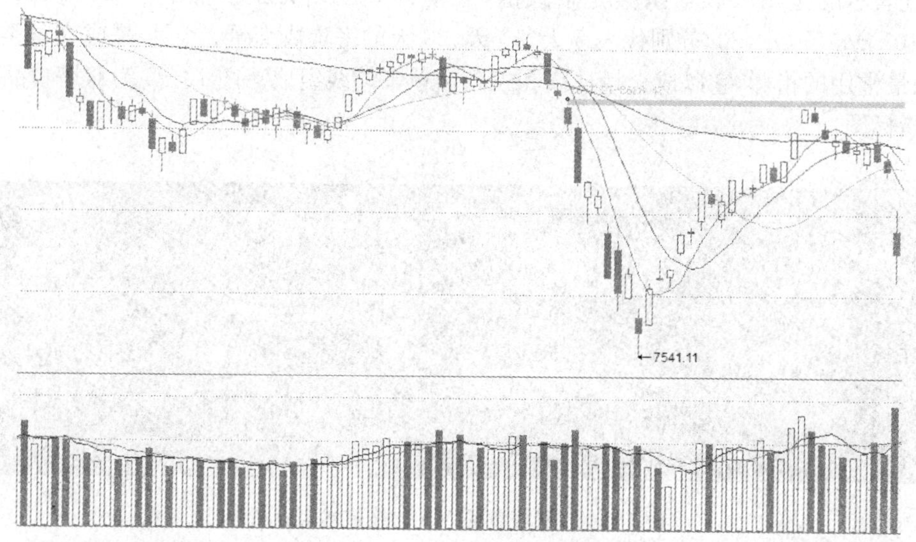

图 10－4　新指数走势图

四、葛兰威尔法则

(1) 均线从下降逐渐走平且略向上方抬头，而股价从均线下方向上方突破，为买进信号。

(2) 股价位于均线之上运行，回档时未跌破均线后又再度上升时为买进时机。

(3) 股价位于均线之上运行，回档时跌破均线，但短期均线继续呈上升趋势，此时为买进时机。

(4) 股价位于均线以下运行，突然暴跌，距离均线太远，极有可能向均线靠近（物极必反，下跌反弹），此时为买进时机。

(5) 股价位于均线之上运行，连续数日大涨，离均线愈来愈远，说明近期内购买股票者获利丰厚，随时都会产生获利回吐的卖压，应暂时卖出持股。

(6) 均线从上升逐渐走平，而股价从均线上方向下跌破均线时说明卖压渐重，应卖出所持股票。

(7) 股价位于均线下方运行，反弹时未突破均线，且均线跌势减缓，趋于水平后又出现下跌趋势，此时为卖出时机。

(8) 股价反弹后在均线上方徘徊，而均线却继续下跌，宜卖出所持股票。

第二节　VOL 成交量

一、定义

股市中的成交量 VOL（英文单词 volume 的缩写）是指一个时间单位内对某项交易成交的数量，是买量和卖量的总和，如个股或大盘的成交总手。单位：手。在形态上用一根立式的柱子来表示，如当天收盘价高于或等于前一天收盘价，成交柱呈红色；反之，成交柱呈绿色。

绿柱表示的是当天收盘指数是下跌的，红柱则表示当天是上涨的。Ma(VOL,5)、Ma(VOL,10)、Ma(VOL,20)分别代表5天、10天、20天的平均成交量。VOL是成交量类指标中最简单、最常用的指标，它以成交量柱线和三条简单平均线组成。图10-5为双塔食品MA均线技术指标图。

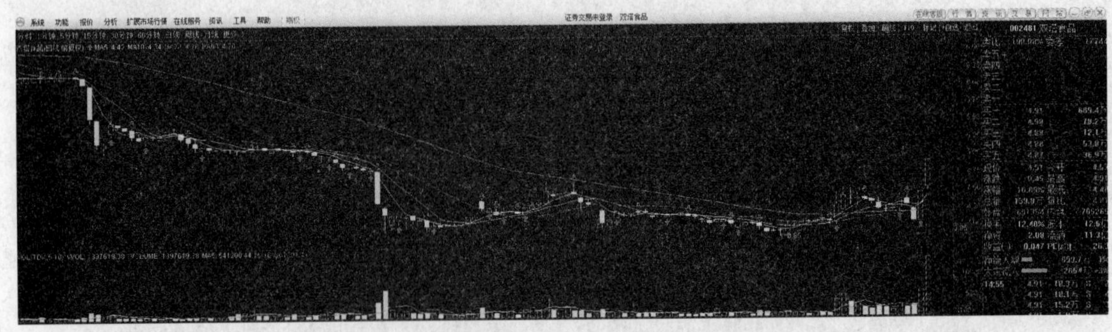

图10-5 双塔食品MA均线技术指标图

二、基本原理

价、量是技术分析的基本要素，一切技术分析方法都以价量关系为研究对象，其重要性可见一斑。但单日成交量(或成交额)往往受到偶然因素的影响，不一定能反映多空力量的真实情况。均量线(VOL)则弥补了这方面的不足，它借鉴移动平均线的原理，将一定时期内的成交量相加后平均，在成交量的柱条图中形成较为平滑的曲线，是反映一定时期内市场平均成交情况的技术指标。

在时间参数的选择方面没有严格的限制，通常以10日作为采样天数，即在10日平均成交量基础上绘制，也可以选择20日或30日作为采样天数以反映更长周期的交投趋势。

外盘＋内盘 ＝成交量

虚拟成交量VVOL：特别说明一下，在传统证券投资技术分析教科书中，一般都没有虚拟成交量这个技术指标。为了帮助短线投资者观察开盘后、收盘前的当下成交量在全天成交量的预估值，我们补充了虚拟成交量这个技术指标，公式代码如下：

VVOL：IF(CURRBARSCOUNT＝1 AND PERIOD＝5，VOL＊240/FROMOPEN，DRAWNULL)，NODRAW

三、应用

需要与其他指标结合使用。在股价的不同时候有不同的含义。

经验老到的投资者常说“股市中什么都可以骗人，唯有量是真实的”，可以说，成交量的大小直接表明了多空双方对市场某一时刻的技术形态最终的认同程度。江恩十二条买卖规则中的第七条就是观察成交量，指出研究目的是帮助决定趋势的转变，因此市场上有“量是价的先行，先见天量后见天价，地量之后有地价”之说。不过也不能把成交量的作用简单化、绝对化，由于国内股市中存在大量的对敲行为，成交量在某种程度上也能骗人，因此还要结合实际情况具体分析。

量虽是价的先行，但并不意味着成交量决定一切，在价、量、时、空四大要素中，价格是最基本的出发点，离开了价格其他因素就成了无源之水、无本之木。成交量可以配合价格进行研判，但绝不会决定价格的变化，对于这一点要有清醒的认识，不要被伪说法所蒙蔽。那么，什么是成交量呢？成交量是一种供需的表现，当股票供不应求时，人潮汹涌，都要买进，成交量自然放大；反之，股票供过于求，市场冷清无人，买气稀少，成交量势必萎缩。而将人潮加以数值化，便是成交量。广义的成交量包括成交股数、成交金额、换手率；狭义的也是最常用的仅指成交股数。股票只要上市交易，每日都会有或多或少的成交量。一般而言向上突破颈线位、强压力位需要放量攻击，即上涨要有成交量的配合；但向下破位或下行时却不需要成交量的配合，无量下跌天天跌，直至再次放量，显示出有新资金入市抢反弹或抄底为止。价涨量增，价跌量缩，称为量价配合，否则为量价不配合。成交股数 VOL，这是最常见指标，也是平常谈论中所指的成交量，它非常适合于对个股成交量做纵向比较，即观察个股历史上放量缩量的相对情况。最大缺点在于忽略了各个股票流通量大小的差别，难以精确表示成交活跃的程度，不便于对不同股票做横向比较，也不利于掌握主力进出的程度。当然，在对个股研判时，目前最常用的还是成交股数。成交金额 AMOUNT，直接反映参与市场的资金量多少，常用于大盘分析，因为它排除了大盘中各种股票价格高低不同的干扰，通过成交金额使大盘成交量的研判具有纵向的可比性。通常所说的两市大盘多少亿的成交量就是指成交金额。对于个股分析来讲，如果股价变动幅度很大，用成交股数或换手率就难以反映出庄家资金的进出情况，而用成交金额就比较明朗。

首先，用均量线指标进行技术分析必须结合价格的变动，重点在于量价的配合情况，通常以价格与均量变动趋向是否一致来判断价格变动是否具备成交量基础。

一般情况下，当两种趋向一致时，表明价格走势得到成交量的支持，这种走势可望得到延续。在上涨行情初期，均量线随股价不断创出新高，显示市场人气的聚集过程，行情将进一步展开，是买入的时机。在此后过程中，只要均量线继续和股价保持向上态势，可继续持有或追加买入。当两种趋向发生背离时，说明成交量不支持价格走势，股价的运行方向可能发生转变。如下跌行情快结束时，虽然股价仍在创出新低，但均量线已经开始走平，甚至可能有上升迹象，出现量价背离，提示价格可能见底，上涨行情有望展开，是逢低买入的良机。

其次，我们可以设置两条甚至多条均量线，根据它们的相互位置及交叉情况来作为研判依据。当均量线形成多头排列时，股价将保持上涨的趋势，提示投资者可买入或继续持有；而当均量线呈现空头排列时，股价将保持下跌的趋势，提示投资者出局或持币观望。当均量线出现拐头走势，即由上升转为回落或由下滑转为上升时，提示价格走势可能发生改变；一旦短期均量线上穿长期均量线形成金叉时，将对股价转势上涨进行确认，而一旦短期均量线下破长期均量线形成死叉时，将对股价转势下跌进行确认。

当然，当 10 日均量线与 30 日均量线的乖离率过大时，价格将很可能随时回落，甚至反转。

成交量战法：成交量是最重要的技术信息，它直接反映了市场整体或个股的交投情况。通过研究成交量，发掘出关于市场或个股走势的信息，进而预测价格变动方向，提高我们的短线实战能力。

第三节　KDJ随机指标

随机指标 KDJ 最早起源于期货市场，由乔治·莱恩(George Lane)发明。随机指标 KDJ 最早是以 KD 指标的形式出现，而 KD 指标是在威廉指标的基础上发展起来的。不过 KD 指标只判断股票的超买超卖现象，在 KDJ 指标中则融合了移动平均线速度上的观念，形成比较准确的买卖信号依据。在实践中，K 线与 D 线配合 J 线组成 KDJ 指标来使用。KDJ 指标在设计过程中主要是研究最高价、最低价和收盘价之间的关系，同时也融合了动量观念、强弱指标和移动平均线的一些优点。因此，能够比较迅速、快捷、直观地研判行情，被广泛用于股市的中短期趋势分析，是期货和股票市场上最常用的技术分析工具。

随机指标，是一种相当新颖、实用的技术分析指标，它起先用于期货市场的分析，后被广泛用于股市的中短期趋势分析，是期货和股票市场上最常用的技术分析工具。

随机指标 KDJ 一般是用于股票分析的统计体系，根据统计学原理，通过一个特定的周期(常为 9 日、9 周等)内出现过的最高价、最低价及最后一个计算周期的收盘价及这三者之间的比例关系，来计算最后一个计算周期的未成熟随机值 RSV，然后根据平滑移动平均线的方法来计算 K 值、D 值与 J 值，并绘成曲线图来研判股票价格走势。

一、指标原理

随机指标 KDJ 是以最高价、最低价及收盘价为基本数据进行计算，得出的 K 值、D 值和 J 值分别在指标的坐标上形成一个点，连接无数个这样的点位，就形成一个完整的、能反映价格波动趋势的 KDJ 指标。它主要是利用价格波动的真实波幅来反映价格走势的强弱和超买超卖现象，在价格尚未上升或下降之前发出买卖信号的一种技术工具。它在设计过程中主要是研究最高价、最低价和收盘价之间的关系，同时也融合了动量观念、强弱指标和移动平均线的一些优点，因此，能够比较迅速、快捷、直观地研判行情。由于 KDJ 线本质上是一个随机波动的观念，故其对于掌握中短期行情走势比较准确。

二、计算方法

KDJ 的计算比较复杂，首先要计算周期(n 日、n 周等)的 RSV 值，即未成熟随机指标值，然后再计算 K 值、D 值、J 值等。以 n 日 KDJ 数值的计算为例，其计算公式为：

$$n\text{ 日 RSV}=\frac{C_n-L_n}{H_n-L_n}\times 100$$

式中，C_n 为第 n 日收盘价；

L_n 为 n 日内的最低价；

H_n 为 n 日内的最高价。

其次，计算 K 值与 D 值。

当日 K 值＝2/3×前一日 K 值＋1/3×当日 RSV

当日 D 值＝2/3×前一日 D 值＋1/3×当日 K 值

若无前一日K值与D值,则可分别用50来代替。

J值=3×当日K值-2×当日D值

以9日为周期的KD线为例,即未成熟随机值,计算公式为:

$$9日\mathrm{RSV}=\frac{C-L_9}{H_9-L_9}\times 100$$

式中,C为第9日的收盘价;

L_9为9日内的最低价;

H_9为9日内的最高价。

K值=2/3×第8日K值+1/3×第9日RSV

D值=2/3×第8日D值+1/3×第9日K值

J值=3×第9日K值-2×第9日D值

若无前一日K值与D值,则可以分别用50代替。

三、使用技巧

KDJ随机指标反应比较敏感快速,是一种进行中短期趋势波段分析研判的较佳的技术指标。一般对做大资金大波段的人来说,一般当月KDJ值在低位时逐步进场吸纳;主力平时运作时偏重周KDJ所处的位置,对中线波段的循环高低点做出研判结果,所以往往出现单边式造成日KDJ的屡屡钝化现象;日KDJ对股价变化方向反应极为敏感,是日常买卖进出的重要方法;对于做小波段的短线客来说,30分钟和60分钟KDJ又是重要的参考指标;对于已指定买卖计划即刻下单的投资者,5分钟和15分钟KDJ可以提供最佳的进出时间。

(1) K与D值永远介于0到100之间。D大于80时,行情呈现超买现象。D小于20时,行情呈现超卖现象。

(2) 上涨趋势中,K值大于D值,K线向上突破D线时,为买进信号。下跌趋势中,K值小于D值,K线向下跌破D线时,为卖出信号。

(3) KD指标不仅能反映出市场的超买超卖程度,还能通过交叉突破发出买卖信号。

(4) KD指标不适于发行量小、交易不活跃的股票,但是KD指标对大盘和热门大盘股有极高的准确性。

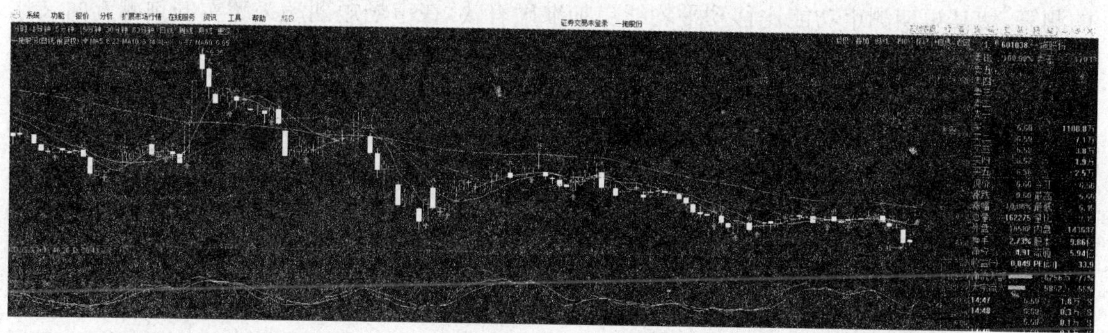

图10-6 KDJ技术指标图

(5) 当随机指标与股价出现背离时,一般为转势的信号。

(6) K 值和 D 值上升或者下跌的速度减弱,倾斜度趋于平缓是短期转势的预警信号。

四、注意事项

随机指标虽然克服了移动平均线系统的收盘价误区,但是它本身还有难以克服的缺陷和自身局限性。因此在利用随机指标来决定股票的投资策略时应该注意以下几个问题:

(1) 股价短期波动剧烈或者瞬间行情幅度太大时,KDJ 信号经常失误。也就是说,投机性太强的个股 KD 值容易高位钝化或低位钝化。此外,随机指标对于交易量太小的个股不是很适用,但对于绩优股,准确率却是很高。同时还应该注意的是随机指标提供的股票买卖信号均有或多或少的死角发生,尤其是个股表现受到基本面、政策面及市场活跃程度的影响时,在任何强势市场中,超买超卖状态都可能存在相当长的一段时期,趋势逆转不一定即刻发生。即随机分析所能得出的最强信号之一是偏差。也就是说,K 值在 80 以上时股价还有可能进一步上升,如果投资者过早地卖出股票,将会损失一些利润;K 值在 20 以下时,股价还有可能进一步下跌,如果投资者过早地买进股票有可能被套。此时 KDJ 指标参考价值降低,投资者应该因时因势分析,同时参考其他指标与随机指标结合起来使用。

(2) J 值可以为负值,也可以超过 100。比如在前面背驰现象所举的案例中就出现了 J 值大于 100 或小于 0。出现这种情况主要缘于 J 线和 K、D 相比较更为灵敏一些。

(3) 因为随机指标提供的买卖信号比较频繁,投资者孤立地依据这些交叉突破点来决定投资策略,则依然存在较大的风险,因此使用 K、D 线时,要配合股价趋势图来进行判断。当股价交叉突破支撑压力线时,若此时 K、D 线又在超买区或超卖区相交,KD 线提供的股票买卖信号就更为有效。而且,在此位上 K、D 来回交叉越多越好。

(4) 当 K 值和 D 值上升或下跌的速度减弱,倾斜度趋于平缓是短期转势的预警信号。这种情况对于大盘热门股及股价指数的准确性较高,而对冷门股或小盘股的准确性较低。

(5) KDJ 指标比 RSI 准确率高,且有明确的买、卖点出现,但 K、D 线交叉时须注意"骗线"出现,主要因为 KDJ 指标过于敏感且此指标群众基础较好,所以经常被主力操纵。

(6) K 线与 D 线的交叉突破在 80 以上或 20 以下时较为准确。当这种交叉突破在 50 左右发生时,表明市场走势陷入盘局,正在寻找突破方向。此时,K 线与 D 线的交叉突破所提供的买卖信号无效。

综上所述,可以这样认为,随机指数在设计中充分考虑价格波动的随机振幅与中短期波动的测算,使其短期测市功能比移动平均线更加准确有效,在市场短期超买超卖的预测方面又比强弱指数敏感,同时该指标又能够提供出明确的买卖点。因此,这一指标被投资者广泛采用。虽然说,随机指标可以为短线投资者提供简便直接快捷有效的投资参考依据,但是,作为一个投资者应该明白,成功地使用随机指标的关键在于将随机指标分析与其他的技术指标或分析方法结合起来使用。

五、应用经验

(1) 在实际操作中,一些做短平快的短线客常用分钟指标来判断后市决定买卖时机,在 $T+0$ 时代常用 15 分钟和 30 分钟 KDJ 指标,在 $T+1$ 时代多用 30 分钟和 60 分钟 KDJ 来指导进出。几条经验规律总结如下:

① 如果30分钟KDJ在20以下盘整较长时间，60分钟KDJ也是如此，则一旦30分钟K值上穿D值并越过20，可能引发一轮持续在2天以上的反弹行情；若日线KDJ指标也在低位发生交叉，则可能是一轮中级行情。但需注意K值与D值金叉后只有K值大于D值20%以上，这种交叉才有效。

② 如果30分钟KDJ在80以上向下掉头，K值下穿D值并跌破80，而60分钟KDJ才刚刚越过20不到50，则说明行情会出现回档，30分钟KDJ探底后，可能继续向上。

③ 如果30分钟和60分钟KDJ在80以上，盘整较长时间后K值同时向下交叉D值，则表明要开始至少2天的下跌调整行情。

④ 如果30分钟KDJ跌至20以下掉头向上，而60分钟KDJ还在50以上，则要观察60分钟K值是否会有效穿过D值(K值大于D值20%)，若有效表明将开始一轮新的上攻；若无效则表明仅是下跌过程中的反弹，反弹过后仍要继续下跌。

⑤ 如果30分钟KDJ在50之前止跌，而60分钟KDJ才刚刚向上交叉，说明行情可能会再持续向上，仅属于回档。

⑥ 30分钟或60分钟KDJ出现背离现象，也可作为研判大市顶底的依据。

⑦ 在超强市场中，30分钟KDJ可以达到90以上，而且在高位屡次发生无效交叉，此时重点看60分钟KDJ，当60分钟KDJ出现向下交叉时，可能引发短线较深的回档。

⑧ 在暴跌过程中30分钟KDJ可以接近0值，而大势依然跌势不止，此时也应看60分钟KDJ，当60分钟KDJ向上发生有效交叉时，会引发极强的反弹。

(2) 当行情处在极强极弱单边市场中，日KDJ出现屡屡钝化，应改用MACD等中长指标；当股价短期波动剧烈，日KDJ反应滞后，应改用CCI、ROC等指标；或是使用SLOWKD慢速指标。

(3) KDJ在周线中参数一般用5，周KDJ指标见底和见顶有明显的提示作用，据此波段操作可以免去许多辛劳，争取利润最大化，需提示的是一般周J值在超卖区V形单底上升，说明只是反弹行情，形成双底才为可靠的中级行情；但J值在超买区单顶也会有大幅下跌的可能性，所以应该提高警惕，此时应结合其他指标综合研判；但当股市处在牛市时，J值在超买区盘中一段时间后，股价仍会大幅上升。

六、选股方法

在股票市场中要赚钱，首先要做好选股工作。怎样才能选好股？归纳起来有六个方面，即K线形态、均线、技术指标、成交量、热点及主力成本。本期先谈周线KDJ与日线KDJ共同金叉选股法。

日线KDJ是一个敏感指标，变化快，随机性强，经常发生虚假的买、卖信号，使投资者根据其发出的买卖信号进行买卖时无所适从。运用周线KDJ与日线KDJ共同金叉选股法，就可以过滤掉虚假的买入信号，找到高质量的成功买入信号。

周线KDJ与日线KDJ共同金叉选股法的买点选择可有如下几种：

(1) 买入法：打提前量买入法。

在实际操作时往往会碰到这样的问题：由于日线KDJ的变化速度比周线KDJ快，当周线KDJ金叉时，日线KDJ已提前金叉几天，股价也上升了一段，买入成本已抬高。激进型的投资者可打提前量买入，以求降低成本。

打提前量买入法要满足的条件是：① 收周阳线，周线K、J两线勾头上行将要金叉(未金叉)。② 日线 KDJ 在这一周内发展金叉,金叉日收放量阳线(若日线 KDJ 金叉当天,当天成交量大于 5 日均量更好。)

(2) 买入法:周线 KDJ 刚金叉,日线 KDJ 已金叉买入法。

(3) 买入法:周线 K、D 两线"将死不死"买入法。

此方法要满足的条件是:① 周 KDJ 金叉后,股价回档收周阴线,然后重新放量上行。② 周线 K、D 两线将要死叉,但没有真正发生死叉,K 线重新张口上行。③ 日线 KDJ 金叉。用此方法买入股票,可捕捉到快速强劲上升的行情。

七、钝化问题

KDJ 指标是技术分析人员经常使用的一种指标,此种指标的优点在于反应敏感,能给出非常明显的进货信号和出货信号,如黄金交叉进货,死亡交叉出货,使用者易于掌握,只要看信号进货出货就可以了。但 KDJ 指标又有非常明显的不足,如它的反应过于敏感,致使使用者不是进货太早被套牢,就是出货太早被轧空,也就是所谓 KDJ 指标的低位钝化和高位钝化问题。很多 KDJ 指标的使用者常常抱怨 KDJ 指标的骗线问题,使用起来经常会有上当受骗的感觉,认为 KDJ 指标是庄家拿来故意骗人的,实际上是因为他们没能处理好钝化问题。

第四节 MACD 平滑异同移动平均线

MACD 是杰拉尔·阿佩尔(Geral Appel)于 1979 年提出的,由一快及一慢指数移动平均(EMA)之间的差计算出来。"快"指短时期的 EMA,而"慢"则指长时期的 EMA,最常用的是 12 及 26 日 EMA。

一、定义

(1) 指数平滑异同移动平均线(Moving Average Convergence and Divergence, MACD),是从双移动平均线发展而来的,快的移动平均线减去慢的移动平均线, MACD 的意义和双移动平均线基本相同。

(2) DIFF 线:收盘价短期、长期指数平滑移动平均线间的差,也就是 12 个交易日的指数平滑移动平均线减去 26 个交易日的指数平滑移动平均线。例如,从 2009 年 1 月 5 日—2009 年 1 月 20 日(扣除 4 个周末,共计 12 个交易日),用这 12 个交易日的收盘价算出一个滑动平均值,就是 12 个交易日的指数平滑移动平均线。DIFF 线比较敏感。

(3) DEA 线:DIFF 线的 M 日指数平滑移动平均线,DIFF 本身就是 12 日平均减去 26 日平均所得的"值差",而 DEA 则是这个连续 9 日的"差值"的平均数。DEA 线不太敏感。

(4) 彩色柱状线 BAR:DIFF 线与 DEA 线的差。

(5) 参数:SHORT(短期)、LONG(长期)、M 天数,一般为 12、26、9。

二、MACD 指标的原理

MACD 指标是根据均线的构造原理,对股票价格的收盘价进行平滑处理,求出算术平均值以后再进行计算,是一种趋向类指标。

MACD指标是运用快速(短期)和慢速(长期)移动平均线及其聚合与分离的征兆,加以双重平滑运算。而根据移动平均线原理发展出来的MACD,一则去除了移动平均线频繁发出假信号的缺陷,二则保留了移动平均线的效果,因此,MACD指标具有均线趋势性、稳重性、安定性等特点,是用来研判买卖股票的时机,预测股票价格涨跌的技术分析指标。

MACD指标主要是通过EMA、DIF和DEA(或叫MACD、DEM)这三值之间关系的研判,DIF和DEA连接起来的移动平均线的研判以及DIF减去DEM值而绘制成的柱状图(BAR)的研判等来分析判断行情,预测股价中短期趋势的主要的股市技术分析指标。其中,DIF是核心,DEA是辅助。DIF是快速平滑移动平均线(EMA1)和慢速平滑移动平均线(EMA2)的差。BAR柱状图在股市技术软件上是用红柱和绿柱的收缩来研判行情。

三、MACD指标的计算方法

MACD是根据移动平均线较易掌握趋势变动的方向之优点所发展出来的,它是利用两条不同速度(一条变动的速率快——短期的移动平均线,另一条较慢——长期的移动平均线)的指数平滑移动平均线来计算二者之间的差离状况(DIF)作为研判行情的基础,然后再求取其DIF之9日平滑移动平均线,即MACD线。MACD实际上就是运用快速与慢速移动平均线聚合与分离的征兆,来研判买进与卖出的时机和讯号。

(一) MACD的基本运用方法

MACD在应用上,是以12日为快速移动平均线(12日EMA),而以26日为慢速移动平均线(26日EMA),首先计算出此两条移动平均线数值,再计算出两者数值间的差离值,即差离值(DIF)=12日EMA-26日EMA。然后根据此差离值,计算9日EMA值(即为MACD值);将DIF与MACD值分别绘出线条,然后依"交错分析法"分析,当DIF线向上突破MACD平滑线即为涨势确认之点,也就是买入信号。反之,当DIF线向下跌破MACD平滑线时,即为跌势确认之点,也就是卖出讯号。

MACD理论除了用以确认中期涨势或跌势之外,同时也可用来判别短期反转点。在通达信股票软件,可观察DIF与MACD两条线之间垂直距离的直线柱状体(其直线棒的算法很简单,只要将DIF线数值减去MACD线数值即得)。当直线棒由大开始变小,即为卖出讯号,当直线棒由最小(负数的最大)开始变大,即为买进讯号。因此,我们可依据直线棒研判短期的反转点。

一般而言,在持续的涨势中,12日EMA在26日EMA之上,其间的正差离值(+DIF)会愈来愈大。反之,在跌势中,差离值可能变负(-DIF),负差离值也愈来愈大,所以当行情开始反转时,正或负差离值将会缩小。MACD理论,即利用正负差离值与其9日平滑均线的相交点,作为判断买卖讯号的依据。

(二) 计算方法

1. 计算平滑系数

MACD一个最大的长处,即在于其指标的平滑移动,特别是对一些剧烈波动的市场,这种平滑移动的特性能够对价格波动作较和缓的描绘,从而大为提高资料的实用性。不过,在计算EMA前,首先必须求得平滑系数。所谓的系数,则是移动平均周期之单位数,如几天、几周等等。其公式如下:

平滑系数＝2÷(周期单位数＋1)

例如,12 日 EMA 的平滑系数＝2÷(12＋1)＝0.1538;26 日 EMA 平滑系数为＝2÷27＝0.0741。

2. 计算指数平均值(EMA)

一旦求得平滑系数后,即可用于 EMA 之运算,公式如下:

今天的指数平均值＝平滑系数×(今天收盘指数－昨天的指数平均值)＋昨天的指数平均值

依公式可计算出 12 日 EMA:

12 日 EMA ＝2÷13×(今天收盘指数－昨天的指数平均值)＋昨天的指数平均值

＝(2÷13)×今天收盘指数＋(11÷13)×昨天的指数平均值

同理,26 日 EMA 亦可计算出:

26 日 EMA＝(2÷27)×今天收盘指数＋(25÷27)×昨天的指数平均值

由于每日行情震荡波动之大小不同,并不适合以每日之收盘价来计算移动平均值,于是有需求指数(Demand Index)之产生,需求指数代表每日的收盘指数。计算时,都分别加重最近一日的份量权数(两倍),即对较近的资料赋予较大的权值,其计算方法如下:

$$DI=(C\times 2+H+L)\div 4$$

式中,C 为收盘价;

H 为最高价;

L 为最低价。

所以,上列公式中之今天收盘指数,可以需求指数来替代。

3. 计算指数平均的初值

当开始要对指数平均值做持续性的记录时,可以将第一天的收盘价或需求指数当作指数平均的初值。若要更精确一些,则可把最近几天的收盘价或需求指数平均,以其平均价位作为初值。此外,亦可以其所选定的周期单位数作为计算平均值的基期数据。

四、MACD 指标的一般研判标准

MACD 指标是市场上绝大多数投资者熟知的分析工具,但在具体运用时,投资者可能会觉得 MACD 指标在运用的准确性、实效性、可操作性上有很多茫然的地方,有时会发现用从书上学来的 MACD 指标的分析方法和技巧去研判股票走势,所得出的结论往往和实际走势存在着特别大的差异,甚至会得出相反的结果。这其中的主要原因是市场上绝大多数论述股市技术分析的书中关于 MACD 的论述只局限在表面的层次,只介绍 MACD 的一般分析原理和方法,而对 MACD 分析指标的一些特定的内涵和分析技巧的介绍鲜有涉及。

MACD 指标的一般研判标准主要是围绕快速和慢速两条均线及红、绿柱线状况和它们的形态展开。一般分析方法主要包括 DIF 指标和 MACD 值及它们所处的位置、DIF 和 MACD 的交叉情况和 MACD 图形的形态这四个大的方面分析。

(一) DIF 和 MACD 的值及线的位置

(1) 当 DIF 和 MACD 均大于 0(即在图形上表示为它们处于零线以上)并向上移动时,一般表示为股市处于多头行情中,可以买入或持股。

(2) 当 DIF 和 MACD 均小于 0(即在图形上表示为它们处于零线以下)并向下移动时,一般表示为股市处于空头行情中,可以卖出股票或观望。

(3) 当 DIF 和 MACD 均大于 0(即在图形上表示为它们处于零线以上)但都向下移动时,一般表示为股票行情处于退潮阶段,股票将下跌,可以卖出股票和观望。

(4) 当 DIF 和 MACD 均小于 0 时(即在图形上表示为它们处于零线以下)但向上移动时,一般表示为行情即将启动,股票将上涨,可以买进股票或持股待涨。

(二) DIF 和 MACD 的交叉情况

(1) 当 DIF 与 MACD 都在零线以上,而 DIF 向上突破 MACD 时,表明股市处于一种强势之中,股价将再次上涨,可以加码买进股票或持股待涨,这就是 MACD 指标“黄金交叉”的一种形式。

(2) 当 DIF 和 MACD 都在零线以下,而 DIF 向上突破 MACD 时,表明股市即将转强,股价跌势已尽将止跌朝上,可以开始买进股票或持股,这是 MACD 指标“黄金交叉”的另一种形式。

(3) 当 DIF 与 MACD 都在零线以上,而 DIF 却向下突破 MACD 时,表明股市即将由强势转为弱势,股价将大跌,这时应卖出大部分股票而不能买股票,这就是 MACD 指标的“死亡交叉”的一种形式。

(4) 当 DIF 和 MACD 都在零线以上,而 DIF 向下突破 MACD 时,表明股市将再次进入极度弱市中,股价还将下跌,可以再卖出股票或观望,这是 MACD 指标“死亡交叉”的另一种形式。

(三) MACD 指标中的柱状图分析

在股市电脑分析软件中(如钱龙软件)通常采用 DIF 值减 DEA(即 MACD、DEM)值而绘制成柱状图,用红柱状和绿柱状表示,红柱表示正值,绿柱表示负值。用红绿柱状来分析行情,既直观明了又实用可靠。

(1) 当红柱状持续放大时,表明股市处于牛市行情中,股价将继续上涨,这时应持股待涨或短线买入股票,直到红柱无法再放大时才考虑卖出。

(2) 当绿柱状持续放大时,表明股市处于熊市行情之中,股价将继续下跌,这时应持币观望或卖出股票,直到绿柱开始缩小时才可以考虑少量买入股票。

(3) 当红柱状开始缩小时,表明股市牛市即将结束(或要进入调整期),股价将大幅下跌,这时应卖出大部分股票而不能买入股票。

(4) 当绿柱状开始收缩时,表明股市的大跌行情即将结束,股价将止跌向上(或进入盘整),这时可以少量进行长期战略建仓而不要轻易卖出股票。

(5) 当红柱开始消失、绿柱开始放出时,这是股市转市信号之一,表明股市的上涨行情(或高位盘整行情)即将结束,股价将开始加速下跌,这时应开始卖出大部分股票而不能买入股票。

(6) 当绿柱开始消失、红柱开始放出时,这也是股市转市信号之一,表明股市的下跌行情(或低位盘整)已经结束,股价将开始加速上升,这时应开始加码买入股票或持股待涨。

图 10 - 7 为 MACD 技术指标图。

图 10-7 MACD 技术指标图

五、MACD 的特殊分析方法

(一) 形态法则

1. M 头 W 底等形态

MACD 指标的研判还可以从 MACD 图形的形态来帮助研判行情。

当 MACD 的红柱或绿柱构成的图形双重顶底(即 M 头和 W 底)、三重顶底等形态时,也可以按照形态理论的研判方法来加以分析研判。

2. 顶背离和底背离

MACD 指标的背离就是指 MACD 指标的图形的走势和 K 线图的走势方正好向相反。MACD 指标的背离有顶背离和底背离两种。

(1) 顶背离。

当股价 K 线图上的股票走势一峰比一峰高,股价一直在向上涨,而 MACD 指标图形上由红柱构成的图形的走势是一峰比一峰低,即当股价的高点比前一次的高点高而 MACD 指标的高点比指标的前一次高点低,这叫顶背离现象。顶背离现象一般是股价在高位即将反转转势的信号,表明股价短期内即将下跌,是卖出股票的信号。

(2) 底背离。

底背离一般出现在股价的低位区。当股价 K 线图上的股票走势,股价还在下跌,而 MACD 指标图形上由绿柱构成的图形的走势是一底比一底高,即当股价的低点比前一次低点低,而指标的低点却比前一次的低点高,这叫底背离现象。底背离现象一般是预示股价在低位可能反转向上的信号,表明股价短期内可能反弹向上,是短期买入股票的信号。

在实践中,MACD 指标的背离一般出现在强势行情中比较可靠,股价在高价位时,通常只要出现一次背离的形态即可确认股价即将反转,而股价在低位时,一般要反复出现几次背离后才能确认。因此,MACD 指标的顶背离研判的准确性要高于底背离,这点投资者要加以留意。

(二) 分析周期法则

绿柱状间隔时间越长,未来上涨力度越大和时间越长。

红柱状维持时间越长,未来下跌空间和力度越大,时间越长。

(三) 分析参数的修改法则

MACD 指标为中长期趋势类设计,不宜参数设置过短。

第五节 BOLL布林线指标

布林线指标,即BOLL指标,其英文全称是“Bollinger Bands”,布林线(BOLL)由约翰·布林先生创造,其利用统计原理,求出股价的标准差及其信赖区间,从而确定股价的波动范围及未来走势,利用波带显示股价的安全高低价位,因而也被称为布林带。其上下限范围不固定,随股价的滚动而变化。布林指标和麦克指标(MIKE)一样同属路径指标,股价波动在上限和下限的区间之内,这条带状区的宽窄,随着股价波动幅度的大小而变化,股价涨跌幅度加大时,带状区变宽;涨跌幅度狭小盘整时,带状区则变窄。

一、指标原理

BOLL指标是美国股市分析家约翰·布林根据统计学中的标准差原理设计出来的一种非常简单实用的技术分析指标。一般而言,股价的运动总是围绕某一价值中枢(如均线、成本线等)在一定的范围内变动,布林线指标正是在上述条件的基础上,引进了“股价信道”的概念,其认为股价信道的宽窄随着股价波动幅度的大小而变化,而且股价信道又具有变异性,它会随着股价的变化而自动调整。正是由于它具有灵活性、直观性和趋势性的特点,BOLL指标渐渐成为投资者广为应用的市场上的热门指标。

在众多技术分析指标中,BOLL指标属于比较特殊的一类指标。绝大多数技术分析指标都是通过数量的方法构造出来的,它们本身不依赖趋势分析和形态分析,而BOLL指标却与股价的形态和趋势有着密不可分的联系。BOLL指标中的“股价信道”概念正是股价趋势理论的直观表现形式。BOLL是利用“股价信道”来显示股价的各种价位,当股价波动很小,处于盘整时,股价信道就会变窄,这可能预示着股价的波动处于暂时的平静期;当股价波动超出狭窄的股价信道的上轨时,预示着股价的异常激烈的向上波动即将开始;当股价波动超出狭窄的股价信道的下轨时,同样也预示着股价的异常激烈的向下波动即将开始。

投资者常常会遇到两种最常见的交易陷阱,一是买低陷阱,投资者在所谓的低位买进之后,股价不仅没有止跌反而不断下跌;二是卖高陷阱,股票在所谓的高点卖出后,股价却一路上涨。布林线认为各类市场间都是互动的,市场内和市场间的各种变化都是相对性的,是不存在绝对性的,股价的高低是相对的,股价在上轨线以上或在下轨线以下只反映该股股价相对较高或较低,投资者做出投资判断前还须综合参考其他技术指标,包括价量配合、心理类指标、类比类指标、市场间的关联数据等。

总之,BOLL指标中的股价信道对预测未来行情的走势起着重要的参考作用,它也是布林线指标所特有的分析手段。

二、计算方法

在所有的指标计算中,BOLL指标的计算方法是最复杂的,其中引进了统计学中的标准差概念,涉及中轨线(MB)、上轨线(UP)和下轨线(DN)的计算。另外,和其他指标的计算一样,由于选用的计算周期不同,BOLL指标也包括日BOLL指标、周BOLL指标、月BOLL指标、年 BOLL 指标以及分钟 BOLL 指标等各种类型。经常被用于股市研判的是日 BOLL 指标和周 BOLL 指标。虽然它们在计算时的取值有所不同，但基本的计算方法一样。

以日 BOLL 指标计算为例，其计算方法如下。

（一）计算公式

中轨线＝N 日的移动平均线

上轨线＝中轨线＋两倍的标准差

下轨线＝中轨线－两倍的标准差

（二）计算过程

1. 计算 MA

$$\text{MA}=N\text{ 日内的收盘价之和}\div N$$

2. 计算标准差 MD

$$\text{MD}=\text{平方根}(N-1)\text{日的}(C-\text{MA})\text{的两次方之和除以 }N$$

3. 计算 MB、UP、DN 线

$$\text{MB}=(N-1)\text{日的 MA}$$

$$\text{UP}=\text{MB}+K\times\text{MD}$$

$$\text{DN}=\text{MB}-K\times\text{MD}$$

（K 为参数，可根据股票的特性来做相应的调整，一般默认为 2）

三、指标表示

在股市分析软件中，BOLL 指标一共由四条线组成，即上轨线 UP、中轨线 MB、下轨线 DN 和价格线。其中上轨线 UP 是 UP 数值的连线，用黄色线表示；中轨线 MB 是 MB 数值的连线，用白色线表示；下轨线 DN 是 DN 数值的连线，用紫色线表示；价格线是以美国线表示，颜色为浅蓝色。和其他技术指标一样，在实战中，投资者不需要进行 BOLL 指标的计算，主要是了解 BOLL 的计算方法和过程，以便更加深入地掌握 BOLL 指标的实质，为运用指标打下基础。

四、各线意义

（1）BOLL 指标中的上、中、下轨线所形成的股价通道的移动范围是不确定的，信道的上下限随着股价的上下波动而变化。在正常情况下，股价应始终处于股价信道内运行。如果股价脱离股价信道运行，则意味着行情处于极端的状态下。

（2）在 BOLL 指标中，股价信道的上下轨是显示股价安全运行的最高价位和最低价位。上轨线、中轨线和下轨线都可以对股价的运行起到支撑作用，而上轨线和中轨线有时则会对股价的运行起到压力作用。

（3）一般而言，当股价在布林线的中轨线上方运行时，表明股价处于强势趋势；当股价在布林线的中轨线下方运行时，表明股价处于弱势趋势。

五、轨线关系

(1) 当布林线的上、中、下轨线同时向上运行时,表明股价强势特征非常明显,股价短期内将继续上涨,投资者应坚决持股待涨或逢低买入。

(2) 当布林线的上、中、下轨线同时向下运行时,表明股价的弱势特征非常明显,股价短期内将继续下跌,投资者应坚决持币观望或逢高卖出。

(3) 当布林线的上轨线向下运行,而中轨线和下轨线却还在向上运行时,表明股价处于整理态势之中。如果股价是处于长期上升趋势时,则表明股价是上涨途中的强势整理,投资者可以持股观望或逢低短线买入;如果股价是处于长期下跌趋势时,则表明股价是下跌途中的弱势整理,投资者应以持币观望或逢高减仓为主。

(4) 布林线的上轨线向上运行,而中轨线和下轨线同时向下运行,表明股价将经历一轮下跌,下跌的幅度将由开口的大小决定;反之,布林线的下轨线向下运行,而中轨线和上轨线同时向上运行,表明股价将经历一轮上涨,上涨的幅度将由开口的大小决定。这里不做展开讨论。

(5) 当布林线的上、中、下轨线几乎同时处于水平方向横向运行时,则要看股价目前的走势处于什么样的情况下来判断。

六、布林线"喇叭口"的研判

布林线"喇叭口"的研判是 BOLL 指标所独有的研判手段。所谓布林线"喇叭口"是指在股价运行的过程中,布林线的上轨线和下轨线分别从两个相反的方向与中轨线大幅扩张或靠拢而形成的类似于喇叭口的特殊形状。根据布林线上轨线和下轨线运行方向和所处的位置的不同,我们又可以将"喇叭口"分为开口型喇叭口、收口型喇叭口和紧口型喇叭口等三种类型。开口型喇叭口形态常出现在股票短期内暴涨行情的初期,收口型喇叭口形态常出现在股票暴跌行情的初期,紧口型喇叭口形态则常出现在股价大幅下跌的末期。

(一) 开口型喇叭口

当股价经过长时间的底部整理后,布林线的上轨线和下轨线逐渐收缩,上下轨线之间的距离越来越小,随着成交量的逐渐放大,股价突然出现向上急速飙升的行情,此时布林线上轨线也同时急速向上扬升,而下轨线却加速向下运动,这样布林线上下轨之间的形状就形成了一个类似于大喇叭的特殊形态,我们把布林线的这种喇叭口称为开口型喇叭口(见图 10-8)。

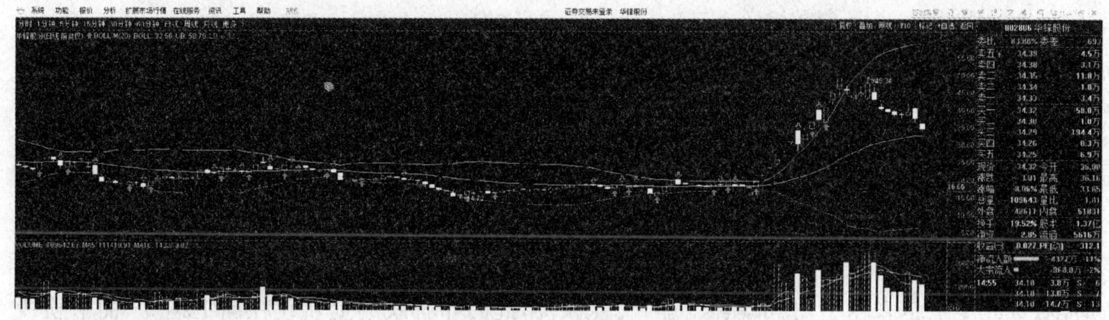

图 10-8 布林线开口型喇叭口

开口型喇叭口是一种显示股价短线大幅向上突破的形态。它是形成于股价经过长时间的低位横盘筑底后，面临着向上变盘时所出现的一种走势。布林线的上、下轨线出现方向截然相反而力度却很大的走势，预示着多头力量逐渐强大而空头力量逐步衰竭，股价将处于短期大幅拉升行情之中。

开口型喇叭口形态的形成必须具备两个条件。其一，是股价要经过长时间的中低位横盘整理，整理时间越长、上下轨之间的距离越小则未来涨升的幅度越大；其二，是布林线开始开口时要有明显的大的成交量出现。

开口型喇叭口形态的确立是以美国线（或 K 线）向上突破上轨线、股价带量向上突破中长期均线为准。对于开口型喇叭口形态的出现，投资者如能及时短线买进，定会获利丰厚。

（二）收口型喇叭口

当股价经过短时间的大幅拉升后，布林线的上轨线和下轨线逐渐扩张，上下轨线之间的距离越来越大，随着成交量的逐步减少，股价在高位出现了急速下跌的行情，此时布林线的上轨线开始急速掉头向下，而下轨线还在加速上升，这样布林线上下轨之间的形状就变成一个类似于倒的大喇叭的特殊形态，我们把布林线的这种喇叭口称为收口型喇叭口（见图 10－9）。

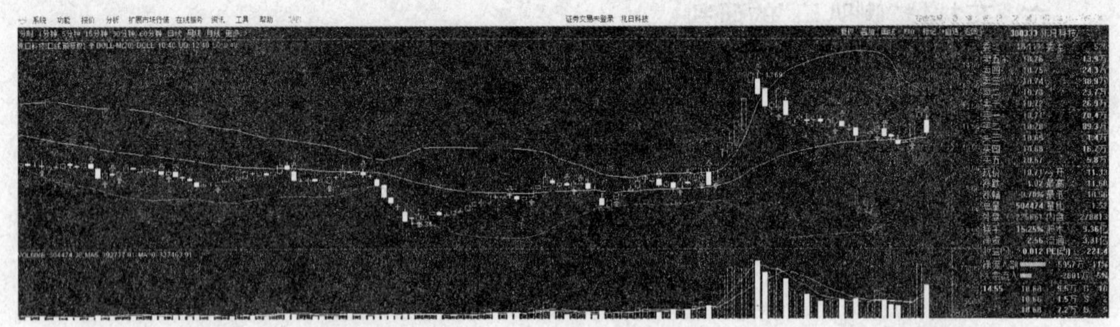

图 10－9　布林线收口型喇叭口图

收口型喇叭口是一种显示股价短线大幅向下突破的形态。它是形成于股价经过短时期的大幅拉升后，面临着向下变盘时所出现的一种走势。布林线的上下轨线出现方向截然相反而力度很大的走势，预示着空头力量逐渐强大而多头力量开始衰竭，股价将处于短期大幅下跌的行情之中。

收口型喇叭口形态的形成虽然对成交量没有要求，但它也必须具备一个条件，即股价经过前期大幅的短线拉升，拉升的幅度越大、上下轨之间的距离越大则未来下跌幅度越大。

向下跌破短期均线为准。对于收口型喇叭口形态的出现，投资者如能及时卖出则能保住收益、减少较大的下跌损失。

（三）紧口型喇叭口

当股价经过长时间的下跌后，布林线的上下轨向中轨逐渐靠拢，上下轨之间的距离越来越小，随着成交量越来越小，股价在低位的反复振荡，此时布林线的上轨还在向下运动，而下轨线却在缓慢上升。这样布林线上下轨之间的形状就变成一个类似于倒的小喇叭的特殊形态，我们把布林线的这种喇叭口称为紧口型喇叭口(见图 10－10)。

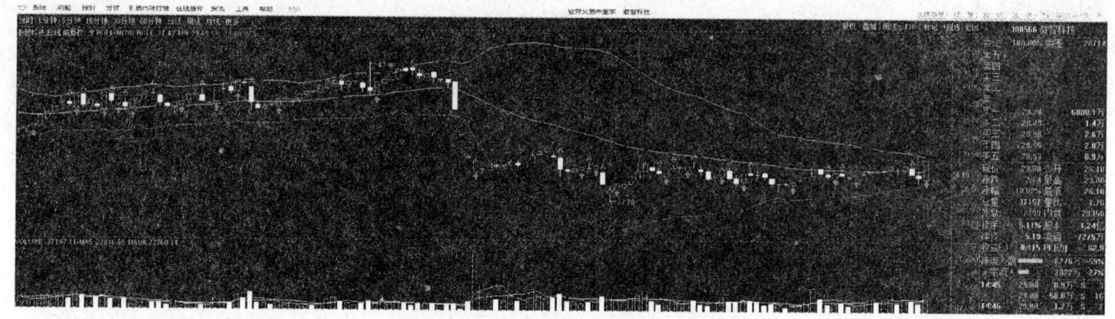

图 10－10　布林线收口型技术图

紧口型喇叭口是一种显示股价将长期小幅盘整筑底的形态。它形成于股价经过长期大幅下跌后面临着长期调整的一种走势。布林线的上下轨线的逐步小幅靠拢,预示着多空双方的力量逐步处于平衡,股价将处于长期横盘整理的行情中。

紧口型喇叭口形态的形成条件和确认标准比较宽松,只要股价经过较长时间的大幅下跌后,成交极度萎缩,上下轨之间的距离越来越小的时候就可认定紧口型喇叭初步形成。当紧口型喇叭口出现后,投资者既可以观望等待,也可以少量建仓。

七、神奇作用

布林线指标是通过计算股价的"标准差",再求股价的"信赖区间"。该指标在图形上画出三条线,其中上下两条线可以分别看成是股价的压力线和支撑线,而在两条线之间还有一条股价平均线。布林线指标的参数最好设为 20。一般来说,股价会运行在压力线和支撑线所形成的通道中。

布林线指标的一般用法在许多书上都有讲述,这里主要讲一讲布林线指标对行情的预告作用。虽然,像 KDJ、MACD 等指标可以通过低位向上交叉来作为买入信号或通过高位向下交叉来作为卖出讯号,但这些指标都有一个缺点,就是在股价盘整的时候会失去作用或产生骗线,给投资者带来损失。通常在股价盘整的过程中,投资者最想知道的一定是股价要盘整到什么时候才会产生行情。因为如果太早买入股票,而股票却又迟迟不涨,资金的利用率就会降低,而且投资者还要承担股价下跌的风险。而布林线指标则恰恰可以在这时发挥其神奇的作用,对盘整的结束给予正确的提示,使投资者避免太早买入股票。

其实利用布林线指标选股主要是观察布林线指标开口的大小,对那些开口逐渐变小的股票就要多加留意了。因为布林线指标开口逐渐变小代表股价的涨跌幅度逐渐变小,多空双方力量趋于一致,股价将会选择方向突破,而且开口越小,股价突破的力度就越大。那么,到底开口多小才算小？这里引入极限宽指标(WIDTH),即表示布林线指标开口大小的指标。有的软件没有这个指标,可以通过以下公式计算:WIDTH＝(布林上限值－布林下限值)÷布林股价平均值。一般来说极限宽指标小于 0.1 的股票随时有可能发生突破。但是,极限宽指标值的临界点会随个股不同而改变,所以最好观察该股一年来的极限宽指标走势以确定极限宽指标值的临界点。

在选定布林线指标开口较小的股票后,先不要急于买进,因为布林线指标只告诉我们这些

股票随时会突破,但却没有告诉我们股价突破的方向。符合以下几个条件的股票向上突破的可能性较大:

(1) 上市公司的基本面要好,这样主力在拉抬时,才能吸引大量的跟风盘。

(2) 在K线图上,股价最好站在250日、120日、60日、30日和10日均线上。

(3) 要看当前股价所处的位置,最好选择股价在相对底部的股票,对那些在高位横盘或上升和下降途中横盘的股票要加倍小心。

(4) 指标W%R(10)和W%R(30)的值都大于50;指标DMI(14)指标中+DI大于-DI,ADX和ADXR均向上走。笔者觉得最佳的买入时机是在股价放量向上突破,布林线指标开口扩大后。

布林线指标本身没有提供明确的卖出讯号,但笔者经过观察,可以利用股价跌破布林线股价平均线作为卖出讯号。

八、运用原则

布林线利用波带可以显示其安全的高低价位。

当变异性变小,而波带变窄时,激烈的价格波动有可能随时产生。

高低点穿越波带边线时,立刻又回到波带内,会有回档产生。

波带开始移动后,以此方式进入另一波带,这对于找出目标值有相当帮助。

应用规则:当一只股票在一段时间内股价波幅很小,反映在布林线上表现为股价波幅带长期收窄,而在某个交易日,股价在较大交易量的配合下收盘价突破布林线的阻力线,此时布林线由收口明显转为开口,投资者应该果断买入(从当日的K线图就可明显看出)。这是因为,该股票由弱转强,短期上冲的动力不会仅仅一天,短线必然会有新高出现,因此可以果断介入。

九、指示作用

经过长时间的总结发现,布林线中长期看来是一种优秀的趋势指标,当布林线由收口转至开口时,表示股价结束盘整,即将产生剧烈波动,而股价的突破方向标志着未来趋势的运动方向。也即,股价向上突破阻力线,则是一轮上升趋势;反之,将是下跌趋势。同时。平均线与阻力线(或支撑线)构成的上行(楚游)通道对于把握股价的中长期走势有着强烈的指示作用。

以上行通道为例,股价在平均线附近可以看作短期买点,股价临近或击穿阻力线可以判断是短期卖点,但是对于非短线操作者只要把握平均线的有效支撑就可以判断上升趋势是否持续。反之,下跌趋势的判断也是如此。布林线除了上述的指示作用外,还有一种短线指示作用。但是投资者切记,仅限短线炒作,有一定获利应果断出局。

十、实战要点

布林线指标给出的是一个指数或股价波动的上轨和下轨的区间,同时通过一条中线来配合对趋势进行判断。虽然股价在“上轨”和“下轨”的波动带内变动,但这条波动带的宽窄却随着股价波动幅度的大小而变化。股价变动幅度加大时,波动带会变宽;股价横盘整理时,波动带保持不变或收窄。也就是说,布林线所给出的波动带的区间是随着股价的变化而不断进行相应调整的。

在应用该指标时，重点在于波动带的变动和指数或股价对波动带的穿越。一般而言，当布林线的波动带呈水平方向移动时，可以被视为目前的趋势以横盘运行为主，属于“常态的范围”。在这种情况下，当股价向上穿越“上轨”时，将会形成短期的回档，可以看作是短线的卖出信号；股价向下穿越“下轨”时，将会形成短期的反弹，此时则为短线的买进时机。但股指或股价经过一段时间的横盘运行后，布林线的波动带区间有收窄迹象，即“上轨”和“下轨”相互靠拢时，则表示将要开始出现变盘。此时若股价连续穿越“上轨”，表示股价将朝上涨方向运行；而当股价连续穿越“下轨”，表示股价将朝下跌方向运行。

实际上，布林线对于波段操作的指导性较强。它在常态的情况下有通过上下轨的区间指明压力支撑的功能，并在股价穿越该区域时指出是否处于超买超卖的状态。同时在趋势运行时，它的作用也较为明显。一方面，在股指或股价形成突破之前，投资者可以通过观察波动带是否有收窄迹象来提前做好准备；另一方面，在趋势将要结束时，投资者可以通过观察股价对波动带中线的穿越，并结合波动带的变动来提前把握阶段性操作机会。尤其是在暴涨或暴跌的末期，股价常常会冲出布林线的上轨或下轨。此时，若果断高抛逃顶或底吸进场，短线收益将十分可观。

不过对于经历了波动带持久收缩后刚刚在形态上有突破的个股，在股价变动的初期应用布林线时要尽量避免短线操作。在上涨初期，由于在开始突破的前几个交易日内股价一般走势较强，在触及布林线的上轨后，常常是以横盘强势整理来消化技术上的压力，或改为贴近布林线上轨运行，而不出现回调，此时若在上轨附近卖出后，却不一定能够再有较好的价位回补，此时很容易错过中线收益的机会。在下跌趋势刚开始时亦然，股价短时间经历急速跌穿下轨后，可能改为缓跌或横盘修正，此时进场抢反弹却可能陷入被套的困境。不过上述两种情况下，布林线可与 SAR 停损指标配合使用，以达到取长补短，增加胜算的投资效果。

十一、BOLL 指标应用技巧

(1) 当价格运行在布林通道的中轨和上轨之间的区域时，只要不破中轨，说明市场处于多头行情中，只考虑逢低买进，不考虑做空。

(2) 在中轨和下轨之间时，只要不破中轨，说明是空头市场，交易策略是逢高卖出，不考虑买进。

(3) 当市场价格沿着布林通道上轨运行时，说明市场是单边上涨行情，持有的多单要守住，只要价格不脱离上轨区域就耐心持有。

(4) 沿着下轨运行时，说明市场目前为单边下跌行情，一般为一波快速下跌行情，持有的空单，只要价格不脱离下轨区域就耐心持有。

(5) 当价格运行在中轨区域时，说明市场目前为盘整震荡行情，对趋势交易者来说，这是最容易赔钱的一种行情，应回避，空仓观望为上。

(6) 布林通道的缩口状态。价格在中轨附近振荡，上下轨逐渐缩口，此是大行情来临的预兆，应空仓观望，等待时机。

(7) 通道缩口后的突然扩张状态。意味着 波爆发性行情来临，此后，行情很可能走单边。可以积极调整建仓，顺势而为。

(8) 当布林通道缩口后，在一波大行情来临之前，往往会出现假突破行情，这是主力的陷阱，应提高警惕，可以通过调整仓位化解。

(9) 布林通道的时间周期应以周线为主，在单边行情时，所持仓单已有高额利润，为防止大的回调，可以参考日线布林通道的原则出局。

BOLL 通达信主图指标源码：

BOLL1："BOLL－M". BOLL；

UB1："BOLL－M". UB；

LB1："BOLL－M". LB；

十二、布林线指标的实战技巧

BOLL 指标的实战技巧主要集中在股价 K 线（或美国线）与 BOLL 指标的上、中、下轨之间的关系及布林线的开口和收口的状况等方面。由于在部分软件上 BOLL 指标是在主图上，为了更准确地研判行情，我们可以采用 BOLL 指标和 TRIX 指标相结合来研判行情。下面以分析家上的 BOLL 指标为例，来揭示其买卖和观望功能（在大部分软件上，BOLL 指标的参数一般不做修改）。

（一）买卖信号

(1) 当股价 K 线带量向上突破布林线的上轨，并且 TRIX 指标也已经发出低位"金叉"时，说明股价即将进入一个中长期上升通道之中，这是 BOLL 指标发出的买入信号。此时，投资者应及时地买入股票。

(2) 当布林线轨道很长一段时间的低位窄幅水平运动后，一旦股价 K 线带量向上突破布林线的上轨，同时原本狭窄的布林线通道突然开口向上时，说明股价即将脱离原来的水平运行通道、进入新的上升通道之中，这也是 BOLL 指标发出的买入信号。

(3) 当股价 K 线向下突破布林线的中轨，并且 TRIX 指标也在已经发出高位"死叉"时，说明股价即将进入一个中长期下降通道之中，这是 BOLL 指标发出的卖出信号。此时，投资者应尽早清仓离场。

(4) 当布林线轨道很长一段时间的高位窄幅水平运动后，一旦股价 K 线向下突破布林线的下轨，同时原本狭窄的布林线通道突然开口向下时，说明股价即将脱离原来的水平运行通道、进入新的下降通道之中，这也是 BOLL 指标发出的卖出信号。

（二）持股持币信号

(1) 当布林线开口向上后，只要股价 K 线始终运行在布林线的中轨上方的时候，说明股价一直处在一个中长期上升轨道之中，这是 BOLL 指标发出的持股待涨信号，如果 TRIX 指标也是发出持股信号时，这种信号更加准确。此时，投资者应坚决持股待涨。

(2) 当布林线开口向下后，只要股价 K 线始终运行在布林线的中轨下方的时候，说明股价一直处在一个中长期下降轨道之中，这是 BOLL 指标发出的持币观望信号，如果 TRIX 指标也是发出持币信号时，这种信号更加准确。此时，投资者应坚决持币观望。

第六节　DMI 趋向指标

趋向指标又叫动向指标（Directional Movement Index，DMI），也是由美国技术分析大师威尔斯·威尔德(Wells Wilder)所创造的，是一种中长期股市技术分析(Technical Analysis)方法。

DMI 指标是通过分析股票价格在涨跌过程中买卖双方力量均衡点的变化情况，即多空双方的力量的变化受价格波动的影响而发生由均衡到失衡的循环过程，从而提供对趋势判断依据的一种技术指标。

一、指标的基本原理

DMI 指标的基本原理在于寻找股票价格涨跌过程中，股价借以创新高价或新低价的功能，研判多空力量，进而寻求买卖双方的均衡点及股价在双方互动下波动的循环过程。在大多数指标中，绝大部分都是以每一日的收盘价的走势及涨跌幅的累计数来计算出不同的分析数据，其不足之处在于忽略了每一日的高低之间的波动幅度。比如某个股票的两日收盘价可能是一样的，但其中一天上下波动的幅度不大，而另一天股价的振幅却在 10%以上，那么这两日的行情走势的分析意义决然不同，这点在其他大多数指标中很难表现出来。而 DMI 指标则是把每日的高低波动的幅度因素计算在内，从而更加准确地反映行情的走势及更好地预测行情未来的发展变化。

二、计算方法

DMI 指标的计算方法和过程比较复杂，它涉及 DM、TR、DX 等几个计算指标和＋DI(即 PDI，下同)、－DI(即 MDI，下同)、ADX 和 ADXR 等 4 个研判指标的运算。

(一) 计算的基本程序

以计算日 DMI 指标为例，其运算的基本程序主要为：

(1) 按一定的规则比较每日股价波动产生的最高价、最低价和收盘价，计算出每日股价波动的真实波幅、上升动向值、下降动向值 TR、＋DI、－DI，在运算基准日基础上按一定的天数将其累加，以求 n 日的 TR、＋DM 和 DM 值。

(2) 将 n 日内的上升动向值和下降动向值分别除以 n 日内的真实波幅值，从而求出 n 日内的上升指标＋DI 和下降指标－DI。

(3) 通过 n 日内的上升指标＋DI 和下降指标－DI 之间的差和之比，计算出每日的动向值 DX。

(4) 按一定的天数将 DX 累加后平均，求得 n 日内的平均动向值 ADX。

(5) 再通过当日的 ADX 与前面某一日的 ADX 相比较，计算出 ADX 的评估数值 ADXR。

(二) 计算的具体过程

1. 计算当日动向值

动向指数的当日动向值分为上升动向、下降动向和无动向等三种情况，每日的当日动向值只能是三种情况的一种。

(1) 上升动向(＋DM)。

＋DM 代表正趋向变动值即上升动向值，其数值等于当日的最高价减去前一日的最高价，如果≤0 则＋DM＝0。

(2) 下降动向(－DM)。

－DM 代表负趋向变动值即下降动向值，其数值等于前一日的最低价减去当日的最低价，如果≤0 则－DM＝0。注意，－DM 也是非负数。

再比较＋DM 和－DM，较大的那个数字保持，较小的数字归零。

(3) 无动向。

无动向代表当日动向值为“零”的情况，即当日的＋DM 和－DM 同时等于零。有两种股价波动情况下可能出现无动向：一是当日的最高价低于前一日的最高价并且当日的最低价高于前一日的最低价，二是当上升动向值正好等于下降动向值。

2. 计算真实波幅(TR)

TR 代表真实波幅，是当日价格较前一日价格的最大变动值。取以下三项差额的数值中的最大值(取绝对值)为当日的真实波幅：

(1) 当日的最高价减去当日的最低价的价差。

(2) 当日的最高价减去前一日的收盘价的价差。

(3) 当日的最低价减去前一日的收盘价的价差。

TR 是(1)、(2)、(3)中的数值最大者。

3. 计算方向线 DI

方向线 DI 是衡量股价上涨或下跌的指标，分为“上升指标”和“下降指标”。在有的股市分析软件上，＋DI 代表上升方向线，－DI 代表下降方向线。其计算方法如下：

$$+DI=(+DM\div TR)\times 100$$
$$-DI=(-DM\div TR)\times 100$$

要使方向线具有参考价值，则必须运用平滑移动平均的原理对其进行累积运算。以 12 日作为计算周期为例，先将 12 日内的＋DM、－DM 及 TR 平均化，所得数值分别为＋DM12、－DM12 和 TR12，具体如下：

$$+DI(12)=(+DM12\div TR12)\times 100$$
$$-DI(12)=(-DM12\div TR12)\times 100$$

随后计算第 13 天的＋DI12、－DI12 或 TR12 时，只要利用平滑移动平均公式运算即可。

上升或下跌方向线的数值永远介于 0 与 100 之间。

4. 计算动向平均数 ADX

依据 DI 值可以计算出 DX 指标值。其计算方法是将＋DI 和－DI 间的差的绝对值除以总和的百分比得到动向指数 DX。由于 DX 的波动幅度比较大，一般以一定的周期的平滑计算，得到平均动向指标 ADX。具体过程如下：

$$DX=(DI\ DIF\div DI\ SUM)\times 100$$

式中，DI DIF 为上升指标和下降指标的差的绝对值；

DI SUM 为上升指标和下降指标的总和；

ADX 为 DX 的一定周期 n 的移动平均值。

5. 计算评估数值 ADXR

在 DMI 指标中还可以添加 ADXR 指标，以便更有利于行情的研判。

ADXR 的计算公式为：

$$ADXR=(当日的 ADX+前 n 日的 ADX)\div 2$$

式中,n 为选择的周期数。

和其他指标的计算一样,由于选用的计算周期不同,DMI 指标包括日 DMI 指标、周 DMI 指标、月 DMI 指标、年 DMI 指标以及分钟 DMI 指标等各种类型。经常被用于股市研判的是日 DMI 指标和周 DMI 指标。虽然它们的计算时的取值有所不同,但基本的计算方法一样。另外,随着股市软件分析技术的发展,投资者只需掌握 DMI 形成的基本原理和计算方法,无须去计算指标的数值,更为重要的是利用 DMI 指标去分析、研判股票行情。

三、研判标准

DMI 指标是威尔德大师认为比较有成就且实用的一套技术分析工具。虽然其计算过程比较烦琐,但技术分析软件的运用可以使投资者省去复杂的计算过程,专心于掌握指标所揭示的真正含义,领悟其研判行情的独到功能。

和其他技术指标不同的是,DMI 指标的研判动能主要是判别市场的趋势。在应用时,DMI 指标的研判主要集中在两个方面:一个方面是分析上升指标+DI、下降指标-DI 和平均动向指标 ADX 之间的关系;另一个方面是对行情的趋势及转势特征的判断。其中,+DI 和-DI 两条曲线的走势关系是判断能否买卖的信号,ADX 则是判断未来行情发展趋势的信号。

(一) 上升指标+DI 和下降指标-DI 的研判功能

(1) 当股价走势向上发展,而同时+DI 从下方向上突破-DI 时,表明市场上有新多买家进场,为买入信号,如果 ADX 伴随上升,则预示股价的涨势可能更强劲。

(2) 当股价走势向下发展,而同时+DI 从上向下突破-DI 时,表明市场上做空力量在加强,为卖出信号,如果 ADX 伴随上升,则预示跌势将加剧。

(3) 当股价维持某种上升或下降行情时,+DI 和-DI 的交叉突破信号比较准确,但当股价维持盘整时,应将+DI 和-DI 交叉发出的买卖信号视为无效。

(二) 平均动向指标 ADX 的研判功能

ADX 为动向值 DX 的平均数,而 DX 是根据+DI 和-DI 两数值的差和对比计算出来的百分比,因此,利用 ADX 指标将更有效地判断市场行情的发展趋势。

1. 判断行情趋势

当行情走势由横盘向上发展时,ADX 值会不断递增。因此,当 ADX 值高于前一日时,可以判断当前市场行情仍在维持原有的上升趋势,即股价将继续上涨,如果+DI 和-DI 同时增加,则表明当前上升趋势将十分强劲。

当行情走势进入横盘阶段时,ADX 值会不断递减。因此,判断行情时,应结合股价走势(+DI 和-DI)进行判断。

当行情走势由盘整向下发展时,ADX 值也会不断递减。因此,当 ADX 值低于前一日时,可以判断当前市场行情仍维持原有的下降趋势,即股价将继续下跌,如果+DI 和-DI 同时减少,则表示当前的跌势将延续。

2. 判断行情是否盘整

当市场行情在一定区域内小幅横盘盘整时,ADX 值会出现递减情况。当 ADX 值降至 20

以下，且呈横向窄幅移动时，可以判断行情为牛皮盘整，上升或下跌趋势不明朗，投资者应以观望为主，不可依据＋DI 和－DI 的交叉信号来买卖股票。

3. 判断行情是否转势

当 ADX 值在高点由升转跌时，预示行情即将反转。在涨势中的 ADX 在高点由升转跌，预示涨势即将告一段落；在跌势中的 ADX 值从高位回落，预示跌势可能停止。

四、特殊分析

DMI 指标的一般分析方法主要是针对＋DI、－DI、ADX 等三值之间的关系展开的，而在大多数股市技术分析软件上，DMI 指标的特殊研判功能则主要是围绕＋DI 线(白色线)、－DI 线(黄色线)、ADX 线(红色线)和 ADXR 线(绿色线)等四线之间的关系及 DMI 指标分析参数的修改和均线先行原则等这三方面的内容而进行的。其中，＋DI 线在有的软件上是用 PDI 线表示，意为上升方向线；－DI 线是用 MDI 表示，意为下降方向线。

五、四线交叉原则

(1) 当＋DI 线同时在 ADX 线和 ADXR 线及－DI 线以下(特别是在 50 线以下的位置时)，说明市场处于弱市之中，股市向下运行的趋势还没有改变，股价可能还要下跌，投资者应持币观望或逢高卖出股票为主，不可轻易买入股票。这点是 DMI 指标研判的重点。

(2) 当＋DI 线和－DI 线同处 50 以下时，如果＋DI 线快速向上突破－DI 线，预示新的主力已进场，股价短期内将大涨。如果伴随大的成交量放出，更能确认行情将向上，投资者应迅速短线买入股票。

(3) 当＋DI 线从上向下突破－DI 线(即－DI 线从下向上突破＋DI 线)时，此时不论＋DI 和－DI 处在什么位置都预示新的空头进场，股价将下跌，投资者应短线卖出股票或以持币观望为主。

(4) 当＋DI 线、－DI 线、ADX 线和 ADXR 线等四线同时在 50 线以下绞合在一起窄幅横向运动，说明市场波澜不兴，股价处于横向整理之中，此时投资者应以持币观望为主。

(5) 当＋DI 线、ADX 线和 ADXR 线等三线同时在 50 线以下的位置，而此时三条线都快速向上发散，说明市场人气旺盛，股价处在上涨走势之中，投资者可逢低买入或持股待涨。(这点中因为－DI 线是下降方向线，其对上涨走势反应不灵，故不予以考虑)。

(6) 对于牛股来说，ADX 在 50 以上向下转折，仅仅回落到 40～60 之间，随即再度掉头向上攀升，而且股价在此期间走出横盘整理的态势。随着 ADX 再度回升，股价向上再次大涨，这是股价拉升时的征兆。这种情况经常出现在一些大涨的牛股中，此时 DMI 指标只是提供一个向上大趋势即将来临的参考。在实际操作中，则必须结合均线系统和均量线及其他指标一起研判。

六、DMI 指标的具体研判细节

(1) DMI 本身含有＋DI、－DI、DX、ADX 指标，这几项指标要配合看。除外，配合其他外部指标共同研判。

(2) DI 上升、下降的幅度均在 0 至 100 之间。多方实力强，＋DI 值放大并趋近 100，股指可能会继续提高。反之，若空方实力强，－DI 值放大并趋近 100，股指会继续下落。如果＋DI 变小并趋近 0，反映了多方势头减弱。如果－DI 变小并趋于 0，反映空方势头减弱。股指分别会止升、止跌。投资者可根据+DI、-DI的变化趋向,摸清多空的实力,择机而动。

(3) 从相对强弱分析,如果+DI大于-DI,在图形上则表现为+DI线从下向上穿破-DI线,这反映了股市中多方力量加强,股市有可能高走一段,因此,投资者速买再速卖,不可买进惜售,待股价冲顶回落后会造成损失。

如果-DI大于+DI,在图形上则表现为-DI线从下向上穿透+DI线,反映股市中空头正在进场,股市有可能低走。因此,投资者应速卖股票,看准底部后再买进股票。

如果+DI和-DI线交叉且幅度不宽,表明股市进入盘整行情。投资者要观察一段,待机行事。

(4) 对ADX,投资者应注意:ADX活动区间在0~100内,如果ADX趋向100,表明多空某一方的力量趋于零。如果ADX值大,表明多空双方实力相差悬殊;如果ADX值小,表明多空双方实力接近;如果ADX趋向零,表明多空双方的实力近似相等。

一般讲,ADX值在20至60间,表明多空双方实力大体相等,轮换主体位置的可能性大。投资者此时易把握自己的位置,看准时机,空头转多头,或相反。

ADX值穿破60,表明多空双方力量拉开,多头或空头各方渐渐主动,或超卖,或超买。ADX值穿破20,表明多空双方力量均衡,多空双方都主动回撤,买卖不活。此两种情况,投资者既不可过于急躁,又不可过于谨慎,要择机而动,大胆心细。

(5) 如果ADX、+DI值同时上升,表明多头实力加强,市场有上升的劲头。投资者应速买而后速卖。如果ADX、+DI值同时下降,表明空方主力进场,市场下跌不可避免。投资者速卖后,待新底形成再买进。如果ADX线位于+DI线上方并回落,表明行情虽在上升,但结束上升行情的时间已到,投资者不可再盲目追涨。如果ADX线位于-DI线上方并回落,表明行情虽在下跌,但下跌的认底部已形成,熊市将结束,投资者可适当买进股票。

(6) 对ADX,投资者应注意:

① 单一动向:股市行情以明显的动向单方向发展,不论是上升还是下降,ADX值此时会逐渐加强并持续一段时间。面对这种单一动向,或DI上升、下降值与ADX同向上升时,投资者可顺其操作,即加入多头,或加入空头。但注意,长时间的跟风也会造成损失。

② 牛皮动向:当股市指数新高、新低点反复交叉,忽升忽降时,ADX会表现为递减态势,当ADX逐降到20以下时,+DI和-DI呈现横向走势,投资者应暂停交易,伺机而动。此时,DMI动向指标只能参考,不能完全依此入市。

③ 反转动向:当ADX由升转降时,高于50以上时说明行情反转来临,如果在涨势中,ADX在高点由升转降时,表明顶部到顶,涨势将收场。投资者应调整多头行动。反之,在跌势中,ADX也在高点由升转降时,表明底部到底,跌势将收场,投资者应调整空头。

七、运用

DMI指标共有+DI(即PDI,下同)、-DI(即MDI,下同)、ADX、ADXR四条线,也是它的四个参数值,它分为多空指标(+DI、-DI)和趋向指标(ADX、ADXR)两组指标。

(一) 多空指标

多空指标包括(+DI多方、-DI空方):

+DI在-DI上方,股票行情以上涨为主;+DI在-DI下方,股票行情以下跌为主。

在股票价格上涨行情中,当+DI向上交叉-DI,是买进信号;相反,当+DI向下交叉

－DI，是卖出信号。

－DI 从 20 以下上升到 50 以上，股票价格很有可能会有一波中级下跌行情。

＋DI 从 20 以下上升到 50 以上，股票价格很有可能会有一波中级上涨行情。

＋DI 和－DI 以 20 为基准线上下波动时，该股票多空双方拉锯战，股票价格以箱体整理为主。

（二）趋向指标

趋向指标包括 ADX 和 ADXR，ADX 和 ADXR 是＋DI 和－DI 的引导指标，同时也是判断股票行情的趋势指标。

当 ADX 从上面下穿 ADXR 时所形成的交叉点叫作死叉，当 ADX 与 ADXR 形成死叉时股票上涨行情将终结，如果 ADX 和 ADXR 下行至 20 左右并交织波动时，说明股票将横盘整理，没有上涨行情。

当 ADX 在 50 以上反转向下，不管股票价格是上涨还是下跌，都即将反转。

当 ADX 从下面上穿 ADXR 时，所形成的交叉点叫作 ADX 金叉 ADXR；当 ADX 与 ADXR 发生金叉时，预示着股票将出现一波上涨行情，ADX 的 ADXR 运行至 50 以上时，将可能产生一轮中级以上的行情，ADX 和 ADXR 上行至 80 以上时，那么市场将很有可能是翻倍以上的大行情。

当 4 根线间距收窄时，表明股票行情处于盘整中，DMI 指标失真。

八、实战技巧

DMI 指标的实战技巧主要集中在 DMI 指标的 PDI、MDI、ADX 和 ADXR 这四条曲线的交叉情况以及 PDI 曲线所处的位置和运行方向等两个方面。下面以分析家软件上的日参数为(42,72)的 DMI 指标为例，来揭示 DMI 指标的买卖和观望功能。

（一）买卖功能

(1) 当 DMI 指标中的 PDI、MDI、ADX 和 ADXR 这四条曲线在 20 附近一段狭小的区域内作窄幅盘整，如果 PDI 曲线先后向上突破 MDI、ADX、ADXR 曲线，同时股价也带量向上突破中长期均线时，则意味着市场上多头主力比较强大，股价短期内将进入强势拉升阶段，这是 DMI 指标发出的买入信号。

(2) 当 DMI 指标中的 PDI、MDI、ADX 和 ADXR 这四条曲线在 20～40 这段区域内做宽幅整理，如果 PDI 曲线先后向下跌破 ADX 和 ADXR 曲线时，投资者应密切注意行情会不会反转向下，一旦 PDI 曲线又向下跌破 MDI 曲线，同时股价也向下突破中长期均线，则意味着市场上空头主力比较强大，股价短期内还将下跌，这是 DMI 指标发出的卖出信号。

（二）持股持币功能

(1) 当 DMI 指标中的 PDI 曲线分别向上突破 MDI、ADX、ADXR 后，一直在这三条曲线上运行，同时股价也依托中长期均线向上扬升，则意味着市场上多头力量依然占据优势，股价还将上涨，这是 DMI 指标比较明显的持股信号，只要 PDI 曲线没有向下跌破这三条曲线中的任何一条，投资者就可以坚决持股待涨。

(2) 当 DMI 指标中的 PDI 曲线分别向上突破 MDI、ADX、ADXR 后，如果经过一段时间的高位盘整，PDI 曲线向下跌破 ADX 曲线但在 ADXR 处获得支撑，并重新调头上行，同时也在中期均线附近获得支撑，则表明市场强势依旧，股价还将上扬，这也是 DMI 指标的持股信号，投资者还可短线持股待涨。

(3) 当 DMI 指标中的 PDI 曲线向下跌破 MDI、ADX、ADXR 后，如果 PDI 曲线一直运行在这三条线下方，并且在 20 以下区域做水平或向下运动，同时股价也被中长期均线压制下行时，则意味着市场上空头力量占绝对优势，股价将继续下跌，这是 DMI 指标比较明显的持币信号，只要 PDI 曲线没有向上突破这三条曲线中的任何一条，投资者就应坚决持币观望。

九、缺陷

(1) DI 交叉信号对于汇市的反应比其他指标要慢很多；

(2) 此指标比较适合中长线投资人使用，短线投资人不建议使用；

(3) 有些时候明明 ADX 指标已经发生转折了，但是汇价却没有随之转变，这就是指标失效现象。

十、注意事项

一是该指标的 4 个小指标(PDI、MDI、ADX、ADXR 等)出现汇集黏合迹象，一般历经10～15 个交易日。如图 10－12 之“买入点 1”(买入点 2、买入点 3)之前的一段时间里，DMI 指标的 4 个小指标出现明显的汇集黏合现象。粘合表明多空双方处于十分胶着状态，也表明整理过程中，市场处于极度“平静”状态中，这其实从一个侧面说明当时市场浮动筹码趋于一个十分少的状态中。

二是指标经过黏合后(或黏合期间)，价格走势中收出的阳线非常密集，一般来说，阳 K 线占比达 80%以上。在这种情况下，说明市场经过充分的整理后，多头开始逐渐“暗中”发力，才会持续收出占比较大比例的阳 K 线。而此时处于价格“爆发”前期，市场主流资金悄悄买多，且具有持续性和较大的力度，才导致价格缓慢走高。

具备上述两个条件下的品种(或股票)，一般后期都会有较大幅度的上涨行情，如图10－11 的股指期货走势。那么，在出现上述信号后，进行买入动作，随后耐心持有，最后需要解决的一个问题就是何时卖出(平仓)的问题了。

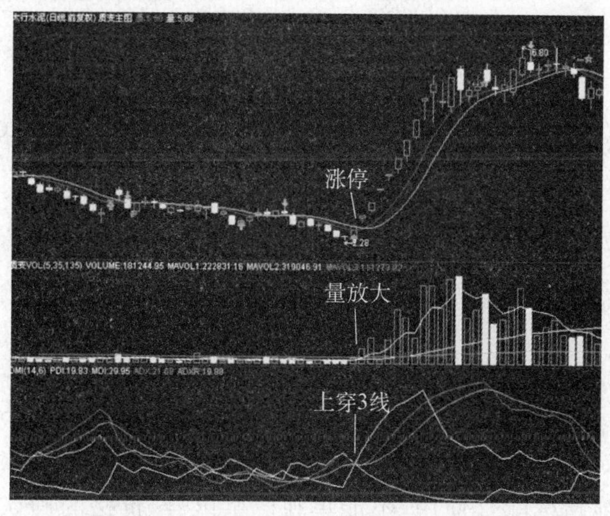

图 10－11 DMI 指标的买入卖出信号位置

三是当 ADX 向下交叉 ADXR，且此时 ADX 已达 80 以上时，为卖出（平仓多单）信号。首先当 ADX 持续走高，并达到 80 以上区域时，说明市场已经经过了较大的上涨行情。而当 ADX 向下交叉 ADXR，则说明市场开始出现明显的抛空动能，这将（至少短期阶段性）结束之前上涨趋势。

上述图中标注的 3 个“平多点”，虽然不一定是波段性的最高点，但基本是一个有效的阶段性高点，随后行情要么直接陷入较深的调整之中，要么开始转入宽幅振荡之中，多头不值得继续参与。

第七节 RSI 相对强弱指数

相对强弱指数（Relative Strength Index，RSI）是根据一定时期内上涨点数和涨跌点数之和的比率制作出的一种技术曲线，能够反映出市场在一定时期内的景气程度。由威尔斯·威尔德最早应用于期货买卖，后来人们发现在众多的图表技术分析中，强弱指标的理论和实践极其适合于股票市场的短线投资，于是被用于股票升跌的测量和分析中。该分析指标的设计是以三条线来反映价格走势的强弱，这种图形可以为投资者提供操作依据，非常适合做短线差价操作。

一、数学原理

RSI 的原理简单来说是以数字计算的方法求出买卖双方的力量对比，譬如有 100 个人面对一件商品，如果 50 个人以上要买，竞相抬价，商品价格必涨。相反，如果 50 个人以上争着卖出，价格自然下跌。

强弱指标理论认为，任何市价的大涨或大跌，均在 0～100 之间变动，根据常态分配，认为 RSI 值多在 30～70 之间变动，通常 80 甚至 90 时被认为市场已到达超买状态，至此市场价格自然会回落调整。当价格低跌至 30 以下即被认为是超卖状态，市价将出现反弹回升。

二、公式代码

公式代码如下：

```
RSI：= SMA(MAX(Close - LastClose,0),N,1)/SMA(ABS(Close - LastClose),N,1) * 100
```

三、五种用途

（1）顶点及底点 70 及 30 通常为超买及超卖讯号。

（2）分歧（或背离），当市况创下新高（低）但 RSI 并不处于新高（低），这通常表明市场将出现反转。

（3）支撑及阻力，RSI 能显示支持及阻力位，有时比价格图更能清晰地反映支持及阻力。

（4）价格趋势形态与价格图相比，价格趋势形态（如双顶及头肩）在 RSI 上表现得更清晰。

（5）峰回路转当 RSI 突破（超过前高或低点）时，这可能表示价格将有突变。与其他指标相同，RSI 需与其他指标配合使用，不能单独产生讯号，价格的确认是决定入市价位的关键。

四、指标计算

RSI6 一般是 6 日相对强弱指标。

RSI12 一般是 12 日相对强弱指标。

RSI24 一般是 24 日相对强弱指标。

强弱指标的计算公式如下：

$$RSI=100\times\frac{RS}{(1+RS)}\text{或者},RSI=100-100\div(1+RS)$$

$$RS=\frac{X\text{天的平均上涨点数}}{X\text{天的平均下跌点数}}$$

$$RS=\frac{14\text{天内收市价上涨数之和的平均}}{14\text{天内收市价下跌数之和的平均值}}$$

公式化简：

RSI＝100×14 天内收市价上涨数之和的平均值÷(14 天内收市价上涨数之和的平均值＋14 天内收市价下跌数之和的平均值)

＝100×14 天内收市价上涨数之和÷(14 天内收市价上涨数之和＋14 天内收市价下跌数之和)

五、举例说明

如果最近 14 天涨跌情形如下：

第一天升 2 元，第二天跌 2 元，第三至第五天各升 3 元；第六天跌 4 元；第七天升 2 元，第八天跌 5 元；第九天跌 6 元，第十至十二天各升 1 元；第十三至十四天各跌 3 元。

那么，计算 RSI 的步骤如下：

(1) 将 14 天上升的数目相加，除以 14，上例中总共上升 16 元除以 14 得 1.143(精确到小数点后 3 位)；

(2) 将 14 天下跌的数目相加，除以 14，上例中总共下跌 23 元除以 14 得 1.643(精确到小数点后 3 位)；

(3) 求出相对强度 RS，即 RS＝1.143÷1.643＝0.696(精确到小数点后 3 位)；

(4) 1＋RS＝1＋0.696＝1.696；

RS÷(1＋RS)＝0.696÷(1＋0.696)＝0.410 38

(5) RSI＝100×0.410 28＝41.038。

结果 14 天的强弱指标 RS1 为 41.038。

不同日期的 14 天 RSI 值当然是不同的，连接不同的点，即成 RSI 的轨迹。

六、测量优点

(1) 能较清楚地看出买卖双方的意向。

何时呈现超买状态，何时呈现超卖状态一目了然，从而使人们较好地掌握买入时机。不过，任何分析工具都有其优点和缺点，技术分析师常常告诫人们，应用 RSI 的分析不能掉进公式化、机械化的泥潭中，因为任何事物都有特殊情况，RSI 超过 95 或低于 15 也并不出奇，不要一低于 30 就入市买进，高于 70 就抛售，应当结合其他图形具体分析。

(2) 能构成柱状图的各种图形。

诸如头肩顶、双顶双底三角形、旗形、放大型、支持线、阻力线等。

RSI 的计算一般以 14 天为周期，把上升幅度作为买方力量的总和，将下跌的幅度作为卖方力量的总和，而判断汇价的未来动向，则是参看两种力量对比的结果。

七、运用原则

这里的“极强”“强”“弱”“极弱”只是一个相对的分析概念。RSI 指标运用原则：

(1) 受计算公式的限制，不论价位怎样变动，强弱指标的值均在 0 与 100 之间。

(2) 强弱指标保持高于 50 表示为强势市场；反之，低于 50 表示为弱势市场。

(3) 强弱指标多在 70 与 30 之间波动。当 6 日指标上升到达 80 时，表示股市已有超买现象，假如一旦继续上升，超过 90 以上时，则表示已到严重超买的警戒区，股价已形成头部，极可能在短期内反转回转。

(4) 当六日强弱指标下降至 20 时，表示股市有超卖现象，假如一旦继续下降至 10 以下时则表示已到严重超卖区域，股价极可能有止跌回升的机会。

(5) 每种类型股票的超卖超买值是不同的。

在牛市时，通常蓝筹股的强弱指数若是 80，便属超买，若是 30 便属超卖，至于二三线股，强弱指数若是 85 至 90，便属超买，若是 20 至 25，便属超卖。但我们不能硬性地以上述数值，拟定蓝筹股或二三线股是否属于超买或超卖，主要是由于某些股票有自己的一套超买/卖水平，即股价反复的股票，通常超买的数值较高(90 至 95)，而视作超卖的数值亦较低(10 至 15)。至于那些表现较稳定的股票，超买的数值则较低(65 至 70)，超卖的数值较高(35 至 40)。因此我们对一只股票采取买/ 卖行动前，一定要先找出该只股票的超买/超卖水平。至于衡量一只股票的超买/超卖水平，我们可以参考该股票过去 12 个月之强弱指标记录。

(6) 超买及超卖范围的确定还取决于两个因素。第一是市场的特性，起伏不大的稳定的市场一般可以规定 70 以上超买，30 以下为超卖。变化比较剧烈的市场可以规定 80 以上超买，20 以下为超卖。第二是计算 RSI 时所取的时间参数。比如说，对于 12 日 RSI，可以规定 80 以上为超买，20 以下为超卖。对于 24 日 RSI，可以规定 70 以上为超买，30 以下为超卖。应当注意的是，超买或超卖本身并不构成入市的讯号。有时行情变化得过于迅速，RSI 会很快地超出正常范围，这时 RSI 的超买或超卖往往就失去了其作为出入市警告讯号的作用。比如说在牛市初期，RSI 往往会很快进入 80 以上的区域，并在此区域内停留相当长一段时间，但这并不表示上升行情将要结束。恰恰相反，它是一种强势的表现。只有在牛市末期或熊市当中，超买才是比较可靠的入市讯号。基于这个原因，一般不宜在 RSI 一旦进入非正常区域就采取买卖行动。最好是价格本身也发出转向信号时再进行交易。这样就可以避免类似于上面提到的 RSI 进入超买区但并不立即回到正常区域那样的“陷阱”。在很多情况下，很好的买卖讯号是：RSI 进入超买超卖区，然后又穿过超买或超卖的界线回到正常区域。不过这里仍然要得到价格方面的确认，才能采取实际的行动。这种确认可以是：① 趋势线的突破；② 移动平均线的突破；③ 某种价格形态的完成。

(7) 强弱指标与股价或指数比较时，常会产生先行显示未来行情走势的特性，亦即股价或指数未涨而强弱指标先上升，股价或指数未跌而强弱指标先下降，其特性在股价的高峰与谷底反应最明显。

(8) 当强弱指标上升而股价反而下跌,或是强弱指标下降而股价反而上涨,这种情况称之为"背驰"。当RSI在70至80上时,价位破顶而RSI不能破顶,这就形成了"顶背驰",而当RSI在30至20下时,价位破底而RSI不能破底就形成了"底背驰"。这种强弱指标与股价变动,产生的背离现象,通常是被认为市场即将发生重大反转的讯号。

相对强弱指标(RSI)是技术指标中的一种,强弱指标理论认为,任何市价的大涨或者大跌,均在0～100之间波动。根据常态分析,认为RSI值在30～70之间的变动属正常情况,在80～90时,被认为市场已达超买状态,至此市场价格自然面临回落调整;而在10～20时,被认为市场已达超卖状态,至此市场价格自然面临企稳回升。但投资者可能会发现:有时RSI在80以上时,股价仍不断上扬,因此仅仅用是否通过80来划分股价是否超买来判断顶部,不太可靠。因此,我们就应该寻找其他规律进行判断。

八、变动范围

RSI的变动范围在0～100之间,国内单边做多的股市:强弱指标值一般分布在20～80。

80～100:极强,卖出。

50～80:强,买入。

20～50:弱,观望。

0～20:极弱,买入。

国内期货/国际伦敦金/外汇等双向交易市场:强弱指标值一般分布在30～70。

70～100:超买区,做空。

30～70:观望,慎入区。

0～30:超卖区,做多。

九、顶背离

一般来讲,技术指标都有顶背离的走势出现,RSI指标也不例外。RSI指标出现顶背离,是指股价在一个上升趋势当中,先创出一个新高点,这时RSI指标也相应在80以上创出一个新高点,之后股价出现一定幅度回落,RSI也随着股价的回落走势出现调整。但是,如果之后股价再度出现冲高,并且超越前期高点时,而RSI虽然随股价继续上扬,但是并没有超过前期高点,这就形成RSI的顶背离。RSI出现顶背离后,股价见顶的可能性较大。

之所以说RSI顶背离就是股价见顶的标志,主要是由于当庄家拉高出货的时候,为了出货迅速,其拉高动作必然迅速而猛烈,而出货动作则要延续较长的时间和空间。这种特性就决定了庄家一次又一次地拉高股价,但是由于RSI指标主要是反映市场强弱的指标,而这种强势不再的走势无疑将促使RSI出现回落走势,因此一旦庄家出货的走势出现,RSI的回落幅度通常较大,从而形成顶背离的态势。这种现象在KDJ等指标上同样也有可能出现,而成交量与股价背离的现象,也是股价见顶的征兆之一。价格上扬成交量趋于减少,说明市场交易活跃程度逐渐减弱,接下来股价很可能面临下跌的走势。

发现指标出现顶背离走势后,投资者应结合当时市场气氛和盘面情况进行综合判断。如果市场仍然处于相对看多的阶段,则股价继续上扬的可能性较大,但是幅度和力度都将明显弱于前期,这主要是因为这种上涨,是在市场人气刺激下出现的上涨走势,并不是成交量的实质推动,因而涨势不能长久。

十、缺点与补救措施

(一) 缺点

(1) 当发生单边行情时,RSI 指标在高档或低档时会有钝化的现象,因此会发生过早卖出或买进。

(2) RSI 没有明显规则性的买进或卖出信号,当指针在高位时,仅能说明行情反转的可能性增高,但并没有办法进一步明确地指出时点。

(3) 一般而言,RSI 的背离信号通常是事后验证,事前很难看出,RSI 指标与股价的"背离"走势常常会发生滞后现象。

一方面,市场行情已经出现反转,但是该指标的"背离"信号却可能滞后出现;另一方面,在各种随机因素的影响下,有时"背离"现象出现数次后行情才真正开始反转,同时在研判指标"背离"现象时,真正反转所对应的"背离"出现次数并无定论,一次、两次或三次背离都有出现趋势变化的可能,在实际操作中较难确认。

(4) 由于 RSI 是一种比率的指标,因此在趋势分析的能力上会较弱。

(5) 应该看到 RSI 指标的时间参数不同,其给出的结果就会不同。

不同的投资者对时间周期的设定有不同的个人偏好,从理论上讲,较短周期的 RSI 指标虽然比较敏感,但快速振荡的次数较多,可靠性较差;较长周期的 RSI 指标尽管信号可靠,但指标的敏感性不够,反应迟缓,因而经常出现错过买卖良机的现象。

此外,由于 RSI 是通过收盘价计算的,如果当天行情的波幅很大,上下影线较长时,RSI 就不可能较为准确地反映此时行情的变化。

(6) 超买、超卖出现后导致的指标钝化现象容易发出错误的操作信号。

在"牛市"和"熊市"的中间阶段,RSI 值升至 90 以上或降到 10 以下的情况时有发生,此时指标钝化后会出现模糊的误导信息,若依照该指标操作可能会出现失误,错过盈利机会或较早进入市场而被套牢。

(7) 当 RSI 值在 50 附近波动时该指标往往失去参考价值。

一般而言,RSI 值在 40 到 60 之间研判的作用并不大。按照 RSI 的应用原则,当 RSI 从 50 以下向上突破 50 分界线时代表股价已转强;RSI 从 50 以上向下跌破 50 分界线则代表股价已转弱。但实际情况经常是让投资者一头雾水,股价由强转弱后却不跌,由弱转强后却不涨的现象相当普遍。这是因为在常态下,RSI 会在大盘或个股方向不明朗而盘整时,率先整理完毕并出现走强或走弱的现象。

(二) 补救措施

(1) 利用长期的 RSI 均线与 RSI 线的关系来做买卖信号判断。

(2) 以 RSI 值为样本去计算其 kd 值来求得买卖信号。

(3) 在实际运用中若要克服这个缺点,可以在价格变动幅度较大且涨跌变动较频繁时,将 RSI 参数设定得小一点。

十一、交叉情况

短期 RSI 是指参数相对小的 RSI,长期 RSI 是指参数相对较长的 RSI。比如,6 日 RSI 和

12 日 RSI 中，6 日 RSI 即为短期 RSI，12 日 RSI 即为长期 RSI。长短期 RSI 线的交叉情况可以作为我们研判行情的方法。

(1) 当短期 RSI>长期 RSI 时，市场则属于多头市场；

(2) 当短期 RSI<长期 RSI 时，市场则属于空头市场；

(3) 当短期 RSI 线在低位向上突破长期 RSI 线时，一般为 RSI 指标的“黄金交叉”，为买入信号；

(4) 当短期 RSI 线在高位向下突破长期 RSI 线时，一般为 RSI 指标的“死亡交叉”，为卖出信号。

十二、实战技巧

和其他指标相比，RSI 指标波动频繁，而且其预示的趋势性不是很明显，在实际研判汇市行情中，往往会给投资者以错乱无序的感觉。为了解决这个问题，这里选用两组不同的日(12，72)和日(9，12)参数来讲述 RSI 指标的买卖预示功能。

(一) 12 日 RSI 和 72 日 RSI 相结合的买卖功能

(1) 当 12 日 RSI 曲线在 50 数值附近向上突破 72 日 RSI 曲线形成“金叉”时，表明市场多头力量开始强于空头力量，股价将大幅扬升，这是 RSI 指标所指示的中线买入信号。特别是当股价也同时带量向上突破中长期均线时，这种买入信号比较准确。此时，投资者应及时逢低买入市场。

(2) 当 12 日 RSI 曲线和 72 日 RSI 曲线在 60 数值上方运行了比较长的时间时，一旦 12 日 RSI 曲线向下突破 72 日曲线形成“死叉”时，表明多头力量已经衰弱，股价将开始大幅下跌，这是 RSI 指标指示的短线卖出信号。特别是对于那些前期涨幅过大的市场，这种卖出信号更加准确。此时，投资者应及时清仓离场。

(3) 当 12 日 RSI 曲线和 72 日 RSI 曲线从高位回落到 50 附近时，一旦 12 日 RSI 曲线向下 72 日 RSI 曲线时，就意味多头力量已经衰弱，空头力量开始强大，股价将面临大幅下跌的可能，这是 RSI 指标所指示的中线卖出信号。

(二) 9 日 RSI 和 12 日 RSI 相结合的买卖功能

(1) 当 9 日 RSI 和 12 日 RSI 曲线在 50 数值下方，几乎同时向上突破 50 数值这条 RSI 指标的多空平衡线时，表明市场的多头力量开始增强，股价将向上攀升，这也是 RSI 指标所指示的中线买入信号。特别是当前期股价经过了在一段狭小的价位区间整理，然后带量突破时，这种买入信号比较准确。此时，投资者应及时买入市场。

(2) 当 9 日 RSI 曲线和 12 日 RSI 曲线在 80 数值上方运行时，一旦 9 日 RSI 曲线和 12 日 RSI 曲线几乎同时向下突破 80 这条线时，表明市场的多头力量开始衰弱，股价面临向下调整的压力，这是 RSI 指标所指示的短线卖出信号。特别是对于那些短期涨幅较大的市场，这种卖出信号更加强烈。此时，投资者应及时短线离场观望。

(3) 当 9 日 RSI 曲线和 12 日 RSI 曲线从高位回落到 50 附近时，如果这两条线短期内不能再度返身向上，一旦 9 日 RSI 曲线和 12 日 RSI 曲线向下突破 50，就意味空头力量开始强大，股价将面临大幅下跌的可能，这也是 RSI 指标所指示的中线卖出信号。特别是对于那些高位盘整的市场，这种卖出信号更加强烈。

第八节　MFI资金流量指标

资金流量指标(Money Flow Index,MFI)是相对强弱指标(RSI)和人气指标(OBV)两者的结合。MFI 指标可以用于测度交易量的动量和投资兴趣,而交易量的变化为股价未来的变化提供了线索,所以 MFI 指标可以帮助判断股票价格变化的趋势。

一、计算方法

(1) 典型价格(TP)=当日最高价、最低价与收盘价的算术平均值。

(2) 货币流量(MF)=典型价格(TP)×N 日内成交量。

(3) 如果当日 MF>昨日 MF,则将当日的 MF 值视为正货币流量(PMF)。

(4) 如果当日 MF<昨日 MF,则将当日的 MF 值视为负货币流量(NMF)。

(5) MFI=100−[100÷(1+PMF/NMF)]。

(6) 参数 N 一般设为 14 日。

```
TYP:= (HIGH + LOW + CLOSE)/3;
V1:=SUM(IF(TYP>REF(TYP,1),TYP*VOL,0),N)/SUM(IF(TYP<REF(TYP,1),TYP*VOL,0),N);
MFI:100-(100/(1+V1));
```

二、应用法则

(1) 显示超买超卖是 MFI 指标最基本的功能。当 MFI>80 时为超买,在其回头向下跌破 80 时,为短线卖出时机。

(2) 当 MFI<20 时为超卖,当其回头向上突破 20 时,为短线买进时机。

(3) 当 MFI>80,而产生背离现象时,视为卖出信号。

(4) 当 MFI<20,而产生背离现象时,视为买进信号。

三、要点

(1) 经过长期测试,MFI 指标的背离讯号更能忠实地反映股价的反转现象。一次完整的波段行情,至少都会维持一定相当的时间,反转点出现的次数并不会太多。

(2) 将 MFI 指标的参数设定为 14 天时,其背离讯号产生的时机,大致上都能和股价的顶点吻合。因此,在使用 MFI 指标时,参数设定方面应尽量维持 14 日的原则。

思考题

请写出 3 个以上 Welles Wilder 发明的传统技术指标。

第四部分

证券投资实战部分

第十一章　选股理念、思路、策略方法与实战

经济学是关于选择的学问。

诺贝尔经济学奖获得者、美国经济学家萨缪尔森在其《经济学》中写道，经济学是研究人和社会如何做出最终抉择的科学。诺贝尔经济学奖获得者、英国经济学家希克斯在其《价值与资本》中也指出，政治经济学是研究人类选择行为的科学。

股票投资无非就是大势判断、选择个股、买卖时机、仓位大小、风险管控等问题。

选股的理念是什么，用什么样的理念选股，选股的目的是什么，用什么工具选股，用什么方法选股，应该如何选股，是价值投资选股还是价值投机选股，是静态选股还是动态选股，什么是高效的手段，什么是低效的手段，高手如何选股，股神如何选股，全世界年化收益最高的人如何选股等问题，你想过没有，你学习过没有，你探索过没有，你创新过没有，你超越过没有。

思想是行动的指南，行动决定结果。正确的思路和行动产生正确的结果(盈利)，错误的思路和行动产生错误的结果(亏损)。久而久之，思路和行动就形成了习惯。良好的行为习惯是一切投资成功的关键。

理念决定思路，思路决定出路。理念是理想、信念、观念的总和，决定人们思考问题的角度和方式方法。

我们认为，选股的终极目的是那些胜率高且能带来高回报的个股。

根据个人性格、特长、能力和爱好，是做长线还是做短线，是投资还是投机，还是兼而有之？不同大盘环境下，采取不同的交易策略。

第一节　大师们的选股思路和策略

选股策略思想的主要来源：从国内外证券书籍中获取策略思想；从股票行情观察和实践中领悟得到策略思想；从互联网中获取策略思路；从实战高手分享中获取策略思路。

一、巴菲特的选股思路和策略

巴菲特是价值投资的典型代表。

巴菲特选股概括可以为三大绝招：

(1) 股神三大绝招之一：不看股票看公司。

(2) 股神三大绝招之二：不想价格想价值。

(3) 股神三大绝招之三：不做投机做投资。

巴菲特认为：投资成功并不需要高智商、高学历和高等数学，越简单反而越有效；投资如投

人，选股如选妻，选择超级明星股是唯一投资成功之道。一流业务，一流管理，一流业绩，三全其美，才是巴菲特寻找的超级明星股。

然而看待事物应具有批判性思维。2008 年金融危机，巴菲特的资产缩水一半。2008 年他的净资产据估计为 620 亿美元，而一年之后只剩下 370 亿美元。他的公司——伯克希尔·哈撒韦的股价跌幅接近 50%。巴菲特说："能预测股市走势的人，我还没有见到过一个。"

二、彼得·林奇的选股思路和策略

四条选股主线：① 周期股和困境反转股——受益于利率降低和行业复苏；② 长周期成长——餐饮和折扣连锁；③ 因观念、美国文化的原因带来的价值洼地：赌场股票和储贷协会；④ 海外市场的估值落差和国有资产私有化投资机会。

三、欧奈尔的选股思路和策略：CANSLIM 法则

CANSLIM 每个大写英文字母的含义如下：

C=当季每股收益：对于一只股票来说，C 值越高越好。

A=每股收益年度增长率：找出每股收益真正增长的潜力股。

N=新产品，新管理阶层，股价新高：选择怎样的入市时机。

S=供给与需求：股票发行量和大额交易需求量。

L=市场领涨股还是落后股：选择哪一种股票。

I=机构投资者的认同：跟随领导者。

M=市场走向：如何判断大盘走势。

欧奈尔发现很难与整个大盘走势为敌，因此判断正处于牛市还是熊市是非常重要的。

四、拉瑞·威廉姆斯的选股思路和策略

选最强势的股票。

拉瑞·威廉姆斯于 1987 年获全世界期货比赛第一名，年收益 114 倍。

"我的账户余额让我相信，买进跌得很惨的股票是非常愚蠢的行为，当时我不明白为什么，现在我懂了。"拉瑞·威廉姆斯的选股思路是选最强势的股票。"价格波动突破——动能的突破。需要，可能是发明之母，也可能不是，但一定是投机之父。动能是 5 项可让我们短线获利的观念之一，它就是牛顿所说的动者恒动。股票及商品期货也适用这项定律：一旦价格开始往某个方向波动，就极可能会朝那个方向继续前进。"

五、西蒙斯的选股思路和策略

每天使用算法交易数百万股"任何有价格波动的事物"。

西蒙斯是量化投资之王：他连续 27 年回报率打败巴菲特！

西蒙斯透露，公司对交易品种的选择有三个标准，即公开交易品种、流动性高，同时符合模型设置的某些要求。他表示，"我是模型先生，不想进行基本面分析，模型的优势之一是可以降低风险。而依靠个人判断选股，你可能一夜暴富，也可能在第二天又输得精光。"

西蒙斯说：大奖章基金每天使用算法交易数百万股"任何有价格波动的事物"。他的选股思想可以概括如下：

(1) 战胜市场的基础是精密的计算。所谓精密的计算，无非是洞察市场的能力，当出现交易机会时绝不放过，当没有交易信号时绝不入场。

(2) 能否避免市场察觉是成败的关键。

(3) 选择符合模型设置的交易品种。

(4) 没有一种固定的方法能一直赚钱。

六、金融巨鳄乔治·索罗斯的选股思路和策略

反身性理论选股。判断正确的时候下重仓，判断错误的时候轻仓，搞不定的时候试仓。

索罗斯最擅长做空。1992 年 9 月欧洲货币危机期间，卖空英镑，从中疯狂赚取了 20 亿美元的利润，打败英格兰银行，一举成名，成为世界金融界的顶尖高手。1997 年 6 月索罗斯抛空泰国货币，从而掀起东南亚金融风暴，头一个月就赚了 20 亿美元，因此被称为"市场驱动者""投机之神"和"世界头号炒神"。

第二节 基本面选股

一、基本面选股应该考虑的要素

(1) 每股收益大于当时市场平均每股收益，中期报告至少在 0.2 元以上，三季度至少在 0.35 元以上，年度报告至少在 0.5 元以上。

(2) 动态市盈率同比降低。

(3) 净资产收益率中期报告大于 6%，三季度大于 12%，至少为同期市场平均收益率的 2 倍。

(4) 股价最好小于 18 元。

(5) 销售毛利率 60%以上，至少大于 40%～60%。

(6) 主营业务利润率至少要达到 30%，越高越好。

(7) 净利润率大于 10%，至少 7%～10%。

(8) 每股经营性现金流大于每股收益。

(9) 每股收益同比增长至少 30%。

(10) 净利润同比增长率＞主营利润同比增长率＞大于主营收入同比增长率。

(11) 销售增长率(当期销售收入÷去年同期销售收入)10%以上，至少 5%～10%。

(12) 现金负债比率(现金÷长期负债)大于 1.5 倍，至少 1～1.5 倍。

(13) 傻瓜流比率{[(总流动资产－(现金－易于销售的债券)]÷流动负债或(存货＋应收账款)÷流动负债)}小于 1，至少在 1～1.25 之间。

(14) 上升的毛利率，毛利率差(当期毛利率－去年同期毛利率)大于 0，至少在－1%～－3%，不能超过－3%。

(15) 上升的净利率，净利率差(当期净利率－去年同期净利率)大于 0，至少在－1%～－3%，不能超过－3%。

(16) 回购股票，总股本增加不到 4%，至多 4%～6%，不能超过 6%。

(17) 现金超过负债,没有负债或现金负债比率过去几年不断提高,至少现金负债比率下降幅度少于10%,不能超过10%。

(18) 不断下降的傻瓜流,下降超过10%或5%~10%,至少不能小于5%。

(19) 不断扩张的可能性,切实可行的扩张计划,广为人知的产品。

(20) 至少连续两个季度出现同比增长(每股收益,净利润,主营利润,主营收入,销售毛利率,主营业务利润率)大于30%的情况。

(21) 最好出现两个以上季度(销售额)环比增长[(本期数-上期数)÷上期数×100%]的情况。

(22) 主营收入占总收入的90%以上,主营利润占总利润的90%以上。

(23) 收益不是由于资产出售或补贴收入产生的。

(24) 公司所处行业转暖,行业利润率普遍提升,且有持续下去的可能。

(25) 公司有新产品、新工艺、新领导。

(26) 基金持股比例在1%~20%之间。

(27) 非同凡响的市场和产品开发能力。

(28) 行业内没有强有力的竞争对手。

(29) 不受政府严格管制的行业。

(30) 人力资源总成本极低,但单个雇员待遇较优。

二、基本面选股方法

(一) 单因素选股

(1) 政策面选股,如芯片、高端制造业、高科技、新兴产业、国防军工等。

(2) 消息面选股,如建立雄安新区。

(3) 上市公司某一特殊指标。

(二) 多指标选股

成交量、价格价位、形态和各种指标的组合选股。

指标选股方法可以采取条件选股、预警选股和排序选股。

(三) 多因素选股

上市公司业绩多指标选股。

(四) 基本面选股平台可利用的函数

下面是通达信股票软件平台或其他平台里提供的可供投资者选择的各种选股因子(见图11-1),投资者可以根据自己的理念思路进行选择。

市净率:CLOSE/FINANCE(35),NODRAW;

市盈率:CLOSE/(FINANCE(30)/FINANCE(1)/10000),NODRAW;

换手率:HSX,VOLSTICK;

净收益率:FINANCE(30)/FINANCE(1)/100/FINANCE(34),NODRAW;

流通盘:FINANCE(7),NODRAW;

净资产:FINANCE(34),NODRAW;

每股收益:FINANCE(30)/FINANCE(1)/10000,NODRAW;

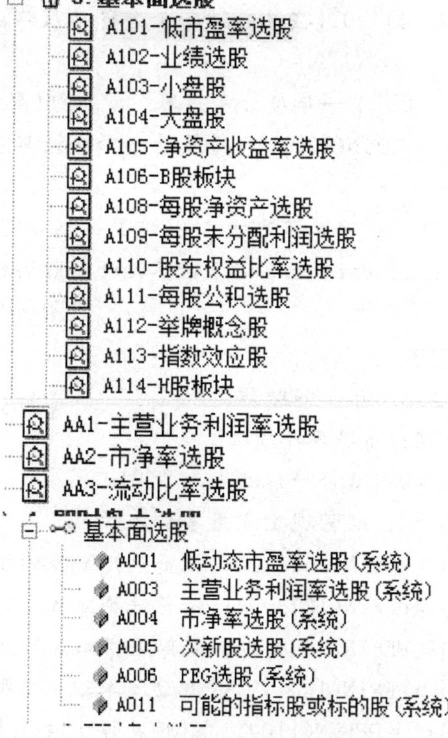

图 11-1 基本面选股因子示意图

三、基本面选股模型(公式)样例

以下参数略微放宽了一些,主要是为了增加选多可选的股票。

莫伦卡选股。

```
SETPFFIN(00001);{仅调用历年年报数据}
var1: = (PFFIN(1002,0) + PFFIN(1002,1) + PFFIN(1002,2) + PFFIN(1002,3) + PFFIN(1002,4))/5>14;{过去5年来平均净资产收益率高于14%}
var2: = DYNAINFO(39)<= 30 and DYNAINFO(39)>0;{市盈率低于30并且大于0}
var3: = PFFIN(1273,0)>PFFIN(1273,4);{去年的净利润大于5年前的净利润}
var4: = PFFIN(1310,0)>0;{经营现金流为正}
var1 and var2 and var3 and var4;
```

本杰明·格拉汉姆——进取型选股。

```
SETPFFIN(00001);{仅调用历年年报数据}
var1: = DYNAINFO(39)<= 40;{默认行业市盈率均值为50,在所有股票中,市盈率或本益比排在最低的10%之内}
var2: = PFFIN(1401,0)>1.5;{流动比率不低于1.5}
var3: = PFFIN(1105,0)/PFFIN(1310,0)>0ANDPFFIN(1105,0)/PFFIN(1310,0)<1.1;{长
```

```
期负债对营运资金的比率大于0且小于110}
    var4:=PFFIN(1273,0)＞0 AND PFFIN(1273,1)＞0 AND PFFIN(1273,2)＞0 AND PFFIN(1273,3)＞0 AND PFFIN(1273,4)＞0;{在过去的五个会计年度内以及最近的12个月内,每股盈利均为正数}
    var5:=PFFIN(1111,0)＞0;{下一年度公司打算分配红利(显示出红利为正)}
    var6:=PFFIN(1273,0)＞PFFIN(1273,4);{最近一个会计年度内的每股盈利大于五年前的数值}
    var7:=DYNAINFO(58)＜5;{市净率不高于1.2,这里适当放宽标准到5}
    var1 and var2 and var3 and var4 and var5 and var6 and var7;{联合选股条件};
```

比乔斯——基市净率选股。

```
SETPFFIN(00001);{仅调用历年年报数据}
var1:=DYNAINFO(58)＜4;{市净率小于4}
var2:=PFFIN(1658,0)＞0;{总资产报酬率大于0}
var3:=PFFIN(1310,0)＞0;{经营现金流量净额大于0}
var4:=PFFIN(1658,0)＞PFFIN(1658,1);{总资产报酬率大于上一年}
var5:=PFFIN(1310,0)＞PFFIN(1273,0);{经营性现金流净额大于净利润}
var6:=PFFIN(1409,0)＜PFFIN(1409,1);{长期负债比率较上个财政年度要低}
var7:=PFFIN(1401,0)＞PFFIN(1401,1);{流动比率较上个财政年度要高}
var8:=PFFIN(1107,0)＜=PFFIN(1107,1);{股本等于或者小于上个财政年度的股本}
var9:=PFFIN(1659,0)＞PFFIN(1659,1);{销售毛利率比上个财政年度要高}
var10:=PFFIN(1460,0)＞PFFIN(1460,1);{总资产周转率较上个财政年度要高}
VAR1 AND VAR2 AND VAR3 AND VAR4 AND VAR5 AND VAR6 AND VAR7 AND VAR8 AND VAR9 AND VAR10;
```

根据一发千钧高送转条件选股公式。

```
T1:=PFFIN(1004,0)＞5;{每股净资产大于5元}
T2:=PFFIN(1005,0)＞1;{每股公积金大于1元}
T3:=PFFIN(1006,0)＞0.5;{每股未分配利润大于0.5元}
T4:=PFFIN(1003,0)＞0.5;{每股现金流大于0.5元}
总股本:=FINANCE2(35)/10000;
流通股:=FINANCE2(37)/10000;
XG:T1 AND T2 AND T3 AND T4 AND 总股本＜10 AND 流通股＜3;
```

中长线基本面选股模型。

```
S:=C/FINANCE(34)＜5 and FINANCE(33)＞0;
F:=FINANCE(11)/FINANCE(15)＞1 and C/FINANCE(33)＜30;
```

```
j:=ATAN((MA(CLOSE,13)-REF(MA(CLOSE,13),1)))*180/3.1416;
b:=v/ref(ma(v,5),1);
T:=ref(count(j<1,3)=3,1) and j>3;
XG:s and f and t and b>2;
```

第三节 编写技术指标公式和选股条件模型

众所周知，对于广大投资者来讲，技术指标是条件选股的基础，没有技术指标，条件选股就无从下手。因此，我们首先必须学习如何编写技术指标。这里我们采用通达信股票技术平台来编写技术指标公式、条件选股公式和程序化交易条件。要做好这些工作，我们需要了解通达信股票软件平台，首先，要看懂行情窗口；其次，要对行情数据进行量化，就必须在公式管理器和"公式编辑器"里进行。

在这一节里，我们的主要任务是想利用公式管理器和"公式编辑器"来编写技术指标和选股公式，因此必须充分了解公式管理器和"公式编辑器"能够为我们做些什么，按热键 Ctrl+F 就出现"公式管理器"界面，我们看到公式管理器可管理四种类型的公式：

(1) 技术指标公式：用于指标图形的绘制。

(2) 条件选股公式：用于条件选股。

(3) 交易系统公式：用于专家指示及测参、测指。

(4) 五彩 K 线公式：用于 K 线模式指示。

这四种公式相互独立，名称可以相同，但其内容和作用不同。

语法说明

(1) 公式辨析。

本系统所有基本分析功能都建立在指标公式、条件选股公式、交易系统公式和五彩 K 线公式这四类公式运算的基础上。

指标公式即通常所说画线指标，此类公式的主要目的是通过对数据采取一定的运算，将输出结果直观地显现在分析图上，为投资者提供研判行情的基本依据。此类指标至少要有一条输出线，本系统允许最多 6 条的输出线。

条件选股公式和五彩 K 线公式都有且仅有一个输出，其目的都是为投资者提供买入或卖出点的指示，不同之处在于：条件选股公式仅对最近数据提示买入或卖出，而五彩 K 线公式则对输入的所有历史数据进行提示。另外，五彩 K 线公式的输出是在 K 线图上，通过各种颜色对提示数据进行标识，条件选股公式的输出是找出符合最近条件的所有股票。

交易系统公式是通过设定买入和卖出点(有且仅有这两个输出)，由计算机进行模拟操作。以此为依据，系统一方面可以进行五彩 K 线公式的功能，同时提示买入和卖出；另一方面可以通过模拟操作，对指标买卖的收益、指标的最佳参数及最佳指标等各情形进行测试。

(2) 语义约定。

由于力求公式简易化、大众化，系统对公式语义采取了自然语言化的处理，所译即所得。

(3) 格式约定。

系统采用类C语言格式,每条语句即为一个输出或赋值,约定除最后一条语句外,每一语句必须有变量名或输出线名,以";"结尾。

变量使用

变量主要用于存储中间计算结果,系统约定变量名只能以字母开头,而且不能与函数同名。

例如,BTI、BTI1合法,而1BTI、MA不合法(1BTI以数字打头,MA为系统函数)。

变量的定义不需额外说明,在赋值时,以":="操作符加其后即可实现,但赋值后不可再次赋值,即变量只能赋值一次,而可以反复使用。例如:

MID:=CLOSE

该语句将收盘价赋给了变量MID,此后MID便等同于收盘价,如START:MA(MID,10);

若再次赋值,如MID:=OPEN则使用失败。

输出线定义

输出线变量名命名以":"操作符实现,其规则和使用同于一般变量。

参数使用

定义参数是为了方便在不改变公式的前提下,通过调节参数值得到不同的输出数值或画线。与参数相关的概念,还有最小值、最大值和缺省值等,用于约束参数的范围及恢复缺省值。参数名的定义规范和使用同于变量名,但参数只能用于数值类型。

本系统新增了参数精灵的概念,用于智能化地修改参数,其语法为"Param#?"("?"指明第几个参数)。例如,定义了参数M,参数精灵填充为"Param#1日均线",则调整参数时,系统会自动在"Param#1"处替换显示调节对话框。

函数运用

系统提供了丰富的函数供用户使用,函数使用按其语法规范套用即可。

例如,MA函数提示使用为MA(X,M),表示X的M日简单移动平均。

那么,所以对5日平均线则可定义为MA5:MA(CLOSE,5)。

此外,函数还支持嵌套调用,如5日均线的5日均线可定义为:MA5:MA(MA(CLOSE,5),5)

五彩K线颜色定义

K线指示允许自定义画线颜色,语法是将颜色值加于输出线后。其中的颜色定义如下(共16种):

COLORBLACK 黑色
COLORBLUE 蓝色
COLORGREEN 绿色
COLORCYAN 青色
COLORYELLOW 黄色
COLORWHITE 白色
COLORBROWN 棕色
COLORRED 红色
COLORMAGENTA 洋红色

COLORLIGHTGRAY 淡灰色
COLORDARKGRAY 深灰色
COLORLIGHTBLUE 淡蓝色
COLORLIGHTGREEN 淡绿色
COLORLIGHTCYAN 淡青色
COLORLIGHTRED 淡红色
COLORLIGHTMAGENTA 淡洋红色

(4) 公式举例。

下面以条件选股公式为例，说明公式的编辑，其他类公式的定义与之类似。

① 找出近5日内创历史新高的股票。

```
NHIGH:HHV(HIGH,5) = = HHV(HIGH,0);
```

首先定义输出线变量：NHIGH，对其进行输出。

5日内创历史新高，也即近5日的最高价为历史最高价，由HHV(HIGH,5)可以求出近5日的最高价，而HHV函数的第二个参数为0时，表示对所有数据求值，所以由HHV(HIGH,0)可以得到历史最高价。

最后，由条件判断确定这两个新高是否同一数值。

② 找出一直在60日季均线下潜伏，近日上攻的股票。

在60日季均线下潜伏，也即收盘价一直低于其60日移动平均；近日上攻，也即近日上穿其均线：

```
NCROSS:LAST(CLOSE<MA(CLOSE,60),60,5)&&CLOSE>MA(CLOSE,60);
```

③ 找出今日涨幅大于大盘涨幅的股票。

```
NMAX1: = (CLOSE - REF(CLOSE,1))/REF(CLOSE,1);
NMAX2: = (INDEXC - REF(INDEXC,1))/REF(INDEXC,1);
NMAX:NMAX1>NMAX2;
```

④ 找出近7日都收阳线的股票。

```
NRED:EVERY(CLOSE>OPEN,7);
```

引用各种公式

从通达信网上委托软件开始，交易系统公式、条件选股公式也可以被引用。引用时若有参数指定，则使用指定参数，否则使用指标的缺省参数；指定了指标的某一条输出线，则使用该输出线，否则使用第一条输出线。

引用画线指标公式

画线指标直接引用或以引号说明。

例如，MID:=KDJ. K(10,2) 或 MID:="KDJ. K"(10,2)表示以(10,2)为参数计算指标公式KDJ的K值，并赋值给MID。

引用分析家的公式

"公式名称. 指标线名称"(参数表)

其中参数表中的参数个数应该与该公式的实际参数数量一致，若不写参数表，则表示使用缺省参数。例如，“MACD. DIF”表示引用根据缺省参数计算的MACD指标中的DIF指标线数值。

引用交易系统公式

"SYSTEM.公式名称.交易类型"(参数表)

交易类型可以为ENTERLONG、EXITLONG、ENTERSHORT或者EXITSHORT,分别表示引用多头买入、多头卖出、空头买入、空头卖出。考虑兼容,BUYPOINT、SELLPOINT等老的方式仍然支持。

引用条件选股公式

条件选股公式由"EXPLORER"导出。

例如,引用条件选股的KDJ,则表述为EXPLORER. KDJ;交易系统公式由"SYSTEM"导出。系统暂时还不支持引用五彩K线公式。

例如,要指示涨停板的K线画蓝色,可以定义输出线:UP:CLOSE>=REF(CLOSE,1)×1.1, COLORBLUE。

跨周期引用公式

引用其他周期数据,使用"#"运算符指明周期。

包括MIN1[1分钟]、MIN5[5分钟]、MIN15[15分钟]、MIN30[30分钟]、MIN60[60分钟]、DAY[日线]、WEEK[周线]、MONTH[月线]。

例如,得到KDJ的周线数据,可以表述为MACD#WEEK。应注意的是,只能从较短周期引用较长周期,反方向的引用不允许。

引用其他股票数据

还可以在公式中引用其他任何股票的数据,方法为:

"股票代码$数据名称"

例如,要得到0001的收盘价,可以表示:"0001$CLOSE";

数据名称可以是OPEN、HIGH、LOW、CLOSE、VOL、AMOUNT,分别表示包括开盘价、最高价、最低价、收盘价、成交量、成交额。

公式导出、导入

导出公式:

点击公式管理器的"导出公式"按钮,弹出对话框供用户输出公式。

在输出公式时,系统列出可供输出的四类公式,用鼠标点取待输出公式前的方框将其选中。

导入公式:

在引入公式时,系统显示所有待引入的公式。若某公式在系统中已存在同名公式则会在"导入公式"对话框下方提示。新引入公式的名称可以被更改,方法是先选中该公式,然后用鼠标再次点击它的名称部分。

临时引入

临时引入的公式将不保存在系统硬盘上,退出后这些公式随即自动消失。这对需要公式保密的网络版用户很有帮助。

接下来我们要用到"公式编辑器"。其实大多数的投资者并不是完全了解"公式编辑器"的作用,也不了解四种类型公式的编写规则,现在我们简单地逐一介绍。

一、通达信技术指标公式编写规则

所有的公式系统都是遵守统一的运算法则、统一的格式进行函数之间的计算，所以我们掌握了技术指标公式的基本原理，其他的公式也不会出脱其外。例如，指标公式：KDJ，右键点击KDJ，选择“编辑公式”后打开公式算法编辑器，显示出KDJ指标公式的内容。

参数名称：缺省值，最小值，最大值。

```
N,10,0,100
M1:3,2,40
M2:3,2,40

RSV:=(CLOSE-LLV(LOW,N))/(HHV(HIGH,N)-LLV(LOW,N))*100;
K:SMA(RSV,M1,1);
D:SMA(K,M2,1);
J:3*K-2*D;
```

该公式绘制K、D、J三条指标线。RSV行是一个中间语句，计算当期收盘价与N天内最低价之差除以N日内最高价与最低价之差的比值，再乘以系数100。K线为RSV的参数M1天的移动平均线，D线为线K的参数M2天的移动平均线，J线为K线与J线的差值。

（一）数据引用

1. 指标数据引用

经常地编制公式的过程当中，需要使用另外一个指标的值，如果按照通常的做法，重新编写过这个指标显得麻烦，因此有必要学习使用如何调用别的指标公式。

基本的格式为：“指标.指标线”(参数)。

(1) 指标和指标线之间用逗号分开，一个指标不一定只有一条指标线，所以有必要在指标后标注指标线的名称，但是如果缺失则表示引用最后一条指标线。

(2) 参数在表达式的末尾，必须用括号括起来，参数之间用逗号分开，通过参数设置可以选择设定该指标的参数，如果参数缺失则表示使用该指标的默认参数设置。

(3) 整个表达式用引号引在其中，除参数以外。例如，“MACD. DEA”(26,12,9)表示计算MACD指标的DEA指标线。计算参数为26、11、9，“MACD”(26,12,9)表示该指标的最后一条指标线，计算参数是26、12、9，“MACD”表示该指标的最后一条指标线并且使用公式的默认参数。

2. 跨周期引用指标数据

(1) 引用大盘数据：引用大盘数据时使用下列函数：INDEXC/NDEXV。

(2) 引用个股数据：引用个数据时使用下列格式：“股票代码$数据”. 在以上格式当中调用CLOSE，VOL，AMOUNT。例如，“000002$VOL' 表示000002该股本周期的成交量。“999998$CLOSE”同样也可以表示为A股指数本周期的收盘价，此时的A股指数被视为只个股。

3. 其他股票数据引用

使用以下的格式可以在当前的分析界面下引用大盘的数据或者其他个股的数据实现横向

上的对比。

(1) 引用大盘数据：引用大盘数据时使用下列函数：INDEXC/NDEXV。

(2) 引用个股数据：引用个数据时使用下列格式："股票代码＄数据"。在以上格式当中调用 CLOSE，VOL，AMOUNT。例如，"000002＄VOL"表示 000002 该股本周期的成交量。"999998＄CLOSE"同样也可以表示为 A 股指数本周期的收盘价，此时的 A 股指数被视为一只个股。

（二）公式构成

1. 公式语句

所有的公式体由若干语句按照一定的格式组成，每个语句表示一个计算结果，根据各个语句的功能分为两大类语句，一类是赋值语句，一类是中间表达式。

2. 赋值语句

技术指标"B：AZ"和"c：B＊0.618"就是分别两条指标线，语句间用分号隔开。该语句被称为赋值语句，在技术指标当中，赋值语句的计算结果将会被计算机执行并形成相应的图形。每个语句可以有一个名称，该名称写在语句的最前面，并用一个冒号将它与语句分隔开。例如，ST：MA(CLOSE，5)，表示该语句求收盘价的五日均线，语句的名称为 ST。在该语句后的语句中可以直接用 ST 来替代 MA(CLOSE，5)。例如，MA(ST，5)表示对收盘价的五日均线再求五日平均。

3. 中间语句

一个语句如果不需要显示，可以将它定义为中间语句，如在上例当中的第一句"A：＝X＋Y；"，这样该语句就不会被系统辨认为是指标线了。中间语句用"：＝"替代冒号，其他与一般语句完全一样。使用中间语句可以有效降低公式的书写难度，还可以将需要重复使用的语句定义成中间语句以减少计算量。每个公式最多可以分 6 个语句，中间公式数量没有限制，所有语句之间需要使用分号隔开。

4. 公式计算符

公式计算符将函数连接成为公式。计算分为算术计算符和逻辑计算符。

(1) 算术计算符。

算术计算符包括＋、－、＊、/，它们分别对计算符两边的数据进行加减乘除，这同一般意义上的算术计算没有差异。

(2) 逻辑计算符。

逻辑计算符包括＞、＜、＜＞、＞＝、＜＝、＝、AND、OR 八种，分别表示大于、小于、不等于、大于等于、小于等于、等于、逻辑与、逻辑或运算。如果条件成立，计算结果就等于 1，否则等于 0。例如，3＋4 等于 7，4＞3 就等于 1。"逻辑与"表示两个条件都成立时结果才成立；"逻辑或"表示两个条件中只要有一个成立结果成立。例如，4＞3 AND 12＞＝4 的结果等于 1，4＞3 OR 3＞12 的结果等于 1。

5. 线形描述符

对于技术指标公式可以在语句加上线形描述符，用来表示如何画该语句描述的指标线。描述符写在语句后分号前，用逗号将它与语句分隔开，如在上例当中加入一句线形描述符，c：B＊0.618，COLORSTICK；该语句在被执行时，会在图中添加彩色柱线，该功能在编制 MACD

等指标的时候会显出它的用处。

(1) COLORRED 等三个线形描述符还可以自定义颜色，格式为 COLOR+“BBGGRR”：BB、GG、RR 表示蓝色、绿色和红色的分量，每种颜色的取值范围是 00－FF，采用了 16 进制。例如，MA5：MA(CLOSE,5)，COLOR00FFFF 表示纯红色与纯绿色的混合色；COLOR808000 表示淡蓝色和淡绿色的混合色。

(2) LINETHICK 可以允许对线型的粗细进行自定义的描述，格式 LINETHICK+(1－9)；参数的取值范围在 1～9 之间，“LINETHICK1”表示最细的线，而“LINETHICK9”表示最粗的线；

(三) 关于无效数的问题

所谓无效数即指没有数据。在某些情况下，一些数据项可能取不到数据，这时返回值为无效数。例如，MA(CLOSE,500)，其含义是该股票最近 500 天收盘价的均价，如果有些公司上市时间较短没有 500 天，则其值为无效数。反映在分析图上则该指标线不显示。在 TDX 分析系统中函数 NODRAW 代表无效数，可作为常数使用。

无效数与任何数做计算，其结果仍为无效数。例如，7 * NODRAW 得到的结果仍为 NODRAW。

二、公式编写示例

这里举一些最简单的公式例子，有些只有一条语句且函数简单，较复杂的公式中函数复杂且语句较多。

(一) 收盘价线

这是最简单的公式：

CLOSE；

(二) 均线

计算 N 日内收盘价的算术平均值，它是最常用的指标之一，公式为：MA(CLOSE,5)；其中的 MA(X,N)表示 X 的 N 日平均。

(三) 涨幅

涨幅指今日收盘价相对于昨日收盘价的变动幅度，即(今日收盘价－昨日收盘价)/昨日收盘价 * 100%，昨日收盘价的公式为：

REF (CLOSE,1)，因此涨幅的公式：

(CLOSE－REF(CLOSE,1))/REF(CLOSE,1)；(CLOSE,1)，因此涨幅的公式：

(CLOSE－REF(CLOSE,1))/REF(CLOSE,1)；

(四) 换手率

换手率指当期的成交量占流通股本的比例。

公式：

VOL/CAPITAL；

VOL 为当期成交量，CAPITAL 为流通股本。

（五）创新高

创新高指当日最高价是最近一段时间的最高价：

HIGH＝HHV(HIGH,N)；

其中的 HIGH 为当期最高价，HHV(X,N)是求 N 周期内 X 最高值。因此，该公式的含义是当日最高价创 N 日新高时返回值为 1，否则为 0。

（六）横盘整理

横盘整理指最近一段时期价格在一定幅度之内摆动：

(HHV(CLOSE,10)－LLV(CLOSE,10))/CLOSE<0.05；

其中的 LLV(X,N)是求 N 周期内 X 最低值。因此，该公式表示 10 日收盘价振幅在 5%以内。

（七）区间统计

例如，要取得 2017 年 2 月 1 日到 2017 年 12 月 30 日间的最低价。思考一下，一段时间的最低价必然是该段时间内每个分析周期的最低价中最小的那个。所以，我们要引用的数据是该段时间各分析周期的最低价，而不需要用到开盘价、收盘价或最高价；还要将不需要的数据，即区间外的数据设为 0。语句为：

LL：＝IF(YEAR＝2017 AND MONTH>＝2 AND MONTH<＝12,LOW,0)；

该语句用一个条件函数来判断时间是否处于规定区间，若是，则返回最低价；否则，返回 0。

我们再用 LLV 函数，就可求得该段时间最低的最低价：

LLV(LL,N)；

第四节　基本面和技术面量化组合选股

基本面指标和技术指标相结合选股，这种组合有可能会出现奇迹。本书前面章节列举了大量编程案例，大家可以利用现有的基本面指标和技术指标函数进行组合，也可以自己探索编写各种属于自己的独特指标进行选股。在这里举个排序选股的例子，可以较好地结合基本面指标和技术指标组合选股，其他选股问题不再赘述。

排序选股的优点是比智能条件选股更快速，节省大量时间。

首先编写好一揽子选股条件，然后进行排序，排序后显示的值为 1 就是出现信号，为 0 就是未出现信号。方法是：在通达信软件里点击“报价”→“历史行情指标排序”→单击鼠标右键→“更改排序指标”→选择想用来排序的指标→“确定”。

各项基本面指标和技术指标如下：

流通盘：＝CAPITAL ＊100；

市值小百亿：流通盘＊C/100000000<100；

换手率大于 3：100＊VOL/CAPITAL>3；

量比大于 5 日：V/REF(MA(V,5),1) AND DYNAINFO(4)>0；

净利润大于 0：FINANCE(30)>0；

利润同比增：FINANCE(43)＞0；

股价高于 5 日线：C＞MA(C,5) AND DYNAINFO(4)＞0 and C/ref(C,1)＞1.02；

对前面 2018/8/2 选出的 9 股进行排序，效果如图 11－2 所示。

历史行情.指标排序 自选股 日期：2018-08-03,五 指标：基本面技术排 使用1000个数据 前复权 点右键操作 F8刷新计算

	代码	名称	涨幅%	收盘	成交量	总金额	市值小百亿	换手率大于3	量比大于5日	净利润大于0	利润同比增	股价高于5日线
1	300240	飞力达	10.01	8.46	3310万	2.76亿	1.000	1.000	1.000	1.000	0.000	1.000
2	002694	顾地科技	4.22	6.18	4141万	2.54亿	1.000	1.000	1.000	0.000	0.000	1.000
3	603988	中电电机	-7.56	15.89	827.5万	1.36亿	1.000	1.000	1.000	1.000	1.000	0.000
4	603058	永吉股份	-5.22	12.52	1005万	1.28亿	1.000	1.000	1.000	1.000	1.000	0.000
5	600653	申华控股	-8.00	2.07	7012万	1.50亿	1.000	1.000	1.000	0.000	0.000	0.000
6	300500	启迪设计	-2.73	26.69	399.9万	1.08亿	1.000	1.000	1.000	1.000	1.000	0.000
7	002692	睿康股份	-2.02	3.88	1315万	5207万	1.000	0.000	1.000	1.000	0.000	0.000
8	002524	光正集团	-1.03	5.79	6728万	4.21亿	1.000	1.000	1.000	0.000	1.000	0.000
9	002401	中远海科	-4.63	11.12	1823万	2.08亿	1.000	1.000	1.000	1.000	1.000	0.000
10	002308	威创股份	1.86	8.77	2567万	2.22亿	1.000	1.000	1.000	1.000	1.000	0.000
11	000909	数源科技	-3.51	8.52	1063万	9009万	1.000	1.000	1.000	1.000	1.000	0.000

图 11－2　选股后果

要学会创造性选股，既要敢于探索，又要从现实出发。

声明：本书所探讨的各种选股技术、方法，只用于教学和交流，投资者若依照书中某种方法或技术进行投资，其盈亏后果自负。

思考题

简述欧奈尔 CANSLIM 选股法则每个大写英文字母的含义。

第十二章　量化交易和程序化交易

第一节　量化交易和程序化交易概述

一、量化交易

量化交易(Quantitative Trading)是严格按照计算机算法程序给出的买卖决策进行的交易方式,它以先进的数学模型替代人为的主观判断,利用计算机技术从庞大的历史数据中海选能带来超额收益的多种“大概率”事件以制定策略,极大地减少了投资者情绪波动的影响,避免在市场极度狂热或悲观的情况下做出非理性的投资决策。基于技术分析的策略,如果能够完全编码为计算机程序,就可以作为量化交易系统的一部分。然而,并非所有技术分析都能被认定为量化交易。例如,某些图表分析技术,如“寻找头肩形态”,可能就不在量化交易员的考虑范围,因为它们相当主观,并且很难量化。所以,量化交易所包含的内容要比技术分析丰富得多。许多量化交易系统在进行运算输入时会用到基本面数据,如营业收入、现金流、权益负债率以及其他数据。毕竟,基本面数据仅仅是数字而已,而计算机完全能够处理任何输入的数字。当需要对一家公司目前的财务业绩进行横向或纵向比较时,计算机通常能够做到与人工分析一样出色,而且计算机还可以同时跟踪数千家公司。一些先进的量化交易系统甚至可以将新闻事件转换成输入变量。如今,使用计算机来解析和解读新闻报道已经成为可能。所以我们或许可以这么说:只要能将信息转换成计算机能够读懂的比特和字节,就能将其看作是量化交易的一部分。

量化交易具有以下几个方面的特点:

(1) 纪律性。根据模型的运行结果进行决策,而不是凭感觉。纪律性既可以克制人性中贪婪、恐惧和侥幸心理等弱点,也可以克服认知偏差,且可跟踪。

(2) 系统性。具体表现为“三多”。一是多层次,包括在大类资产配置、行业选择、精选具体资产三个层次上都有模型;二是多角度,定量投资的核心思想包括宏观周期、市场结构、估值、成长、盈利质量、分析师盈利预测、市场情绪等多个角度;三是多数据,即对海量数据的处理。

(3) 套利思想。定量投资通过全面、系统性的扫描捕捉错误定价、错误估值带来的机会,从而发现估值洼地,并通过买入低估资产、卖出高估资产而获利。

(4) 概率取胜。一是定量投资不断从历史数据中挖掘有望重复的规律并加以利用;二是依靠组合资产取胜,而不是单个资产取胜。

二、程序化交易

程序化交易系统是把投资者的理念、交易思路，在平台软件上面编写成交易模型，并且在计算机和网络技术的支持下，瞬间完成预先设置好的组合交易指令的一种交易手段。

程序化交易的优势如下：

(1) 程序化交易反应速度快于人脑。

手动交易时，从眼睛看到大脑确认再到按键买卖至少需要1～2秒的时间，金融市场瞬息万变，1～2秒足以让价格跑远，这样会提高我们的交易成本，如果长期累积下来，也损失了一笔不小的财富。

而程序化交易由电脑盯盘，从信号发出到电脑下单交易仅需要几毫秒时间(1毫秒＝千分之一秒)。在瞬息万变的交易市场里面，这种速度可让我们在机会出现时第一时间进出场，降低交易成本，让交易者积累更多的财富。

(2) 程序化交易没有人性的弱点。

人手交易的最大障碍是什么？是交易者内心的思想波动。因为人的大脑每时每刻都在涌现出不同的想法。这些想法有可能会对交易思路造成干扰。明明有的时候按规则要止损了，但是有可能就因为交易者心里面的一丝犹豫，而导致错过了最好的平仓时机，令亏损扩大。

程序化交易的最大特点是克服了人手交易的不确定性，电脑本身没有感情，可严格按照程序化的设定不间断地连续交易，完全可实现人脑无法达到的稳定性。

(3) 程序化交易可复制成功。

人只有两只眼，同一时间只能观察很少的股票，要同时关注中国股市的3 500多只股票，肯定是力不从心，因此最好的办法是交给计算机来完成。

三、宽客

宽客是Quant的音译，金融工程师的意思。宽客最初是指一群靠数学模型分析金融市场的物理学家和数学家。他们相信数学的精确性是分析最复杂的人类活动的基础，还曾用分析神经系统的数学技巧来赚钱。宽客通常将自己戏称为“矿工”。

金融工程的决定性要素是主持和操纵金融工程的人，这些人就是金融工程师。1991年国际金融工程师学会(International Association of Financial Engineers)的成立，既代表着金融工程学的正式问世，也代表着金融工程师这一特殊的群体已为社会所公认。由于金融工程要广泛涉及公司财务、证券投资、外汇交易、金融衍生品交易等许多领域，要求金融工程师必须具备与其所承担的金融工程职责相符的理论、知识和技能。

2007年美国伊曼纽尔·德曼出版的《宽客人生》一书获选《商业周刊》十大好书。伊曼纽尔·德曼是哥伦比亚大学物理学家，金融工程领域开拓者，高盛数量金融团队创始人，他还是哲学家和诗人。

他在书中这样写道“宽客(Quant)——受过严格科学训练的数量金融师——正是这些模型的创建者，他们是华尔街舞台上未来的明星”。

随着算法及其背后的数学成为华尔街的标准，其他受算法影响较小的领域也吸引了数学家、工程师和物理学家的注意，华尔街把这类人称为“宽客”，这个名字来源于数量分析专家。

这些宽客和计算机程序员，正在寻找存在弱点的新产业，他们可以利用算法推翻该产业的旧秩序，从中牟取巨额利润。

第二节　量化交易和程序化交易是全世界金融领域的大趋势

以前的情况是：算法如何塑造我们的世界？现在的情况是：算法如何控制我们的世界？还有更深刻的感悟——算法帝国：华尔街量化交易的核武器缔造史，未来属于算法和它们的创造者。

程序化交易起源于美国，1975 年时仅有为数不多的机构投资者，通过程序化交易完成股票的投资组合交易，其涉及大量、频繁的抛售和套利交易，被认为至少加大了 1987 年黑色星期一股灾的重创程度。现在美国股票和期货市场，对手将越来越不是人，而是"程序机器人"。

整个金融业的发展史就是一部不断创新的历史，金融创新一直伴随着金融业的发展，其中最重要的一点就是金融技术创新。

程序化交易正在引领世界金融潮流。2016 年，美国证交会(SEC)做过估计，美国全部股票交易额的一半以上是程序化交易，在其他资产市场也占到很高比例。

看看全世界金融领域最赚钱的是哪些人以及他们如何赚钱，我们可以从中悟出趋势来。

图 12－1　西蒙斯(左二)和索罗斯(左一)

我们一起来看一看西蒙斯的成绩单：2005 年、2006 年，分别以 15 亿、17 亿美元的净收入稳坐全球最赚钱对冲基金经理的宝座；2007 年以 13 亿美元屈居第五；危机深化的 2008 年，大赚 25 亿美元，超过排名第四的索罗斯(11 亿美元)1 倍有余，三度封王，真正做到"牛市执牛耳，熊市啖熊掌"。

第三节　量化交易和程序化交易平台

目前国内外的程序化交易平台比较多，主要有 MT4、MT5、Tradestation、Multicharts、OpenQuant、RightEdge 和 Apama、Tradeblazer(简称 TB，交易开拓者)、极星程序化交易平

台、银河证券 Apama 量化交易平台、OpenQuant、MagiQuant、RightEdge、通达信版、大智慧版、同花顺、分析家版、交易师版、掘金量化交易平台、RiceQuant 米筐量化交易平台、优矿等。

第四节　编写量化交易和程序化交易模型

一、通达信平台程序化交易系统公式的编写

我们在第十一章中谈到程序化交易系统公式编写规则时，编写了“均线通道”(JXTD)交易系统公式。为了帮助读者熟练地掌握程序化交易系统公式编写的技能，这里多举几个例子。

案例 1:MACD 专家系统

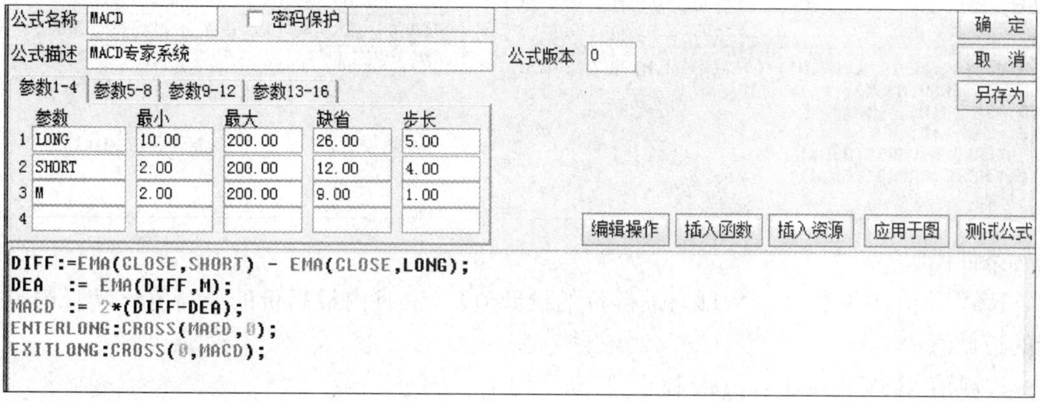

公式名称 MACD　☐ 密码保护　确　定
公式描述 MACD专家系统　公式版本 0　取　消　另存为
参数1-4 | 参数5-8 | 参数9-12 | 参数13-16

	参数	最小	最大	缺省	步长
1	LONG	10.00	200.00	26.00	5.00
2	SHORT	2.00	200.00	12.00	4.00
3	M	2.00	200.00	9.00	1.00
4					

编辑操作　插入函数　插入资源　应用于图　测试公式

```
DIFF:=EMA(CLOSE,SHORT) - EMA(CLOSE,LONG);
DEA  := EMA(DIFF,M);
MACD := 2*(DIFF-DEA);
ENTERLONG:CROSS(MACD,0);
EXITLONG:CROSS(0,MACD);
```

条件说明：

DIFF 赋值:收盘价的 SHORT 日指数移动平均－收盘价的 LONG 日指数移动平均。

赋值:DIFF 的 M 日指数移动平均。

赋值:2＊(DIFF－DEA)。

多头买入:平滑异同平均上穿 0。

多头卖出:0 上穿平滑异同平均。

案例 2:布林带专家系统

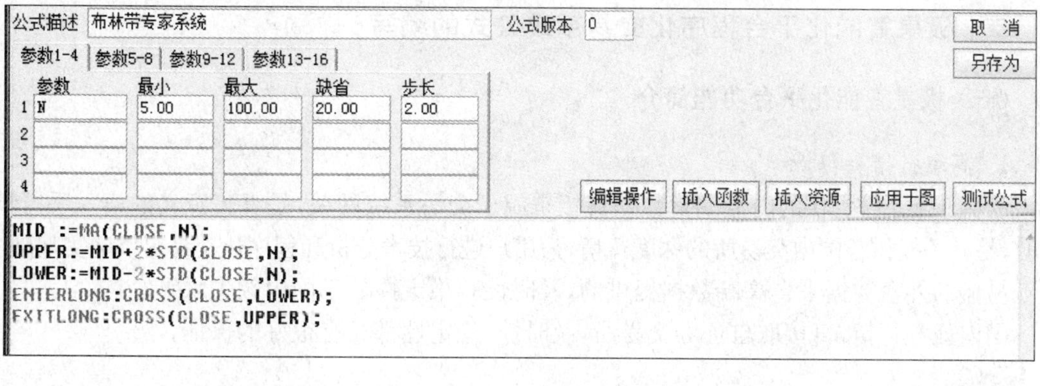

公式描述 布林带专家系统　公式版本 0　取　消　另存为
参数1-4 | 参数5-8 | 参数9-12 | 参数13-16

	参数	最小	最大	缺省	步长
1	N	5.00	100.00	20.00	2.00
2					
3					
4					

编辑操作　插入函数　插入资源　应用于图　测试公式

```
MID :=MA(CLOSE,N);
UPPER:=MID+2*STD(CLOSE,N);
LOWER:=MID-2*STD(CLOSE,N);
ENTERLONG:CROSS(CLOSE,LOWER);
EXITLONG:CROSS(CLOSE,UPPER);
```

条件说明：

赋值：收盘价的 N 日简单移动平均。

UPPER 赋值：MID+2＊收盘价的 N 日估算标准差。

LOWER 赋值：MID−2＊收盘价的 N 日估算标准差。

多头买入：股价上穿 LOWER。

多头卖出：股价上穿 UPPER。

案例 3：KDJ 专家系统

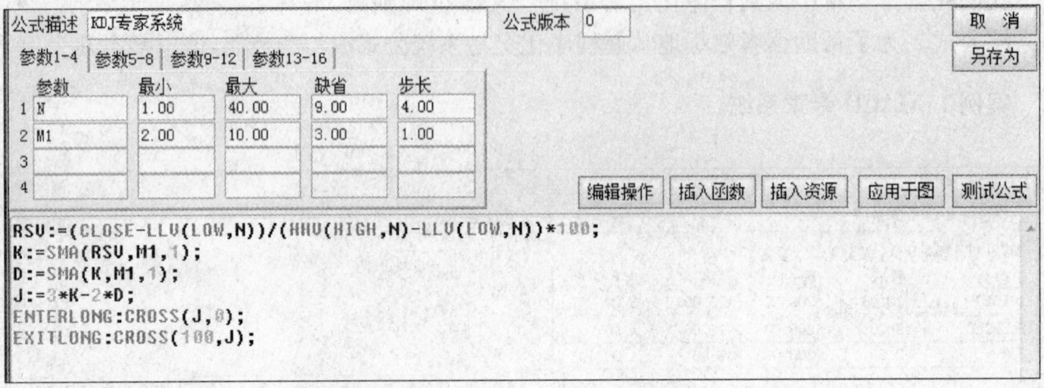

公式描述 KDJ专家系统　公式版本 0　取消　另存为

参数1-4 | 参数5-8 | 参数9-12 | 参数13-16

	参数	最小	最大	缺省	步长
1	N	1.00	40.00	9.00	4.00
2	M1	2.00	10.00	3.00	1.00
3					
4					

编辑操作　插入函数　插入资源　应用于图　测试公式

```
RSV:=(CLOSE-LLV(LOW,N))/(HHV(HIGH,N)-LLV(LOW,N))*100;
K:=SMA(RSV,M1,1);
D:=SMA(K,M1,1);
J:=3*K-2*D;
ENTERLONG:CROSS(J,0);
EXITLONG:CROSS(100,J);
```

条件说明：

RSV 赋值：(收盘价−N 日内最低价的最低值)/(N 日内最高价的最高值−N 日内最低价的最低值)＊100。

K 赋值：RSV 的 M1 日[1 日权重]移动平均。

D 赋值：K 的 M1 日[1 日权重]移动平均。

J 赋值：3＊K−2＊D。

多头买入：J 上穿 0。

多头卖出：100 上穿 J。

从上面三个案例中，细心的读者一定会发现目前通达信的这个版本的程序化交易功能还是相对简单的。下面将介绍一些功能比较强大的程序化交易软件平台并且在上面编写程序。Tradestation、Multicharts、Tradeblazer(简称 TB，交易开拓者)和极星程序化交易平台这 4 个软件平台大同小异，国际化程度高，弄懂一个，其他的也就懂了。

二、极星智能化平台程序化交易系统公式的编写

(一) 极星智能化平台功能简介

1. 高端行情数据源

易盛 9.0 系统提供的内盘期货数据直接来源于交易系统网关，是真正意义的第一手行情。同时，易盛还提供各国内交易所的深度行情，为用户进行技术分析和程序化交易提供坚实基础。

易盛的外盘数据来自高端数据提供商，及时性和稳定性处于国内领先水平。

国内证券行情，直接取自证券交易所，及时性、稳定性都具有很好的保证。

2. 高速高可靠性的交易通道

易盛9.0交易服务器采用全新架构进行开发,在保证大吞吐量的同时,也进一步优化了发单速度,无论是手工下单还是程序化下单,都能够先人一步到达交易所前置,从而达到较高的成交率。

3. 便捷高效的下单方式

在保留易盛经典下单方式的同时,易盛9.0还提供了多种先进的人工下单方式供用户选择使用,如鼠标下单、卡片下单、划线下单等。

4. 体贴人性的工作环境

(1) 灵活的框架布局,各组件可以随意拖放。

(2) 提供多显示器。

(3) 提供布局导入导出功能,方便用户在不同终端上进行切换。

(二) 程序化交易概述

1. 易盛程序化交易平台的特点

易盛程序化交易平台采用的编程语言是在C++语言基础上扩展而来的。相对于其他程序化交易平台,易盛程序化交易平台拥有如下特点:

(1) 运行速度快,程序执行效率高。易盛交易平台所采用的行情数据源和交易通道速度始终处在国内各交易系统的前列,易盛程序化交易系统将继续继承这一传统优势。

(2) 提供功能强大的行情数据获取函数,方便用户进行多周期、多合约的行情数据获取。用户只需调用一个函数就能轻松实现跨周期的行情数据访问。

(3) 提供更加面向底层的订单管理函数,便于编写准确、高效的追单、撤单策略,并可以方便地编写套利交易策略。

(4) 全新的程序编辑器,为用户提供了便捷的函数查阅和代码辅助输入功能。

(5) 提供了实用、丰富的内建函数库,能够很好地满足普通用户的策略编写需求。高端开发者还可以根据自身需求对函数库进行扩充。

2. 易盛程序化交易平台新特性

易盛9.0交易系统的程序化交易模块是易盛程序化交易系统(V2.0)的升级版本。在保持程序化交易2.0诸多优秀品质的前提下,在功能性、易用性、稳定性等方面做了较大的改进。

(1) 相对于程序化交易2.0,本系统的程序化交易模块在编程难度上进一步降低,使得程序化交易爱好者能够更快上手。

(2) 新版程序化增加了基于信号的策略运行模式,在该模式下,用户不需要关注策略发送订单的成交状态,以便将主要精力用在交易思想的编写上,同时,也做到了与业内其他程序化交易软件的统一,便于用户将自己的策略在不同程序化交易平台上进行迁移。

(3) 增加了止损、止盈和浮动止损函数。

(4) 支持附图加载策略;支持主图加载多个策略;更加丰富的绘图功能等;支持独立坐标的指标线输出。

(5) 移除了2.0的指标系统,将指标和程序化策略融合,统一采用ETL语言进行开发。

(6) 程序化交易的执行引擎做了进一步优化,在同样硬件配置基础上,比2.0可以并行运行更多的程序化策略。

(7) 在策略回测和性能优化方面,程序化交易模块也做了进一步的升级,功能更加完备。

(8) 支持以适时订单状态为基础的事件策略驱动机制，方便用户进行订单监控并以此为基础实现高频交易。

(9) 易用性方面也做了较大的升级，如批量编译策略。策略编译后自动更新到图表。

(三) 公式编辑器

公式编辑器界面包括菜单栏、工具栏、代码编辑区、信息输出栏和函数列表共 5 个部分，如图 12-2 所示。

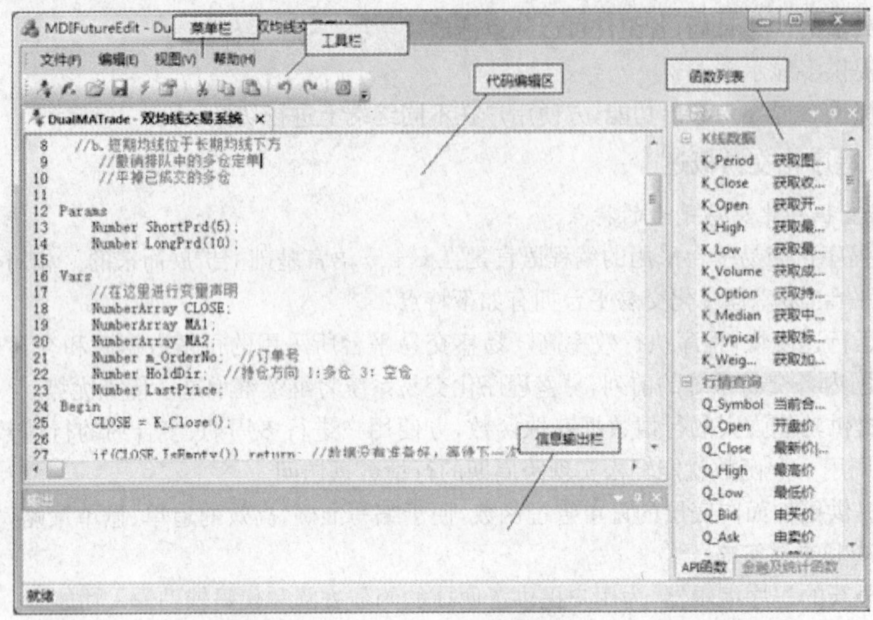

图 12-2 公式编辑器界面

1. 菜单栏

下表列出了各菜单的功能。

2. 工具栏

从左到右，工具栏上的按钮依次为：新建交易指令、新建用户函数、打开文件、保存文件、编译生成、属性、剪切、复制、粘贴、减少缩进、增加缩进、撤销、重做、关闭。

工具栏上每个按钮的功能与菜单栏中对应的菜单功能是一样的。也可以点击工具栏右侧的按钮添加或移除工具栏中的按钮。

3. 函数列表

函数列表中列出了系统提供的 API 函数和其他系统内建函数。点击函数列表面板下方的选项卡可以进行切换。

双击列表中的函数名称，可以将函数自动输入编辑器的光标处。

4. 信息输出栏

信息输出栏用于输出编译过程中出现的错误和状态。

鼠标双击错误信息，会在源码编辑区中自动定位到错误发生的行。

(四) 编写第一个交易系统

本部分将以详细的步骤指导用户编写一个简易的交易系统，以帮助大家掌握易盛程序化交易的基本编程方法。

第一步，点击工具栏上的按钮，弹出如图 12－3 所示对话框。

图 12－3 “交易指令”对话框

第二步，输入交易指令的简称、名称和描述信息，点击“确定”按钮，如图 12－4 所示。

图 12－4 输入交易指令的简称、名称和描述信息

简称必须为英文字母 a～z，A～Z，数字和下划线的组合，且首字符不能为数字。例如，“FirstTrader”。简称不能和已经存在的交易指令、函数重名，否则会提示用户该公式已经存在。

名称为交易指令的中文简短描述。比如“第一个交易指令”。

描述中应当填写这个交易指令的用途、使用方法、参数的意义、设置范围等信息，供以后使用该交易指令时查阅。

点击“确定”后，就会创建一个新的交易指令，文件中有一些基本的代码，可以进行修改，如图 12-5 所示。

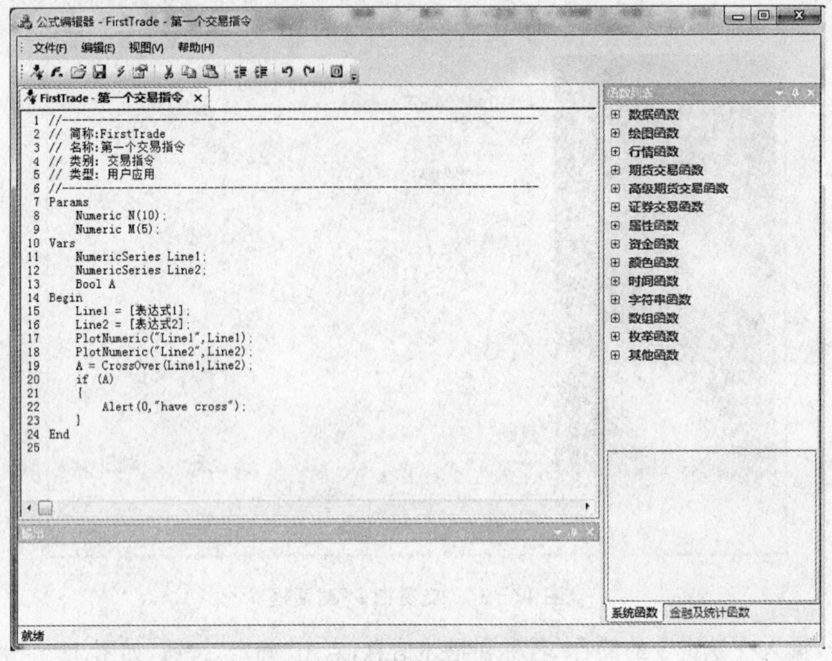

图 12-5　创建新的交易指令

第三步，修改源代码。

将源代码修改为如下内容：

```
Params
  //参数定义
    Numeric N1(5);
    Numeric N2(10);
    Numeric N3(15);
    Numeric N4(20);
GlobalVars
  //全局变量定义
Vars
  //局部变量定义
Begin
  //策略执行区
  //PlotNumeric("MA1",AverageFC(Close,N1));//输出周期为 N1 的均线
  //PlotNumeric("MA2",AverageFC(Close,N2));//输出周期为 N2 的均线
  //PlotNumeric("MA3",AverageFC(Close,N3));//输出周期为 N3 的均线
  //PlotNumeric("MA4",AverageFC(Close,N4));//输出周期为 N4 的均线
End
```

第四步，点击"编译"按钮进行编译，结果如 12－6 图所示，表明交易指令已经编译成功。

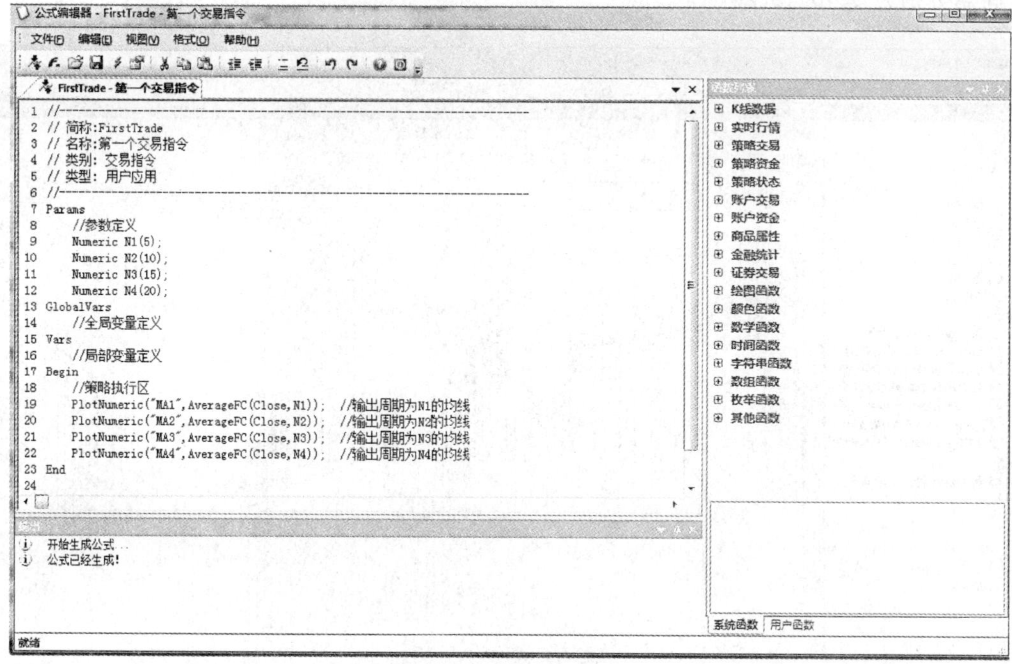

图 12－6　交易指令编译成功

第五步，此时新的交易指令已经显示在树形列表中。一个简易的交易指令编写完毕，如图 12－7 所示。

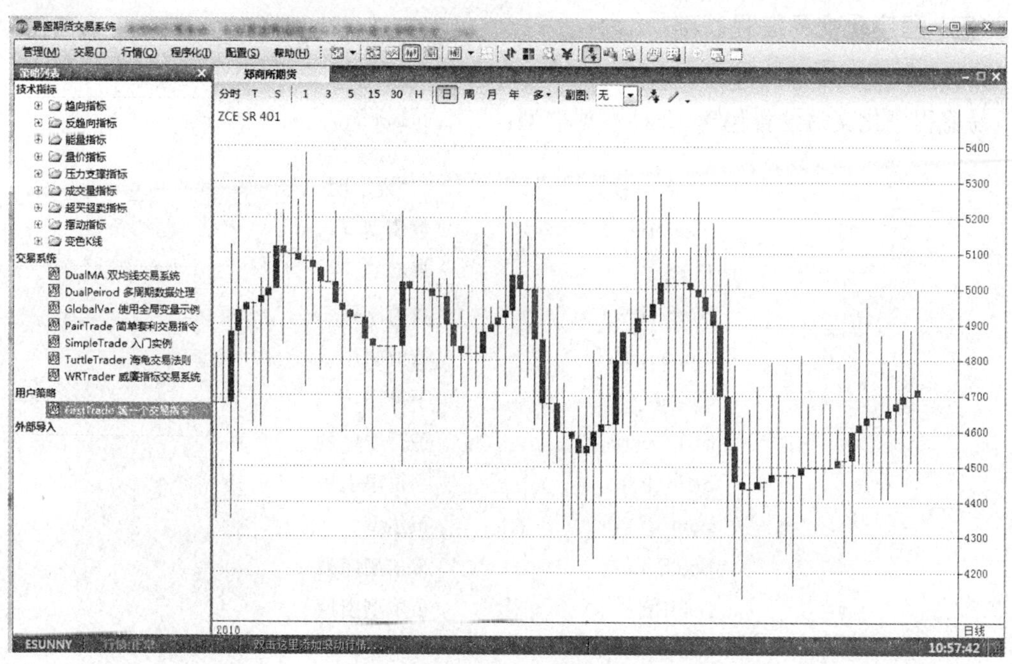

图 12－7　交易指令编写完毕

第六步，双击列表中的"FirstTrade"，加载公式后的界面如图 12－8 所示，显示出了四根均线，周期分别为 5、10、15、20。

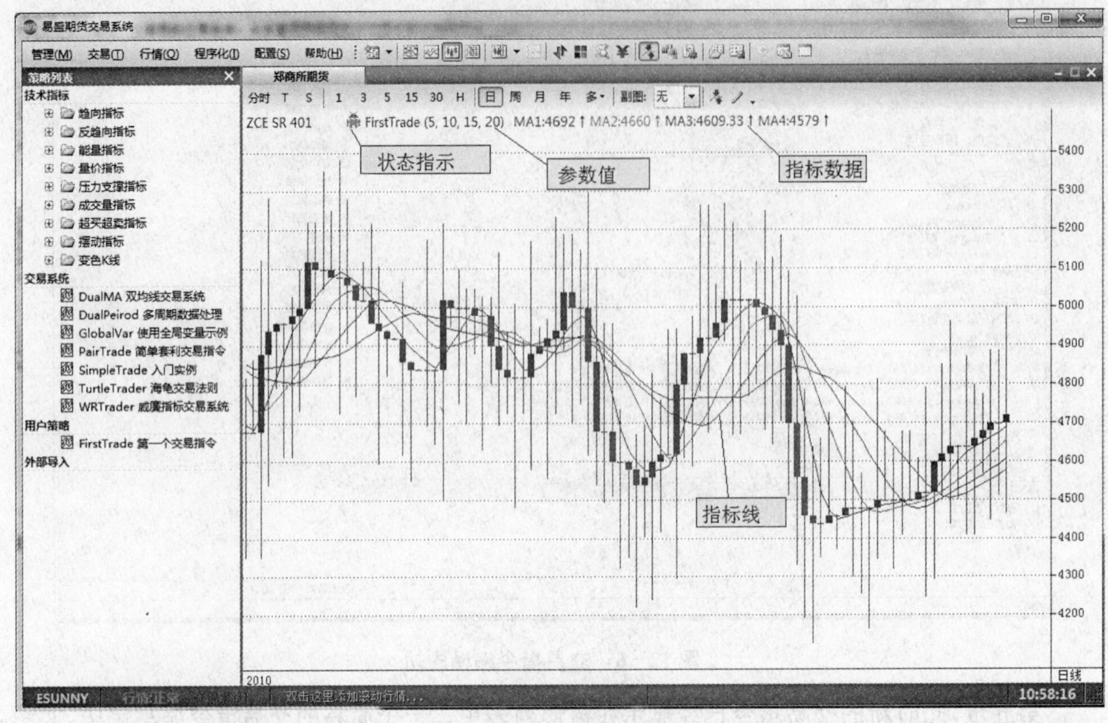

图 12－8　加载公式后的界面

（五）程序化交易编程基础

1. 数据类型

易盛程序化交易语言包含 12 种数据类型：

名　称	说　明
Numeric	数值型
Integer	整型
NumericSeries	数值序列
NumericRef	数值引用
String	字符串
StringSeries	字符串序列
StringRef	字符串引用
Bool	布尔型
BoolSeries	布尔型序列
BoolRef	布尔型引用
NumericArray	数组型
NumericArrayRef	数组型引用

其中，Numeric、String、Bool、Integer、NumericArray 为基本类型。其他 7 种数据类型为扩展类型。

2. 交易指令和函数

易盛程序化交易公式包括交易指令和函数两种类型。

交易指令是程序化交易的主体。它可以被加载到一个图表中运行。交易指令开始运行后，每当合约价格发生变化，交易指令的代码就会被执行一次。

函数是一行或者多行代码集合，它实现了一个相对完整的功能。例如，MA 函数实现了对一个价格数组求移动平均的功能。函数不能被加载到图表中运行，只能在代码中被调用。

函数又分为内建函数和用户函数两种。内建函数可以被交易指令调用，也可以在函数中被调用；用户函数能被交易指令调用，也能被用户函数调用。

具体的调用关系如表 12－1 所示。

表 12－1 内建函数与用户函数的调用关系

被调用 / 调用者	内建函数	用户函数
交易指令	允许	允许
内建函数	允许	禁止
用户函数	允许	允许

3. 参数

参数是一个预先声明的地址，用来存放输入参数的值，在声明之后，就可以在接下来的程序中使用该参数的名称来引用其值。参数的好处在于可以在调用公式应用的时候才指定相应的参数，而不需要重新编译。

(1) 交易指令参数。

在交易指令中，只能使用 Numeric、Integer、String、Bool 四种基本数据类型作为参数。每个参数都必须设置初始值。在程序中不能修改参数的值。

交易指令的程序示例如下：

```
Params
    Numeric P1(10.5);
        Integer P2(20);
    String  P3("hello");
    Bool  P4(True);
Vars
    ... ...
```

上述交易指令在运行前，会弹出参数设置对话框，可以在对话框中修改参数的值。

(2) 函数参数。

函数可以使用任意一种数据类型作为参数。函数参数的初始值可以设置，也可以不设置。

函数的参数可以在代码中被引用，若希望调用该函数的上层代码对应的变量在调用函数结束后也得到修改，可以使用运用数据类型(XXXXRef)。

示例程序如下：

```
//Myfun函数代码
Params
        NumericRef P1;          //E
        Numeric P2(5.2);
Begin
        P1 = 100;
        P2 = 6.5;
End
```

以下是调用函数 Myfun 的示例代码：

```
//调用MyFun的代码片断
Numeric a;
Numeric b;
... ...
a=10;
b=20;
Myfun(a,b);             //调用函数后a
... ...
```

函数的参数定义还需要注意以下两点：

(1) Ref 数据类型参数不能设置初始值。

(2) 若某个参数没有设置初始值,则定义在该参数前边的参数即使有初始值,该初始值也会被忽略。

```
//Function的代码片断
Params
   Numeric P1(3);
   Numeric P2(5);
   Numeric P3;
   Numeric P4(10);
Begin
... ...
... ...
End

//以上代码，由于P3没有设置初始值，所以P1,P2的初始值也无效。等价于下边的代码
Params
   Numeric P1;
   Numeric P2;
   Numeric P3;
   Numeric P4(10);
Begin
... ...
... ...
End
```

4. 变量

变量是一个存储值的地址，当变量被声明之后，就可以在脚本中使用变量，可以对其赋值，也可以在其他地方引用变量的值进行计算，要对变量进行操作，直接使用变量名称即可。

变量的主要用处在于它可以存放计算或比较的结果，以方便在之后的代码中直接引用运算的值，而无须重现计算过程。

变量分为全局变量和局部变量两种。全局变量从公式被加载起将一直存在，直到公式被停止运行。局部变量在每次代码运行结束都会被自动销毁，下次运行代码时会被重新赋予初始值。

全局变量需要定义在 GlobalVars 区域；局部变量需要定义在 Vars 区域；为方便起见，除了序列变量外，其他变量都可以定义在以 Begin 开头的程序体内部。定义在 Begin 区域和定义在 Vars 区域意义是一样的。但序列变量只能定义在 GlobalVars 或 Vars 区域中。

只有交易指令才有 GlobalVars 区域，函数中不能定义 GlobalVars。

引用类型(NumericRef、StringRef、BoolRef)不能定义为变量，只能定义为参数。

变量的定义示例如下：

```
GlobalVars
        Bool G 1;
        String G 2("Hello");
        NumericSeries G 3(1);
Params
        ... ...
Vars
        Numeric P1;                 //不设置初始值，默认值为0
        Numeric P2(10);              //设置初始值示例，P2初始值为10
        Bool P3(true);                //P3初始值为true
        NumericSeries P4;             //不设置初始值，P4为""
        String P5("hello");            //P5为"hello"
Begin
        Numeric tmp;
        Bool tmp2;
        String tmpString = "Hello,World";
End
```

5. 运算

运算包括算术运算、关系运算、逻辑运算。进行运算时，扩展数据类型和基础数据类型没有任何区别。

数值型变量、字符串变量可以进行算术运算和关系运算，不能进行逻辑运算。

布尔型变量不能进行算术运算和关系运算，只能进行逻辑运算。

(1) 算术运算。

① 数值型变量。

数值型变量可以进行加、减、乘、除、求余数、乘方运算。下面为数值型运算符：

运算符	描 述
+	两数相加
—	两数相减
*	两数相乘
/	两数相除
%	求余数

示例代码如下：

```
Numeric a=5;
Numeric b=6.5;
Numeric c=20;
a = b+c;
a = a+3;
b=(b+a-100)/5
```

② 字符串变量。

两个字符串之间可以做相加运算。运算结果返回一个将两个源串连接在一起的字符串(源串并没发生变化)。示例如下：

```
String a="Hello";
String b="World";
String c=a+" ";              //"He
c = c+b;                    //"Hell
c=c+"!";                    //"Hell
```

(2) 关系运算。

关系运算值对运算符两端的数据进行比较,关系运算符如下：

符 号	说 明
==	相等
>, >=	大于,大于等于
<,<=	小于,小于等于
! =	不等

字符串变量只能进行“==”和“! =”运算。其意义是判断两个字符串内容是否相同,不区分大小写。关系运算的示例如下：

```
Bool A=(3+5) > (9+2);
Bool B= (9>=9);                //B
Bool C = (9 != 9)        //C为fals
Bool d=("abc" == "ABC")  //d为tru
Bool e=("abc" == "ABCD")   //e为f
```

(3) 逻辑运算。

只有 Bool 型变量才可以进行逻辑运算。逻辑运算符如下：

符 号	说 明
&& AND	与运算，A&&B，AB 同为 true 时返回 true，否则返回 false
|| OR	或运算，A||B，AB 都为 false 则返回 false，否则返回 true
! NOT	非运算，! A，若 A 为 true，返回 false；若 A 为 false，返回 true

6. 语句

(1) 分支语句。

采用 if、else 实现分支语句。用于根据一定的条件执行一段代码。若分支条件后边只有一行语句，可以不使用大括号；若需要控制多行语句，必须使用大括号。else 语句可以省略。

示例如下：

```
Bool A=3>5;
Numeric B=3;
if(A)            //若A为true，则设置B为5，否则，设置B为6
    B=5;         //满足条件时执行1条语句，可以不写大括号
else
    B=6;
if(!A)       //若A不为true
{
        B= B+1;
    B+=5;
}
else
{
        B=B-1;
    B-=2;
}
if(B>1)
{
        A=true;
}
else
{
        A=false;
}
```

(2) 循环语句。

循环语句用于循环执行某一段代码。若循环执行的代码段仅有 1 行，可以省略大括号。使用示例如下：

```
Numeric A=0;
Numeric B=2;
For A=0 to 10
{
        B=B+1;                    //这个代码总共会执行11次，最终结果：B为13,A为11
        Print(A);                  //A依次为0,1,2,...10
}

B=5;
For A=10 downto 8
{
    B=B-2 ;     //代码共执行了3次。最终结果:B为-1，A为7
}
```

注意：

编写循环语句不当，会导致程序一直运行循环代码，永远不会退出，导致整个系统僵死。这种情况叫作死循环，如下面的代码：

```
Numeric  A=5;
For A=5 to 10
{
      A=8;
}
```

分析上述代码，发现 A 始终为 8，永远不会大于 10，因此会一直循环下去。在编写循环语句的时候应当特别注意，保证不存在死循环。

除了使用 For 语句编写循环外，还可以使用 While 语句，示例代码如下：

```
Numeric a=10;
while(a>0)  //如果a大于0，就执行循环，否则退出循环
{
        a=a-1;
}
```

7. 调用函数

(1) 一般函数调用。

一般函数调用函数 MyFun 代码如下：

```
Params
Numeric A;
Numeric B;
Begin
    return A+B;
End
```

调用示例如下：

```
Number A;
Numeric B;
A = MyFun(3,5);          //A=8
B = MyFun(A,10);         //B=18
A = MyFun(A,A);          //A=16
```

(2) 包含缺省参数的函数调用。

某些函数的参数包含缺省值，若想使用参数的缺省值进行运算，可以省略输入该参数，但需要注意的是：如果省略输入 1 个缺省参数，该参数后边的所有参数也必须省略。

函数 MyFun 的代码如下：

```
Params
Numeric A;
Numeric B(5);
Numeric C(6);
Begin
    return A+B+C;
End
```

调用示例如下：

```
Number A;
A = MyFun(8);       //相当于8+5+6=19
A = MyFun(10,12);  //相当于10+12+6=28
A=MyFun(10, ,20);   //错误的调用方式，编译通不过，应当写成A=MyFun(10,5,20);
```

(3) 包含引用类型参数的函数调用。

一些函数的参数为 Ref 数据类型,我们称这些参数为引用参数。使用引用参数的好处是可以在函数内部修改该参数对应的变量。输入的引用参数必须是一个变量,而不能是一个数值,或字符串。

函数 MyFun 示例如下:

```
Params
Numeric A;
NumericRef B;
StringRef   C;
Begin
     A=7;
     B=8;
     C="Fine,Thanks!";
     Return A+B;
End
```

调用示例如下:

```
Numeric P1=1;
Numeric P2=2;
String P3="How are you?";
Numeric P4;
P4 = MyFun(P1,P2,P3);
//调用结果:
//P4=15;
//P1仍然为1, 因为MyFun的第一个参数不是引用参数, 即使函数将其修改为7, 函数//返回时, P1仍然为1。
//P2=8, 因为MyFun的第二个参数为引用参数。
//P3为"Fine,Thanks!"
```

8. 序列变量和序列函数

系统提供三个序列变量类型:NumericSeries、StringSeries、BoolSeries

序列变量完全拥有三个基本变量(Numeric、String、Bool)的功能。同时,序列变量还可以用于获取以前周期的值,这称为对序列变量进行回溯。

例如,内置变量 Close 就是一个序列变量。

Numeric A=Close;表示获取当前周期的收盘价,也可以写成 Numeric A=Close[0]。

Numeric B=Close[1];表示获取上一周期的收盘价。

Numeric C=Close[3];表示获取三周期前的收盘价。

如果需要对某个计算结果进行回溯访问,就将该变量定义为序列变量,但需要注意,序列变量由于需要保存历史数据,因此比普通变量要占用更多的内存空间。

如果在一个函数的参数或变量中定义了序列变量,我们称这个函数为序列函数。序列函数中保存了每一周期的计算结果。由于序列函数可能被多个主函数多次调用,若使用不当,会导致序列函数中的历史数据发生混乱。为避免这个问题，使用序列函数必须遵循一些规则，具体如下：

(1) 尽可能保证每一周期的序列函数都得到执行。

(2) 尽量不要在 If，Else 等语句中使用序列函数。

(3) 可以在循环语句中使用序列函数，但必须保证每个周期中序列函数的调用次数是相同的。

9. 数组

为方便用户实现对跨周期历史数据的获取，系统提供了数组类型 NumericArray 和数组引用类型 NumericArrayRef。

数组的使用例子如下：

```
Params
Vars
        NumericArray arr;  //注意，数组不能设置初始值
Begin
        ArrAdd(arr,3);    //添加一个数据，arr中的数据{3}
        ArrAdd(arr,15.6);  //添加一个数据，arr中的数据{3, 15.6}
        ArrRevers(arr);  //反转数组，arr中的数据{15.6, 3}
        arr[1]=5;   //修改一个元素的值，arr中的数据{15.6, 5}
        ArrClear(arr);   //arr被清空
        //获取周线的收盘价历史数据
        arr = HisData(Enum_Data_Close,Enum_Period_Week);
        if(ArrLength(arr)>1) //判断是否成功获取到了周线收盘价历史数据
        {
                Print(arr[0]);   //打印当前时刻的周线价格
                Print(arr[1]);   //打印上周的周线价格
        }
End
```

如上例所示，数组和序列变量都可以进行历史数据的回溯。但它们有着本质的区别，具体表现在：

(1) 序列变量被绑定在图表的每一根 K 线上，依赖于图表存在。因此它只能用于回溯当前图表的历史数据，不能进行跨周期数据访问。

(2) 序列变量对于历史周期的数据只能访问，不能修改，而数组可以随意修改以前的数据。

(3) 基于序列变量的程序易于理解且运行速度非常快。基于数组的程序往往需要使用 for、while 等循环语句，因此运行速度慢。

(4) 访问当前周期数据时，序列变量可以省略[0]，而数组必须加上[0]。

10. 常见问题及编程技巧

(1) 序列函数使用需要注意哪些问题？

尽量避免在分支或循环语句中使用序列函数。如果确有必要这样使用，应确保以下两点：

① 尽量保证序列函数在每个周期被调用的次数都相同。

② 一定要保证序列函数在每个周期被调用的顺序是相同的。

如下例，在 N 周期，先计算 10 周期均线，后计算 20 周期均线；在 $N+1$ 周期，则先计算 20 周期均线，后计算 10 周期均线。这将导致 XAverage 中的序列变量无法正确取得上一周期的运算结果（$N+1$ 周期计算 20 日均线时，错误地将 N 周期的 10 日均线运算结果读取出来进行计算）。

```
Param
Var
        NumericSeries A;    //10周期均线
        NumericSeries B;    //20周期均线
        Bool Con(false);
Begin
        if(B)
        {
                A=XAverage(Close,10);
                B=XAverage(Close,20);
        }
        else
        {
        B=XAverage(Close,20);
        A=XAverage(Close,10);
        }
        Con=!Con;
        PlotNumeric("MA10",A);
        PlotNumeric("MA20",B);

End
```

（2）怎样在编写用户函数时调用另一个用户函数？

不能在用户函数中直接调用其他用户函数。如果确实需要这样做，将另一个用户函数转化成内建函数。需要注意的是，一旦转化为内建函数，这个函数就再也不能修改或删除。

（3）为什么编写了一个用户函数，但是在交易指令中无法调用？

可能是由于这个用户函数仅仅保存了，但是没有被编译生成。在编写或修改了函数以后，需要对函数进行重新生成，否则用户函数将不能真正得到更新，也就无法在交易指令中被调用。

（4）在编写用户函数时，怎样让函数返回多个值？

函数可以用 return 语句返回一个值，如果需要返回多个值，定义一些引用参数（如 NumericRef），利用这些参数返回需要的值。例如：

```
Params
        NumericRef a;
        StringRef   b;
Vars
Begin
        a = 5;
        b = "hello,world";
        return 0;
End
```

（六）序列变量

序列变量是程序化交易编程语言与一般编程语言（如C++）的一个显著差别，是为了简化金融统计运算（如计算移动平均）而设计实现的。

序列变量（如NumericSeries）拥有数据回溯的功能，它可以用中括号的方式访问以前K线的数据，如：High表示本周期的最高价，High[1]就表示上一根K线的最高价。

为了让序列变量拥有回溯功能，我们在后台做了这样的工作：

(1) 用户代码运行之前，将序列变量从一个存储空间里取出来，并让序列变量的初始值等于上一周期的值。

(2) 用户代码运行结束后，将序列变量保存到存储空间。

(3) 下次运行时，如果发现是一根新生成的K线，则将序列变量的长度自动增加1。新增加的元素值等于上一周期的值。

由此可见，序列变量是一个长度自动变化的数组，它的长度始终和图表中K线的数量是一致的。下面是使用序列变量求指数平均（EMA）的函数源代码：

```
//指数平均得计算公式为:
//当前周期的指数平均值=平滑系数*（当前价格-上周期指数平均值）+上周期指数平均值
//平滑系数=2/(周期单位+1)
Params
        Numeric Price(10);  //价格
        Numeric Length(10);   //周期单位
Vars
        Numeric sFcactor;   //平滑系数
        NumericSeries EMAValue;    //当前周期的指数平均值，定义为序列变量。
Begin
        sFcactor = 2 / ( Length + 1 );  //求平滑系数
        if (CurrentBar == 0 )
        {
            //如果当前是第一根K线，也就是说没有上一周期的EMA值，则直接让他等于当前价格
                EMAValue = Price;
        }else
        {
            //当前周期的指数平均值=平滑系数*（当前价格-上周期指数平均值）+上周期指数平均值
                EMAValue = sFcactor * ( Price - EMAValue[1] ) + EMAValue[1];
        }

        Return EMAValue;
End
```

采用序列变量编写的公式、函数，代码非常简洁直观，而且运行效率很高。但快速易用的同时还必须遵循一些使用规则，特别是在函数中定义的序列变量更要遵循这些规则，否则有可能造成多个序列变量在存取时发生混乱，具体规则如下：

(1) 尽可能保证每一周期的序列函数都得到执行。

(2) 尽量不要在If、Else等语句中使用序列函数。

(3) 可以在循环语句中使用序列函数，但必须保证每个周期中序列函数的调用次数是相同的。

（七）使用全局变量

1. 供公式内部使用的全局变量

系统提供了 GlobalVars 关键字用于定义全局变量，GlobalVars 区域定义的变量与 Vars 区域的变量不同之处为：

(1) Vars 区域定义的变量，每周期都会被重新赋值，代码运行结束，变量自动销毁。

(2) GlobalVars 区域的变量，会一直保存上次修改的值，直到这个交易指令被停止加载。

(3) GlobalVars 关键字只能定义在交易指令中，不能定义在函数中。

2. 供公式之间共享数据的全局变量

除了使用 GlobalVars 关键字定义全局变量外，用户还可以使用系统提供的函数 SetGlobalVar 和 GetGlobalVar 存取全局变量。这两个函数定义的全局变量可以被所有公式所共享。注意避免公式之间全局变量的相互影响所导致的问题。

3. 可被存储的全局变量

使用 SetELProfileString 函数可以将一个字符串写入配置文件中保存下来，采用 GetELProfileString 可以获得配置文件中的字符串。

注意：

读写文件的效率会远低于 SetGlobalVar/GetGlobalVar 的效率。避免过于频繁地调用该函数。

（八）跨周期跨合约历史数据获取

系统提供了 HisData 函数，供用户方便获取跨周期、跨合约的历史数据。

HisData 函数的返回值为一个数组(NumericArray)。数组中的数据按照时间由近到远的顺序存储。

数组与序列变量有着本质的区别。序列变量必须依赖图表，而数组完全脱离了图表。

可以使用内置的"数组函数"对数组进行操作，具体使用方法详见函数手册。

不能将一个数组作为函数的参数传给一个序列变量，如不能使用 Average 函数计算数组的均值，而应当使用 iMA 函数计算。

跨周期示例如下：

```
Params
    String Kind("CF205"); //品种名称
Vars
    NumericArray arr1;
    NumericArray arr2;
Begin
    arr1 = HisData(Enum_Data_Close,Enum_Period_Min15,Kind);   //取 15 分钟收盘价
    arr2 = HisData(Enum_Data_Open,Enum_Period_Day,Kind);  //取日线的上周期开盘价
    if(ArrLength(arr1) = = 0)
    {Print("暂未获取到 15 分钟数据");}

    Else
    {Numeric MA1 = iMA(arr1);          //求 15 分钟线的当前 MA 值
```

```
    Print(Kind + "的 15 分钟线当前 MA 值为:" + Text(MA1));}

    if(ArrLength(arr2) = = 0)
  {Print("暂未获取到日线数据");}

  Else
  {Numeric MA2 = iMA(arr2,20,1); //求日线前一周期的 MA 值

  Print(Kind + "的日线前一周期 MA 值为:" + Text(MA2));}

End
```

以下给出了一些常用数组函数的介绍：

函数名	用　法
ArrAdd	在元素尾部追加一个元素
ArrInsert	插入一个元素到数组中
ArrRemove	从数组中移除某个元素
ArrLength	获得数组中元素的个数
ArrRevers	反转数组
iMA	求数组的平均值
iHHV	求数组的最高值
iLLV	求数组的最低值
iEMA	求数组的指数平均
iMACD	求数组的指数平滑异同平均
iSMA	求数组的权重平均值
iRSI	求数组的相对强弱指数

（九）时间判断

ETL 语言采用浮点数来表示时间，如 2018 年 12 月 31 日 23 时 59 分 59 秒，表示为 20181231.235959。

对于任何计算机语言，存储浮点数都会产生误差，也就是说，计算机不能精确地存储 20181231.235959，可能将该时间存储为 20181231.235959001。

ETL 语言中，时间可以精确到小数点后 8 位。为此，判断两个时间是否相等，不要用运算符“==”，现举例说明。

示例：判断当前时间是否为 14:59:59。错误写法：

```
if(CurrentTime = = 0.145959)
{....}
```

由于 CurrentTime 返回的时间只能精确到小数点后 8 位，不能和 0.235959000000000 绝对相等，所以 if 语句可能得不到执行。

正确写法：

if(CurrentTime >0.145958 && CurrentTime<0.15) //当前时间大于 14:59:58 并且小于 15:00:00

{....}

推荐写法:采用函数 TimeDff。

TimeDiff:返回两个时间相差的秒数,该返回值为整数,故可以使用==进行判断。

if(TimeDff(CurrentTime,0.145959) = = 0)

{....}

(十) 程序化交易模型编程案例

案例 1:早盘突破

```
Vars
Numeric Highprice
Numeric lowprice
Numeric mp
Begin
Mp = marketposion
While (time>0.0900 and time<0.0930)
{highprice = max(high,highprice);
lowprice = min(low,lowprice);}
While(time>0.0930)
{if (close>highprice and mp<>1)
{buy(1,0,true)}

If(close<lowprice and mp<> - 1)
{sellshort(1,0,true)}}
While (time>0.145900)
{buy(1,0);
sellshort(1,0)}

End
```

案例 2:分形操作突破法模型源码

```
Params
        Numeric  length1(8);
        Numeric  length2(5);
Vars
        Numeric  CHI;
        NumericSeries  AA;
```

```
        Numeric  BarNumsA;
        Numeric  BarNumsB;
        Numeric  HH;
        Numeric  LL;
Begin
        AA = SMA((High + Low + Close)/3,length1);
        CHI = AA[length2];
        BarNumsA = NthCon((High>HighD[1] && High>HighD[2] && High> = NextHigh),1);
        HH = HighD[BarNumsA];
        BarNumsB = NthCon((Low<LowD[1] && Low<LowD[2] && Low< = NextLow),1);
        LL = LowD[BarNumsB];
        If(Close>HH)
        {Buy(1,NextClose,true);}
        If(Close<LL)
        {SellShort(1,NextClose,True);}
End
```

案例 3：Keltner Channel System

KeltnerChannel 的指标发明人是 Chester Keltner，最初的版本中线和 ATR 的参数都是 20，即我们现在看到的版本。

KC 指标由琳达-拉什克(Linda Raschke)再度优化改进，她采用 10 周期 ATR 值计算上下轨。

基于 Keltner Channel(肯特纳通道)的持仓交易系统。

由价格均线和 ATR 形成通道，当价格突破通道产生入场讯号。

Keltner Channel 原理：肯特纳通道(KC)是一个移动平均通道，由三条线组合而成(上轨、中线及下轨)，若价格突破边界，即表示出现开仓机会。

肯特纳通道是基于平均真实波幅原理而形成的指标，对价格波动反应灵敏，基于 KC 的系统可以实时开仓，不需要等待下一个 Bar。

Keltner Channel 算法：

```
中线 = Typical Price 的 N 周期平均值;
Typical Price = (High + Low + Close)/3;
上轨 = 中线 + 通道;
通道 = NumATRs * 平均真实波幅。

Keltner Channel 指标
Params
Numeric Length(20);
Numeric NumATRs(1);
Vars
NumericSeries TPrice;
```

```
Numeric AvgValue;
Numeric ShiftValue;
Numeric UpperBand;
Numeric LowerBand;
Begin
TPrice = (High + Low + Close)/3;
AvgValue = AverageFC(TPrice,Length);
ShiftValue = NumATRs * AvgTrueRange(Length);
UpperBand = AvgValue + ShiftValue;
LowerBand = AvgValue - ShiftValue;

PlotNumeric("UpperBand",UpperBand);
PlotNumeric("LowerBand",LowerBand);
PlotNumeric("MidLine",AvgValue);
End
```

KCS 版本 1

```
Params
Numeric Length(20);
Numeric NumATRs(1);
Vars
NumericSeries TPrice;
Numeric AvgValue;
NumericSeries ShiftValue;
  Numeric UpperBand;
  Numeric LowerBand;
  Numeric MyPrice;
  Begin
  TPrice = (High[1] + Low[1] + Close[1])/3;
  AvgValue = AverageFC(TPrice,Length);
  ShiftValue = NumATRs * AvgTrueRange(Length);
  UpperBand = AvgValue + ShiftValue[1];
  LowerBand = AvgValue - ShiftValue[1];
```

KCS 版本 1(2)

```
  If(MarketPosition! = 1 && High >= UpperBand)
  {MyPrice = UpperBand;
  If(Open > MyPrice) MyPrice = Open;
  Buy(1,MyPrice);Return;}
```

```
    If(MarketPosition! = -1 && Low <= LowerBand)
  {MyPrice = LowerBand;
  If(Open < MyPrice) MyPrice = Open;
SellShort(1,MyPrice);Return;}

End
```

案例 4:RangeBreak 系统

RangeBreak 区间突破交易系统被市场广泛用于日内交易,曾经连续多年在《美国期货杂志》盈利交易系统排行榜中位居前十。目前该交易系统也仍旧被很多专业机构和个人投资者所推崇。

原版 RangeBreak 区间突破交易系统的操作原则:

RangeBreak 日内波动区间突破交易系统,首先是根据昨日波动幅度的一定百分比,来触发当日的趋势交易,属于日内短线趋势交易系统。具体交易方面的六大操作原则如下:

(1) 昨日振幅=昨日最高价-昨日最低价;

(2) 今日行情区间上轨=今日开盘价+N×昨日振幅;

(3) 今日行情区间下轨=今日开盘价-N×昨日振幅;

(4) 突破上轨,买入开仓做多;

(5) 突破下轨,卖出开仓做空;

(6) 在当日收盘时平仓。

RangeBreak 指标:

```
Params
    Numeric PercentOfRange(0.3);
Vars
    Numeric DayOpen;
    Numeric preDayRange;
    Numeric UpperBand;
    Numeric LowerBand;
Begin
    DayOpen = OpenD(0);
    preDayRange = HighD(1) - LowD(1);
    UpperBand = DayOpen + preDayRange * PercentOfRange;
    LowerBand = DayOpen - preDayRange * PercentOfRange;

    PlotNumeric("UpperBand",UpperBand);
    PlotNumeric("LowerBand",LowerBand);
    PlotNumeric("MidLine",DayOpen);
End
```

```
RBS_V1(1)
    Params
        Numeric PercentOfRange(0.3);
        Numeric ExitOnCloseMins(14.55);
Vars
        Numeric DayOpen;
        Numeric preDayRange;
        Numeric UpperBand;
        Numeric LowerBand;
        Numeric MyPrice;
Begin
        DayOpen = OpenD(0);
        preDayRange = HighD(1) - LowD(1);
        UpperBand = DayOpen + preDayRange * PercentOfRange;
        LowerBand = DayOpen - preDayRange * PercentOfRange;
        If(MarketPosition! = 1 && High> = UpperBand)
{MyPrice = UpperBand;
If(Open > MyPrice) MyPrice = Open;
Buy(1,MyPrice);Return;}

RBS_V1(2)
If(MarketPosition! = -1 && Low< = LowerBand)
    {MyPrice = LowerBand;
If(Open < MyPrice) MyPrice = Open;
SellShort(1,MyPrice);Return;}

// 收盘平仓
      If(Time > = ExitOnCloseMins/100)
      {
  Sell(1,Open);
  BuyToCover(1,Open);
      }
      SetExitOnClose;
  End
```

案例5:双均线完整策略模型

加上跟踪止盈和再进场策略:

```
Params
Numeric Length1(10);
```

```
Numeric Length2(20);
Numeric Lots(1);
Numeric Trailing Stop(1);//跟踪止损百分比
Numeric BarsReEntry(5); //出场后趋势维持多少根 Bar 后再进场

Vars
NumericSeries MA1:
NumericSeries MA2:
BoolSeries cond Buy(false);
BoolSeries cond SEll(false);
Numeric MyExitPrice;
NumericSeries Higher AfterEntry;
NumericSeries LowerAfter Entry;
Numeric StopLine(0);
BoolSeries bLong Stoped(false);
BoolSeries bShortStoped(false);
Numeric BarsAfterLongExit(0);
Numeric BarsAfterShortExit(0);
Begin
/* if (BarStatus>0 //V4 中可以省略的序列变量传递部分
{
bLongStoped = bLongStoped[1];
bshortStoped = bShortStoped[1];
}*/
Commentary("bLongStoped = " + IIFString(bLongStoped, " true","false"));
Commentary("bShortStoped = " + IIFString(bshortStoped, " true","false"));
if (Bars Since Entry = = 1)
{
    HigherAfterEntry = AvgEntryPrice;
    Lower AfterEntry = AvgEntryPrice;
} Else If(BarsSinceEntry > 1)
{
    HigherAfterEntry = Max(HigherAfterEntry[1], High[1]);
    LowerAfterEntry  = Min(LowerAfterEntry[1], Low[1]);
}
Else
{
    HigherAfterEntry = HigherAfterEntry[1];
    LowerAfterEntry =  LowerAfterEntry[1];
```

```
}
MA1 = AverageFC(Close, Length1);
MA2 = AverageFC(Close, Length2);
PlotNumeric("MA1", MA1);
PlotNumeric("MA2", MA2);
condBuy = CrossOver(MA1, MA2);
condSell= CrossUnder(MA1, MA2);
if condBuy = = false and condSell = = false
{
        condBuy = condBuy[1];
        condSell= condell[1];
}
If(MarketPosition <>1 and condBuy[1] = = true and bLongStoped = = false
{
        Buy(Lots, Open);
        HigherAfterEntry = Open;
        bLongStoped = false;
        bshortstoped false;
}
If(MarKetPosition <> - 1 and condSell[1] = = true and bshortstoped = = false)
{
        SellShort(lots, Open);
        LowerAfterEntry = Open;
        bLongStoped = false;
        bshortstoped = false;
}
BarsAfterLongExit= NthCon(! bLong Stoped, 1);
Commentary(" BarsAfterLong Exit= " + text(BarsAfterLongExit);

If(bLongStoped and MarketPosition = =0 and cond Buy[1] = = true
              and Bars AfterLong Exit > BarsReEntry)
{
        Buy(Lots, Open);
        bLongStoped = False;
        HigherAfterEntry = Open;
    Return;
}
BarsAfterShortExit= NthCon(! bShortStoped, 1);
Commentary("BarsAfterShortExit= "text(BarsAfterExit));
```

```
if(bshortStoped and MarketPosition = = 0 and condSell[1] = true
                and BarsAfterShortExit >= BarsReEntry)
{
    SellShort(Lots, Open);
    bShortStoped = False;
    LowerAfterEntry = Open;
    Return;
}
MinPoint = MinMove * PriceScale;
If(MarketPosition = = 1)
{
    StopLine = HigherEntry * (1 - TrailingStop * 0.01);
    if(Low <= StopLine)
    {

      MyExitPrice = StopLine - MinPoint;
      if(open < MyExitPrice) MyExitPrice = Open;
      Sell(0, My ExitPrice);
      bLongStoped = true;
}


} ELse If(MarketPosition = = -1)
{

      StopLine = LowerAfterEntry * (1 + TrailingStop * 0.01);
      If(High > StopLine)

    {

      MyExitPrice = StopLine + MinPoint;
      If(open > MyExitPrice) MyExitPrice = Open;
      BuyToCover(0, MyExitPrice);
      bShortStoped = true;
      }
    }
end
```

案例 6：MACD 跨周期引用模型

```
Params
        Numeric TimeFrame(30);   // 目标时间周期参数，参数说明参见 MtBar
        Numeric BarsBack(1);     // 目标时间周期 BAR 偏移参数，说明见 MtBar 函数
        Numeric FastLength(12);
        Numeric SlowLength(26);
        Numeric MACDLength(9);
    Numeric Lots(1);
Vars
        NumericSeries MACDValue;
        NumericSeries AvgMACD;
        NumericSeries MACDDiff;
        Numeric ooMACDValue;
        Numeric ooAvgMACD;
        Numeric PreBar;
Begin
        PreBar = MtMACD(TimeFrame,BarsBack,FastLength,SlowLength,MACDLength,
ooMACDValue,ooAvgMACD);
        MACDVAlue = ooMACDValue;
        AvgMACD = ooAvgMACD;
        MACDDiff = MACDValue - AvgMACD;

        PlotNumeric("MACD",MACDValue);
        PlotNumeric("MACDAvg",AvgMACD);
        If (MACDDiff >= 0)
                PlotNumeric("MACDDiff",MACDDiff,0,Red);
        Else
                PlotNumeric("MACDDiff",MACDDiff,0,Green);
        PlotNumeric("零线",0);

        If (MacdDiff[PreBar]<0 and MacdDiff>0)
        {Buy(Lots,Open); }

        If (MacdDiff[PreBar]>0 and MacdDiff<0)
        { SellShort(Lots,Open); }
End
```

案例 7：TurtleTrader 海龟交易系统

海龟交易系统的故事：

海龟交易系统是由美国丹尼斯发明的。海龟交易法则是一个趋势交易系统。趋势交易系统主要就是在追主升浪的行情，在主升浪的时候能够获得一大截利润；而在震荡行情中，趋势交易系统就有可能会经常止损。因此海龟交易系统也不是在任何时间段使用都能获利的，当有行情的时候能够获得较大利润，在没有行情的时候就需要默默忍耐亏损，等待大行情的到来。

海龟的核心交易原则：

(1) 当价格突破55个交易周期最高点的时候入场。

(2) 当价格跌破20个交易周期最低点时离场。

```
Params
    Numeric RiskRatio(1);    // % Risk Per N (0-100)
    Numeric ATRLength(20);    // 平均波动周期 ATR Length
    Numeric boLength(20);    // 短周期 BreakOut Length
    Numeric fsLength(55);    // 长周期 FailSafe Length
    Numeric teLength(10);    // 离市周期 Trailing Exit Length
    Bool LastProfitableTradeFilter(True);   // 使用入市过滤条件
Vars
    Numeric MinPoint;  // 最小变动单位
    NumericSeries AvgTR;   // ATR
    Numeric N;           // N 值
    Numeric TotalEquity;  // 按最新收盘价计算出的总资产
    Numeric TurtleUnits;  // 交易单位
    NumericSeries DonchianHi;   // 唐奇安通道上轨,延后1个Bar
    NumericSeries DonchianLo;   // 唐奇安通道下轨,延后1个Bar
    NumericSeries fsDonchianHi;   // 唐奇安通道上轨,延后1个Bar,长周期
    NumericSeries fsDonchianLo;   // 唐奇安通道下轨,延后1个Bar,长周期
    Numeric ExitHighestPrice;   // 离市时判断需要的N周期最高价
    Numeric ExitLowestPrice;   // 离市时判断需要的N周期最低价
    Numeric myEntryPrice;  // 开仓价格
    Numeric myExitPrice;   // 平仓价格
    Bool SendOrderThisBar(False);   // 当前Bar有过交易
    BoolSeries PreBreakoutFailure(false);// 前一次突破是否失败
GlobalVars
    Numeric preEntryPrice(0);   // 前一次开仓的价格
Begin
    If(BarStatus == 0)
    {preEntryPrice = InvalidNumeric;
        PreBreakoutFailure = false;}

    MinPoint = MinMove * PriceScale;
```

```
        AvgTR = XAverage(TrueRange,ATRLength);
        N = AvgTR[1];
        TotalEquity = Available() + Margin();
        TurtleUnits = (TotalEquity * RiskRatio/100) /(N * ContractUnit() * BigPointValue());
        TurtleUnits = IntPart(TurtleUnits); // 对小数取整
        Integer maxUnites = Available /(High * ContractUnit * BigPointValue);
        if(TurtleUnits > maxUnites)
        {TurtleUnits = maxUnites;}
        DonchianHi = HighestFC(High[1],boLength);
        DonchianLo = LowestFC(Low[1],boLength);

        fsDonchianHi = HighestFC(High[1],fsLength);
        fsDonchianLo = LowestFC(Low[1],fsLength);

        ExitLowestPrice = LowestFC(Low[1],teLength);
        ExitHighestPrice = HighestFC(High[1],teLength);
        Commentary("N = " + Text(N));
        Commentary("preEntryPrice = " + Text(preEntryPrice));
        Commentary("PreBreakoutFailure = " + IIFString(PreBreakoutFailure,"True", "False"));
    // 当不使用过滤条件,或者使用过滤条件并且条件为 PreBreakoutFailure 为 True 进行后续操作
          If (MarketPosition == 0 && ((! LastProfitableTradeFilter) Or (PreBreakoutFailure)))
          {// 突破开仓
            If(High > DonchianHi && TurtleUnits >= 1)
            {// 开仓价格取突破上轨 + 一个价位和最高价之间的较小值,这样能更接近真实情况,并能尽量保证成交
                myEntryPrice = min(high,DonchianHi + MinPoint);
                myEntryPrice = IIF(myEntryPrice < Open, Open,myEntryPrice); // 大跳空的时候用开盘价代替
                preEntryPrice = myEntryPrice;
                Buy(TurtleUnits,myEntryPrice);
                SendOrderThisBar = True;
                PreBreakoutFailure = False;}
            If(Low < DonchianLo && TurtleUnits >= 1)
            {// 开仓价格取突破下轨 - 一个价位和最低价之间的较大值,这样能更接近真实情况,并能尽量保证成交
```

```
            myEntryPrice = max(low,DonchianLo - MinPoint);
            myEntryPrice = IIF(myEntryPrice > Open, Open,myEntryPrice); // 大跳空的时候用开盘价代替
            preEntryPrice = myEntryPrice;
            SendOrderThisBar = True;
            SellShort(TurtleUnits,myEntryPrice);
            SendOrderThisBar = True;
            PreBreakoutFailure = False;
      }}

  // 长周期突破开仓 Failsafe Breakout point
    If(MarketPosition = = 0)
    {Commentary("fsDonchianHi = " + Text(fsDonchianHi));
        If(High > fsDonchianHi && TurtleUnits >= 1)
        {// 开仓价格取突破上轨 + 一个价位和最高价之间的较小值，这样能更接近真实情况，并能尽量保证成交
            myEntryPrice = min(high,fsDonchianHi + MinPoint);
            myEntryPrice = IIF(myEntryPrice < Open, Open,myEntryPrice); // 大跳空的时候用开盘价代替
            preEntryPrice = myEntryPrice;
            Buy(TurtleUnits,myEntryPrice);
            SendOrderThisBar = True;
            PreBreakoutFailure = False;}

            Commentary("fsDonchianLo = " + Text(fsDonchianLo));
        If(Low < fsDonchianLo && TurtleUnits >= 1)
        {// 开仓价格取突破下轨 - 一个价位和最低价之间的较大值，这样能更接近真实情况，并能尽量保证成交
            myEntryPrice = max(low,fsDonchianLo - MinPoint);
            myEntryPrice = IIF(myEntryPrice > Open, Open,myEntryPrice); // 大跳空的时候用开盘价代替
            preEntryPrice = myEntryPrice;
            SellShort(TurtleUnits,myEntryPrice);
            SendOrderThisBar = True;
            PreBreakoutFailure = False;
        }}
        {If(MarketPosition = = 1) // 有多仓的情况
        Commentary("ExitLowestPrice = " + Text(ExitLowestPrice));
        If(Low < ExitLowestPrice)
```

```
        {
            myExitPrice = max(Low,ExitLowestPrice - MinPoint);
            myExitPrice = IIF(myExitPrice > Open, Open,myExitPrice); // 大跳
空的时候用开盘价代替
            Sell(0,myExitPrice);  // 数量用 0 的情况下将全部平仓
        }Else
        {
            If(preEntryPrice! = InvalidNumeric && TurtleUnits >= 1)
            {If(High >= preEntryPrice + 0.5 * N)
    {myEntryPrice = High;
            preEntryPrice = myEntryPrice;
            Buy(TurtleUnits,myEntryPrice);
            SendOrderThisBar = True;}}

          // 止损指令
            If(Low <= preEntryPrice - 2 * N && SendOrderThisBar == false)
// 加仓 Bar 不止损
            {
                myExitPrice = preEntryPrice - 2 * N;
                Sell(0,myExitPrice); // 数量用 0 的情况下将全部平仓
                PreBreakoutFailure = True;
            }}
    }Else If(MarketPosition == -1) // 有空仓的情况
    {
      // 求出持空仓时离市的条件比较值
        Commentary("ExitHighestPrice = " + Text(ExitHighestPrice));
        If(High > ExitHighestPrice)
        {
        myExitPrice = Min(High,ExitHighestPrice + MinPoint);
            myExitPrice = IIF(myExitPrice < Open, Open,myExitPrice); // 大跳
空的时候用开盘价代替
    BuyToCover(0,myExitPrice);  // 数量用 0 的情况下将全部平仓
        }Else
      {If(preEntryPrice! = InvalidNumeric && TurtleUnits >= 1)
         {If(Low <= preEntryPrice - 0.5 * N) {
         myEntryPrice = Low;
                preEntryPrice = myEntryPrice;
                SellShort(TurtleUnits,myEntryPrice);
                SendOrderThisBar = True;}}
```

```
    //止损指令
        If(High >= preEntryPrice + 2 * N &&SendOrderThisBar == false) //加仓 Bar 不止损
        {myExitPrice = preEntryPrice + 2 * N;
            BuyToCover(0,myExitPrice); // 数量用 0 的情况下将全部平仓
            PreBreakoutFailure = True;}}}
    End
```

案例 8：WRTrader 威廉指标交易系统

WR 威廉指标是由 Larry Williams 于 1973 年首次提出。WR 为测量行情震荡的指标，乃引用"遇强则买，遇弱则卖"的原理，属于分析市场短期买卖走势的技术指标，为投资者决策提供参考依据。

WR 威廉指标应用法则与买卖点：

(1) 当威廉指数线高于 80，市场处于超卖状态，行情即将见底。

(2) 当威廉指数线低于 20，市场处于超买状态，行情即将见顶。

(3) 威廉指数与动力指标配合使用，在同一时期的股市周期循环内，可以确认股价的高峰与低谷。

(4) 使用威廉指数作为测市工具，既不容易错过大行情，也不容易在高价区套牢。但由于该指标太敏感，在操作过程中，最好能结合相对强弱指数等较为平缓的指标一起判断。

(5) WR 的曲线形状考虑。

① 在 WR 进入高位后，一般要回头，如果这时股价还继续上升，这就产生背离，是卖出的信号。

② 在 WR 进入低位后，一般要反弹，如果这时股价还继续下降，这就产生背离，是买进的信号。

③ WR 连续几次撞顶(底)，局部形成双重或多重顶(底)，则是卖出(买进)的信号。

(6) 当 WR 下穿 50 为强势区域，上穿 50 为弱势区域，所以 50 为 WR 指标的强弱势的分水岭。

```
Params
        Integer N(14);
        Integer SellLine(80);  //多仓止损线
        Integer BuyToCoverLine(20);  //空仓止损线
        Integer OpenLine(50);        //开仓线
        Numeric LeaveTime(0.145900);  //当日平仓时间
Vars
        Numeric WR(0);  //威廉指标
        Numeric HHV(0);
        Numeric LLV(0);
Begin
        HHV = HighestFC(High,N);  //N 周期最高价
```

```
        LLV = LowestFC(Low,N);  //N周期最低价

        WR = (hhv - Close) / (hhv - llv) * 100;
        PlotNumeric("MID_LINE",50);
        PlotNumeric("UP_LINE",BuyToCoverLine);
        PlotNumeric("DN_LINE",SellLine);
        PlotNumeric("WR_LINE",WR);
        Bool bCrossOver = CrossOver(WR,50);  //威廉线是否上穿50
        Bool bCrossUnder = CrossUnder(WR,50); //威廉线是否下穿50

        if(MarketPosition = = 0 && CurrentTime<LeaveTime - 0.0010)
        {//当前没有持仓,并且离闭市平仓时间还至少有10分钟,判断是否开仓
        if(bCrossOver)
        {Buy(1,C);  //开多仓  PlotText(WR,"开多");}
        Else if(bCrossUnder)
        {SellShort(1,C);//开空仓
    PlotText(WR,"开空");}
      Else
      {//威廉线超过80,平多仓
        If(MarketPosition>0 && WR >= SellLine)
        {Sell(0,C);PlotText(WR,"平多");}

       //威廉线低于20,平空仓
        If(MarketPosition<0 && WR<= BuyToCoverLine)
        {BuyToCover(0,C);PlotText(WR,"平空");}

    End
```

案例9:Donchian唐奇安通道交易系统

唐奇安通道(Donchian Channel)这个策略可以称得上是所有日内策略的鼻祖。其最早大名远扬是在1970年,美国有个公司对当时最流行的机械交易系统进行了模拟测试和比较研究,其研究结果表明,在所有测试对象中,唐奇安通道规则最为成功。1983年,他被推举为首届"最佳获利奖"得主,并将此奖项改为唐奇安奖。后来美国又有个著名的"海龟法则"造就了不少千万富翁。当时海龟法则是保密的,过了十几年,海龟法则解密,人们才发现他们用的是修正版的唐奇安通道规则。

唐奇安通道规则为:当最高价高于前X个K的最大最高价时,做多;当最低价低于前X个K的最小最低价时,做空。如果我们想对往后回溯多少K进行优化,会发现在不同市场会得到不同的结果,甚至同一市场不同时期最优值也是不同的。但是一般默认值为21。

为什么默认的X是21呢?这里有个典故——神奇数字。Donchian在开发唐奇安通道期

间，碰巧阅读到整形外科医生 Maxwel Maltz 博士在 1960 年所做的"心理控制论"（这本书在 1989 年被重新发现）。Maltz 博士称在整形外科手术过程中，患者最少需要 21 日来看到自己的新容颜。通过观察很多现象发现，最起码需要 21 日来使得新事物代替旧事物。这一事实震惊了 Donchian，21 个自然日就等于 15 个交易日！当绝大多数交易者都在认为趋势可能已经变化时（他们认为看到了市场的新颜），主要趋势却已做好了继续运行的准备。

```
Params
    //参数定义
        Integer M(5);
        Integer N(5);
        Integer MaxPositionNum(3);   //最大开仓数
        Numeric StopPoint(30);   //止损点
        Numeric WinPoint(100);   //止赢点
        Numeric FloatStopStart(50);   //浮动止损开始点
        Numeric FloatStopPoint(20);   //浮动止损点
GlobalVars
    //全局变量定义
Vars
    //局部变量定义
        NumericSeries HHV;
        NumericSeries LLV;
Begin
        HHV = HighestFC(High,M);   //求 M 周期最高
        LLV = LowestFC(Low,N);   //求 N 周期最低

        PlotNumeric("LAST_HHV",HHV[1]);
        PlotNumeric("LAST_LLV",LLV[1]);
        if(High > HHV[1])
        {if(CurrentContracts<MaxPositionNum || MarketPosition<0)
                Buy(1,High);}
        Else if(Low<LLV[1])
         {IF (ABS (CurrentContracts) < MaxPositionNum || MarketPosition > 0)
SellShort(1,Low);}
        SetStopPoint(StopPoint);//止损
        SetWinPoint(WinPoint);//止赢
        SetFloatStopPoint(FloatStopStart,FloatStopPoint);//浮动止损

End
```

第五节 程序化交易模型测试评估与改进

一、进行程序化交易测试的原因

量化是程序化交易的前提。量化是核心,程序化交易是量化交易的工具。

没有比较就没有鉴别,没有测试就不知道模型的优劣,也不知道如何改进,一厢情愿的想法或拍脑袋想当然的做法,在科学技术高度发达的今天,在信息技术高度发达的金融世界,要战胜市场、要战胜他人是不可能的。

对程序化模型测试来说,所测试的品种越多,越能检验出模型对不同品种的适用性。那么,我们该如何进行测试?测试哪些内容?对这些测试内容该如何理解?

二、程序化模型测试涉及的若干重要问题和指标

(一)测试参数的设置

测试参数设置的不同所得到的测试结果差异很大,客观设置测试参数关系到模型交易效果的真伪和对模型的最终取舍。程序化交易模型的测试结果对未来市场有多大的适用性是由以下三大要素决定的:

一是测试的品种数量。所测试的期货品种越多,越能检验出模型对不同品种的适用性。

二是测试的时间跨度。测试所采用的历史数据越多、时间跨度越长,测试涵盖的各种市场状况就越全面,模型的可靠性就越大。

三是交易成本费率的设置。除了手续费费率设置的高低会影响模型盈亏效果以外,另一个最重要的设置参数就是滑点问题。

所谓滑点,是指下单价与实际成交价之间的差价。在期货市场,滑点的产生大部分是因为行情波动剧烈,导致网络数据传输延迟。

例如,股指期货某合约盘中即时报价为:买价 3 200.2,15 手;卖价 3 200.4,20 手;某投资者想在 3 200.4 价位买入 20 手,但等他敲入指令后的那一瞬间,有人抢先买了,结果该投资者在 3 200.4 价位就没有买到,而且由于行情快速上涨,卖价挂单瞬间变成了 3 201.0,30 手。

为了能保证成交,该投资者只得撤单后,比即时卖价还要上跳两个单位进行报价,即以 3 201.4,20 手的买单敲入指令,结果有 15 手成交价为 3 201.2,另外 5 手成交价为 3 201.4。出现的滑点分别是 1 跳和 2 跳。显然滑点增加,会导致交易成本增加,相应的交易收益受损。

与手续费率相比,交易过程中的滑点成本不是固定的,在行情波动不剧烈时交易,可能没有滑点问题,而在行情剧烈波动时,交易常常会遇到滑点问题。

交易成本对模型效果的影响,还与模型使用的数据周期以及交易频率有关。通常而言,加载周期越短、交易频率越高的模型,交易成本对其使用效果的影响越大。

在程序化交易模型测试中，往往需要设置一定的手续费率以及滑点成本去还原历史运行中可能出现的交易成本。尤其是套利交易及高频模型对成本极端敏感，模型开发者往往需要根据实际运行的滑点统计数据设定合理的成本。

为保证程序化交易模型测试结果的可信度，设置模型的测试参数时，应该将滑点设置得高一点，通常为1跳或2跳，以保证是在扣除了足够交易成本的条件下得到的测试结果。如果即便是在手续费费率和滑点设置都较高的情况下模型仍能盈利，则说明该模型的盈利效果比较好。

评价程序化交易模型性能优劣的指标体系包含很多测试项目，但主要评价指标有年化收益率、最大资产回撤、收益风险比、夏普比率、胜率与盈亏比等。

（二）年化收益率与最大资产回撤

交易者最关心的是所建模型到底能不能赚钱、能赚多少，而衡量交易模型赚赔的多少和快慢通常是用年化收益率表示。年化收益率仅是把不同时间周期段的收益率（如日收益率、周收益率、月收益率）换算成年收益率来计算的，是一种理论收益率，并不是真正的已取得的收益率。

程序化交易中的年化收益率其计算公式为：

$$\text{年化收益率}=\text{有效收益率}\div(\text{总交易的天数}\div 365)$$

$$\text{有效收益率}=\frac{\text{净利润}}{\text{最大使用资金}}$$

例如，某交易模型在五个交易日内三天赚两天赔，一共取得的有效收益率是0.1%，则该模型的年化收益率是7.3%。该指标主要是为建模者提供比较直观的盈亏数据，供投资者在将该模型收益与其他投资收益做比较时参考。

任何一个程序化交易模型都不可能保证每次交易都是盈利的。出现亏损是正常的，但如果亏损幅度过大则会引发模型使用者的担心。尤其是如果模型辛辛苦苦赚了许多天，一天就亏得回到使用前，那表明模型存在重大风险隐患。于是使用“最大资产回撤”指标，来衡量模型在一段较长时段周期内可能面临的最大亏损。

最大资产回撤是指模型在选定的测试时间周期内，在任一历史时点的资产最高值，与资产再创新高之前回调到的资产值最低点时的差值。最大回撤用来描述模型运行可能出现的最糟糕的情况。它是衡量程序化交易模型性能的一个重要风险指标。

有两种方式表示最大资产回撤。一种是采用最大资产回撤的绝对值来表示，即：

$$\text{最大资产回撤值}=\text{前期最高点}-\text{创新高前的最低点}$$

另一种是采用最大资产回撤率来表示，即：

$$\text{最大资产回撤率}=\frac{\text{前期最高点}-\text{创新高前的最低点}}{\text{前期最高点}}$$

注意：

上述两个回撤指标的区别在于：前者是按回撤金额的最大绝对值来计算，而后者是按回撤比例的最大值来计算的。

比如说，一个原始金额为100万元的账户，在刚开始交易的5次时间内就发生了一个30万元的回撤。而此账户在交易一段时间后，总金额增长到了200万元，此时又发生了一个40万元的回撤。如果以金额回撤来计算，是后者40万元的回撤大。但是以比例来计算，则是前者30万元的回撤大。

通常，衡量程序化交易模型回撤风险大小采用的都是按回撤金额的最大绝对值指标，能够知道究竟最多会亏多少钱，对模型使用的风险性有实实在在的认知；如果采用回撤率指标往往会使得模型使用风险看上去没那么严重。

最大资产回撤并不知道会什么时候发生。如果程序化交易模型是先赚到钱然后资金才有回撤，那大部分人还可以接受，但如果一开始模型就有30%的资金回撤，使用者能接受吗?

（三）收益风险比

评价程序化交易模型的获利能力，并不是单纯看收益率，而应该看盈利与最大资金回撤两者之比，即收益风险比的大小。

收益风险比的含义是指为了获取预期收益，投入的本金会冒多大的亏损风险，即所获取的潜在盈利与所承受的风险额度之间的比值。

衡量程序化交易模型的收益风险比公式为：

$$收益风险比=\frac{年度收益}{最大资产回撤}$$

比值越高说明模型的盈利能力越强，越值得采用。假设预期投资收益为3万元，但投入的本金最大亏损额度可能会达到1万元，则收益风险比为3∶1。

收益风险比是测试程序化交易模型优劣的最重要指标。因为每笔投资最终都落实在两个问题上：一是敢不敢投资（最多亏多少）；二是值不值得投资（至少能赚多少）。

收益风险比的意义，正是对以上两个问题的客观回答，也直接决定投资的结果。例如，某程序化模型设计者在交易策略上面临两种选择。

策略一：每次投资30万元。平均每年交易100次，盈亏次数各50%，其中盈利交易每笔盈利1万元，亏损交易每笔亏损0.3万元，其间最大回撤为10万元。

策略二：每次投资30万元。平均每年交易100次，盈利次数40次，亏损次数60次，其中盈利交易每笔盈利1万元，亏损交易每笔亏损0.25万元，其间最大回撤为5万元。

采用哪个策略建模更好呢？来看看两种策略模型的收益风险比。

策略一的年均收益为：50×1－50×0.3＝35（万元），收益风险比为35÷10＝3.5；

策略二的年均收益为：40×1－60×0.25＝25（万元），收益风险比为25÷5＝5。

在其他条件都不变的情况下，策略一冒着1单位的最大损失，可以收获3.5单位的收益；而策略二冒着1单位的风险，可以收获5单位的收益。显然，策略二比策略一优越。这个例子也同时展示了胜率高的模型不一定是最好的。

但并不是说同样的收益风险比，程序化交易模型的使用风险是相同的。比如A模型当年的收益率为40%，最大资金回撤5%，那么收益风险比就是8；B模型当年的收益为200%，最大资金回撤25%，那么收益风险比也是8。两种交易模型的盈利能力可以认为是一样优秀的，但哪个模型的风险性更大？显然是B模型。

在相同收益风险比条件下，如果要追求更高的收益，比如800%的收益率，那么可能发生的最大资金回撤也有可能是100%。一旦发生，资金赔光，交易就没有办法继续下去了。因此，只是追求模型的收益率而忽视模型的回撤风险是极其冒险的激进策略。所以说，尽管模型的收益风险比相同，但交易结果还要取决不同的资金管理策略。

（四）夏普比率

评估程序化交易模型的优劣应该从收益期望和风险两个方面综合考虑。风险调整后的收益率就是一个可以同时对收益与风险加以考虑的综合指标，以期能够排除风险因素对绩效评估的不利影响。

1966年，学者夏普在此基础上提出了著名的夏普比率：

$$S=\frac{(R-r)}{\sigma}$$

式中，R为投资的回报期望值（平均回报率）；

r为无风险投资的回报率（可理解为同期银行存款利率）；

σ为回报率的标准方差（衡量波动性的最常用统计指标）。

夏普公式的核心思想是：理性的投资者将选择那些在给定的风险水平下使期望回报最大化的投资组合，或是那些在给定期望回报率的水平上使风险最小化的投资组合。

解释起来非常简单，即投资时也要比较风险，尽可能用科学的方法以冒小风险来换大回报。投资者在建立有风险的投资组合时，至少应该要求投资回报达到无风险投资回报的水平或者更高。

如果夏普比率为正值，说明在衡量期内投资的平均净值增长率超过了无风险利率，在以同期银行存款利率作为无风险利率的情况下，说明投资收益比银行存款利息要高。夏普比率越大，说明投资机会所获得的超额风险回报越高。总之，夏普比率越高越好。

交易模型的夏普比率多高才算是比较满意的模型呢？假设某交易模型5年的年平均回报率约为10%，波动性约为16%，无风险利率约为3.5%，计算出的夏普比率为0.41[＝(10%－3.5%)÷16%]。意思就是：该模型的年均回报率要比无风险利率高6.5%，但平均5年中也许有1年的回报率低于－6%(＝10%－16%)。

对期货公司的资管业务经理来说，这样的夏普比率就偏低了：假设资管业务的投资回报目标是年回报率20%，就必须用2.5倍杠杆，也就是需要再借贷1.5倍自有资金。(回报期望＝2.5×10%－1.5×3.5%≈20%)也就意味着平均5年中有1年的回报率将低于－20%[＝2.5×(10%－16%)－1.5×3.5%]。模型赔了超过20%，客户大概就要跑光了。因此模型设计者常常想尽办法改善模型策略，提高夏普比率。

采用夏普比率评价模型的不足之处在于仅仅考虑了收益的平均波动水平，而没有考虑资金最大回撤情况。市场中真正的风险来自极端的损失。下面通过一个简单例子加以说明。

假设模型A和模型B的每月收益情况如表12－2所示。

表 12－2　模型 A、B 月收益情况

模　型	1月份	2月份	3月份	4月份	5月份	6月份
模型 A	10%	10%	10%	10%	10%	−10%
模型 B	5%	25%	6%	−1%	25%	−4%

设年化无风险利率为 6%，计算得到夏普比率和其他指标如表 12－3 所示。

表 12－3　模型 A、B 夏普比率和其他指标

模　型	月均收益率	月度标准差	夏普比率	累计回报率
模型 A	6.67%	8.16%	2.97%	44.95%
模型 B	9.33%	12.69%	2.83%	65.28%

由此，可以清晰地看到，技术交易系统只是交易系统的一个部分，而不是全部。当技术交易系统出现信号时期，并不是系统在做决策，实际上是人在综合做出行为决策。

一份好的交易系统，包含了心态、技术、要求、忍耐、控制等等。所以，交易系统是综合分析系统，来解决在正确的时机、选择正确对象、进行正确的行为的决策系统。

如果仅仅比较夏普比率可以得知模型 A 要优于模型 B，但是模型 B 的最大的资金单月回撤仅为 4%，累计回报率要高于模型 A；而模型 A 的最大单月回撤达到 10%；对于投资者而言，这是一个较大的单月回撤水平，投资风险较大。可见，仅仅比较夏普比率无法全面评价模型优劣。

（五）胜率与盈亏比

测评程序化交易模型优劣的主要评估指标还有两个：胜率与盈亏比。

胜率是指在当前的成本设置下，模型盈利交易次数占总交易次数的比例，即：

$$胜率=盈利交易次数\div总交易次数$$

有部分投资者格外看重胜率，认为越高越好，至少希望胜率在 50%以上，即获胜的概率超过一半，才算是好的模型，其实这是一个误解。事实上有的优秀交易模型胜率并不高，这就与另一个评价指标盈亏比有关。

$$盈亏比=\frac{一段时间内所有盈利交易的总盈利额}{同时段所有亏损交易总的亏损额}$$

显然，盈亏比越高，程序化交易模型获得的单笔收益越能够覆盖其他的亏损交易，对胜率的要求就没有那么高。反之，如果盈亏比很低，单笔亏损需要更多的盈利次数来覆盖，则要求更高的胜率。

盈亏比的另一种理解方式为承担一元钱的风险能够赚取的盈利。基于这种理解方式，在不考虑交易成本的情况下，可以定义每一元钱的风险所能获得的期望收益为：

$$Q=\frac{P-(1-P)}{R}$$

式中，P 为胜率；

R 为盈亏比。

假设盈亏比 R 为 1，在上式中需要 $P>50\%$ 才能使得期望收益为正。也就是说对于一个盈亏比小于 1 的交易模型，胜率必须高于 50% 才有可能赚取正的期望收益；反之，如果盈亏比较高，如 $R\geqslant 3$，则胜率只需高于 25% 就可以保证期望收益 Q 为正。

因此胜率只有和盈亏比结合来评估模型才有意义。设想一个模型，做十笔交易，盈利九笔，平均每笔盈利 1 万元，而亏损的那一笔一下亏了 10 万元，这个模型的胜率虽然达到了 90%，却还是亏损的模型，因为它的盈亏比太低；另外一个模型做十笔交易，盈利四笔，共盈利 12 万元；亏损六笔，共亏损 6 万元，这个模型的胜率虽然只有 40%，但总盈亏比为 2，因此这个模型的盈利能力还是不错的。

值得注意的是，某些程序化交易模型历史测试中的胜率可能包含有一些“伪盈利”交易，也就是一些交易的盈利非常小，几乎为 0，在很低的手续费与滑点设置下，它们是盈利交易，而在稍微严格一点的成本设置下就变成了亏损交易，很明显追求这样的胜率没有什么意义。因此，单独考察模型的胜率这个评估指标意义不大。

除以上所论述的重要测评指标外，还有一些测评交易模型性能的指标，诸如净利润、最大连续盈利次数和最大连续亏损次数、平均盈利周期和平均亏损周期，等等。

综合上述测评体系，判断一个合格交易模型的评估原则大致为：

年化收益率至少应大于 0，越高越好；

最大资产回撤值当然是越小越好，但回撤的最大极限定为多少取决于投资者对亏损幅度的心理承受能力，因人而异；

收益风险比也是越大越好，但提高的难度较大；

夏普比率也是越大越好，但至少应该大于 0；

至于胜率高当然好，但关键是要和盈亏比指标结合一起来评估，盈亏比高的模型胜率低一些也无所谓，所以胜率并不是关键性指标。再权衡其他测评指标，最终就能够获得初步满意的程序化交易模型。

三、系统测试

只要有程序化交易软件平台（以通达信平台为例），并且有策略模型和足够的历史行情数据，就可以开始测试了。测试后，软件系统会显示出交易系统检验报告。

系统
功能
报价
分析
扩展市场行情
资讯
工具
帮助
行情报价
现价
涨幅%
量比
换手%
最近定制版面
报价分析
即时分析
技术分析
报表分析
基本资料 F10
财经资讯 F7
定制版面
定制品种
期权分析
交易委托 F12
金融计算器 31
金融记事本 32
个人理财 18
在线人气
公式系统
选股器
预警系统
策略股票池
江恩分析系统
热点星空图
板块全景图
公式管理器 Ctrl+F
自定义数据管理器
扩展数据管理器
程序交易评测系统 Ctrl+S
探索最佳专家系统

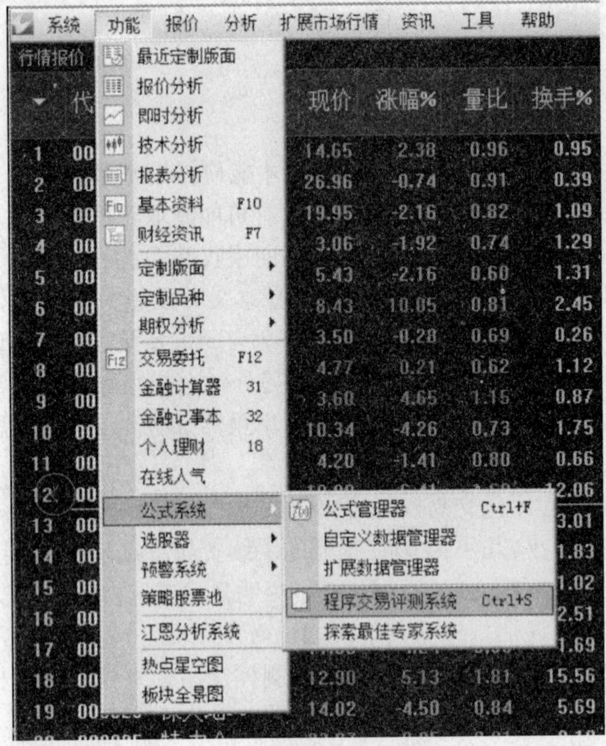

图 12-9 打开程序交易评测系统

下面是中小板股票测试(见图 12-10～图 12-14)。

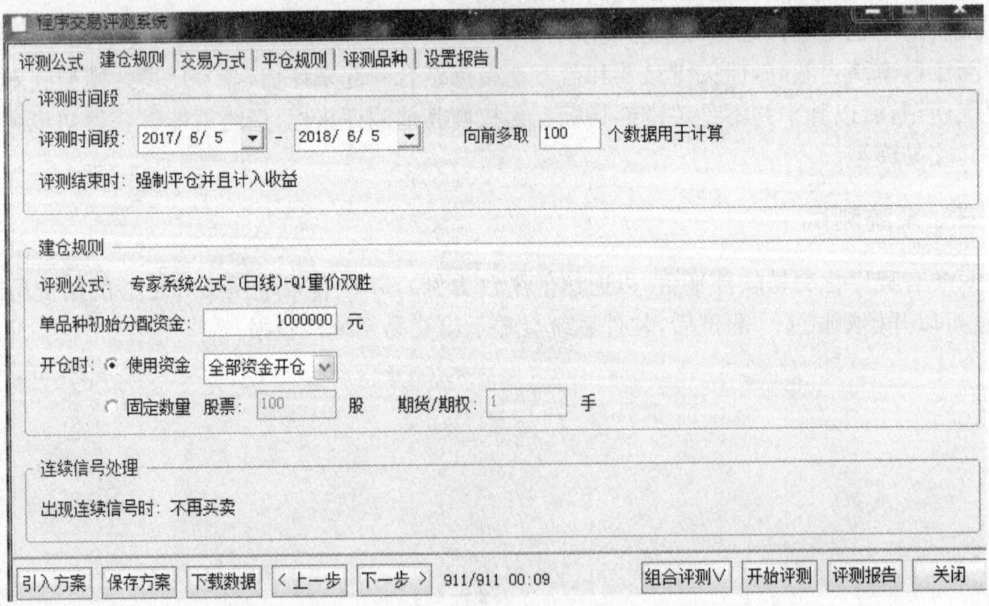

程序交易评测系统
评测公式
建仓规则
交易方式
平仓规则
评测品种
设置报告
评测时间段
评测时间段: 2017/ 6/ 5 - 2018/ 6/ 5
向前多取 100 个数据用于计算
评测结束时: 强制平仓并且计入收益
建仓规则
评测公式: 专家系统公式-(日线)-Q1量价双胜
单品种初始分配资金: 1000000 元
开仓时: 使用资金 全部资金开仓
固定数量 股票: 100 股 期货/期权: 1 手
连续信号处理
出现连续信号时: 不再买卖
引入方案
保存方案
下载数据
<上一步
下一步>
911/911 00:09
组合评测∨
开始评测
评测报告
关闭

图 12-10 程序交易评测系统建仓规则

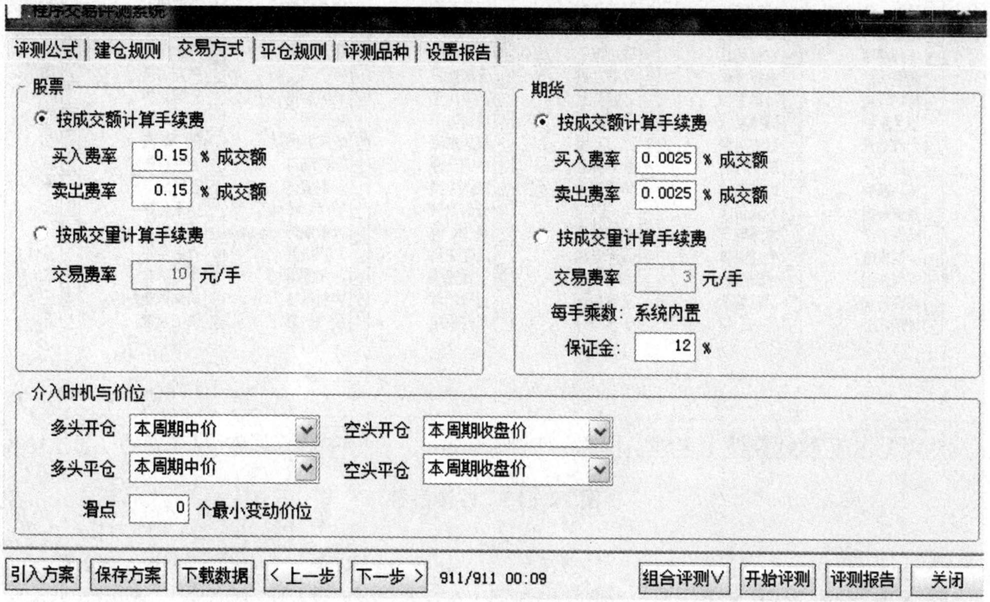

图 12－11 交易方式

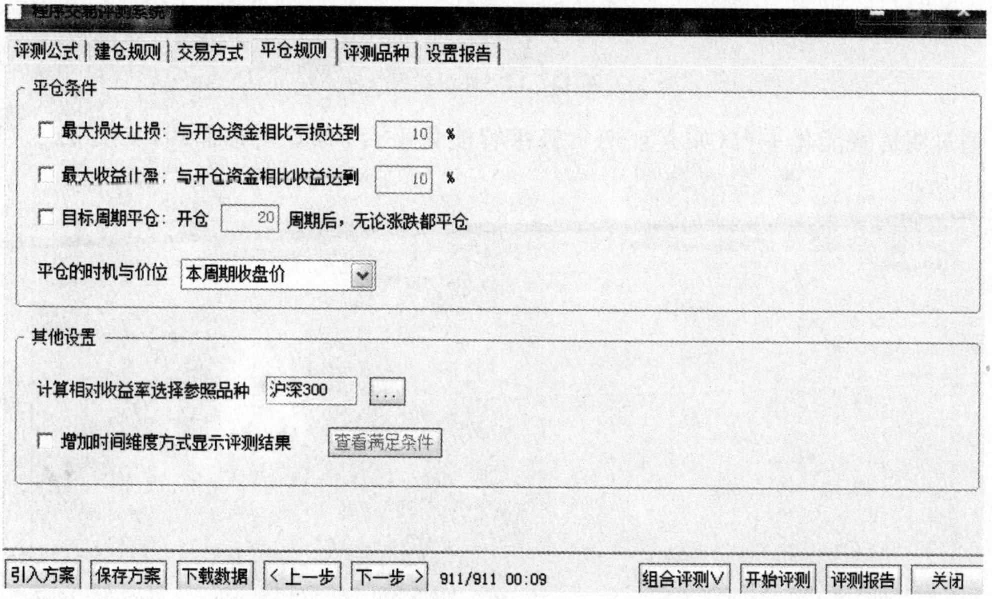

图 12－12 平仓规则

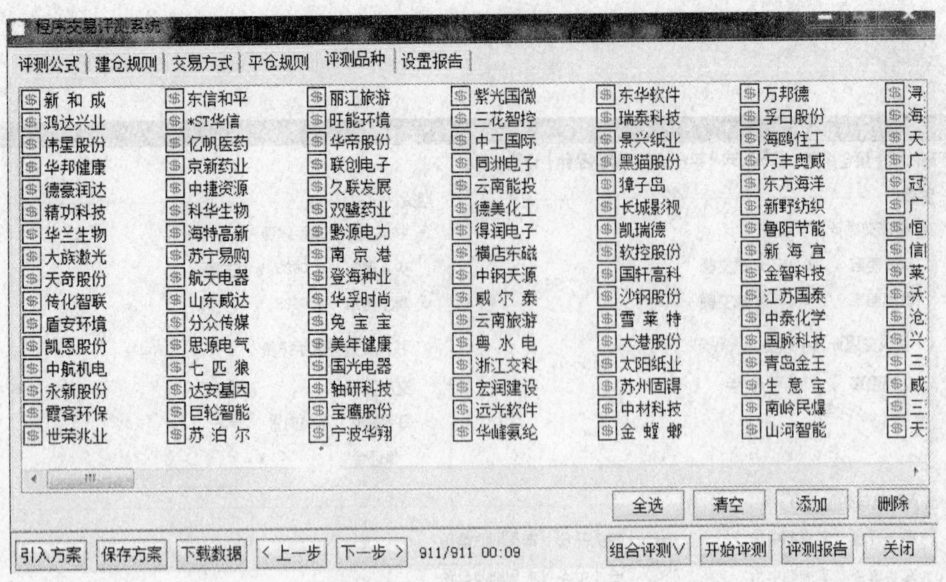

图 12-13 评测品种

评测条件：MACD专家系统　　双击列表行查看品种评测图表　导出结果　切换指标　切换分析图

品种代码	品种名称	盈利次数	总次数	胜率(%)	手续费(元)	净利润(元)	收益率(%)	年化收益率(%)	相对收益率α/β(%)	最大回撤比(值)
------	综合统计	3085	7592	40.63	36322.56	130381.19	0.01	0.01	5.97/-10.84	0.16%(1613.75)
002001	新 和 成	5	10	50.00	55.07	538.43	0.05	0.05	39.28/-10.80	0.03%(300.25)
002002	鸿达兴业	1	9	11.11	19.62	-122.87	-0.01	-0.01	-15.38/-10.87	0.01%(122.81)
002003	伟星股份	6	11	54.55	36.76	181.99	0.02	0.02	9.61/-10.84	0.00%(49.38)
002004	华邦健康	3	10	30.00	21.99	-134.74	-0.01	-0.01	-7.45/-10.87	0.01%(137.25)
002005	德豪润达	3	8	37.50	11.48	-53.23	-0.01	-0.01	-15.90/-10.86	0.01%(53.19)
002006	精功科技	1	5	20.00	10.07	-34.32	-0.00	-0.01	-4.08/-10.86	0.01%(63.81)
002007	华兰生物	5	10	50.00	87.66	647.84	0.06	0.06	27.47/-10.79	0.02%(231.69)

图 12-14 评测结果

通过期货智能化平台(如兴证期货极星智能化平台)看看资金曲线，如图 12-15、图 12-16 所示。

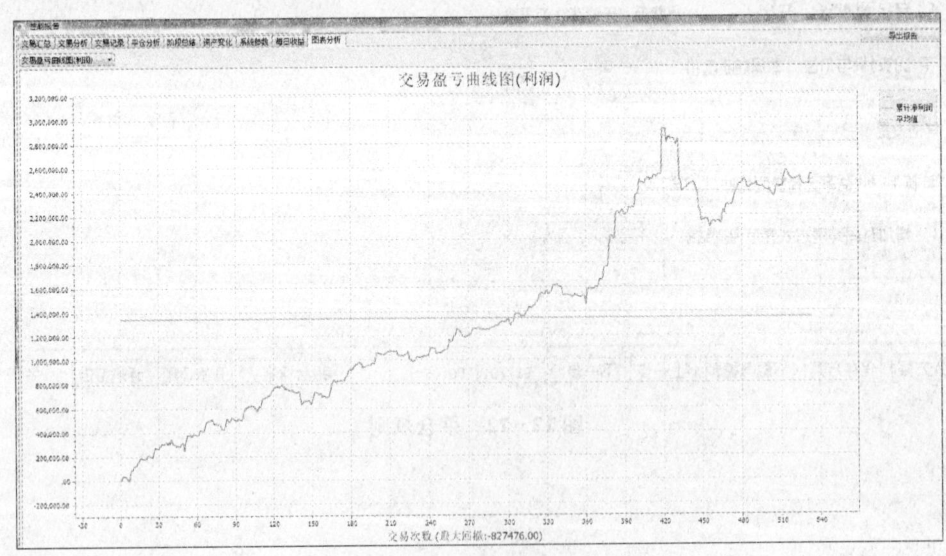

图 12-15 交易盈亏曲线图

性能报告

交易汇总 | 交易分析 | 交易记录 | 平仓分析 | 阶段总结 | 资产变化 | 系统参数 | 每日收益 | 图表分析

性能概要

统计指标	全部交易	多头	空头
净利润	2526414.00	300095.00	2226319.00
总盈利	5825367.00	861593.00	4963774.00
总亏损	(-3298953.00)	(-561498.00)	(-2737455.00)
总盈利/总亏损	1.77	1.53	1.81
交易手数	45398	7795	37603
盈利手数	26809	4116	22693
亏损手数	18589	3679	14910
持平手数	0	0	0
盈利比率	59.05%	52.80%	60.35%
平均利润	55.65	38.50	59.21
平均盈利	217.29	209.33	218.74
平均亏损	(-177.47)	(-152.62)	(-183.60)
平均盈利/平均亏损	1.22	1.37	1.19
最大盈利	384462.00	60878.00	384462.00
最大亏损	(-338016.00)	(-65224.00)	(-338016.00)
最大盈利/总盈利	0.07	0.07	0.08
最大亏损/总亏损	0.10	0.12	0.12
净利润/最大亏损	7.47	4.60	6.59
最大连续盈利手数	1414	452	1326
最大连续亏损手数	906	334	864
平均持仓周期	2	2	2
平均盈利周期	2	2	2
平均亏损周期	2	2	2
平均持平周期	0	0	0
最大使用资金	1488412.02	481008.01	1488412.02
佣金合计	90796.00	15590.00	75206.00

收益	
收益率	28.07%
年度收益率	34.04%
夏普比率	0.05
月度平均盈利	251802.06

交易时间	
总交易时间	300天
持仓时间比率	85.86%
持仓时间	257天
最大空仓时间	0天
持仓周期	905

最大资产升水	
升水值	2926239.00
发生时间	2018-03-23 21:30
最大升水/前期低点	32.53%
单日最大资产回撤比率	-2.86%

最大资产回撤	
回撤值	(-827549.00)
发生时间	2018-04-12 14:15
最大回撤/前期高点	-6.94%
净利润/最大回撤	305.29%

图 12－16 交易汇总

应该主要从下面几个方面评判回测报告：

(1) 资金曲线。

(2) 胜率。

(3) 年化收益率。

(4) 盈亏比。

(5) 最大资金回撤百分比。

(6) 风险收益比是评判模型“质量优劣”的重要标准。

(7) 最大资金回撤是衡量模型风险的首要尺度。

四、对模型进行改进和优化

对股票模型而言，改进的思路是：

(1) 对大盘走势进行过滤，大盘走势向上的时候可以选股操作；大盘走势向下的时候不操作，除非可以融券做空。

(2) 对指标参数进行优化。

(3) 对走势形态进行过滤。

(4) 对其他因素进行过滤。

对期货模型而言，改进的思路或许有：

(1) 对指标参数进行优化。

(2) 对走势形态进行过滤。

(3) 利用成交量进行优化。

(4) 利用持仓量进行优化。

(5) 对其他因素进行过滤。

思考题

1. 什么是量化交易？

2. 量化交易具有哪些特点？

第十三章 金融博弈、资金管理与风险控制

第一节 金融博弈

金融市场是没有硝烟的战场，到处充满着博弈的气息，国与国之间的博弈、国家与利益集团之间的博弈、机构与机构之间的博弈、机构与上市公司之间的博弈、上市公司与上市公司之间的博弈、机构与散户之间的博弈、散户与散户之间的博弈。博弈的目的是什么？是经济利益。

那么什么是博弈呢？博弈（Game）一词本意是：下棋。引申义是：在一定条件下，遵守一定的规则，一个或几个拥有绝对理性思维的人或团队，从各自允许选择的行为或策略进行选择并加以实施，并从中各自取得相应结果或收益的过程。有时候也用作动词，特指对选择的行为或策略加以实施的过程。

博弈的主要组成部分包括博弈各方要达到的目标、博弈规则、挑战和博弈过程的互动。（Key components of games are goals，rules，challenge，and interaction.）一个完整的博弈应当包括六个方面的内容：第一，博弈的参加者，即博弈过程中独立决策、独立承担后果的个人和组织；第二，博弈信息，即博弈者所掌握的对选择策略有帮助的情报资料；第三，博弈方可选择的全部行为或技巧、策略和机遇的集合；第四，博弈的次序，即博弈参加者做出策略选择的先后；第五，博弈是博弈各方不断进行智力和体力较量的动态过程；第六，博弈方的收益，即各博弈方做出决策选择后的所得和所失。

40年来，超级大国的核策略就是一场典型的军事博弈，一直主宰着人类的生死。一个超级大国销毁核武器，而另一个超级大国则继续保留核武器，以防万一。最糟糕的结果莫过于自己销毁核武器，而别人却依旧全副武装。因此，无论另一方怎么做，自己一方仍然倾向于保留核武器。不过，它们双方也有可能一致认为，双方同时销毁核武器的结果会比一方销毁而另一方不销毁的结果更好。现在的问题在于决策之间的相互依赖性：双方一致希望看到的结果出现在各方都选择各自比较糟糕的策略的时候。假如各方都有很明确的想法，打算突破有关协定，私底下发展自己的核武器。

现在的情况是越来越复杂，核大国与无核国家也存在军事博弈，朝鲜、伊朗等国家也想拥有核武器。

那么什么叫金融博弈（Financial Gaming）呢？百度百科和维基百科中没有人对金融博弈下过明确的定义。这里，笔者根据自己的体验和体会，对金融博弈下一个不太准确但实用的定义。我们认为，金融博弈就是强大而主动的博弈方利用自己在金融领域的信息情报优势、资金实力优势、交易机制优势和技术技巧优势对弱势的博弈方展开一场激烈智力较量且生死攸关的金钱战。

2007年至2008年席卷全球的金融危机(Global Financial Crisis)就是国与国之间的金融博弈、华尔街金融巨鳄与东南亚各国之间的金融博弈,博弈的结果是华尔街金融巨鳄们大获全胜,金融危机使东南亚各国的经济饱受重创,经济倒退几十年。正如当政马来西亚总理马哈蒂尔说:“我们辛辛苦苦几十年,被这几个金融白痴呢,一夜之间把我们给打回去,倒退了几十年。”

作为成熟的投资者或投机者,我们应该清醒地认识到:不管我们对基本面有多么理解,技术分析有多么精湛,在博弈过程中总有我们没有看到的东西(影响价格大幅波动的关键消息、核心情报和特殊数据)和强大对手,能盈则盈,不能盈或亏损应该及时退出,最初的损失是最小的损失,留得青山在,不愁没柴烧。

第二节　资金管理

一、资金管理的概念

资金管理是指投资者在不同的市道下投入股票的资金占自己总资金的比例以及账户总资金在不同股票里的分配比重,进出场管理,止盈止损,加减仓设置等。

二、资金管理的重要性

资金管理是一切交易的关键。巴菲特的搭档查理·芒格说:“人类并没有被赋予随时随地感知一切,了解一切的天赋。但是人类如果努力去了解,去感知——通过筛选众多的机会——就一定能找到一个不错的赌注。”而且,查理说,“聪明的人会在世界提供给他这一机遇时下大赌注。当成功概率很高时他们下了大赌注,而其余的时间他们按兵不动,事情就是这么简单。”在成功概率高时下大赌注,这就是凯利优化模式的简易表达,这也是价值投资资金分配的根本原则。

有效的资金管理策略和战术,与一流的交易系统或技术一样重要。克罗说过:“在你发展出或取得良好的技术交易系统之后,需要采取哪些行动?我的看法是,你需要有效的市场交易策略和战术,并加上优秀的资金管理。同时拥有两者,也就是既有技术交易系统,又有优秀的交易策略和战术,你就可以进入赢家的行列。而且你可以长期赚钱。”很多投资者一再忽视优秀市场策略和资金管理的最基本原则,最终成为大输家的。大部分投机者都是无意中制造了这些灾难,结果都一样:重大损失。

资金管理最重要的一环是必须有足够的资金可供交易,如果我们不能运用足够的资金,一个超额的亏损最终将把我们扫出场,不管我们的资金是多少,我们所需的必须能配合我们所能承受的。在计算我们亏损的风险或亏损多少必须停止交易的机会前,我们可以估计是否有足够的资金。当然风险承受度每个人不同,但是市场专家建议超过10%就太多了。

这个世界上没有任何系统或技术交易方法能永保胜利,将来也不会有。但是,我们可以找到很多不错的系统,如果使用得当,并配以优秀的交易策略和资金管理(当然包括不要建立过大的仓位,也不要频繁交易),可以让交易者有能力做到长期赚钱。它们可以让交易者在赚钱的仓位上赚到更多,亏钱的仓位上亏得更少——这正是我们一直在寻求的优势。

三、如何进行科学的资金管理

成功投资的六个关键因素：① 胜率；② 风险/报酬比；③ 交易成本，计算平均收益与平均亏损时，包括费用、执行成本；④ 出现交易机会的频率（频繁交易引起的心理压力）；⑤ 风险资本规模；⑥ 头寸调整模型。

期望收益＝盈的概率×平均盈利－亏的概率×平均亏损

经历过股灾的证券投资者普遍接受的一个观念就是觉得应该控制风险，控制仓位，但仓位控制多少才算合理？普通投资者没有一个客观的标准，正所谓仁者见仁，智者见智。

在我们决定要如何管理我们的资金之前，我们必须正确地运用客观和专业知识。在进一步分析资金管理策略之前，大部分的专家着眼于三个区域：① 所操作市场的波动率(Volatility)。② 所运用的分析技巧所预测的成功率。③ 操作的资金市场。

在概率论中，凯利公式是一个用以使特定赌局中，拥有正期望值之重复行为长期增长率最大化的公式，由约翰·拉里·凯利于1956年在《贝尔系统技术期刊》中发表，可用以计算出每次游戏中应投注的资金比例。

公式内容如下：

$$f^*=(bp-q)/b$$

式中，f^* 为现有资金应进行下次投注的比例；

b 为投注可得的赔率；

p 为获胜率；

q 为落败率，即 $1-p$。

若一赌博有40%的获胜率（$p=0.4,q=0.6$），而赌客在赢得赌局时，可获得二对一的赔率（$b=2$），则赌客应在每次机会中下注现有资金的10%（$f^*=0.1$），以最大化资金的长期增长率。

运用到股市的仓位管理：

f^* 为仓位；

b 为风报比率；

p 为赢利率，即指多次投资统计下的盈利均值；

$q=1-p$；

假设一个交易者的长期统计交易胜率是50%，风报比是3，那么他的合理仓位理论上应是33%，即长期能帮助他实现最大盈利的仓位。大于这个仓位，长期下来就会因为违反资金管理原则，影响最后盈利；而如果小于这个合理仓位，则会因为没有充分利用资金而减少潜在盈利。假如一个交易者的胜率是30%，即使交易的平均风报比能做到6倍，也只应开18%的仓位。而如果交易胜率能达到80%，即使风报比是1∶1，合理仓位也应开到60%。

算算看，多少仓位适合？

思考两个问题：

(1) 为什么仓位与大盘有关？因为大盘不好，胜率自然降低，仓位自然下降。

(2) 为什么仓位与回撤率有关？因为回撤率与风报比有关。

一段时间内的交易盈利可简单表示为交易的胜率、风报比、仓位和开仓频率（也可以周转率来表示，涵盖了仓位和开仓频率等概念）的乘积。即：

盈利＝胜率×风报比×仓位×开仓频率

根据凯利公式，我们还可以发现胜率、风报比与仓位之间的关系权重并不一样。那就是：胜率和风报比都与合理仓位线性相关，但胜率的相关度很高，而风报比的相关度极低。简单说就是：合理仓位大小主要取决于胜率。这完全可以通过凯利公式，在 Excel 表中输入公式对不同胜率和风报比条件下的仓位比例进行验证，就可以得到。

这证明了一个非常重要的道理，即如果一个交易者的交易胜率低，即使他能达到的风报比很高，仓位也应较小。反之，如果一个交易者的胜率高，即使风报比较低，也应采用较大的仓位。这也从侧面验证了为什么一些日内高手特别是高频交易者能用重仓甚至全仓交易的合理性，主要因为他们的胜率高。而一般交易者中长线交易，即使能做到很高的风报比，也应轻仓。换句话说，在有同样的胜算（胜率与风报比的乘积相同）的情况下，高胜率的方案明显占优。为什么呢？结合最先提到的盈利公式，关键的一点是：提高胜率的意义不只提高了这一个乘数，而且同时使可开最大仓位这个乘数呈比例提高，结果是乘积，即盈利的指数性提高。

这就提示我们，如果交易者能提高把握行情的能力，提高交易胜率，就能提高仓位。结合很好的行情把握能力（实现高资金周转率）和持仓水平（实现高风报比），交易绩效就可能会有惊人的大幅提高。这也是为什么交易者要努力提高技术水平，把握好开平仓时机的意义所在。此外，提高胜率能从根本上提高一般交易者的开仓和持仓信心，即对俗称的交易“心态”有巨大的影响，从交易心理学角度来看，提高胜率对盈利绩效贡献超出了单纯公式统计意义。

但应该注意，如果没有执行力保证风报比，保证止损执行到位，则可能有一次重仓的重大亏损，导致所有的公式失效，导致重大的失败。

总之，交易胜率是确定合理仓位的决定性因素，提高胜率对提高交易绩效意义重大。绝不应一味追求高风报比而忽视胜率，以及与胜率息息相关的合理仓位对交易绩效的潜在影响；更不能因为对资金管理的片面理解而否定胜率的作用继而否定技术分析。

在实践中，对交易者来说最重要的是要形成自己的交易系统，且长期期望回报为正。对自己交易的胜率、平均亏损/盈利、期望盈利、盈利/最大回撤比有充分的了解。在充分了解自身交易特点的基础上，进一步优化自己的系统，提高交易绩效，最终让自己早日成为一个稳定盈利的投资高手。

第三节　风险控制

一、风险的概念

风险是指可能给我们账户带来金钱损失的各种因素，是我们想尽力规避的事情。

由于每个投资者的能力和技术技巧悬殊，我们的短板和弱项在金融市场上会被放大，这就是我们的风险。因此，确定风险到底是什么，是哪些因素，对我们来说非常重要。如果不知道自己的风险在哪里,那我们在金融市场还有相当长的路要走。

二、风险的本质

风险的本质就是不确定性。具体可分为:

(1) 事件发生的不确定性;

(2) 后果的不确定性;

(3) 大小的不确定性。

方差是概率论的核心,风险的不确定性就是要靠概率来量化。

证券市场风险本质上是风险因素、风险事件、风险结果递进联系而呈现的可能性。风险因素是风险结果发生的必要条件,而风险事件则是它的充分条件。

三、风险控制

(一) 风险控制的含义

风险控制是指证券投资者采取各种措施和方法,消灭或减少风险事件发生的各种可能性,或风险控制者减少风险事件发生时造成的损失。

总会有些事情是不能控制的,风险总是存在的。作为管理者会采取各种措施减小风险事件发生的可能性,或者把可能的损失控制在一定的范围内,以避免在风险事件发生时带来的难以承担的损失。风险控制的四种基本方法是风险回避、损失控制、风险转移和风险承担。

风险控制(Risk Control),也可以叫它为仓位控制,仓位管理,资金管理系统,这些其实都是一个意思,风控主要是通过仓位计算得到成本位(均价)。交易时的核心就是风险控制,因为我们需要时时知道自己的成本价。由于时时知道了成本位置,所以我们就知道了需要加或减多少的仓量。

(二) 如何规避风险

我们在证券投资市场上,可能遇到各种各样的风险,如外汇风险、利率风险、信用风险、流动性风险、证券市场价格操纵风险、自然灾害风险、黑天鹅事件风险等。

规避风险是指通过一些方法来消除风险或降低风险,保护目标免受风险的影响。规避风险并不表示能完全消除风险,也有可能只是降低损失发生的概率或者降低损失程度,这主要取决于事先控制、事后补救两个方面。在股市里规避风险就是要控制自己的仓位,避免在预计范围内所造成的不必要的损失。

证券市场中使投资者蒙受损失的风险归纳起来不外两大类:一类是外部客观因素所带来的风险;另一类是投资者本人的主观因素所造成的风险。因此,我们需要对不同的风险采取不同的防范措施。

根据经验和体会,笔者认为应该具备下面几个系统:

(1) 宏观风险识别系统和预警系统;

(2) 全球经济风险预警系统,如利用美联储网站的数据开发自己的系统;

(3) 开发高胜率的交易系统;

(4) 开发自己的仓位管理系统;

(5) 灾备系统：一旦发生停电停网络或其他自然灾害或战争等，必须在第一时间用手机或手机股票软件把所有仓位全部平仓，以免不测发生，造成严重损失。

生存第一，发展第二。

思考题

如何进行科学的资金管理和有效的风险控制？

参考文献

[1] Perry J. Kaufman. New Trading Systems and Methods[M]. John Wiley & Sons, Inc., 2005.

[2] Ernest P. Chan. Quantitative Trading—How to Build Your Own Algorithmic Trading Business[M]. John Wiley & Sons, Inc., 2008.

[3] Robert Pardo. The Evaluation and Optimization of Trading Strategies, Second Edition [M]. John Wiley & Sons, Inc., 2008.

[4] Wes McKinney. Python for Data Analysis[M]. 2nd. Edition. O'Reilly Media, 2012.

[5] Emanuel Derman. 宽客人生[M]. 北京:中信出版社,2007.

[6] [美]斯科特·帕特森. 宽客[M]. 北京:中国人民大学出版社,2011.

[7] 什·纳兰. 打开量化投资的黑箱[M]. 郭剑光,译. 北京:机械工业出版社,2012.

[8] 吴晓求. 证券投资学(第四版)[M]. 北京:中国人民大学出版社,2018.

[9] 理查德·托托里罗. 量化投资策略:如何实现超额收益[M]. 上海:上海交通大学出版社,2013.

[10] 忻海. 解读量化投资——西蒙斯用公式打败市场的故事[M]. 北京:机械工业出版社,2010.

[11] 丁鹏. 量化投资:策略与技术[M]. 北京:电子工业出版社,2012.

[12] 乔治·索罗斯. 金融炼金术[M]. 海口:海南出版社,1999.

[13] 刘霞. 量价探究[M]. 北京:电子工业出版社,2016.

[14] [美]杰西·利弗莫尔. 股票大作手操盘术[M]. 何君,译. 北京:地震出版社,2016.

[15] [美]威廉·D. 江恩. 江恩股市操盘术[M]. 唐璐,译. 北京:人民邮电出版社,2016.

[16] [美]查尔斯·D. 柯克帕特里克. 柯氏股票投资心经[M]. 北京:中国人民大学出版社,2015.

[17] [美]乔治·西门斯. 股往金来[M] 景芳,译. 南京:江苏人民出版社,2015.

[18] 吴晶. 看不懂财报就炒不好股票[M]. 上海:立信会计出版社,2015.

[19] 尹勇. K 线图大揭秘[M]. 北京:化学工业出版社,2015.

[20] [美]汉弗莱·B. 尼尔. 股票投机原理与盘势解读[M]. 王仕英,译. 北京:地震出版社,2015.

[21] 短线王国. 龙战于渊——涨停的股会再涨停[M]. 北京:地震出版社,2015.

[22] [日]村居孝美. 交易心理学[M]. 杨玲,郑磊,译. 北京:机械工业出版社,2015.

[23] [美]朱丽叶 R. 达尔奎斯特,小理查德 J. 缺口技术分析[M]. 北京:机械工业出版社,2016.

[24] Jesse Livermore. 股票大作手操盘术[M]. 魏强斌,译. 北京:经济管理出版社,2016.

[25] 阿布. 量化交易之路[M]. 机械工业出版社，2017.
[26] [英]雷索尔. 买错股票还能赚钱[M]. 简国帆，译. 广州：广东经济出版社，2018.
[27] [美]杰西 · 利弗莫尔，理查德. 股票大作手操盘术[M]. 北京：人民邮电出版社，2016.
[28] [美]弗兰克 · J. 法博齐. 股票投资组合管理[M]. 传神，译. 北京：中信出版社，2018.
[29] [美]马克 · 米勒维尼. 股票魔法师[M]. 张洞，马斐译. 北京：电子工业出版社，2018.
[30] 鲍迪克. 缠中说禅教你轻松炒股票[M]. 北京：人民邮电出版社，2018.
[31] [美]杰森 · 茨威格. 格雷厄姆精解证券分析[M]. 北京：中国人民大学出版社，2015.
[32] [美]道格拉斯 J. 卢卡斯，劳里 S. 古德曼. 债务担保证券[M]. 北京：机械工业出版社，2016.
[33] [美]彼得 · 诺曼. 证券结算和欧洲金融市场[M]. 董屹，卓贤，译. 北京：中国发展出版社，2016.
[34] 林华. FinTech 与资产证券化[M]. 北京：中信出版社，2016.
[35] [美]马库斯 · 克雷布兹. 证券化与结构化融资[M]. 夏杨，译. 北京：机械工业出版社，2016.
[36] [美]杰弗里 C. 胡克. 华尔街证券分析[M]. 林东，刘潇然，译. 北京：机械工业出版社，2016.
[37] 石英剑. 证券投资分析实验教程[M]. 北京：经济科学出版社，2016.
[38] [美]威廉 · P. 汉密尔顿. 股市晴雨表[M]. 汪雪鹏，译. 北京：中国宇航出版社，2017.
[39] [德]安德烈 · 科斯托拉尼. 证券投资心理学[M]. 郑磊，译. 北京：机械工业出版社，2017.
[40] [美]威廉 · D. 江恩. 江恩华尔街 45 年[M]. 听卉，译. 北京：北京理工大学出版社，2018.
[41] [美]弗兰克 · J. 特拉弗斯. 对冲基金分析[M]. 兴全基，译. 上海：上海财大出版社，2018.
[42] [美]弗兰克 · J. 法博齐. 固定收益证券手册[M]. 范舟，译. 北京：中国人民大学出版社，2018.
[43] 埃里克 · 泰森. 投资进化论[M]. 唐灼华，译. 北京：人民邮电出版社，2018.

后　记

今年年初，笔者有幸受莆田学院数学与金融学院阮院长之邀给金融工程专业学生上课，连续13个周四晚上与学生们挑灯夜战；这次又荣幸受邀参与本书编写，提供一些相关证券知识，但因能力有限又恰逢营业部搬迁新址，一直未能尽责参与。

本书近日即将定稿，有幸提前拜读全书内容，钦佩阮院长及蔡教授认真细致、大胆创新的工作精神，笔者觉得本书内容丰富全面，足够满足刚刚涉及证券知识的学生学习之用，特别是量化交易业已详尽，笔者就通过写后记的形式来表达一下个人20多年来的从业感想以及对股票市场交易的一些浅显认识。

1. 基础知识是根本

证券是现代社会经济不可或缺、现实经济生活中也时刻面对的，既是一门学问又是一个工具，特别是未来经济发展不可少的重要投融资工具，同时也具备全球化趋势。

学习证券基础知识，特别是学习股票基础知识是根本，包括基本面分析、技术面分析、消息面解读等，要有扎实的基础，才能更好地把握投资机会。

2. 应用数学知识、计算机手段

借助软件工具，采集大数据，做一些量化分析，在实战中不断实践，提高个人盘感，对具体操作起到辅助作用，能把自己的思路用编程来量化，这是未来证券市场年轻人必备的能力。

运用人工智能来提供市场决策、操作交易等是未来发展的一种趋势。

3. 人还是决定成功的重要因素

在这里想强调一个理念，那就是学习基础知识，运用各种软件工具，运用人工智能选股等，永远是一种辅助工具，不能完全依赖，更不能完全迷信，一切还得遵循市场运行规律，因为股市规律是不以人的意志为转移的。只有在遵循规律的前提下借助各种工具才能取得更好的收益。

4. 不沉迷于交易

"投资的最高境界是等待机会"，市场中大多数投资者会沉迷于交易，容易患上"交易强迫症"，无法从交易中走出来，往往不懂得逃顶，不懂得空仓等待新的机会出现。这些看似简单的道理执行起来往往会很难，还得通过自身努力，不断提高各种能力才能把控好。

5. 情绪控制与信仰

当市场出现上升或下降趋势明显、与个人预期相符时，就要控制情绪，相信自己判断的正确后坚持持有仓位或是坚持空仓。这就需要对自己的判断有所信仰，而这种判断的信仰要建立在"艺高人胆大"的基础上。

6. 生存是前提

在资本市场里，首先要讲生存，就是保住本金！当持仓时发现不利于自身仓位的情况出现，要有思想准备，更要有减仓甚至空仓的执行力，因为保住本金才有机会再战！

“横看成岭侧成峰，远近高低各不同。不识庐山真面目，只缘身在此山中。”每个人对市场的理解都会有所不同，因为看事物角度不一样，看法自然不一样，有时错误的判断也会做对，判断对的也会做错，所以在市场中反而看不清，跳到市场外反而看得清。

股市或期货不是生活的全部，以豁达的心态，以遵循市场规律为前提，掌握一定的证券知识、交易技巧等，做到轻松投资、快乐投资！

再次感谢阮院长和蔡教授的邀请，由于对证券市场认知有限，仅谈以上个人粗浅观点。

黄宏奇

2019年11月